Bildungsmanagement erfolgreich und wirksam umsetzen

Jetzt diesen Titel zusätzlich als E-Book downloaden und 70 % sparen!

Als Käufer dieses Buchtitels haben Sie Anspruch auf ein besonderes Kombi-Angebot: Sie können den Titel zusätzlich zum Ihnen vorliegenden gedruckten Exemplar für nur 30 % des Normalpreises als E-Book beziehen.

Der BESONDERE VORTEIL: Im E-Book recherchieren Sie in Sekundenschnelle die gewünschten Themen und Textpassagen. Denn die E-Book-Variante ist mit einer komfortablen Volltextsuche ausgestattet!

Deshalb: Zögern Sie nicht. Laden Sie sich am besten gleich Ihre persönliche E-Book-Ausgabe dieses Titels herunter.

In 3 einfachen Schritten zum E-Book:

❶ Rufen Sie die Website **www.beuth.de/e-book** auf.

❷ Geben Sie hier Ihren persönlichen, nur einmal verwendbaren E-Book-Code ein:

3071697A2123KC9

❸ Klicken Sie das „Download-Feld" an und gehen dann weiter zum Warenkorb. Führen Sie den normalen Bestellprozess aus.

Hinweis: Der E-Book-Code wurde individuell für Sie als Erwerber dieses Buches erzeugt und darf nicht an Dritte weitergegeben werden. Mit Zurückziehung dieses Buches wird auch der damit verbundene E-Book-Code für den Download ungültig.

Bildungsmanagement erfolgreich und wirksam umsetzen

Mehr zu diesem Titel
... finden Sie in der Beuth-Mediathek

Zu vielen neuen Publikationen bietet der Beuth Verlag nützliches Zusatzmaterial im Internet an, das Ihnen kostenlos bereitgestellt wird.
Art und Umfang des Zusatzmaterials – seien es Checklisten, Excel-Hilfen, Audiodateien etc. – sind jeweils abgestimmt auf die individuellen Besonderheiten der Primär-Publikationen.

Für den erstmaligen Zugriff auf die Beuth-Mediathek müssen Sie sich einmalig kostenlos registrieren. Zum Freischalten des Zusatzmaterials für diese Publikation gehen Sie bitte ins Internet unter

www.beuth-mediathek.de

und geben Sie den folgenden **Media-Code** in das Feld „Media-Code eingeben und registrieren" ein:

M307160688

Sie erhalten Ihren Nutzernamen und das Passwort per E-Mail und können damit nach dem Log-in über „Meine Inhalte" auf alle für Sie freigeschalteten Zusatzmaterialien zugreifen.

Der Media-Code muss nur bei der ersten Freischaltung der Publikation eingegeben werden. Jeder weitere Zugriff erfolgt über das Log-In.

Wir freuen uns auf Ihren Besuch in der Beuth-Mediathek.

Ihr Beuth Verlag

Hinweis: Der Media-Code wurde individuell für Sie als Erwerber dieser Publikation erzeugt und darf nicht an Dritte weitergegeben werden. Mit Zurückziehung dieses Buches wird auch der damit verbundene Media-Code ungültig.

**Bildungsmanagement erfolgreich
und wirksam umsetzen**

Dr. Marie-Luise Stoll-Steffan
Klaus-Michael Steig

Bildungsmanagement erfolgreich und wirksam umsetzen

Praxishandbuch für die Anwendung der DIN ISO 21001:2021

1. Auflage 2022

Herausgeber:
DIN Deutsches Institut für Normung e. V.

Beuth Verlag GmbH · Berlin · Wien · Zürich

Herausgeber:
DIN Deutsches Institut für Normung e. V.

© 2022 Beuth Verlag GmbH
Berlin · Wien · Zürich
Am DIN-Platz
Burggrafenstraße 6
10787 Berlin

Telefon: +49 30 2601-0
Telefax: +49 30 2601-1260
Internet: www.beuth.de
E-Mail: kundenservice@beuth.de

Das Werk einschließlich aller seiner Teile ist urheberrechtlich geschützt. Jede Verwertung außerhalb der Grenzen des Urheberrechts ist ohne schriftliche Zustimmung des Verlages unzulässig und strafbar. Das gilt insbesondere für Vervielfältigungen, Übersetzungen, Mikroverfilmungen und die Einspeicherung in elektronische Systeme.

Die im Werk enthaltenen Inhalte wurden von den Verfassenden und dem Verlag sorgfältig erarbeitet und geprüft. Eine Gewährleistung für die Richtigkeit des Inhalts wird gleichwohl nicht übernommen. Der Verlag haftet nur für Schäden, die auf Vorsatz oder grobe Fahrlässigkeit und bei Verletzung von Leib, Leben oder Gesundheit auf Fahrlässigkeit seitens des Verlages zurückzuführen sind. Im Übrigen ist die Haftung ausgeschlossen.

Maßgebend für das Anwenden jeder in diesem Werk erläuterten oder zitierten Norm ist deren Fassung mit dem neuesten Ausgabedatum. Den aktuellen Stand zu jeder DIN-Norm können Sie im Webshop des Beuth Verlags unter www.beuth.de abfragen. Dort finden Sie insbesondere etwaige Berichtigungen und Warnvermerke, welche bei der Anwendung der jeweiligen Norm unbedingt zu beachten sind.

© für DIN-Normen DIN Deutsches Institut für Normung e. V., Berlin.

Titelbild: © JustLife, Nutzung unter Lizenz von stock.adobe.com
Satz: Beuth Verlag GmbH, Berlin
Druck: PrintGroup, Szczecin

Gedruckt auf säurefreiem, alterungsbeständigem Papier nach DIN EN ISO 9706

ISBN 978-3-410-30716-7
ISBN (E-Book) 978-3-410-30717-4

Autorenporträts

Dr. Marie-Luise Stoll-Steffan

Dr. Marie-Luise Stoll-Steffan ist Leitende Auditorin für Managementnormen (ISO 9001:2015, ISO 29993:2018 und ISO 21001:2018). Seit 2014 leitet sie die Life School GmbH, ein Consulting Unternehmen für Bildungsinstitutionen und den Aufbau integrierter Managementsysteme in der betrieblichen Praxis. Sie ist Mitglied im Nationalen Arbeitsausschuss des DIN NA 159-06-01 AA Bildungsdienstleistungen, im Technical Committee ISO/TC 232 Education and Learning Services und in der ISO/CASCO/TC232 JWG58 Requirements for bodies providing audit and certification of educational organizations management systems.

Sie verfügt über langjährige Erfahrung in der Hochschulplanung des Landes Hessen und war als stellvertretende Geschäftsführerin in der Industrie- und Handelskammer Frankfurt für die Berufsbildung und Weiterbildung zuständig. Bis 2013 hat sie zwei Internationale Bildungsorganisationen in Frankfurt und in Lausanne aufgebaut und als Geschäftsführerin geleitet.

Frau Dr. Stoll-Steffan ist überzeugt, dass Bildungsorganisationen ihr Managementsystem in noch viel stärkerem Umfang als Tool für eine erfolgreiche Positionierung am Markt und die Steuerung und Kontrolle ihrer internen Prozesse nutzen können. Das vorliegende Praxishandbuch soll dafür eine praxisorientierte Anleitung geben.

Kontakt:
Mail: stollsteffan@gmail.com
Linkedin: https://www.linkedin.com/in/marie-luise-stoll-steffan-38007a36/

Klaus-Michael Steig

Dipl.-Ing. Dipl.-Päd. Michael Steig ist selbstständiger Berater, Trainer und Gründer der Unternehmensberatung STG Beratende Ingenieure in Schotten/Hessen. Er berät Unternehmen im Bereich Prozess-, Projekt- und Qualitätsmanagement, beim Aufbau von Qualitätsmanagementsystemen und der Durchführung von Audits nach ISO 9001:2015, ISO 27001:2017, ISO 29993:2018 und ISO 21001:2018.

Seit vielen Jahren auditiert er im Auftrag verschiedener Zertifizierungsgesellschaften unter anderem Einrichtungen der Bildungsbranche.

Klaus-Michael Steig war über zehn Jahre als Vizepräsident Qualität für die Qualitätsentwicklung im Dachverband der Weiterbildungsorganisationen e.V. ehrenamtlich tätig und ist Mitglied im DIN Arbeitsausschuss NA 159-06-01 AA Bildungsdienstleistungen sowie im Technical Committee ISO/TC 232 Education and learning services.

Kontakt:
Mail: info@stg-info.info
XING: www.xing.com/profile/Michael_Steig

Inhaltsverzeichnis

Autorenporträts		V
1	**Einführung**	1
2	**Welche Alternativen einer internationalen Zertifizierung bestehen für Bildungseinrichtungen?**	3
2.1	Ersatz für die DIN ISO 29990:2010-12	3
2.2	Passt die Norm DIN ISO 29993:2018-10 für unsere Organisation?	4
2.3	Passt die Norm DIN ISO 21001:2021-02 für unsere Organisation?	5
2.4	Was sind die wesentlichen Unterschiede der DIN ISO 21001:2021-02 zur DIN ISO 29990:2010-12 und zur DIN EN ISO 9001:2015-11?	7
3	**Hintergründe und internationale Erfahrungen zur ISO 21001:2018**	12
3.1	Entwicklung und Ziele	12
3.2	Internationale Erfahrungen zur ISO 21001:2018	13
3.3	Verschiedene Perspektiven beim Umstieg auf die DIN ISO 21001:2021-02	16
4	**Kontext der Organisation**	19
4.1	Verstehen der Organisation und ihres Kontextes	19
4.2	Verstehen der Erfordernisse und Erwartungen der Interessierten Parteien	23
4.3	Festlegen des Anwendungsbereichs des Managementsystems für Bildungsorganisationen	27
4.4	Managementsystem für Bildungsorganisationen (MSBO)	29
5	**Führung**	34
5.1	Führung und Verpflichtung	34
5.1.1	Allgemeines	35
5.1.2	Der Schwerpunkt liegt auf den Lernenden und anderen Leistungsempfängern	40
5.1.3	Zusätzliche Anforderungen für sonderpädagogischen Förderbedarf	43
5.2	Politik	45
5.2.1	Entwicklung der Politik	45
5.2.2	Bekanntmachung der Leitlinie	47
5.3	Funktionen, Verantwortlichkeiten und Befugnisse innerhalb der Organisation	49
6	**Planung**	55
6.1	Maßnahmen zum Umgang mit Risiken und Chancen	55
6.2	Ziele einer Bildungsorganisation und Planung zu deren Erreichung	64
6.3	Planung von Änderungen	73
7	**Unterstützung**	75
7.1	Ressourcen	75
7.1.1	Allgemeines	75
7.1.2	Personal	77
7.1.3	Infrastruktur	79
7.1.4	Umgebung von Bildungsprozessen	80

7.1.5	Ressourcen zur Überwachung und Messung	83
7.1.6	Wissen der Organisation	86
7.2	Kompetenz	93
7.2.1	Allgemeines	93
7.2.2	Zusätzliche Anforderungen für sonderpädagogischen Förderbedarf	98
7.3	Bewusstsein	101
7.4	Kommunikation	103
7.4.1	Allgemeines	103
7.4.2	Kommunikationszwecke	106
7.4.3	Kommunikationsvereinbarungen	110
7.5	Dokumentierte Information	117
7.5.1	Allgemeines	117
7.5.2	Erstellen und Aktualisieren	118
7.5.3	Lenkung Dokumentierter Information	118
8	**Betrieb**	**127**
8.1	Betriebliche Planung und Steuerung	127
8.1.1	Allgemeines	129
8.1.2	Spezifische Ablaufplanung und Kontrolle von Bildungsprodukten und -dienstleistungen	132
8.1.3	Zusätzliche Anforderungen für sonderpädagogischen Förderbedarf	137
8.2	Anforderungen an Bildungsprodukte und -dienstleistungen	139
8.2.1	Bestimmung von Anforderungen für Bildungsprodukte und -dienstleistungen	139
8.2.2	Mitteilung der Anforderungen an Bildungsprodukte und -dienstleistungen	141
8.2.3	Änderungen von Anforderungen an Bildungsprodukte und -dienstleistungen	147
8.3	Entwicklung von Bildungsprodukten und -dienstleistungen	148
8.3.1	Allgemeines	148
8.3.2	Entwicklungsplanung	150
8.3.3	Entwicklungseingaben	153
8.3.4	Steuerungsmaßnahmen für die Entwicklung	155
8.3.5	Entwicklungsergebnisse	165
8.3.6	Entwicklungsänderungen	167
8.4	Steuerung von extern bereitgestellten Prozessen, Bildungsprodukten und -dienstleistungen	169
8.4.1	Allgemeines	169
8.4.2	Art und Umfang der Steuerung	177
8.4.3	Informationen für externe Anbieter	185
8.5	Bereitstellung der Bildungsprodukte und -dienstleistungen	187
8.5.1	Steuerung der Bereitstellung von Bildungsprodukten und -dienstleistungen	187
8.5.2	Identifizierung und Rückverfolgbarkeit	201
8.5.3	Eigentum der Interessierten Parteien	203
8.5.4	Erhaltung	205

8.5.5	Schutz und Transparenz der Daten der Lernenden........................208
8.5.6	Überwachung von Änderungen in den Bildungsprodukten und -dienstleistungen...213
8.6	Freigabe von Bildungsprodukten und -dienstleistungen..................214
8.7	Steuerung nichtkonformer Bildungsergebnisse..........................216
9	**Bewertung der Leistung**...220
9.1	Überwachung, Messung, Analyse und Bewertung........................220
9.1.1	Allgemeines...221
9.1.2	Zufriedenheit der Lernenden, anderer Leistungsempfänger und der Mitarbeiter...223
9.1.3	Andere Überwachungs- und Messanforderungen........................228
9.1.4	Methoden zur Überwachung, Messung, Analyse und Bewertung..........231
9.1.5	Analyse und Bewertung...238
9.2	Internes Audit..244
9.2.1	Audit, Auditarten und Audittypen...................................245
9.2.2	Auditprogrammplanung...249
9.3	Managementbewertung...251
9.3.1	Allgemeines...251
9.3.2	Eingaben für die Managementbewertung..............................251
9.3.3	Ergebnisse der Managementbewertung................................252
10	**Verbesserung**...257
10.1	Nichtkonformität und Korrekturmaßnahmen...........................257
10.2	Fortlaufende Verbesserung..262
10.3	Möglichkeiten zur Verbesserung.....................................267
11	**Exkurse zu den einzelnen Abschnitten**.............................270
12	**Ausblick**...319
Quellenverzeichnis	320

1 Einführung

Bildungsmanagement erfolgreich und wirksam umsetzen

John F. Kennedy hat gesagt: „Es gibt nur eins, was auf Dauer teurer ist als Bildung: keine Bildung." Die aktuelle bildungsökonomische Forschung belegt, wie recht er hatte.

Bildung ist der Produktionsfaktor, dessen Qualität alle wertschöpfenden Prozesse maßgeblich beeinflusst. Dazu bedarf es hervorragender Bildungsdienstleistungen als Grundlage für Innovation und technologischen Fortschritt. Um diese hohe Qualität aufrechtzuerhalten und stetig zu verbessern, steht mit der Norm DIN ISO 21001:2021-02 ein passgenaues Managementinstrument für Organisationen bereit, die Bildungsprodukte und -dienste anbieten und entwickeln.

Damit stellen ISO und DIN erstmalig eine Norm zur Verfügung, die sich auf der Basis der High-Level-Structure (HLS) der ISO ausschließlich und umfassend auf die Qualitätsanforderungen der Bildungsorganisationen bezieht und das Lernen bzw. den Lernenden in den Mittelpunkt stellt. Die HLS wurde 2012 von der ISO entwickelt, um einen einheitlichen strukturellen Standard für alle zukünftigen Managementnormen zu schaffen und die Integration verschiedener Standards zu einem integrierten Managementsystem zu unterstützen. Der Begriff HLS wurde 2021 durch den Begriff „harmonized structure" (HS) ersetzt.

Mit der Entwicklung und Bereitstellung der DIN ISO 21001:2021-02 ist es gelungen, auf die spezifischen Anforderungen des Bildungsbereichs einzugehen und eine Richtlinie zu schaffen, die die Sprache der Bildung „spricht". Damit wurde auf die seit Jahren geäußerte Kritik an der Anwendung der DIN EN ISO 9001:2015 im Bildungsbereich reagiert, in der Begriffe aus der Industrie und Produktion verwendet werden, die im Bereich der Bildung nicht vorkommen.

Das vorliegende Praxisbuch bietet Bildungsorganisationen eine praktische Anleitung, ein Managementsystem nach den Anforderungen der DIN ISO 21001:2021-02 aufzubauen, zertifizieren zu lassen und aufrechtzuerhalten. Die Dokumentation ist daher grundsätzlich wie folgt aufgebaut:

- Jeder Abschnitt in dieser Dokumentation beschreibt die jeweilige Forderung der Norm (gleiche Nummerierung wie die Norm).
- Zu jedem Abschnitt der Norm wird beschrieben, wie der Normentext in der Praxis umsetzbar ist. Dabei werden Hintergründe erläutert und praktische Hinweise als Handlungsempfehlungen gegeben.
- Es werden Hinweise auf mögliche Kennziffern zur Überprüfung der Prozessfähigkeit genannt.
- Jeder Abschnitt enthält Listen zu notwendigen dokumentierten Prozess- und Verfahrensbeschreibungen sowie erwarteten Nachweisen für ein Audit.
- Zu jedem Abschnitt werden mögliche Auditfragen aufgeführt, die Bildungsorganisationen sowohl für ihre internen Audits verwenden als auch bei der Durchführung eines externen Audits erwartet werden können.
- Verschiedene Exkurse zu den einzelnen Abschnitten bzw. Exkurse zur Vertiefung spezifischer Themen schließen die Dokumentation ab.

Die vielen praktischen Beispiele sowie insbesondere die Tipps zu Nachweisen und Auditfragen machen die vorliegende Dokumentation zu einem wertvollen Helfer für Bildungsorganisationen bei der Einführung neuer und bei der Umgestaltung bereits bestehender Managementsysteme.

Das vorliegende Praxisbuch stellt zunächst die Anforderungen der DIN ISO 21001:2021-02 dar. Basierend auf den Normforderungen entwickeln die Autorin und der Autor die Bedeutung jedes Normabschnitts für die Praxis einer Bildungseinrichtung. Sie zeigen Kennziffern auf und geben Hinweise auf exemplarische Nachweise zur Vorlage bei einem externen Audit.

Sehr hilfreich für Bildungseinrichtungen sind mögliche Auditfragen am Ende eines Normabschnitts aus der Auditorenpraxis der Autoren, die von externen Auditoren an die Vertreter einer Bildungseinrichtung bei einem Zertifizierungs- oder Überwachungsaudit gestellt werden könnten.

Inhalte, die am Rand mit diesem Symbol gekennzeichnet sind, können als digitale Fassung kostenlos über die Beuth Mediathek heruntergeladen und für die eigenen Zwecke angepasst und genutzt werden. Den Link, den Freischalt-Code und weitere Hinweise finden Sie auf der gelben Seite in diesem Buch.

HINWEIS

Die Norm DIN ISO 21001:2021-02 enthält sieben Anhänge, einen normativen Anhang A und sechs Anhänge (B bis G) mit weiteren Informationen (informativ).

- Anhang A: (normativ) Zusätzliche Anforderungen für frühkindliche Bildung
- Anhang B: (informativ) Grundsätze für ein MSBO
- Anhang C: (informativ) Klassifizierung der interessierten Parteien in Bildungsorganisationen
- Anhang D: (informativ) Anleitungen zur Kommunikation mit Interessierten Parteien
- Anhang E: (informativ) Prozesse, Maßstäbe und Werkzeuge in Bildungsorganisationen
- Anhang F: (informativ) Beispiel von Zuordnung von regionalen Normen
- Anhang G: (informativ) Gesundheits- und Sicherheitsaspekte für Bildungsorganisationen

Der Anhang A muss bei Bildungsorganisationen, die sich mit frühkindlicher Bildung befassen (Kindergärten) angewendet werden. Für alle anderen Bildungsorganisationen sind die Anforderungen des Anhangs A nicht von Bedeutung. Die Anhänge zur Norm sind in diesem Buch **nicht** abgedruckt.

2 Welche Alternativen einer internationalen Zertifizierung bestehen für Bildungseinrichtungen?

2.1 Ersatz für die DIN ISO 29990:2010-12

Für alle Bildungsträger ist die Erhaltung und Weiterentwicklung der Qualität ihrer Bildungsangebote das A und O, wenn sie sich dauerhaft am Markt behaupten wollen. Ohne ein strategisches Qualitätsmanagement wird diese Aufgabe zumindest ordentlich erschwert, denn das alleinige (immer wieder einmal durchgeführte) Update einzelner Angebote, wenn die Teilnehmerzahlen sinken, reicht auf lange Sicht nicht aus, da es mit der Gesamtstrategie des Unternehmens nicht mehr konform ist.

Transparente und verständliche Qualitätsmanagementsysteme sollen bessere Orientierung ermöglichen und damit Entscheidungshilfen für die Nutzerinnen und Nutzer sein. Qualitätsmanagement muss von oben gelebt werden, wenn es erfolgreich sein soll. Das gilt unabhängig von jeder Form des Bildungsträgers, unabhängig, ob es sich um eine Hochschule, einen Weiterbildungsträger oder eine firmeninterne Trainingsabteilung handelt.

Auf internationaler Ebene hat das Qualitätsmanagement im Bildungsbereich inzwischen eine beträchtliche Dynamik erfahren. DIN ISO 29990:2010-12 feierte 2013 die ersten Erfolge bei Anwendern, passte aber als „Hybridnorm" mit Management- und Serviceanteilen bei ISO nicht mehr in die Normungswelt. Diese Konstruktion wurde mit der Entwicklung der DIN ISO 21001:2021-02 aufgelöst, und die DIN ISO 29990:2010-12 wurde zurückgezogen. Als Nachfolge-Normen gelten zwei Normen, die unterschiedliche Zielsetzungen verfolgen:

- Die DIN ISO 21001:2021-02 als reine Managementnorm nach der ISO HS und
- die DIN ISO 29993:2018-10 als reine Service-Norm zur Zertifizierung einzelner Bildungsdienstleistungen.

Für welche Nachfolgenorm sich Bildungseinrichtungen entscheiden, hängt im Wesentlichen von den folgenden Faktoren ab:

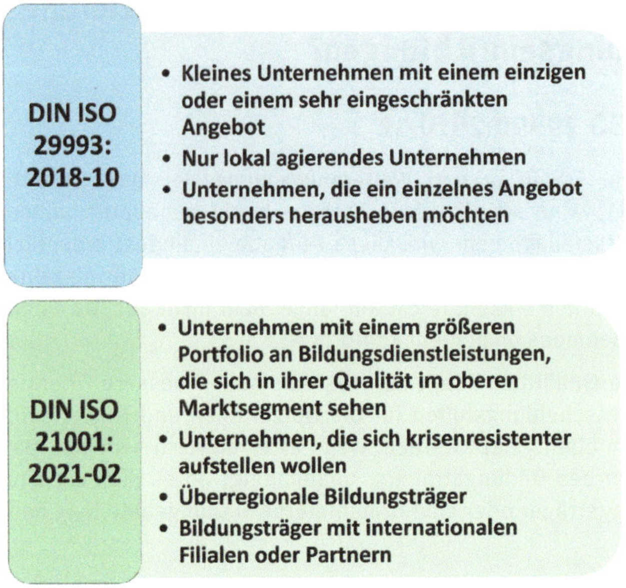

DIN ISO 29993: 2018-10
- Kleines Unternehmen mit einem einzigen oder einem sehr eingeschränkten Angebot
- Nur lokal agierendes Unternehmen
- Unternehmen, die ein einzelnes Angebot besonders herausheben möchten

DIN ISO 21001: 2021-02
- Unternehmen mit einem größeren Portfolio an Bildungsdienstleistungen, die sich in ihrer Qualität im oberen Marktsegment sehen
- Unternehmen, die sich krisenresistenter aufstellen wollen
- Überregionale Bildungsträger
- Bildungsträger mit internationalen Filialen oder Partnern

Abbildung 1: Welche Norm passt zu unserer Organisation?

2.2   Passt die Norm DIN ISO 29993:2018-10 für unsere Organisation?

Die Norm DIN ISO 29993:2018-10 ist keine Managementsystemnorm sondern eine Norm zur Erbringung von Servicedienstleistung im Bildungsbereich. „Die Struktur der Norm orientiert sich an dem üblichen Erfahrungsablauf für Lernende und Sponsoren im Rahmen einer prototypischen Lerndienstleistung und umfasst die Angebotserstellung, die vor dem Erwerb der Dienstleistung zur Verfügung gestellten Informationen, die Bewertung des Lernfortschritts sowie die Evaluation."[1] Sie ist nicht nach der harmonized structure der ISO aufgebaut und lässt sich daher auch nicht so leicht in integrierte Managementsysteme „einbauen".

Die DIN ISO 29993:2018-10 „legt Anforderungen an Lerndienstleistungen jenseits der formalen Bildung, einschließlich aller Arten von lebenslangem Lernen (z. B. Berufsbildung und betriebliche Ausbildung, entweder ausgelagert oder firmenintern) fest. Dazu gehören alle Lerndienstleistungen eines Lerndienstleisters (en: learning service provider, LSP), die an die Lernenden selbst gerichtet sind, sowie an Sponsoren, die die Dienstleistungen im Auftrag der Lernenden erwerben. Die wichtigsten Merkmale dieser Art von Dienstleistungen sind, dass Lernziele definiert und Dienstleistungen evaluiert werden sowie eine Lehr-Lerninteraktion beinhalten. Das Lernen kann als Präsenzunterricht stattfinden, durch Technologie vermittelt werden oder eine Mischung von beidem darstellen".[2]

---

1   DIN ISO 29993:2018-10, Einleitung
2   DIN ISO 29993:2018-10, Anwendungsbereich

Damit ist diese Norm vorwiegend für kleinere Einrichtungen gedacht, die keine eigenen Bildungsprodukte entwickeln und sich vorwiegend auf den Servicebereich der Vermittlung von Lerndienstleistungen konzentrieren.

In der vorliegenden Dokumentation wird auf die DIN ISO 29993 nicht weiter eingegangen.

2.3 Passt die Norm DIN ISO 21001:2021-02 für unsere Organisation?

Seit Anfang des Jahres 2021 ist die neue Bildungsnorm „DIN ISO 21001:2021-02 Bildungsorganisationen – Managementsysteme für Bildungsorganisationen – Anforderungen mit Anleitung zur Anwendung (ISO 21001:2018)" auf dem deutschen Markt verfügbar. Diese Norm soll in erster Linie die Norm DIN ISO 29990:2010-12 ersetzen.

Gleichzeitig eröffnet sich jedoch auch eine neue attraktive Möglichkeit für alle Bildungsunternehmen, die bisher nach der DIN EN ISO 9001:2015-11 zertifiziert wurden. Darüber hinaus bietet die Norm DIN ISO 21001:2021-02 erstmalig eine Perspektive, sich vom Markt abzuheben und sich dem internationalen Trend anzuschließen, das eigene Qualitätsmanagement auf eine weltweit anerkannte nachhaltige Grundlage zu stellen, die mit dem Niveau in anderen Ländern vergleichbar ist.

In Bezug auf die Zertifizierung nach DIN ISO 29990:2010-12 stehen allein in Deutschland über 1.000 Bildungseinrichtungen unterschiedlicher Unternehmensgröße vor der Herausforderung, eine Ersatzbeschaffung zu ihrer bisherigen Zertifizierung zu realisieren. Darüber hinaus gibt es eine große Gruppe an Bildungsdienstleistern, die derzeit nach DIN EN ISO 9001:2015-11 zertifiziert sind, um sich durch ein prozessorientiertes durchgängiges Qualitätsmanagementsystem vom Markt abzuheben.

Für welche Bildungsdienstleister ist die neue Norm interessant?

In Deutschland gibt es in allen Bildungssektoren private Anbieter, die von der neuen Norm profitieren können. Grundsätzlich sind alle Bereiche betroffen:

- Weiterbildungsinstitute
- Hochschule/Universität
- Berufskollegs
- Akademien, auch firmenintern
- Schulen, insbesondere Schulen in freier Trägerschaft
- Kindergärten

Die Anforderungen gemäß der Norm DIN ISO 21001:2021-02 sind spezifisch entwickelt worden für Bildungsorganisationen, von der Vorschule bis zur Hochschule. Die Zertifizierung stellt die Glaubwürdigkeit des Managementsystems einer Bildungsorganisation sicher, gewährleistet eine bessere Ausrichtung der Ziele und Aktivitäten an der Politik und ermöglicht es der Organisation, ihre soziale Verantwortung durch die Bereitstellung von inklusiver und gerechter Qualitätsbildung für alle zu stärken.

Konsistente Prozesse und Evaluierungsinstrumente, die auf den Anforderungen für ein Bildungsmanagementsystem (MSBO) basieren, helfen den Organisationen, Effektivität und Effizienz nachzuweisen und zu steigern und ihre organisatorischen Ziele zu erreichen.

MSBO führt zu mehr personalisiertem Lernen und effektiverem Eingehen auf alle Lernenden, insbesondere auf solche mit besonderen Bildungsbedürfnissen und Fernlernende. Es erweitert die Beteiligung interessierter Parteien und verbessert die Motivation und Moral der Mitarbeitenden. Bei der Qualitätsentwicklung können stärkere Akzente auf die Einbindung und Professionalisierung des Personals gelegt werden.

Das Risikomanagement wird durch nachhaltige Praktiken verbessert, und Kosten werden durch einen verantwortungsvolleren und effizienteren Einsatz von Ressourcen eingespart.

Die Organisationen können regionale, nationale, offene und proprietäre Standards in einem internationalen Rahmen harmonisieren und so Exzellenz und Innovation fördern.

Krisenresistenz durch ein integriertes Bildungsmanagementsystem

Der Bildungsmarkt verändert sich. Die Corona-Krise hat in der Bildung einen noch nie da gewesenen Innovationsschub ausgelöst. Bildung wird nicht nur digitaler, sondern befindet sich auch in einem zunehmenden Spannungsfeld:

So sind z. B. große Unterschiede bei den Anbietern von Weiterbildungsprodukten erkennbar:

Die einen haben die Herausforderungen, die Krisen mit sich bringen, gepackt, sich digital fit gemacht, andere sind erst auf dem Weg dorthin. Gerade berufliche Schulen bzw. Fachschulen sowie Hochschulen bzw. wissenschaftliche Akademien ist es gelungen, ihren Betrieb weitgehend stabil zu halten und sogar zu erweitern. Sie profitieren nach einer Studie des Bundesinstituts für Berufsbildung (2021) von vergleichsweise guten infrastrukturellen Voraussetzungen, die eine Umstellung auf virtuelle Veranstaltungsformate begünstigen. Die Veranstaltungen wurden rasch gegenüber der ursprünglichen Planung in ihrem Format angepasst. Das Gleiche trifft auf wirtschaftsnahe Einrichtungen zu.

Allen gemeinsam ist die bereits vorhandene Infrastruktur eines Qualitätsmanagementsystems für ein aktiv gelebtes Verständnis von Qualität und dessen entsprechende Prozessausrichtung.

Ein Qualitätsmanagementsystem, das auf allen Ebenen eines Unternehmens gelebt wird, erweist sich gerade in Zeiten der Krise als solide Grundlage. Das hat seinen Grund, denn es impliziert ein risikobasiertes Denken und Handeln, das sich in allen Prozessabläufen widerspiegelt. Damit ist ein Unternehmen/eine Institution weit weniger anfällig für plötzliche interne oder externe Herausforderungen.

Gerade am Beispiel wirtschaftsnaher Weiterbildungsanbieter, aber auch Hochschulen, zeigt sich, dass es mit einem aktiven Qualitätsmanagementsystem sogar möglich ist, Krisensituationen in Erfolge umzumünzen:

Durch eine konsequente Orientierung auf einzelne (Kern-)Prozesse können Änderungen flexibel vorgenommen werden. Für Plan B oder C ist man gerüstet. So kann z. B. ein Try-and-Error-Verfahren dabei unterstützen, rasch die richtigen Wege auszuloten. Die Formate werden angepasst und die Teilnehmer dort abgeholt, wo sie gerade sind – und sei es dauerhaft im Homeoffice. Gleichzeitig wird die Innovationskraft des Unternehmens gestärkt, und Neuentwicklungen können einfacher – Schritt für Schritt – in die Umsetzung gebracht werden.

Die DIN ISO 21001:2021-02 basiert genau auf diesem Managementansatz, der Unternehmen deutlich krisenresistenter machen kann. Wichtige Voraussetzung ist die Bereitschaft der obersten Führungsspitze, sich selbst als Teil des Gesamtprozesses zu sehen und eine entsprechende Vorbildrolle einzunehmen.

Auswirkungen der digitalen Transformation im Bildungssektor

Für das Management von Bildungseinrichtungen haben die Herausforderungen, die durch die Digitalisierung entstehen, eine nicht zu unterschätzende Dynamik erfahren. In Zeiten der Krise ist es nun noch dringlicher geworden, digitale Lösungen für die Bildung zu verbessern und für den gleichberechtigten Zugang von Lernenden, Lehrern und Ausbildern zu digitalen Kompetenzen, Werkzeugen und Technologien zu sorgen. Verfügen Bildungsanbieter über ausreichende Autonomie, Flexibilität und Unterstützung, um ihr Bildungsangebot rasch an den sich wandelnden Qualifikationsbedarf anzupassen und künftige Arbeitsmarktchancen sowie hochwertige und zukunftsfähige Arbeitsplätze sicherzustellen?

Die Vielfalt der Bildungsmöglichkeiten hat inzwischen drastisch zugenommen, da neue Online-Plattformen für die Lernenden entstanden sind. Die enormen Veränderungen in Bezug auf Bildungsmöglichkeiten und Lehrmethoden haben eine Verlagerung vom Präsenzunterricht zum Online-Lernen bewirkt.

Online-Lernen bietet viele Vorteile in Bezug auf Bequemlichkeit, geringere Kosten, innovative Technologie, breiten Zugang etc. Berufstätige Menschen, die in abgelegenen Gegenden leben, oder Menschen mit geringem Einkommen waren früher aufgrund von Zeit-, Entfernungs- oder finanziellen Einschränkungen nicht in der Lage, am Unterricht teilzunehmen.

Mit dem Aufkommen des Online-Lernens wurden diese Einschränkungen minimiert, und die Lernenden können an mehr Bildungsprogrammen teilnehmen. Online-Lernplattformen bieten eine hervorragende Möglichkeit, die Bedürfnisse von Gruppen zu erfüllen und finanzielle und räumliche Grenzen zu überwinden.

Diese Verschiebung bringen die Notwendigkeit mit sich, die Abläufe in Bildungseinrichtungen stärker zu standardisieren. Die DIN ISO 21001:2021-02 ist die erste Managementsystemnorm für Bildungsorganisationen, die entsprechende Anforderungen festlegt, die erfüllt werden müssen, um die Lernbedürfnisse zu unterstützen und die Zufriedenheit der Lernenden zu erhöhen.

2.4 Was sind die wesentlichen Unterschiede der DIN ISO 21001:2021-02 zur DIN ISO 29990:2010-12 und zur DIN EN ISO 9001:2015-11?

Viele Bildungseinrichtungen sind nach der DIN ISO 29990:2010-12 und/oder der DIN EN ISO 9001:2015-11 zertifiziert. Die DIN EN ISO 9001:2015-11 – so wichtig sie für die Zertifizierung eines Managementsystems ist – führt in Bildungsunternehmen jedoch häufig zu Verwirrungen. Der Standard verwendet allgemeine Terminologien, die für produzierende Unternehmen eindeutig sind, in der Bildungspraxis allerdings zu Unklarheiten führen können.

Zum Beispiel sind die Begriffe „Kunde" und „interessierte Parteien" im Bildungskontext oft austauschbar. Man kann die Lernenden als Kunden der Bildung betrachten, vor allem wenn sie kostenpflichtig sind, aber man kann auch sehen, dass z. B. auf dem Weiterbildungssektor die Industrie der eigentliche Kunde der Bildung ist, da sie diejenige ist, die das „Produkt" der Bildung einsetzt.

Eine Ähnlichkeit zwischen DIN EN ISO 9001:2015-11 und DIN ISO 21001:2021-02 ist sofort zu erkennen, denn beide Normen verwenden die sogenannte „harmonized structure" (HS). Die Ziele der HS sind nicht nur, dass die Normen das gleiche Aussehen haben, sondern auch, dass sie eine größere Integration zwischen den Systemen ermöglichen. Durch die Verwendung von HS können alle Managementsystemnormen den gleichen Aufbau und Kerntext verwenden, der jedoch mit kontextbezogenem Text ergänzt wird, je nachdem, worum es bei dem Managementsystem geht.

Die DIN ISO 21001:2021-02 liefert mit ihrer HS einen transparenten und leicht kombinierbaren Standard für Bildungseinrichtungen. Sie hat die gleiche Struktur wie die DIN EN ISO 9001:2015-11 und andere nachfolgende überarbeitete Normen, jedoch mit deutlich branchenspezifisch angepassten Inhalten. Mit der DIN ISO 21001:2021 sind die Verwirrung und die Schwierigkeiten in der Implementierungsphase für eine Bildungsorganisation beseitigt.

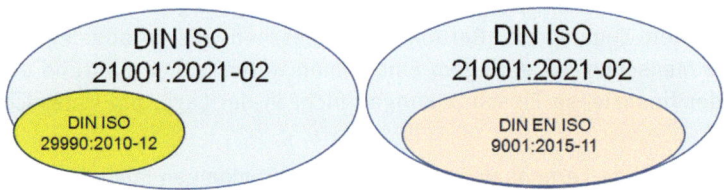

Abbildung 2: Anforderungsschnittmengen von DIN ISO 21001:2021-02 mit DIN ISO 29990:2010-12 und mit DIN EN ISO 9001:2015-11

Umfang und Tiefe der Anforderungen der DIN ISO 21001:2021-02 gehen weit über das Niveau von der DIN ISO 29990:2010-12 hinaus. Ein Finanzmanagement ist keine Anforderung der DIN ISO 21001:2021-02 mehr. Zum Vergleich der DIN EN ISO 9001:2015-11 und der DIN ISO 21001:2021-02 ergeben sich ca. 80 % Textübereinstimmung in den Standardabschnitten beider Normen. Allerdings sind viele vertiefende Anforderungen aus dem Bildungsbereich in die Normabschnitte der DIN ISO 21001:2021-02 eingeflossen.

In der fehlenden HS liegt ein grundlegendes Manko der für den Bildungssektor bisher geltenden DIN ISO 29990:2010-12. Der Standard war entwickelt worden, um den Fokus auf den Lernenden und die Lerndienstleistungen zu legen. Das Ziel der DIN ISO 29990:2010-12 war es, ein einheitliches Qualitätsmodell für die Aus- und Weiterbildung zu schaffen. Neben einer grundlegenden Qualitätssicherung sollte die Zertifizierung nach DIN ISO 29990:2010-12 eine Vergleichbarkeit von Bildungsangeboten ermöglichen.

Allerdings hat sich dieser Standard auf dem deutschen und internationalen Markt nicht durchgesetzt. Der wesentliche Grund liegt in ihrer Hybrid-Struktur aus Service- und Managementnorm. Aufgrund der fehlenden HS entspricht die Norm nicht dem Niveau der Anforderungen an ein Qualitätsmanagementsystem, und es ist für Bildungsorganisationen nicht einfach gewesen, diesen Standard mit anderen Managementsystemnormen zu kombinieren oder zu vergleichen.

Mit der DIN ISO 21001:2021-02 gibt es nun einen HS-Standard für den Bildungssektor, der den integrierten Managementansatz im Blick hat, der die Verantwortungsebenen während es des gesamten Bildungsprozesses einbezieht. Im Gegensatz zu anderen Managementsystemnormen spielt hier auch der Mensch – unabhängig davon, ob er ein Lernender, ein Dozent, eine Verwaltungskraft oder ein externer Beteiligter ist (z. B. Lieferant, Eltern) – eine wichtige Rolle.

Die wesentlichen Merkmale der DIN ISO 21001:2021-02 können folgendermaßen kurz zusammengefasst werden durch:

- die Bedeutung eines umfassenden Bildungsmanagements und die Verantwortlichkeiten des Top-Managements,
- die Forderung nach strategischer Planung und stetiger Weiterentwicklung des strategischen Plans,
- das Festlegen und Kommunizieren der Qualitätspolitik,
- die Motivation, die angestrebten Ziele messbar zu machen,
- das besondere Augenmerk auf die Entwicklung von Curricula und die Art und Weise der Kommunikation mit den Lernenden,
- die detaillierte Beschreibung und Hilfestellung bei einzelnen Kernprozessen (zum Beispiel bei Prozessmanagement, Auditierung und Managementbewertung),
- die Unterstützung des Bildungsmanagements durch die HS,
- die Fokussierung auf den Zugang zu Bildung für Lernende mit unterschiedlichen Lernstilen, unterschiedlichen Bedürfnissen und unterschiedlichem Hintergrund,
- den Nachweis von Maßnahmen zur Bewältigung von Risiken, Festlegung von Zielen und Planung von Änderungen, auch in Bezug auf mögliche Chancen,
- die Schaffung besserer Kommunikationsmöglichkeiten mit anderen Standards,
- die Forderung des Nachweises eines fortlaufenden Verbesserungszyklus, der die Lernenden und Mitarbeitenden mit einbezieht, und
- die zukünftig höhere Reputation.

Wie kaum eine andere Norm zuvor bietet die DIN ISO 21001:2021-02 ihre Unterstützung für den Anwender an.

- **Sprache des Bildungssektors.** Die Norm ist in einer Sprache geschrieben, in der die Anforderungen an den jeweiligen Kontext der Bildungsorganisation entspricht, basierend auf der Komplexität ihrer Größe und Aktivitäten, ihrem Reifegrad, ihrer strategischen Ausrichtung, Richtlinien und Ziele. In Abschnitt 3 der DIN ISO 21001:2021-02 sind Begriffe definiert, die in der DIN EN ISO 9000:2015 nicht vorhanden sind: Zum Beispiel Lernende, Lehrende, Curriculum, Kurs, Programm, Lehre und lebenslanges Lernen.
- **Detaillierte Beschreibungen und Beispiele.** Im Gegensatz zu anderen Managementsystemnormen finden sich in den für den Bildungssektor besonders relevanten Abschnitten detaillierte Ausführungen zu den Erfüllungsmöglichkeiten der entsprechenden Anforderung. Als Beispiel kann Abschnitt 7.4 Kommunikation genannt werden. Hier findet man vier verschiedene Arten der Klassifizierung, die von der Norm vorgeschlagen werden, um eine gute Kommunikation zwischen den interessierten Parteien sicherzustellen.
- **Unterstützende Anleitungen.** Was die DIN ISO 21001:2021-02 von anderen ISO-Managementsystemnormen unterscheidet, sind die Anleitungen und Empfehlungen, die sehr umfangreich sind (Norm-Anhänge A bis G). Sie bieten breite Informationen und Anleitungen zu den Anforderungen der DIN ISO 21001:2021-02 und den damit verbundenen Bildungskonzepten.
- **Normativer Anhang.** Der normative Anhang A enthält weitere Anforderungen an Anbieter von frühkindlicher Bildung. Die Lernressourcen für die frühkindliche Bildung, Einrichtungen für das Spielen und für die Tagesbetreuung sind detailliert beschrieben. Dies steht in krassem Gegensatz zu anderen ISO-Normen, da die Anhänge der ISO-Normen meist als Richtlinien für die Anwendung dienen.

Es muss festgehalten werden, dass diese Norm über den gesamten Bereich der Bildungsanbieter anwendbar ist – sei es in der Weiterbildung, in Kindergärten, Grund-, Realschulen oder Gymnasien, International Schools, Universitäten, oder anderen öffentlichen oder privaten Bildungseinrichtungen. Das MSBO gilt für jede Organisation, die Curricula verwendet, um Wissen zu vermitteln und weiterzugeben.

Die elf Grundsätze eines Managementsystems für Bildungsorganisationen werden im **Exkurs 2.4**: Die elf Grundsätze eines Managementsystems (MSBO) im Exkurs-Anhang exemplarisch beschrieben (vgl. PECB Whitepaper 2018).

- **Grundsatz 1: Fokus auf Lernende und andere Nutznießer**

    Dieser Grundsatz konzentriert sich hauptsächlich auf die Anforderungen und Erwartungen der Lernenden und anderer Nutznießer (Eltern, Regierungen, Arbeitgeber usw.).

- **Grundsatz 2: Visionäre Führung**

    Dieser Grundsatz befasst sich mit der Notwendigkeit, die Lernenden und andere Nutznießer in die Entwicklung, Ausarbeitung und Umsetzung der Mission, Vision und des Leitbildes der Bildungsorganisation einzubeziehen.

- **Grundsatz 3: Beziehungsmanagement**

  Dieser Grundsatz skizziert die Bedeutung eines effektiven Beziehungsmanagements mit interessierten Parteien (Anbietern, Partnernetzwerken usw.) als Einflussfaktoren für den Gesamterfolg der Bildungsorganisation.

- **Grundsatz 4: Prozessorientiertes Management**

  Dieser Grundsatz konzentriert sich auf die Bedeutung des Managements von Aktivitäten als zusammenhängende Prozesse, um die Ziele der Bildungsorganisation auf effizientere und effektivere Weise zu erreichen.

- **Grundsatz 5: Evidenzbasierte Entscheidungen**

  Dieser Grundsatz zeigt, wie Entscheidungen, die auf der Analyse und Bewertung von Daten und Informationen basieren, Bildungsorganisationen helfen, die gewünschten Ergebnisse zu erzielen.

- **Grundsatz 6: Einbindung von Menschen**

  Dieser Grundsatz unterstreicht die Bedeutung der Einbeziehung von kompetenten und befähigten Mitarbeitenden, um effektiv und effizient einen Mehrwert für die Bildungsorganisation zu schaffen.

- **Grundsatz 7: Ethisches Verhalten im Bildungswesen**

  Dieser Grundsatz konzentriert sich auf die ethischen Werte, die eine Bildungsorganisation etablieren muss.

- **Grundsatz 8: Soziale und gesellschaftliche Verantwortung**

  Dieser Grundsatz zeigt, wie wichtig es ist, die Auswirkungen zu berücksichtigen, die die Aktivitäten und Entscheidungen der Bildungsorganisation auf die Gesellschaft, die Wirtschaft und die Umwelt haben können.

- **Grundsatz 9: Zugänglichkeit und Gerechtigkeit**

  Dieser Grundsatz beschreibt, wie wichtig es für Bildungsorganisationen ist, inklusiv, flexibel, transparent und rechenschaftspflichtig zu sein, wenn sie auf die individuellen und besonderen Bedürfnisse der Lernenden eingehen.

- **Grundsatz 10: Datensicherheit und –schutz**

  Dieser Grundsatz zeigt, wie die Bildungsorganisation die Sicherheit von Daten und anderen vertraulichen Informationen schützt, um Bedrohungen und Schwachstellen zu minimieren.

- **Grundsatz 11: Verbesserung**

  Dieser Grundsatz zeigt, wie wichtig „Verbesserung" ist, um Bildungsorganisationen zu helfen, mit Veränderungen effektiv umzugehen, neue Möglichkeiten für sich selbst zu schaffen und ihre Leistung auf einem bestimmten Niveau/Grad zu halten.

3 Hintergründe und internationale Erfahrungen zur ISO 21001:2018

3.1 Entwicklung und Ziele

International (ISO-Ebene) wird seit 2013 zwischen **Managementsystem-Anforderungen** und **Produkt- oder Dienstleistungsanforderungen** unterschieden.

Die Entwicklung der ISO 21001:2018 wurde vom Technischen Komitee ISO TC 232 betrieben. Das Gremium verfolgt insbesondere die Ziele:

- Fokussierung auf die Bildungsbranche und das Bildungsmanagement,
- Entwicklung eines spezialisierten Marketings für ein konformes Bildungsmanagementsystem (z. B. durch ein Zertifikat),
- geringere Notwendigkeit von Interpretationsfähigkeiten und
- Erweiterung der Grundsätze auf ethische und gesellschaftliche Themen.

Die ISO 21001:2018 gilt für alle Managementsysteme, die von Bildungsorganisationen eingesetzt werden.

Die Einhaltung der Norm beinhaltet verschiedene verpflichtende Aktivitäten innerhalb des Anerkennungsbereichs, des Managementsystems, d. h.

- interne Audits,
- Evaluierungen der Zufriedenheit der Lernenden,
- Kontrolle von extern bereitgestellten Prozessen,
- Produkten oder Dienstleistungen,
- Überprüfung von Programmen
- jährliche Managementüberprüfung der Programme und
- jährliche Managementbewertungen der Managementsysteme der Organisation, um zeitnah Lücken zu schließen.

> **Merkmale der ISO 21001:2018, die die ISO–und DIN-Arbeitsgruppen bei der Entwicklung geleitet haben:**
>
> - **moderner Managementsystem-Standard**, speziell für Bildungsorganisationen
> - **Harmonized Structure** und damit **kompatibel** zu anderen Managementsystemnormen wie vergleichsweise ISO 9001:2015 oder ISO/IEC 27001:2017 etc.
> - Es werden **elf Managementprinzipien** eingeführt und im Anhang B der Norm (informativ) ausführlich dargestellt.
> - Es wird der risikobasierte Ansatz berücksichtigt
> - Die Beziehungen zwischen Mission, Strategie, Politik, Zielen und Vision werden dezidiert eingeführt.
> - Es gibt **sieben Anhänge**, von denen einer (Anhang A) normativ ist. Die anderen Anhänge enthalten Richtlinien.
> - flexibel in der Anwendung (vergleichbar ISO 9001:2015)
> - neue Anforderungen an die Dokumentation
> - 20 % PLUS diverser weiterer Zusatzanforderungen generieren ein spezielles Anforderungsniveau in Bildungsunternehmen im Vergleich zu ISO 9001:2015.

3.2 Internationale Erfahrungen zur ISO 21001:2018

Die ISO 21001:2018 wird seit 2018 international angewendet. Durch die Berücksichtigung des Kontexts der Organisation und das Verständnis der Bedürfnisse und Erwartungen der interessierten Parteien ist der Standard in verschiedenen Bildungseinrichtungen bereits Grundlage des Managementsystems, einschließlich, aber nicht beschränkt auf Weiterbildungsinstitute, Universitäten, Gymnasien, Grundschulen, Sprachschulen, Schulungsorganisationen und Online-Lerneinrichtungen.

Erfahrungsberichte aus verschiedenen Ländern zeigen ein durchweg positives Bild. Die Tatsache, dass die Norm eine Organisation bei der Implementierung eines Managementsystems unterstützt, das darauf abzielt, Risiken zu minimieren und eine Kultur der fortlaufenden Verbesserung zu etablieren, wird als besonderer Gewinn angesehen.

Was sind die wesentlichen Faktoren für die Implementierung des neuen ISO 21001:2018 Standards?

Auf internationaler Ebene wird insbesondere hervorgehoben, wie wichtig es ist, endlich eine für alle Bildungssektoren gültige Norm zur Verfügung zu haben, die die Bedeutung des Bildungsmanagements MSBO in den Vordergrund stellt und damit die Verantwortung der obersten Führungsebene für die Umsetzung der Maßnahmen in die Pflicht nimmt.

Bildungsorganisationen in Ländern in Asien, Nord- und Südamerika, im Mittleren Osten oder afrikanischen Staaten begrüßen den Managementansatz für die Bildung, der hier sowohl in staatlichen als auch privaten Bildungsorganisationen – vom Kindergarten bis zur Universität – zum Tragen kommt.

Erfahrungen, die Nutzer auf internationaler Ebene gemacht haben sind insbesondere:

> **Ein gutes internes Managementsystem ist wichtig**
>
> – Bildungsorganisationen trennen oft nicht zwischen Management und pädagogischer Leitung. Management erfolgt durch den Instituts-/Schulleiter oder eine Lehrkraft. Das kann dazu führen, dass selbst die Kombination aus guter Lehre und schlechtem Management zu einem ungünstigen Image der Bildungseinrichtung führt.
>
> – Das kann der Fall sein, wenn zum Beispiel
>   - keine ausreichende Geschäftsführungserfahrung vorliegt,
>   - die Kommunikation mit Lernenden und anderen interessierten Parteien nicht hinreichend gepflegt wird,
>   - die strategische Planung der Organisation fehlt oder unklar bleibt,
>   - ein unzureichendes Risikomanagement zu Unsicherheiten, falschen Personalentscheidungen und Umsatzeinbrüchen in Krisenzeiten führt.
>
>   Als Beispiel sei die digitale Transformation von Bildungsangeboten genannte, die das Management und die Dozierenden vor ganz neue Herausforderungen stellt.

Die ISO 21001:2018 bietet entsprechende Hilfestellungen an, in Bezug auf

- Verständnis für Leadership,
- Stärkung der Unternehmenskultur,
- Umsetzung des „Mission Statements" auf allen Ebenen mit Fokus auf den Lernerfolg,
- professionelle Personalführung und nachhaltiges Wissensmanagement,
- das Spektrum der interessierten Parteien – intern und extern – und wie diese optimal einbezogen werden können,
- die Aufbereitung dokumentierte Information,
- die Optimierung und Verstetigung der Revisionsprozesse.

Fazit der bisherigen Erfahrungen:

Die Ausrichtung nach der ISO 21001:2018 führt

- zur Umsatzsteigerung und Kostenreduktion,
- zu stärkerer Fokussierung auf die eigenen Kunden (alle Lernenden),
- zu internationaler Vergleichbarkeit der Managementsysteme,
- zum Zugang zu neuen Märkten und Partnerschaften,
- zur strategischen Ausrichtung und strategischen Entwicklung,

- zur Wertschätzung und Hervorhebung des gesellschaftlichen und ethischen Ansatzes,
- zum Verständnis der Mitarbeitenden für den prozessorientierten Managementansatz,
- zu verbesserter Kommunikation zwischen den interessierten Parteien,
- zu Barrierefreiheit,
- zu einem nachhaltigen Wissensmanagement durch stetige Entwicklung,
- zur Herausbildung eines spezifischen USP der Bildungsinstitution.

Es wird hervorgehoben, dass der Standard klare Richtlinien für das Management in Bezug auf die Bedürfnisse der Lernenden vorgibt, den Fokus auf ein bisher in der Bildung kaum verankertes Risikomanagement legt und auch den Nachhaltigkeitsgedanken dabei nicht aus dem Blick verliert. Die ISO 21001:2021 zahlt in erster Linie auf die Nachhaltigkeitsziele (SDGs) 4, 10 und 11 ein.

Abbildung 3: Die ISO 21001:2018 berücksichtigt die Nachhaltigkeitsziele (SDGs) mit Fokus auf die Ziele 4, 10 und 11.

In Anerkennung der hohen weltweiten Bedeutung des Nachhaltigkeitsziels 4 Bildung für alle, wurde mit der ISO 21001:2018 zum ersten Mal ein Standard entwickelt, der die Anforderungen an ein Managementsystem für das Bildungswesen definiert und gleichzeitig Anleitungen zur Anwendung offeriert. Die Norm gilt weltweit als willkommener universeller Standard, der geeignet ist, die Bedürfnisse und Erwartungen der Lernenden zu erfüllen, die das Bildungsangebot in Anspruch nehmen.

3.3 Verschiedene Perspektiven beim Umstieg auf die DIN ISO 21001:2021-02

Je nachdem, mit welcher Norm der Bildungsanbieter zuvor bereits Erfahrungen gemacht hat, stellen sich für ihn beim Umstieg auf die DIN ISO 21001:2021-02 mehr oder weniger große Herausforderungen:

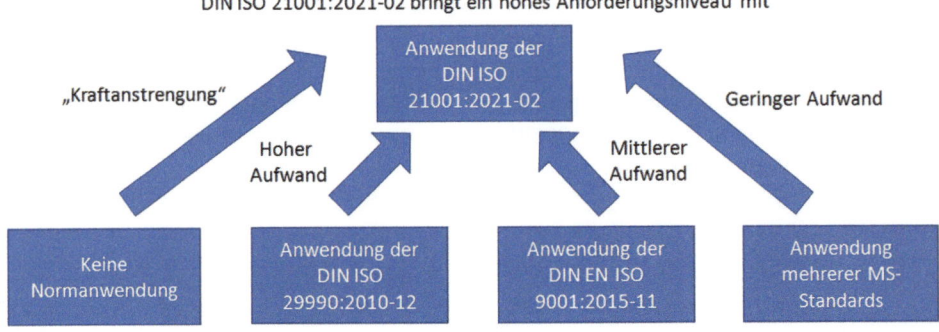

Quelle: DIN

Abbildung 4: Wie groß ist der Umstellungsaufwand für Kunden, die bisher nach anderen Normen zertifiziert wurden, auf die DIN ISO 21001:2021-02 zu wechseln?

Keine Normerfahrung

Für Anwender, die bisher noch keine Normerfahrung haben, bedeutet die Einführung der ISO 21001:2021 eine ordentliche Kraftanstrengung, die alle Beteiligten in der Organisation einbezieht. Dennoch haben viele internationale Bildungsorganisationen (Weiterbildungsinstitute, K12 International Schools, Kindergärten, Colleges und Universitäten) die Herausforderung angenommen, da sie die Fokussierung auf ein integriertes Bildungsmanagement überzeugt hat.

Anwendung der DIN ISO 29990:2010-12

Der Umstieg von der DIN ISO 29990:2010-12 auf die DIN ISO 21001:2021-02 (vgl. Exkurs 3.3 Cross-Referenz DIN ISO 29990:2010-12 und DIN ISO 21001:2021-02) erfordert ein Umdenken in Richtung HS und eine konsequente Orientierung auf den systematischen Managementansatz, der von der Führungsebene vorgelebt wird und in alle Prozesse hineinwirkt. Mitarbeiterschulungen sind erforderlich, aber der Umstieg ist lohnenswert im Hinblick auf eine prozessorientierte neue Unternehmenskultur.

Allerdings erleichtern die mit der DIN ISO 29990:2010-12 gewonnenen Erfahrungen den Umstieg sehr, denn die Organisation ist bereits mit der Evaluation ihrer Bildungsdienstleistungen vertraut, hat in der Regel bereits bestimmte Kernprozesse definiert und verfügt über ein entsprechendes Portfolio an relevanten Aufzeichnungen und Prozessdokumenten.

Anwendung der DIN EN ISO 9001:2015-11

Der Wechsel von der DIN EN ISO 9001:2015-11 auf die DIN ISO 21001:2021-02 bedeutet kein wesentliches Umdenken, denn das Arbeiten in Prozessstrukturen, die Bedeutung eines funktionierenden Managementsystems nach der HS sowie die Beachtung eines ausreichenden Risiko- und Chancenmanagements sind bereits alte Bekannte.

Wie in Abschnitt 2 dargestellt, überscheiden sich beide Normen zu ca. 80 %. Der große Vorteil der DIN ISO 21001:2021-02 besteht in ihrer konsequent bildungsorientierten Sprache und den zusätzlichen vier Grundsätzen, die die erheblichen Auswirkungen jeglicher Bildung auf den einzelnen Menschen und die Gesellschaft betonen.

Anwendung mehrerer Management-System-Standards:

Als besonders einfach bzw. sogar als Erleichterung empfinden Bildungseinrichtungen den Umstieg von einer bisherigen Kombilösung – DIN ISO 29990:2010-12 plus DIN EN ISO 9001:2015-11 – auf den neuen Standard. Die umfangreichen in der Norm DIN ISO 21001:2021-02 enthaltenen Anleitungen sowie detaillierte Hinweise zur Umsetzung in den Normabschnitten selbst bieten einen zusätzlichen Anreiz, denn sie erhöhen das Verständnis und die Akzeptanz der Standards bei allen involvierten Mitwirkenden.

Ein ähnlich geringer Aufwand ergibt sich beim Umstieg einer Kombination aus der DIN EN ISO 9001:2015-11 mit anderen Bildungszertifikaten. Im Grunde erleichtern die Kenntnis und bereits gewonnene Praxis im Umgang mit der HS – auch über andere Managementnormen – den Umstellungsprozess erheblich.

Mit der Einführung der HS als einheitliche Struktur für alle Managementsystemnormen hat ISO eine Grundlage zur Entwicklung und Aufrechterhaltung von integrierten Managementsystemen geschaffen. Mit dieser Grundstruktur, die immer aus zehn Elementen besteht, lassen sich auf einfachste Art und Weise Dopplungen in den Managementsystemen vermeiden, die naturgemäß in jeder immer wieder vorkommen, und zwar

- 4. Kontext der Organisation,
- 5. Führung,
- 6. Planung,
- 7. Unterstützung,
- 8. Betrieb (auch Leistungserbringung),
- 9. Überprüfung und
- 10. Verbesserung.

Diese HS ist sozusagen das Fundament, also die Grundplatte wie sie in einem bekannten Bausteinsystem verwendet wird, für den Aufbau eines Managementsystems der unterschiedlichsten Anwendungen, zum Beispiel:

- Qualitätsmanagement,
- Umweltmanagement,
- Informationssicherheitsmanagement,
- Gesundheits- und Arbeitsschutzmanagement und eben auch
- Management von Bildungsorganisationen.

Abbildung 5: Grundplatte oder Fundament eines Managementsystems nach Harmonized Structure (HS)

Eine wesentliche Voraussetzung für die Wirkung des Bausteinsystems ist es, dass die Bausteine, auch wenn sie von unterschiedlicher „Größe" geprägt sind, immer aufeinander passen. Das funktioniert nur, wenn die Schnittstellen klar und eindeutig definiert sind und die Reihenfolge beim Aufbau eingehalten wird. Die Bausteine unterscheiden sich dann „nur noch" inhaltlich.

Die ersten drei Bausteine beschreiben:

1) den Anwendungsbereich für die jeweilige Norm,

2) den Verweis auf mitgeltende Normen und

3) die Begriffe, die speziell in der jeweiligen Norm verwendet werden.

Auf diese Weise entstehen langsam die „Grundmauern" des Managementsystems.

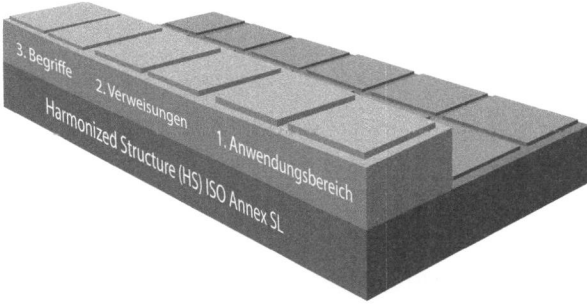

Abbildung 6: Erste Bausteine im Managementsystem

Auf die Anforderungen, die die Norm an die Bildungsorganisation stellt, werden in den Abschnitten vier bis zehn – analog zur Struktur der DIN ISO 21001:2021-02 – im Einzelnen eingegangen und diese anhand praktischer Hinweise und Tipps praxisorientiert anwendbar gemacht.

4 Kontext der Organisation

Der erste wirkliche Baustein zum Managementsystem einer Bildungsorganisation wird mit dem Abschnitt „Kontext der Organisation" repräsentiert.

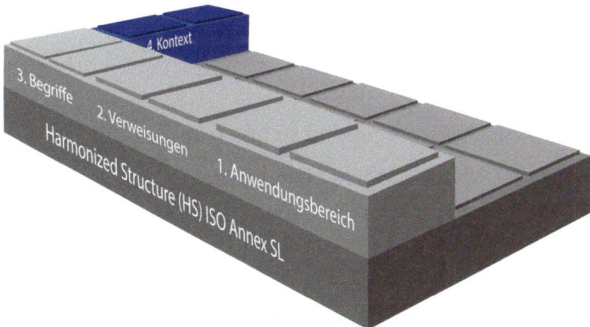

Abbildung 7: Erster Anforderungsbaustein „Kontext der Organisation" im Managementsystem

4.1 Verstehen der Organisation und ihres Kontextes

> **4 Kontext der Organisation**
>
> **4.1 Verstehen der Organisation und ihres Kontextes**
>
> Die Organisation muss externe und interne Themen bestimmen, die für ihren Zweck, ihre gesellschaftliche Verantwortung und ihre strategische Ausrichtung relevant sind und sich auf ihre Fähigkeit auswirken, die beabsichtigten Ergebnisse ihres MSBO zu erreichen.
>
> Die Organisation muss Informationen zu diesen externen und internen Themen überwachen und überprüfen.
>
> ANMERKUNG 1   Als Themen können positive und negative Faktoren oder Bedingungen in Betracht gezogen werden.
>
> ANMERKUNG 2   Das Verständnis über den externen Kontext kann durch Betrachten von Themen gefördert werden, die sich aus den technischen, wettbewerblichen, marktbezogenen, kulturellen, sozialen, politischen, wirtschaftlichen und umweltspezifischen Faktoren ergeben, ob international, national, regional oder lokal.
>
> ANMERKUNG 3   Das Verständnis des internen Kontexts kann durch Betrachten von Themen, die sich auf Werte, Kultur, Wissen und Leistung der Organisation beziehen, gefördert werden.
>
> ANMERKUNG 4   Die strategische Ausrichtung kann durch dokumentierte Information, wie die Mission oder die Vision der Organisation, ausgedrückt werden.

Unter dem Kontext der Organisation werden die externen und internen Rahmenbedingungen verstanden, die die strategische Ausrichtung der Organisation nach außen und innen beeinflussen. Diese Rahmenbedingungen zu kennen und zu verstehen, stellt den Ausgangspunkt für die strategische Planung und für das Qualitätsmanagementsystem (MSBO) dar.

Was bedeutet das für eine Bildungsorganisation?

Unter Kontext der Organisation im Bildungswesen verstehen wir:

– wie der Bildungsmarkt funktioniert,

– wie wir die Branche mit deren spezifischen Themen berücksichtigen,

– die internen Schwerpunkte der eigenen Organisation zu kennen,

– aus der Beobachtung des Umfeldes Risiken zu erkennen und zu begegnen sowie

– relevante Gesetze, Verordnungen und Anforderungen zu berücksichtigen und

– interne Qualitätsdimensionen im Bildungsprozess zu erkennen (Werte-/Didaktik-/Methoden-/ Transfer-Qualität).

Abbildung 8: Externe und interne Einflussfaktoren, die die strategische Ausrichtung der Organisation nach außen und innen beeinflussen. Diese Rahmenbedingungen bilden den Ausgangspunkt für die strategische Planung und für das Managementsystem von Bildungsorganisationen (MSBO).

Für die Bildungsorganisation ist es demnach wichtig zu verstehen, wo sie im Kontext des Bildungsumfeldes steht, welche Mission, welche Stärken und Schwächen sie hat, aber auch, welche Risiken und Chancen sich daraus ergeben. Dieser Prozess ist ein immer wiederkehrender Prozess, der sich sinnvollerweise wunderbar mit dem PDCA-Zyklus abbilden lässt. Er beschreibt den vierstufigen Regelkreis des fortlaufenden Verbesserungsprozesses:

Schritt 1: Plan – Planen bedeutet für jeden Prozess: Formulierung eines Ziels, Festlegung von Schlüsselindikatoren, Treffen von Annahmen und Ableitung einer Maßnahme, die geeignet ist, eine aktuelle Situation zu verbessern.

Schritt 2: Do – Phase der Umsetzung. Es werden Entscheidungen getroffen und geeignete Maßnahmen zur Erreichung der Ziele festgelegt.

Schritt 3: Check – Die Erfahrungen bei der Umsetzung der Maßnahmen und die erzielten Ergebnisse werden reflektiert. Die Ergebnisse dieses Schrittes bestimmen, ob die geplanten Maßnahmen zurückgezogen, modifiziert oder endgültig festgelegt werden.

Schritt 4: Act – Die im Problemlösungsprozess gewonnenen Erfahrungen werden ausgewertet. Daraus werden Maßstäbe für zukünftiges Handeln abgeleitet.

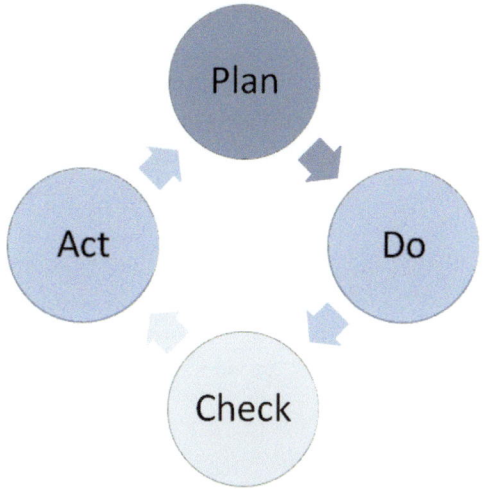

Abbildung 9: Plan-Do-Check-Act-Zyklus

Zur Gestaltung, Steuerung, Kontrolle und Verbesserung von Prozessen sind das Verständnis und die Anwendung des PDCA-Zyklus auf allen Ebenen und in allen Prozessen essenziell. Das Qualitätsmanagementsystem (MSBO) ist ein bewusstes Zusammenspiel aller Prozesse, um die gesetzlichen und normativen Anforderungen sowie die Bedürfnisse der interessierten Parteien zu erfüllen.

Fokus auf dem Lernenden als Kunden

Der strategische Ansatz des MSBO wird inhaltlich getragen von der Unterstützung des Erfolgs der Lernenden, die als Kunden im Mittelpunkt stehen. Das MSBO betrachtet daher das Handlungsfeld Studium/Lehre/Lernen in seiner gesamten Breite, d. h.

1) die Bildungsangebote in ihrem Lebenszyklus,

2) die Lernenden entlang ihres Lern-Lebenszyklus,

3) die Lehrenden und

4) die unterstützenden Akteure in der Betreuung, Verwaltung und anderen Unterstützungssystemen.

Ziel ist eine fortlaufende Überprüfung und Verbesserung der Angebote, die regelmäßig und nach definierten Prozessen erfolgt und die Einhaltung der relevanten externen Vorgaben.

Um die Stärken und Schwächen, aber auch Risiken und Chancen einer Organisation identifizieren zu können, kann die Anwendung einer SWOT-Analyse (siehe Beispiel in Abschnitt 6.2.2) sinnvoll sein. Diese sollte nicht nur einmal sondern in regelmäßigen Abständen, mindestens einmal jährlich zum Managementreview, vorgenommen werden.

Kennziffern zu Abschnitt 4.1:

– Umsatz

– Zufriedenheit der Kunden (der Lernenden)

– Zufriedenheit der Mitarbeitenden

– Nachhaltigkeitsindex

– Rankings, Marktstellungsindizes

Exemplarische Nachweise:

– Ergebnisse der SWOT-Analyse

– Maßnahmenplan

– Besprechungsprotokolle

– Managementbewertung

– Umsetzungspläne mit Prioritäten

– (Markt-)Analysen inkl. Trendstudien

Mögliche Auditfragen:

- Wie ist die strategische Ausrichtung Ihrer Organisation und welche Bildungsprodukte und -dienstleistungen sind dazu relevant?
- Welche internen und externen Themen haben Einfluss auf die strategische Ausrichtung Ihrer Organisation (z. B. bei mehreren Standorten in verschiedenen Ländern und Kulturen)? Auf welche Weise analysieren und bewerten Sie diese Einflussfaktoren?
- Inwieweit berücksichtigt die Ausrichtung der Organisation die elf Grundprinzipien wie z. B. soziale Verantwortung, nachhaltiges und ethisches Handeln?
- Wo soll Ihre Organisation in drei bis fünf Jahren stehen? In welcher Weise fließen Änderungen aufgrund von Marktanalysen und Trendstudien in die Gestaltung des MSBO ein?

- Wie kommunizieren Sie die strategische Ausrichtung intern und extern an interessierte Parteien?
- Wie wird die Überwachung und Aktualisierung des Kontextes der Organisation sichergestellt?
- Welche Trends erkennen Sie in der Durchführung von Lerndienstleistungen (eLearning, digitale Formate, individualisiertes Lernen)? Welche Innovation und Entwicklungen gibt es in der Branche?

4.2 Verstehen der Erfordernisse und Erwartungen der Interessierten Parteien

4.2 Verstehen der Erfordernisse und Erwartungen der Interessierten Parteien

Aufgrund ihrer Auswirkung bzw. ihrer potenziellen Auswirkung auf die Fähigkeit der Organisation zur beständigen und nachhaltigen Bereitstellung von Bildungsprodukten und -dienstleistungen, muss die Organisation

a) die Interessierten Parteien, die für die MSBO relevant sind,

b) die für die MBOS relevanten Anforderungen dieser Interessierten Parteien

bestimmen.

Diese Interessierten Parteien müssen Folgende enthalten:

- Lernende;
- andere Leistungsempfänger;
- Beschäftigte der Organisation.

Die Organisation muss Informationen über diese Interessierten Parteien und deren relevanten Anforderungen überwachen und überprüfen.

ANMERKUNG Anhang C enthält eine Klassifizierung der Interessierten Partei in Bildungsorganisationen.

Die Organisation muss die externen und internen Bedingungen kennen, die eine Relevanz für den Zweck der Organisation haben und dazu alle interessierten Parteien sowie deren Bedürfnisse und Forderungen ermitteln. Unter den interessierten Parteien sind alle Gruppen zu verstehen, die 1) einen maßgeblichen Einfluss auf die Entscheidungen der Organisation nehmen können und 2) ein berechtigtes Interesse an den Dienstleistungen und Produkten besitzen. Dazu zählen u. a. diese Gruppen:

- Lernende und weitere Begünstigte
- Lehrende und weitere Mitarbeitende
- Unternehmen
- externe Dozenten

- externe Geschäftspartner
- Zulieferer
- Vereine
- Eltern
- Aktionäre
- Versicherer, Banken
- Behörden
- Nachbarschaft
- Feuerwehr, Polizei
- Presse, Öffentlichkeit

Dabei stellen sich die folgenden Fragen:

Welches sind die Erwartungen und Anforderungen der betreffenden Parteien?

Welche Anforderungen spielen für den Kontext der Organisation eine wichtige Rolle?

Sobald die maßgeblichen interessierten Kreise identifiziert sind, müssen ihre Ansprüche festgehalten und in ihrer Wertigkeit berücksichtigt werden. Die systematische Erfassung der Ansprüche und Erwartungen ist die Basis für die Ausrichtung des MSBO. Hieraus ergeben sich wichtige Impulse für Strategie, Politik und Zielsetzungen der Organisation.

Beispiel für die Ansprüche interessierter Parteien

Interessierte Partei	Ansprüche	Umsetzung	Parameter für den Erfolg
Lernende	erfolgreicher Abschluss und gesicherter Lerntransfer, zielführende Lehr/Lern-konzepte, angenehme Lern-atmosphäre, Wertschätzung Datenschutz	Lehr/Lernbetrieb stetig optimieren Kriterien: 1) Kompetenz und Verhalten der Lehrenden, 2) Inhalt und Didaktik, 3) Lern- und Lehrkultur, 4) zielgruppengerechte Gestaltung der Infrastruktur und der Didaktik DSGVO	hohe Zufriedenheits-Quote, Umsatzsteigerung, hohe Nachfrage, Status im Markt, hohe Übernahme-quoten in Betriebe bzw. weiterführende Bildungssektoren, sehr gute Abschluss-noten, Beschwerdequote niedrig
Mitarbeitende-entsendende Unternehmen (Weiterbildung)	herausragende, passgenaue Bildungsangebote, um 1) Fachwissen zu aktualisieren, 2) Schwächen anzugehen, Wissens-lücken zu schließen, 3) Motivation und Karrierechancen zu steigern	Kunden- und aufgabenspezifische Seminare von hoher Qualität, gute Kommunikationsstrukturen zu Kunden, Bildungsprogramme, die die Umsetzung in die Praxis fokussieren, innovative Infrastruktur, Optimierung der Kosten/Nutzenstruktur	hervorragende Kundenbewertungen, hoher Status im Weiterbildungs-markt, enge Beziehungen zu Unternehmens-Kunden, langfristige Verträge

> Wie in der Beispieltabelle gezeigt wird, sollten die Ansprüche und Erwartungen der interessierten Parteien als Leitschnur für passende innerbetriebliche Antworten dienen. Die genaue Analyse der Erwartungshaltungen führt zu entsprechenden Maßnahmen, um den Ansprüchen gerecht zu werden. Die Parameter für den Erfolg sollten idealerweise – dort wo dieses möglich ist – mit Kennzahlen (KPIs) hinterlegt werden, um Erfolge quantifizierbar zu gestalten. Abweichungen können so rasch erkannt und entsprechende Korrekturmaßnahmen eingeleitet werden.
>
> Da die Analyse und Bewertung der Ansprüche und Bedürfnisse der interessierten Parteien eine grundlegende Basis des Qualitätsmanagements darstellt, sollte sie als dokumentierte Information vorliegen. Im Zyklus der fortlaufenden Verbesserung sollte diese Basis immer wieder auf ihre Validität hin geprüft und ggf. angepasst werden.

Kennziffern für Abschnitt 4.2:
- Zufriedenheit der Kunden (der Lernenden)
- Zufriedenheit der Mitarbeitenden
- Zufriedenheit der interessierten Parteien

Exemplarische Nachweise:
- Protokolle, Besprechungen
- Stakeholderanalyse
- Stakeholdermatrix
- Steuer- und Buchhaltungsunterlagen
- Schnittstellen-Dokumentation
- Kooperationsvereinbarungen
- Lehr- und Lernverträge

Mögliche Auditfragen:
- Wie wurden die interessierten Parteien identifiziert (Stakeholderanalyse, Stakeholdermatrix)? Kennen Sie die Anforderungen der einzelnen Parteien – intern und extern? Welche sind das?
- Wie sind Anforderungen und Erwartungen im MSBO berücksichtigt und wie werden sie überprüft?
- Wie gehen Sie mit möglichen Konflikten um, die aus unterschiedlichen Anforderungen interessierter Parteien (z. B. Lernende, Lehrende, externe Partner an Standorten mit unterschiedlichem sozialen, kulturellen und ethischen Background) entstehen können? Wie planen Sie mögliche Veränderungen in der Zusammenarbeit?
- Wie sind interessierte Parteien in Entscheidungsprozesse in Ihrer Organisation eingebunden (z. B. in der curricularen Entwicklung)?

4.3 Festlegen des Anwendungsbereichs des Managementsystems für Bildungsorganisationen

> 4.3 Festlegen des Anwendungsbereichs des Managementsystems für Bildungsorganisationen
>
> Die Organisation muss die Grenzen und die Anwendbarkeit des MSBO bestimmen, um dessen Anwendungsbereich festzulegen.
>
> Bei der Festlegung dieses Anwendungsbereichs muss die Organisation Folgendes berücksichtigen:
>
> a) die unter 4.1 genannten externen und internen Themen;
>
> b) die in 4.2 angegebenen Anforderungen der relevanten Interessierten Parteien;
>
> c) die Bildungsprodukte und -dienstleistungen der Organisation.
>
> Die Organisation muss sämtliche Anforderungen dieses Dokuments anwenden, wenn Sie innerhalb des festgelegten Anwendungsbereichs ihres MSBO anwendbar sind.
>
> Der Anwendungsbereich der MSBO muss als dokumentierte Information verfügbar sein und aufrechterhalten werden. Der Anwendungsbereich muss die Arten der behandelten Bildungsprodukte und -dienstleistungen angeben, und eine Begründung für jede Anforderung dieses Dokuments liefern, die von der Organisation als nicht für den zutreffend hinsichtlich des Anwendungsbereiches ihres MSBO bestimmt wird.
>
> Die Konformität mit diesem Dokument kann nur dann beansprucht werden, wenn die Anforderungen, die als nicht zutreffend bestimmt wurden, nicht die Fähigkeit oder die Verantwortung der Organisation beeinträchtigen, die Konformität ihrer Bildungsprodukte und -dienstleistungen sowie die Erhöhung der Zufriedenheit der Lernenden und anderer Leistungsempfänger sicherzustellen.
>
> Alle Bildungsprodukte und -dienstleistungen, die den Lernenden von einer Bildungsorganisation angeboten werden, müssen in den Anwendungsbereich dieses MSBO einbezogen werden.

Der Anwendungsbereich des Managementsystems der Organisation muss exakt bestimmt werden, denn nur für diesen Bereich gelten die Anforderungen dieser Norm. Der Anwendungsbereich hat keine Größenbeschränkung, die Grenzen und die Anwendbarkeit des MSBO sollten jedoch definiert sein.

Es ist wichtig, klarzumachen, welche Prozesse eingeschlossen sind und welche nicht. Daher sollte der Anwendungsbereich klar umgrenzt sein, um den MSBO-Arbeitsaufwand darauf zu konzentrieren und unnötige Fragen zu anderen Aktivitäten der Organisation, die nicht maßgeblich für die Zertifizierung sind, zu vermeiden. So kann ein bestimmter Teil des Lehrbetriebs einer Akademie zum Anwendungsbereich gehören, da er sich auf technische Berufsbilder bezieht, ein anderer Teil, zum Beispiel Seminare in der kaufmännischen Ausbildung, jedoch nicht.

Beispiele für die Definition von Anwendungsbereichen in Bildungsorganisationen:

- Beispiel Sprachinstitut: Der Geltungsbereich der Norm kann sich auf Niederlassungen in bestimmten Ländern beziehen. Die Norm gilt also nur für diese spezifischen Standorte
- Beispiel Weiterbildungsinstitut: Der Geltungsbereich kann sich auf einen Fachbereich beziehen. Die Anforderungen gelten dann z. B. nur in der kaufmännischen Weiterbildung, nicht im Bereich Technik.
- Beispiel Universität: Auch hier ist es möglich, eine Eingrenzung des Anwendungsbereichs auf eine spezielle Fakultät, z. B. die Business School, vorzunehmen. Alle anderen Fakultäten sind vom Zertifikat ausgenommen.
- Beispiel Seminarmanagement in einem Unternehmen: Die Trainingsorganisation und das Seminarmanagement in einem Unternehmen können als separate Einheit zertifiziert werden, auch wenn die Einheit organisatorisch Teil der Personalabteilung bzw. der Verwaltung ist.
- Beispiel Kindertagesstätte: Auch in Kindertagesstätten kann der Anwendungsbereich eingegrenzt werden, zum Beispiel dann, wenn nur der Kindergarten (für Kinder ab drei Jahren bis zum Schuleintritt) zertifiziert werden soll, die Kinderkrippe (für Kinder bis zu drei Jahren) aber ausgeklammert bleibt (s. hierzu Norm-Anhang A).

Die Eingrenzung des Anwendungsbereichs muss dokumentiert sein und aufrechterhalten werden. Dabei müssen die Anwendungsbereiche sowie die Arten der behandelten Bildungsprodukte und Dienstleistungen angegeben werden.

Wichtig: Die Organisation muss auch eine Begründung liefern, warum andere Bereiche/andere Niederlassungen oder bestimmte Filialen ggf. hinsichtlich des Anwendungsbereiches ihres Managementsystems nicht mit einbezogen werden. Das heißt, warum die Anforderungen in diesen Bereichen als nicht zutreffend erachtet werden.

Die Konformität mit der Norm darf nur dann beansprucht werden, wenn die Anforderungen, die als nicht zutreffend bestimmt wurden, nicht die Fähigkeit oder die Verantwortung der Organisation beeinträchtigen, die Konformität ihrer Bildungsprodukte und Dienstleistungen sowie die Erhöhung der Kundenzufriedenheit sicherzustellen.

Das gesamte Managementsystem ist in geeigneter Form zu beschreiben. Dazu ist kein Managementhandbuch mehr erforderlich, allerdings sollten alle Geschäftsprozesse, die Zusammenhänge der Prozesse und ihre Wechselwirkungen in ausreichender Form dargestellt werden.

Kennziffern für Abschnitt 4.3:

- Kriterien für die Bewertbarkeit des Bildungsproduktes (z. B. ECTS-Punkte)

Exemplarische Nachweise:

- Managementhandbuch (falls vorhanden)
- Protokolle, Besprechungen
- dokumentierte Begründung für die eventuelle Eingrenzung des Anwendungsbereichs sowie die Begründung für die Nichtanwendbarkeit

- Risiko-/Chancenbetrachtung über nicht anwendbare Anforderungen
- Nachweise über extern bereitgestellte Bildungsdienstleistungen und -prozesse

Mögliche Auditfragen:

- Wie wurde der Anwendungsbereich des MSBO festgelegt und dokumentiert – z. B. im Falle einer Bildungsorganisation mit Bildungsangeboten für verschiedene Zielgruppen mit soziokulturellen und persönlich differenzierten Voraussetzungen, Anforderungen und Erwartungen?
- Auf welche Weise wird die Konformität der Bildungsprodukte und -dienstleistungen mit den Anforderungen vonseiten der Lernenden sichergestellt?
- Wie lauten darauf bezogen die identifizierten Risiken und Chancen?
- Woraus resultieren die Alleinstellungsmerkmale Ihrer Organisation im Kontext des Wettbewerbs und der Entwicklungen auf dem Bildungssektor?

4.4 Managementsystem für Bildungsorganisationen (MSBO)

4.4 Managementsystem für Bildungsorganisationen (MSBO, en: management system for educational organizations)

4.4.1 Die Organisation muss entsprechend den Anforderungen dieses Dokuments ein MSBO aufbauen, verwirklichen, aufrechterhalten und fortlaufend verbessern, einschließlich der benötigten Prozesse und ihrer Wechselwirkungen.

Die Organisation muss die Prozesse bestimmen, die für das MSBO benötigt werden, sowie deren Anwendung innerhalb der Organisation festlegen, und muss:

a) die erforderlichen Eingaben und die erwarteten Ergebnisse dieser Prozesse bestimmen;

b) die Abfolge und die Wechselwirkung dieser Prozesse bestimmen;

c) die Kriterien und Verfahren (einschließlich Überwachung, Messungen und die damit verbundenen Leistungsindikatoren), die benötigt werden, um das wirksame Durchführen und Steuern dieser Prozesse sicherzustellen, bestimmen und anwenden;

d) die für diese Prozesse benötigten Ressourcen bestimmen und deren Verfügbarkeit sicherstellen;

e) die Verantwortlichkeiten und Befugnisse für diese Prozesse zuweisen;

f) die in Übereinstimmung mit den Anforderungen nach 6.1 bestimmten Risiken und Chancen behandeln;

g) diese Prozesse bewerten und jegliche Änderungen umsetzen, die notwendig sind, um sicherzustellen, dass diese Prozesse ihre beabsichtigten Ergebnisse erzielen;

h) die Prozesse und das MSBO verbessern.

> **4 Kontext der Organisation**
>
> **4.4 Managementsystem für Bildungsorganisationen (MSBO, en: management system for educational organizations)**
>
> **4.4.2** Die Organisation muss in erforderlichem Umfang:
>
> a) dokumentierte Information aufrechterhalten, um die Durchführung ihrer Prozesse zu unterstützen;
>
> b) dokumentierte Information aufbewahren, sodass darauf vertraut werden kann, dass die Prozesse wie geplant durchgeführt werden.

Zwischen Qualitätsmanagementprozessen und anderen Prozessen einer Bildungseinrichtung wird grundsätzlich nicht mehr unterschieden. Vielmehr werden hinsichtlich eines prozessorientierten Ansatzes für das gesamte Managementsystem klare Vorgaben gefordert. Dies schließt sämtliche Prozesse einer Bildungseinrichtung ein (siehe auch grafische Darstellung in Abschnitt 5.3):

– wertschaffende Führungsprozesse

– wertschöpfende Kernprozesse

– werterhaltende Support-/Unterstützungsprozesse

Alle Prozesse sind mit Inputs und Outputs verbunden – was geht in den Prozess hinein? Welches Ergebnis wird am Ende produziert? Für alle Prozesse müssen sogenannte verantwortliche Prozesseigner festgelegt werden, deren Funktionalität im Organigramm ausgewiesen ist. Der Prozesseigner ist für die laufende Überwachung und ggf. für die Optimierung des Prozesses verantwortlich.

Darüber hinaus sind es die Prozessanwender, die für die Umsetzung der einzelnen, operativen Maßnahmen im Prozess zuständig sind, d. h. die die ordnungsgemäße Durchführung gewährleisten. So wird ein neuer Dozent zum Beispiel von einer erfahrenen Lehrkraft nach festgelegten, im MSBO ausgewiesenen Prozessschritten eingearbeitet.

Die Vielzahl von Informationen, die zum Managen eines Prozesses notwendig sind, können in Form einer Prozessmatrix oder einer Prozesstabelle gebündelt werden.

Beispiel einer Prozesstabelle	
Identifikation	Wie heißt der Prozess (Bezeichnung, Nummer im Prozess-Strukturbaum usw.)?
Definition und Zweck	Warum wird der Prozess durchgeführt? Was ist die Absicht, Intention?
Vorgehen, Beschreibung	Wie läuft der Prozess ab, welche Schritte sind erforderlich? Welche Entscheidungen werden gefällt, usw. Eine Prozessbeschreibung kann sehr komplex werden, je mehr Details beschrieben werden. Hier gilt es, sich auf die wesentlichen Dinge zu konzentrieren, sodass eine Beschreibung nicht zu kleinteilig wird, auf der anderen Seite für „Einsteiger" aber noch verständlich ist.
Prozesseigner	Verantwortliche Person für den Prozess. Die Person kann, muss aber nicht für die Ausführung des Prozesses verantwortlich sein, sie ist für die Gestaltung des Prozesses verantwortlich.
Input-Lieferant Was will der Kunde/der Lernende?	Wer ist der Lieferant? Wer liefert die Eingaben zum Prozess? Dieses Element beschreibt die Anforderungen an den Inputgeber (z. B. den Lehrenden und Lernenden) hinsichtlich der Ergebnisse des Prozesses.
Eingaben	Welche Eingaben, Anforderungen sind erforderlich?
Ereignisse	Welche Ereignisse lösen den Prozess aus?
Abnehmer	Wer ist der Kunde?
Ergebnisse Was bekommt der Kunde/der Lernende?	Welche Ergebnisse, Resultate erzeugt der Prozess und was bekommt der Kunde?
Kennzahlen	Welche Kennzahlen werden definiert, um die Güte des Prozesses in der Praxis messen zu können?
Womit? (Ressourcen)	Womit wird der Prozess durchgeführt? (z. B. IT-System, Werkzeuge, Office-Programme)
Mit wem? (beteiligtes Personal)	Welches Personal wird zur Durchführung des Prozesses benötigt, wer wird informiert?
Dokumente	Wie und wo wird der Prozess beschrieben? Welche Arbeitsschritte sind erforderlich, welche Arbeitsanweisungen gibt es?

Die Prozesse stehen auf der einen Seite für sich, wechselwirken aber ständig mit anderen. So haben zum Beispiel die Prozesse Kommunikation und Kompetenz kontinuierlich Auswirkungen auf den Prozess des Lernens und Lehrens, denn sie beeinflussen die Qualität des Prozesses (Kompetenz der Lehrkraft) und den Austausch untereinander (Kommunikationskultur nach innen und außen). Um Wechselwirkungen und Schnittstellen sichtbar zu machen, kann eine Prozesslandschaft zum Beispiel in Form einer ereignisgesteuerten Prozesskette (EPK) oder einer sogenannten „Swimlane" dargestellt werden.

Kennziffern Abschnitt 4.4:

– Prozessindikatoren und -ziele

– Qualitätsziele

– Produktivität

– Risikorate

– Zufriedenheitsquoten der Lernenden und der Mitarbeitenden

Exemplarische Nachweise:

– Dokumentation der Prozesse

– Prozessbewertungen

– Wechselwirkungsmatrix

– Ereignisgesteuerte Prozesskette (EPK)

– Swimlane

– Schnittstellenerfassung

– Prozessbeschreibungen und Arbeitsanweisungen

– prozessbezogene Übersicht der jeweiligen Prozessbeteiligten, Zuordnungen von Aufgabenbereichen und Verantwortung (z. B. RACI-Matrix)

– Dokumentation ausgelagerter Prozesse

– Stellenbeschreibungen der Prozesseigner

Mögliche Auditfragen:

- Welche Prozesse bilden die Grundlage Ihres Bildungsangebots? Wer sind die Prozessverantwortlichen und über welche Befugnisse verfügen sie?
- Wie werden die Wechselwirkungen der Prozesse untereinander dargestellt? Was sind die wichtigsten internen und externen Einflussfaktoren, und wie werden diese ermittelt?
- Woran machen Sie fest, dass der Prozess die erwarteten Ergebnisse liefert? Welche Leistungsindikatoren definieren die Prozessergebnisse?
- Anhand welcher Kriterien machen Sie fest, ob Ihnen ausreichend Ressourcen zur Verfügung stehen? Wie gehen Sie mit Engpässen um?
- Wie werden die Prozesse – inklusiv der externen Anbieter – gesteuert und dokumentiert?

Exkurs 4.4.1 beschreibt wie Tätigkeiten und Informationsflüsse am Beispiel zum Prozess „Erstellung eines Curriculum" zusammenhängen.

Exkurs 4.4.2 beschreibt die Turtle-Methode als einfache Methode zur vollständigen Dokumentation von Prozessen.

5 Führung

Der zweite Baustein zum Managementsystem einer Bildungsorganisation widmet sich dem Thema „Führung".

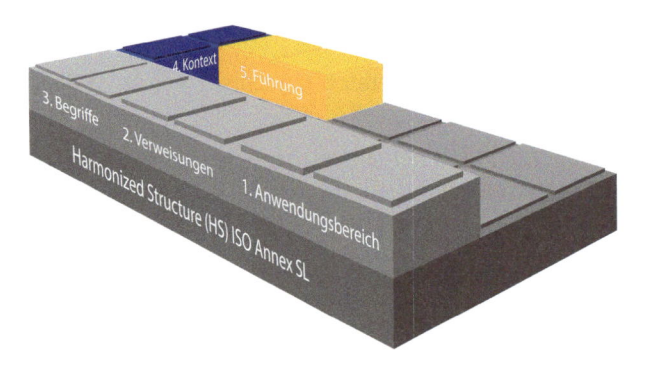

Abbildung 10: Baustein „Führung"

5.1 Führung und Verpflichtung

Ebenso wie bei der DIN EN ISO 9001:2015-11 liegt ein Hauptaugenmerk der Anforderungen der Norm DIN ISO 21001:2021-02 auf der Rolle und der Verantwortung des obersten Managements für den gesamten Bildungsprozess. Die Norm weist in Abschnitt 5.1 auf die Bedeutung des prozessorientierten Denkens der Führung hin, die die möglichen Risiken und Chancen in den einzelnen Prozessen stets im Blick behalten sollte um unerwünschte Ergebnisse zu verhindern:

– Verstehen der Anforderungen und deren fortlaufende Einhaltung
– die Betrachtung der Prozesse im Hinblick auf die Wertschöpfung
– Erreichen einer wirksamen Prozessleistung
– Verbesserung von Prozessen basierend auf der Bewertung von Daten und Informationen

Einige grundlegende Forderungen, die sich aus diesem Normabschnitt ableiten, sollen im Folgenden hinterfragt und mit praxisnahen Empfehlungen greifbar gemacht werden:

5.1.1 Allgemeines

5 Führung

5.1 Führung und Verpflichtung

5.1.1 Allgemeines

Die oberste Leitung muss in Bezug auf das MSBO Führung und Verpflichtung zeigen, indem sie:

a) für die Wirksamkeit des MSBO verantwortlich ist;

b) sicherstellt, dass die Politik und die Ziele der Bildungsorganisation festgelegt und mit dem Kontext und der strategischen Ausrichtung der Organisation vereinbar sind;

c) sicherstellt, dass die Anforderungen des MSBO in die Geschäftsprozesse der Organisation integriert werden;

d) die Anwendung des prozessorientierten Ansatzes und das risikobasierte Denken fördert;

e) sicherstellt, dass die für das MSBO erforderlichen Ressourcen zur Verfügung stehen;

f) die Bedeutung eines wirksamen Managements einer Bildungsorganisation sowie die Wichtigkeit der Erfüllung der Anforderungen des MSBO-vermittelt;

g) sicherstellt, dass das MSBO sein(e) beabsichtigtes(/en) Ergebnis(se) erreicht;

h) Personen einsetzt, anleitet und unterstützt, damit diese zur Wirksamkeit des MSBO beitragen;

i) fortlaufende Verbesserung fördert;

j) andere relevante Führungskräfte unterstützt, um deren Führungsrolle in deren jeweiligem Verantwortungsbereich deutlich zu machen;

k) die nachhaltige Umsetzung der Bildungsvision und der zugehörigen Bildungskonzepte unterstützt;

l) einen strategischen Plan für die Organisation aufstellt, entwickelt und aufrechterhält;

m) sicherstellt, dass die Bildungsanforderungen der Lernenden, einschließlich besonderer Bedürfnisse, ermittelt und adressiert werden;

n) Prinzipien der gesellschaftlichen Verantwortung berücksichtigt.

ANMERKUNG Wenn in diesem Dokument das Wort „Geschäft" verwendet wird, kann dieses im weiteren Sinne verstanden werden und bezieht sich auf Tätigkeiten, die für den Zweck der Organisation bzw. deren Existenz entscheidend sind, unabhängig davon, ob es sich um eine öffentliche, private, freiwillige, gewinnbringende oder gemeinnützige Organisation handelt.

Der obersten Leitung kommt die volle Verantwortung für ein funktionierendes, d. h. wirksames MSBO zu. Verantwortung bedeutet zugleich die umfassende Kenntnis der relevanten Kernprozesse des Lernens und der sich daraus ergebenden unterstützenden Prozesse. Die Kenntnis der wesentlichen Prozessabläufe ist eine Basis für die Vorgaben und Regelungen, die maßgeblich für die Umsetzung der Prozesse sind.

Dabei steht der Lernende – der Kunde – stets im Mittelpunkt aller Überlegungen und Maßnahmen. Der Lernende ist nicht nur Kunde und Abnehmer der Dienstleistung, sondern er ist ein wesentlicher Motor und Inputgeber, der selbst zum Bildungsprozess und dessen Weiterentwicklung wesentlich beiträgt. Die Bedürfnisse und Anforderungen der Zielgruppe „Lernende" sind die oberste Prämisse aller unternehmensinternen Prozesse und sie sind einer stetigen Veränderung unterworfen.

Aus diesem Grunde ist es Aufgabe und Pflicht der Leitungsebene, die einmal getroffenen Entscheidungen einem immerwährenden zyklischen Prozess der Evaluation und Neubewertung zu unterziehen, wenn das Unternehmen auf Dauer am Markt bestehen und wachsen will. Ein Ausruhen auf einem einmal gesetzten „Mission Statement" oder einer Leitlinie kann gefährlich werden, wenn sich die Marktbedingungen und/oder die Bedürfnisse der Lernenden ändern.

Das Denken in Risiken und Chancen ist daher essenziell für eine dynamische Bildungsorganisation. Hier nimmt die Führungsebene eine Vorbildrolle ein. Ihre Aufgabe ist es, allen Beteiligten die Bedeutung des MSBO in geeigneten Strukturen bewusst zu machen und dafür Sorge zu tragen, dass das MSBO in den einzelnen betrieblichen Abläufen umgesetzt werden kann.

Wie kann die Wirksamkeit des MSBO (5.1.1 a) erreicht werden?

Ohne die bewusste Integration des MSBO in die betrieblichen Abläufe geht es nicht. Die Führung muss Befugnisse und Verantwortlichkeiten für die einzelnen Prozesse festlegen und diese kontinuierlich überprüfen.

Ein Bildungsmanagementsystem ist immer nur so gut wie die daran mitwirkenden Akteure. Es kann seine Wirksamkeit entfalten, wenn

1) klare prozessorientierte Strukturen bestehen, die Verantwortlichen für einzelne Prozesse benannt sind und diese ihre Aufgabe erfüllen,

2) die Bedeutung des MSBO allen Mitwirkenden – vom Dozenten und Verwaltungsfachleuten bis zu Aushilfen und Praktikanten – bekannt ist.

3) Darüber hinaus ist es wichtig externe interessierte Parteien, insbesondere die Lernenden selbst und andere Interessierte (Eltern, mitwirkende Unternehmen, Lieferanten) in die Kommunikation einzubeziehen.

4) Das MSBO muss für **alle** Geschäftsprozesse zur Grundlage werden, wie z. B.

- im Rekrutierungsprozess von neuen Lehrkräften oder anderen Mitarbeitenden,
- in der Admission, dem Anmeldeprozess von Lernenden,
- im Kernprozess der Lehre,
- in der Bewusstseinsbildung von Beschäftigten,

- in der Ausrichtung auf die Erwartungen und das Wohlbefinden der Lernenden,
- in der Kommunikation mit internen und externen Mitwirkenden und
- in der stetigen Bereitschaft zur Erneuerung und Verbesserung der Unternehmensausrichtung.

Bei der Realisierung der prozessorientierten Organisation ist es Aufgabe des Managements, darauf zu achten, dass sich keine Parallelstrukturen zwischen Linienverantwortung und Prozessverantwortung entwickeln. Prozesse laufen meist abteilungsübergreifend.

Das kann durch klar definierte Spielregeln, gemeinsame Ziele und direkte Absprachen erreicht werden. Die Regeln müssen von der Führung festgelegt, kommuniziert und überwacht werden. Die Abstimmungen funktionieren am besten unter Einbeziehung der betroffenen Prozessverantwortlichen und weiterer Prozessmitwirkenden.

Einen wesentlichen Einfluss auf die Gestaltung von Prozessverantwortung hat die Größe einer Organisation gemessen an der Zahl der Mitarbeitenden und der Anzahl der Standorte. Bei großen Unternehmen ist es sinnvoll, die Aufgabe der Prozesseinführung und Überwachung auf andere Führungskräfte bzw. MSBO-Verantwortliche an den einzelnen Standorten zu delegieren. Siehe hierzu auch Abschnitt 5.3.1.

Neue Anforderungen an die Führung

Der Normabschnitt 5.1.1 enthält einige Forderungen an die Führung, die gegenüber der ISO 9001 gezielt auf Bildungsunternehmen zugeschnitten sind und in der ISO 9001 nicht vorkommen. Dazu gehören die o. g. Abschnitte 5.1.1 k) bis n), die wesentliche Bedeutung für die Ausrichtung und die Umsetzung eines gelebten Bildungsmanagements haben. In diesem Kontext stellen sich zusätzliche Aufgaben, die von der Führungsebene sichergestellt werden müssen:

NEU:

k) Unterstützung der nachhaltigen Umsetzung der Bildungsvision und zugehöriger Konzepte

l) Aufstellung und Entwicklung eines strategischen Plans

m) Sicherstellung, dass die Anforderungen und Bedürfnisse der Lernenden ermittelt und bedient werden (s. Normabschnitte 5.1.2 und 5.1.3)

n) Berücksichtigung der gesellschaftlichen Verantwortung des Unternehmens (s. Normabschnitt 5.2)

Was ist unter der nachhaltigen Umsetzung der Bildungsvision zu verstehen (Normabschnitt 5.1.1 k)?

Ohne eine Vision, eine Vorstellung von dem Unternehmensziel kann ein Unternehmen kein Leitbild, keine Mission entwickeln. Daher ist es zunächst wichtig, dass Klarheit über die Aufgaben und Zielsetzungen besteht – eine Vision. Diese muss sich dann im Leitbild, der Mission der Organisation widerspiegeln.

Die Entwicklung eines Leitbildes ist der Kern der strategischen Ausrichtung. Insofern sind Strategische Planung (5.1.1 l)) und Leitbild oder Mission eng verbunden. Das Unternehmen muss sich klar sein, wo es in fünf oder zehn Jahren stehen möchte.

Was ist der Grund des gemeinsamen Handelns? Die Mission fasst die wichtigsten strategischen Punkte zum Erreichen der angestrebten Vision zusammen. Sie schafft eine Basis für eine klare Positionierung und den dazugehörigen Ableitungen für nachvollziehbare strategische und operative Entscheidungen.

Die Forderung geht allerdings noch weiter, denn es kommt darauf an, die Nachhaltigkeit der Bildungsvision nachzuweisen (siehe **Exkurs „5.1 Von der Vision zum Handeln"**).

– Wie lässt sich sicherstellen, dass ein erstelltes Leitbild und die daraus abgeleitete Vision auch langfristig Wirkungen entfaltet und die Investition in Ressourcen und Zeit nicht vergeblich war?

Die Vision sollte immer attraktiv sein. Sie sollte die Mitarbeitenden auf allen Ebenen motivieren, sich für ihre Aufgabe einzusetzen. Eine gute Vision hat die entsprechende Anziehungskraft und kann ein Motor für die Organisation sein, der sich alle Mitwirkenden verpflichtet fühlen. Aber sie sollte auch mit der Zeit gehen und angepasst werden, wenn sich gesellschaftliche oder technische Rahmenbedingungen und damit ggf. die Anforderungen und Wünsche vonseiten der Lernenden verändern.

Es ist die Aufgabe der Führung, diese Veränderungen im Blick zu haben und rechtzeitig die entsprechend notwendigen Adaptionen in der Zielsetzung und damit auch im Leitbild einzuleiten. Die digitale Transformation[3] hat bereits gezeigt, wie gravierend infrastrukturelle Veränderungen den Bildungsmarkt aufmischen und neu strukturieren können.

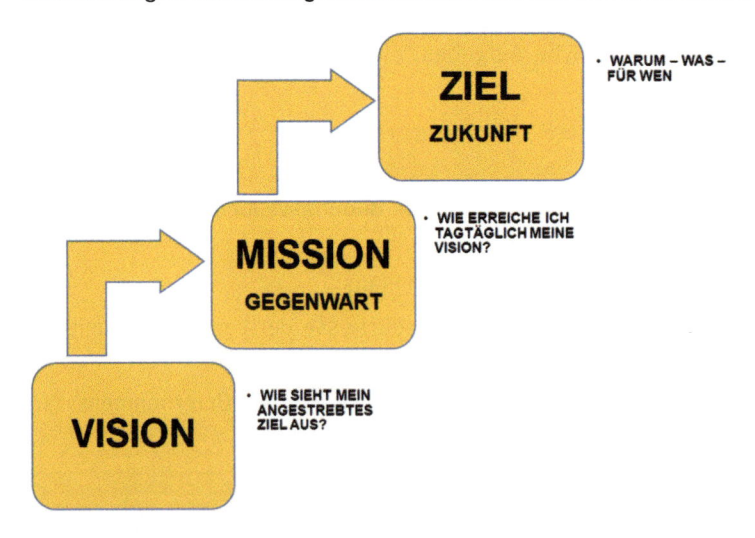

ZIEL
ZUKUNFT
· WARUM – WAS – FÜR WEN

MISSION
GEGENWART
· WIE ERREICHE ICH TAGTÄGLICH MEINE VISION?

VISION
· WIE SIEHT MEIN ANGESTREBTES ZIEL AUS?

Abbildung 11: Vision und Mission sind sowohl intern als auch extern ausgerichtet, zur Orientierung, Identifizierung und Motivation, aber auch, um Lernende zu begeistern, dieselben Ziele und Werte zu teilen.

---

3   Der Begriff „digitale Transformation" (auch digitaler Wandel genannt) beschreibt einen Prozess der Veränderung, der durch digitale Technologien herbeigeführt wird.

Vision und Mission sind intern und extern ausgerichtet, zur Orientierung, Identifizierung und Motivation, aber auch, um Lernende zu begeistern, die dieselben Ziele und Werte teilen.

> „Effektive Führungskräfte haben eine klare Vision und ein Gefühl für die Richtung der Organisation.
> - Sie setzen Prioritäten. Sie lenken die Aufmerksamkeit der Mitarbeitenden auf das Wesentliche. Sie lassen sich nicht mit Initiativen ablenken, die wenig Einfluss auf die Arbeit der Lernenden haben.
> - Sie wissen, was in ihrem Unternehmen vor sich geht. Sie haben einen klaren Blick für die Stärken und Schwächen ihrer Mitarbeitenden. Sie wissen, wie sie auf den Stärken aufbauen und die Schwächen abbauen können.
> - Sie können ihr Personalentwicklungsprogramm auf die tatsächlichen Bedürfnisse ihres Personals und ihrer Organisation ausrichten. Sie gewinnen diesen Überblick durch ein systematisches Programm der Beobachtung und Bewertung.
> - Ihre Klarheit im Denken, ihre Zielstrebigkeit und ihr Wissen darüber, was vor sich geht, bedeuten, dass effektive Führungskräfte das Beste aus ihren Mitarbeitenden herausholen können."
>
> Quelle: National College for School Leadership (2001)

Was gehört zur Entwicklung eines strategischen Plans?

Die Entwicklung eines strategischen Plans und damit die Ausrichtung des Unternehmens beruht auf einer Grundaussage zur eigenen Positionierung und dem eigenen Selbstverständnis, das ebenso in Vision und Mission zu erkennen ist. Hier baut die strategische Planung auf. Die Norm fordert allerdings nicht nur die einmalige Erstellung eines solchen Plans, sondern die Sicherstellung der Weiterentwicklung der eigenen Bildungsstrategie.

Im Normabschnitt 6.2.2 wird die Planung zur Erreichung der strategischen Ziele analog zur ISO 9001 gefordert. Für den Bildungssektor sind in diesem Abschnitt Beispiele und Ideen zur praktischen Umsetzung aufgeführt.

Kennziffern zu Abschnitt 5.1.1

- Erfüllungsgrad der Qualitätsziele
- Umsatzrendite oder Fehlerkostenquote
- Ergebnisse einer Zufriedenheitsanalyse der Mitarbeitenden

Exemplarische Nachweise

- Code of Conduct für Lehrende, Lernende und weitere interessierte Parteien (Quelle: Successful school leadership (2014))
- Verpflichtungserklärung der obersten Leitung und des Führungsteams zur Qualitätspolitik
- Managementbewertung

- MSBO als regelmäßiger Top auf den Sitzungen der Führungsebene
- Ressourcenplanung – u. a. Personal, Infrastruktur, externe Dienstleistungen
- Qualitätspolitik – Überprüfung und Updates
- Kommunikationspolitik
- Liste der relevanten Indikatoren

Mögliche Auditfragen:
- Welche Führungsgrundsätze wenden Sie an? Was erwarten Sie dazu von Ihren Führungskräften?
- Wie hilft Ihnen das MSBO bei der Durchführung Ihrer Bildungsangebote? Nennen Sie Beispiele.
- Wie stellen Sie die Verbindung zwischen Ihrem MSBO und Ihren strategischen Zielen sicher?
- Wie steuern Sie Ihre eigenen Maßnahmen im Rahmen des MSBO?
- Welche Pläne zur Verbesserung haben Sie bezogen auf Strategie, Verantwortung, Ziele etc.?

5.1.2 Der Schwerpunkt liegt auf den Lernenden und anderen Leistungsempfängern

> **5.1.2 Der Schwerpunkt liegt auf den Lernenden und anderen Leistungsempfängern**
>
> Die oberste Leitung muss direkt dafür verantwortlich sein, sicherzustellen, dass
>
> a) die Bedürfnisse und Erwartungen von Lernenden und anderen Leistungsempfängern bestimmt, verstanden und beständig erfüllt werden, was durch die Überwachung ihrer Zufriedenheit und ihres Bildungsfortschritts belegt wird,
>
> b) die Risiken und Chancen, die die Konformität von Bildungsprodukten und -dienstleistungen beeinflussen können, sowie die Fähigkeit zur Erhöhung der Zufriedenheit der Lernenden und anderen Leistungsempfängern bestimmt und behandelt werden.

Was bedeutet es, den Schwerpunkt auf den Lernenden zu legen?

Lehre und Wissenstransfer einer Bildungsorganisation sollten auf die Empfänger dieser Leistung abgestimmt sein, wenn sie Erfolg bringen sollen. Dazu ist es von grundlegender Bedeutung, die Erwartungen sowie die persönlichen Fähigkeiten (siehe **Exkurs „Kompetenzen"**) der Lernenden richtig einzuschätzen. Nur dann kann das Bildungsprodukt zielführend angewandt und umgesetzt werden.

Den Lernenden als Kunden betrachten

Das bedeutet, dass die Führung die Lernenden als Kunden betrachtet, deren Erwartungshorizont und deren Wohlbefinden an oberster Stelle stehen. Die Anforderungen vonseiten der Lernenden müssen also bekannt sein, ehe ein Vertragsverhältnis zustande kommt.

Ein Lernender wird umso zufriedener mit der Lerndienstleistung sein, je besser es der Bildungsorganisation gelingt, seine Ansprüche und Erwartungen zu identifizieren und die Bildungsdienstleistung darauf auszurichten.

Bildungsorganisationen müssen die spezifischen Bedürfnisse der Lernenden ansprechen – so fordert es die Norm, wohl wissend, dass eine „Einheitsgröße für alle" im Bildungsbereich (oder anderswo) nicht funktioniert. Daher ist es von besonderer Bedeutung, die eigenen Bildungsprodukte kundenspezifisch zuzuschneiden und kontinuierlich immer wieder zu hinterfragen und weiterzuentwickeln.

In Produktionsunternehmen steht der Kunde am Ende der Dienstleistungskette, in Bildungsorganisationen ist er integraler Teil der Leistungserbringung.

In der Managementnorm ISO 9001 geht es wie in der ISO 21001 in erster Linie um die Kundenzufriedenheit. Aber hier steht der Kunde am Ende der Dienstleistungskette. Oft steht nur der Vertrieb direkt mit dem Kunden in Verbindung. Er ist in der Regel für die Ermittlung der Kundenerwartungen und -anforderungen zuständig. Die Informationen zur Evaluation der Kundenzufriedenheit werden erhoben und der obersten Leitung in regelmäßigen Abständen zur Verfügung gestellt. Das reicht für Bildungsorganisationen nicht aus.

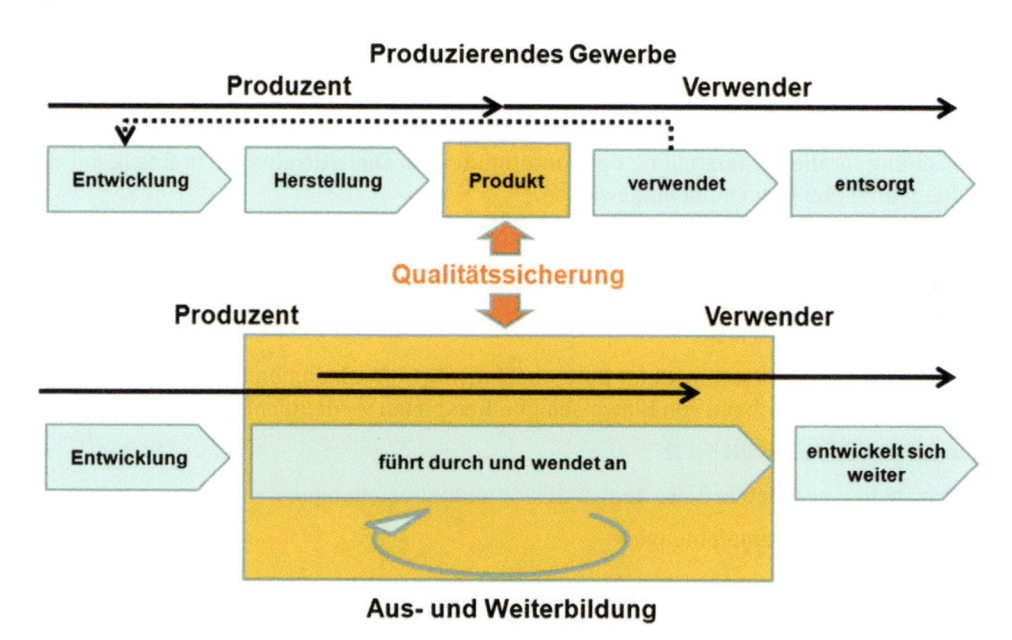

Abbildung 12: Qualitätsentwicklung in der Weiterbildung

Anders als bei Produktions- und Dienstleistungsunternehmen ist der Kunde in Bildungsorganisationen nicht einfach Abnehmer des fertigen Produktes, sondern er ist von Anfang bis Ende in die zu erbringende Leistung eingebunden und ist somit ein Teil des Herstellungs- und Entwicklungsprozesses der Leistung. Der Lernende ist in den Leistungsprozess integriert. Daraus resultiert zum Beispiel ein klarer Abstimmungsbedarf mit dem Lernenden (bzw. seinem Vertreter bei Kindern und Jugendlichen).

Produktion und Konsumierung der Leistung erfolgen in Bildungseinrichtungen gleichzeitig. Der Lernende tritt als Mit-Produzent und Abnehmer auf. Hier unterscheidet sich das Bild des Kunden deutlich von seiner Rolle in anderen Branchen. Die Qualität der Dienstleistung hängt also auch von der Mitarbeit und dem Input des Lernenden ab.

> **Die Qualität der Dienstleistung hängt von den Menschen und ihrer Wirkung auf den Lernprozess ab.**

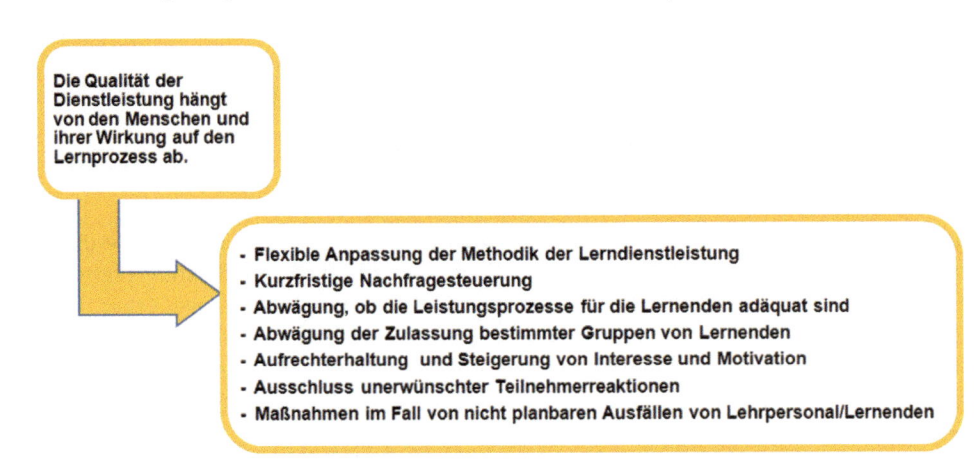

- Flexible Anpassung der Methodik der Lerndienstleistung
- Kurzfristige Nachfragesteuerung
- Abwägung, ob die Leistungsprozesse für die Lernenden adäquat sind
- Abwägung der Zulassung bestimmter Gruppen von Lernenden
- Aufrechterhaltung und Steigerung von Interesse und Motivation
- Ausschluss unerwünschter Teilnehmerreaktionen
- Maßnahmen im Fall von nicht planbaren Ausfällen von Lehrpersonal/Lernenden

Abbildung 13: Mindestanforderungen für die Kundenzufriedenheit

In Normabschnitt 5.1.2. b) wird in noch stärkerem Maße auf die Verantwortung der obersten Leitung für die Sicherstellung der Konformität ihrer Dienstleistungen in Bezug auf die Zufriedenheit der Lernenden hingewiesen.

Dazu gehört auch die Beachtung aller Möglichkeiten, die dazu beitragen könnten, die Zufriedenheit der Lernenden zu erhöhen. Das Risiken-/Chancenpotenzial muss vom Management erhoben und bewertet werden. Hierzu gilt es, entsprechende Maßstäbe bzw. Kennzahlen festzulegen.

Wie das geschehen kann, wird im Normabschnitt 6.1 „Maßnahmen im Umgang mit Risiken und Chancen" anhand von Hinweisen und Beispielen verdeutlicht.

Kennziffern zu Abschnitt 5.1.2

- Anzahl und qualitative Bewertung aktiver Kundenbeziehungen
- Quote von Weiterempfehlungen
- Beschwerdequote

Exemplarische Nachweise

- Leitbild, das sich an den Bedürfnissen und Anforderungen der Lernenden ausrichtet
- Marketingaktivitäten/Messeaktivitäten/Vorträge/Veröffentlichungen/Auszeichnungen
- Bericht zur Bedarfsanalyse betr. Ausbildung, beruflicher Qualifikation für die Teilnahme an der Bildungsdienstleistung
- kundenorientierte Geschäftsausstattung und Informationsmaterial, Präsenz in den Medien

- Marktanalysen, z. B. nach Kundengruppen
- Prozessbeschreibung „Ermitteln von Marktanforderungen"
- Benchmarking
- Einbeziehen von Lernenden in die Entwicklung von Bildungsdienstleistungen und die fortlaufende Verbesserung

Mögliche Auditfragen:

- Welchen Stellenwert hat die Orientierung an den Lernenden in Ihrer Organisation, und wie hat sich diese entwickelt?
- Wir können die Lernenden in die fortlaufende Verbesserung der Leistungen und in die Entwicklung einbezogen werden?
- Wie analysieren und bewerten Sie diesbezüglich Risiken und Chancen (Kundenorientierung und Compliance)?
- Mit welchen Maßnahmen setzen Sie sich für wirksame Orientierung an den Lernenden ein?
- Inwiefern hat sich die Zufriedenheit Ihrer Kunden (Lernende und andere interessierte Parteien) verbessert, und an welchen Kriterien messen Sie diese?
- Wie stellen Sie rechtliche Compliance bezüglich Ihrer Bildungsprodukte und -dienstleistungen sicher?

5.1.3 Zusätzliche Anforderungen für sonderpädagogischen Förderbedarf

5.1.3 Zusätzliche Anforderungen für sonderpädagogischen Förderbedarf

Ein Lernender mit besonderen Bedürfnissen ist jemand, der über Bildungsbedürfnisse verfügen könnte, die nicht durch regelmäßige Unterrichts- und Bewertungsverfahren erfüllt werden können (z. B. außergewöhnliche Verhaltensweisen wie Verhaltensstörungen hinsichtlich der kommunikativen, intellektuellen oder körperlichen Fähigkeiten, Hochbegabung oder sonstige sonderpädagogische Bedürfnisse; ein Lernender kann mehr als ein sonderpädagogisches Bedürfnis haben). Dies bedeutet, dass Kommunikationskanäle vorhanden sein müssen, damit Interessierte Parteien die Informationen erhalten können, die sie für ihre Tätigkeit benötigen.

Die oberste Leitung muss sicherstellen, dass

- Ressourcen und Ausbildungen vorhanden sind, um die Zugänglichkeit in Lernumgebungen zu unterstützen,
- Lernenden mit besonderen Bedürfnissen eine angemessene Versorgung geboten wird, um einen gleichberechtigten Zugang zu Einrichtungen und Bildungsumgebungen zu bieten.

Die DIN ISO 21001:2021-02 weist in vielen Normabschnitten ausführlich auf den Umgang mit Lernenden hin, die besondere Bedürfnisse haben (s. auch Grafik in Abschnitt 2, Grundsatz 9).

Die Bedürfnisse der Lernenden können sehr unterschiedlich sein. Sie können sich auf den Lehrplan, den Unterricht, die Art und Dauer des Kurses/Studiums, oder Beurteilungsmethoden, psychologische oder soziale Bedürfnisse, bis hin zu sonderpädagogischen Bedürfnissen beziehen. Dieses umfangreiche Spektrum an Bedürfnissen bringt zahlreiche Herausforderungen mit sich, denen sich der Bildungsbereich täglich stellen muss.

In Abschnitt 5.1.3 definiert der Standard die Besonderheit mit einem Bildungsbedürfnis, das durch übliche Unterrichts- und Bewertungsverfahren nicht erfüllt werden kann. Derartige Bedürfnisse können vielfältiger Art sein, z. B.

- intellektuelle, körperliche oder kommunikative Fähigkeiten, die eine andere Art der Teilhabe erfordern,
- außergewöhnliche Verhaltensweisen, die eine besondere Unterstützung des Lernenden erfordern,
- Hochbegabung, die zu Desinteresse und Demotivation führen kann, wenn sie nicht in gesonderter Weise adressiert wird.

Es ist die Aufgabe der obersten Leitung sicherzustellen, dass entsprechend geschultes Lehrpersonal vorhanden und die Lernumgebung der Zielgruppe der Lernenden angepasst ist.

Der Grundsatz ist stets, den Lernenden mit besonderen Anforderungen einen gleichberechtigten Zugang zur Lernumgebung und zum Lernangebot zu gewähren:

- Die Bildungsbedürfnisse von Lernenden mit besonderen Bedürfnissen müssen erkannt und berücksichtigt werden.
- Die Lernenden mit besonderen Bedürfnissen müssen berücksichtigt werden bei
  - der Festlegung von Rollen, Verantwortlichkeiten, Befugnissen,
  - der Planung von Ressourcen,
  - der Erfüllung der Kompetenzanforderungen,
  - der Erstellung und Aktualisierung von dokumentierten Informationen,
  - der betrieblichen Planung und Kontrolle und
  - der Aufnahme von Lernenden.

Kennziffern und **exemplarische Nachweise** sind in entsprechender Weise analog zu Abschnitt 5.1.2. zu erbringen, inklusive

- Dokumentation spezieller Dienste, Programme oder Aktivitäten, die auf die besonderen Bedürfnisse der Lernenden abgestimmt sind,
- Beispiele für individualisierte didaktische Methoden,
- Dokumentation der Beratung und Betreuung von Lernenden mit besonderen Anforderungen.

5.2 Politik

5.2.1 Entwicklung der Politik

> **5.2 Politik**
>
> **5.2.1 Entwicklung der Politik**
>
> Die oberste Leitung muss eine Politik für die Bildungsorganisationen festlegen, umsetzen und aufrechterhalten, die
>
> a) die Mission und Vision der Bildungsorganisation unterstützt,
>
> b) für den Zweck und den Kontext der Organisation angemessen ist,
>
> c) einen Rahmen zur Festlegung von Bildungsorganisationszielen bietet,
>
> d) eine Verpflichtung zur Erfüllung zutreffender Anforderungen enthält,
>
> e) eine Verpflichtung zur fortlaufenden Verbesserung des MSBO enthält,
>
> f) relevante pädagogische, wissenschaftliche und technische Entwicklungen berücksichtigt,
>
> g) die Verpflichtung zur Erfüllung der gesellschaftlichen Verantwortung der Organisation beinhaltet,
>
> h) eine Verpflichtung zur Verwaltung geistigen Eigentums beschreibt und enthält,
>
> i) die Bedürfnisse und Erwartungen von Interessierten Parteien berücksichtigt.

Verpflichtungen für das Management

In Übereinstimmung mit anderen Managementnormen legt die ISO 21001 in Abschnitt 5.2.1 Ziffer b) bis e) fest, dass die Bildungsgrundsätze und Leitlinien der Bildungseinrichtung bestimmt und umgesetzt werden sowie auch nachweislich Bestand haben müssen.

Die politischen Leitlinien sollen „angemessen" sein, das heißt, sie sollen sich an den gegebenen Rahmenbedingungen orientieren. Dazu gehören

- die Politik in Bezug auf das MSBO,
- die Art und Größe der Organisation,
- der Sinn und Zweck des Unternehmens in Bezug auf die Lernenden sowie
- die in der Strategie festgelegten Ziele der Organisation.

In Ergänzung zu den Forderungen anderer Managementsystemstandards werden fünf weitere für Bildungsorganisationen wesentliche Punkte in die Grundsätze zur politischen Leitlinie aufgenommen. Dazu gehören die neuen Ziffern a) und f) bis i), die sich speziell auf den Bildungssektor und dessen Verantwortungsbereiche beziehen:

- 5.2.1 a) Wichtig ist, dass die oberste Leitung dafür Sorge trägt, dass die gesetzte Mission und die Vision des Unternehmens auf allen Ebenen der Lehre, der Betreuung von Lernenden und in der Verwaltung die Basis aller Aktivitäten sind. Darauf müssen sich alle interessierten Parteien, in erster Linie natürlich die Lernenden, verlassen können.

- 5.2.1 f) Die für das Lernen und für den Lehrbetrieb wichtigen pädagogischen, wissenschaftlichen und technischen Entwicklungen sollten sich in den Leitlinien der Organisation widerspiegeln. Was ist darunter zu verstehen? Der Maßstab für die Leitlinien ist stets das Lernen und das Wohlbefinden der Lernenden und der mitwirkenden Personen. Alles was diesen Prämissen dienlich erscheint, sollte in der Lehre und im Umgang miteinander berücksichtigt werden. Damit sollte sich jedes Bildungsunternehmen an den aktuellen und ethisch vertretbaren Entwicklungen in Forschung und Lehre orientieren – zum Wohle der Lernenden.
- 5.2.1 g) bis i) Im Grundsatz 8 wird auf das Verständnis für soziale und gesellschaftliche Verantwortung näher nachgegangen. Auch Anhang B.8 der ISO 21001 gibt dazu Anregungen und Beispiele. Die Unternehmenspolitik sollte u. a. umfassen:
  - die Verpflichtung zu sozialer und gesellschaftlicher Verantwortung in Funktionen und Prozesse der Organisation und die Klarstellung, wie diese umgesetzt werden,
  - die Verpflichtung zur Einhaltung ethischer Verhaltensregeln, die die Bildungsorganisation festgelegt hat,
  - den Umgang mit geistigem Eigentum und den bewussten Umgang mit den Bedürfnissen und Erwartungen aller Mitwirkenden.

Im Folgenden wird ein Beispiel für einen Unternehmenskodex gegeben, der auf ethischem Verhalten und Verantwortungsbewusstsein aufbaut. So kann zum Beispiel die Orientierung an den 17 Nachhaltigkeitszielen der UN (SDGs) zum Part einer entsprechenden Selbstverpflichtung werden. Diese kann auf unterschiedlichen Ebenen der Bildungseinrichtung umgesetzt werden, z. B. durch nachhaltige Einkaufs- und Investitionspraktiken.

Beispiel für einen ethischen Verhaltenskodex auf der Basis einer gesetzten Unternehmenspolitik im Bildungssektor

- Als Unternehmen der Bildungsbranche sind wir uns unserer besonderen gesellschaftlichen Verantwortung gegenüber unseren Lernenden und unseres Beitrags zum öffentlichen Bewusstsein bewusst. Wir orientieren uns in unserem Agieren an den Nachhaltigkeitszielen der UN (SDGs).
- Wir kennen unseren Beitrag zum Aufbau von Beziehungen im Bildungssystem und handeln entsprechend. Wir berücksichtigen alle für das Lernen und für den Lehrbetrieb wichtigen pädagogischen, wissenschaftlichen und technischen Entwicklungen.
- Wir haben uns ein Leitbild/eine Mission gegeben und daraus eine Unternehmensvision abgeleitet. Diese bilden auf allen Ebenen der Lehre, der Betreuung von Lernenden, der Verwaltung und den Beziehungen zu externen Partnern die Basis unseres Handelns.
- Wir achten den Grundsatz der Legalität und respektieren die allgemein anerkannten Gebräuche der Länder, in denen wir tätig sind. Als Mindeststandard gelten unsere selbst gesetzten Regelungen, Richtlinien und Selbstverpflichtungen.

- Dazu gehören unsere ethischen Standards und Verhaltensregeln für:
  - Lehrende zur Erfüllung ihrer professionellen Aktivität,
  - die Selbstkontrolle von pädagogischem Personal,
  - die Gleichbehandlung aller Lernenden ungeachtet ihrer ethnischen und kulturellen Zugehörigkeit und ihrer geistigen und körperlichen Fähigkeiten,
  - die Gesundheit, Sicherheit und das Wohlergehen der Lernenden und unserer Mitarbeitenden,
  - die Berücksichtigung der Rechte und Bedürfnisse aller interessierter Parteien, die mit dem Lehrbetrieb direkt oder indirekt verbunden sind,
  - die Beachtung eines respektvollen Umgangs mit unseren Lernenden ebenso wie mit unseren Mitarbeitenden, Geschäftspartnern und anderen Mitwirkenden in unserem gesellschaftlichen Umfeld und
  - zur Verwaltung von und mit dem Umgang geistigen Eigentums.
- Die Integrität und die Beachtung international anerkannter Menschenrechte bestimmen unser Handeln auf allen Ebenen.
- Die finanzielle Verantwortung und damit die Einhaltung der rechtlichen Vorgaben ordnungsgemäßer Buchführung und Offenlegungsvorschriften sind für uns selbstverständlich.

5.2.2 Bekanntmachung der Leitlinie

> **5.2.2 Bekanntmachung der Leitlinie**
>
> Die Politik der Bildungsorganisation muss:
>
> a) als dokumentierte Information verfügbar sein und aufrechterhalten werden;
>
> b) innerhalb der Organisation bekanntgemacht, verstanden und angewendet werden;
>
> c) für relevante Interessierte Parteien verfügbar sein, soweit angemessen.
>
> ANMERKUNG   Anleitungen zur Kommunikation mit Interessierten Parteien sind in Anhang D enthalten.

Alle Themen der Unternehmenspolitik sollten intern und extern bekannt gemacht und auch gelebt werden. Das bedeutet u. a., dass dokumentierte Information zu den o. g. Punkten sowie zu den nachstehenden für Bildungsorganisationen besonders wichtigen Punkten zur Verfügung steht. Dabei kommt es darauf an, die Kommunikation der Leitlinien so zu gestalten, dass sie von allen interessierten Parteien verstanden und mitgetragen werden kann.

Allerdings muss nicht jede interessierte Partei in alle Informationen eingebunden werden. Hier ist zu differenzieren, welche Informationen für welche Zielgruppe notwendig und angemessen sind. In Bezug auf die Kommunikation mit den verschiedenen beteiligten Parteien gibt die Norm weitere Hilfestellungen:

Anhang D der ISO 21001 beschreibt ausführliche Beispiele und Vorschläge zur Kommunikation mit interessierten Parteien je nach Art der Bildungsorganisationen – vom Kindergarten bis zur Universität. Je nach Beteiligungsgrad der jeweiligen Zielgruppe werden Kommunikationsverfahren zur Einholung der Stellungnahmen, Meinung oder Einverständnis der Interessierten Parteien vorgeschlagen.

Exemplarische Nachweise zu Abschnitt 5.2:

- Prozessbeschreibung „Ermittlung und Verbreitung der Qualitätspolitik"
- Meeting-Protokolle über die Kommunikation der Qualitätspolitik
- Qualitätspolitik auf der Webseite
- Dokumentation der Bekanntmachung der Mission und Vision der Organisation auf allen Ebenen der Lehre und Verwaltung
- Schulungsplan zum Qualitätsbewusstsein
- Beispiele zur Kommunikation der Qualitätspolitik gegenüber externen interessierten Parteien

Mögliche Auditfragen:

- Berücksichtigt die Strategie Ihrer Organisation die Qualitätspolitik in ausreichendem Maße? Welches sind die relevantesten Qualitätsziele?
- Ist die Leitlinie der Organisation allen Lernenden und interessierten Parteien bekannt? Wie ermitteln Sie das?
- Intern: Wie wurde die Qualitätspolitik vermittelt, sodass Ihre Mitarbeitenden sie für ihre Aufgaben nachvollziehen können?
- Wann haben Sie die Statuten Ihrer Qualitätspolitik zum letzten Mal überprüft und bewertet?

5.3 Funktionen, Verantwortlichkeiten und Befugnisse innerhalb der Organisation

> **5.3 Funktionen, Verantwortlichkeiten und Befugnisse innerhalb der Organisation**
>
> Die oberste Leitung muss sicherstellen, dass die Verantwortlichkeiten und Befugnisse für relevante Rollen innerhalb der Organisation zugewiesen und bekanntgemacht werden.
>
> Die oberste Leitung muss Verantwortlichkeit und Befugnis zuweisen damit sichergestellt wird, dass
>
> a) das MSBO die Anforderungen dieses Dokuments erfüllt,
>
> b) die Politik der Bildungsorganisation verstanden und umgesetzt wird,
>
> c) die Prozesse des MSBO die beabsichtigten Ergebnisse liefern,
>
> d) über die Leistung des MSBO und über Verbesserungsmöglichkeiten (siehe 10.1), insbesondere an die oberste Leitung (siehe 9.3.2) berichtet wird,
>
> e) die Förderung des Schwerpunktes auf den Lernenden und anderen Leistungsempfängern innerhalb der gesamten Organisation liegt,
>
> f) die Integrität des MSBO aufrechterhalten bleibt, wenn Änderungen am EMOS geplant und umgesetzt werden,
>
> g) das Kommunikationsmanagement der Organisation (siehe 7.4) angewendet wird,
>
> h) alle Lernprozesse integriert sind, unabhängig von der Art ihrer Bereitstellung,
>
> i) die Kontrolle von dokumentierter Information (siehe 7.5) gewährleistet ist,
>
> j) die individuellen Bedürfnisse der Lernenden berücksichtigt werden.

Die ISO 21001:2018 orientiert sich im Wesentlichen an den Vorgaben der ISO 9001:2015 in Bezug auf die Verantwortlichkeiten und Befugnisse im Rahmen eines prozessbasierten Managementsystems. Wichtig ist hier die konsequente Prozessorientierung. In diesem Zusammenhang erweitert die Norm die Festlegung von Rollen auf weitere, in Bildungsorganisationen relevante Themen:

- 5.3 f) Verantwortung für das Verstehen und Umsetzen der Unternehmensleitlinie
- 5.3 e) die Fokussierung auf den Lernenden und andere Leistungsempfänger
- 5.3 g) bis j) beziehen sich ebenso in unterschiedlichen Aspekten auf die Lehre und den Lernenden: Konkret wird Verantwortung für die Anwendung des Kommunikationsmanagements, die Integration von Lernprozessen, die Kontrolle der dokumentierten Information und die Berücksichtigung der individuellen Bedürfnisse der Lernenden angesprochen.

Führungsrolle im Bildungssektor

Hier ist zu unterscheiden, um welchen Bildungssektor es sich handelt. In einem Weiterbildungsinstitut für Erwachsene sind sicherlich andere Prioritäten zu setzen als in einer Kindertagesstätte oder einer komplexen Universitätsstruktur. Der gemeinsame Nenner sind jedoch die Schlüsselaufgaben der obersten Leitung zur Verbesserung der Lehr-, Lern- und Leistungskultur und die Ausrichtung der Strukturen und Kulturen an der Vision. Eine gute Leitung wird immer bestrebt sein, die Organisation so zu positionieren, dass sie den Erwartungen, Bestrebungen, Strukturen und Kulturen der Lehrenden und Lernenden entsprechen, sodass diese sich wohlfühlen und in der Lage sind, Leistung aufzubauen und zu erhalten.

Die oberste Leitung steigert die Effektivität durch eine nachhaltige Konzentration auf die Verbesserung der Qualität des Lehrens und Lernens, und gleichzeitig erhöht sie die individuelle und kollektive Effektivität und das Engagement der Mitarbeitenden. Wenn die Führung effektives professionelles Lernen fördert und/oder daran teilnimmt, hat dies einen doppelt so großen Einfluss auf die Ergebnisse der Lernenden.

Ausweitung der Beteiligung des Personals an Entscheidungsprozessen

Eine Studie (Robinson, Hohepa & Lloyd 2009) zeigt, dass es deutlich positive Effekte haben kann, wenn die oberste Leitung Lehrende und weitere Führungskräfte in ihre Entscheidungen einbindet. Eine breitere Beteiligung des Personals, regelmäßiger Konsultationen mit dem Personal und auch die stärkere Einbindung der Lernenden in schulweite Entscheidungsprozesse kann das Schulklima verbessern und die Motivation der Beteiligten erhöhen und so zu einer Anhebung der Lehr- und Lernstandards führen.

Was bedeutet Prozessorientierung für die Rollenverteilung und für die Darstellung der Verantwortlichkeiten?

Üblicherweise werden Verantwortlichkeiten und Befugnisse als hierarchisches Organigramm dargestellt. Neben der Führungsebene werden Stabsstellen ausgewiesen, die zentrale Funktionen übernehmen und deren Inhaber bestimmte Vollmachten besitzen. Darunter folgt die Gliederung in die einzelnen Abteilungen bzw. Referate. Auf diese Weise können die Verantwortungsebenen für Lernende generell veranschaulicht werden.

Es ist sicherlich hilfreich, einen im Leitungsteam zentral verankerten Qualitätsmanagementbeauftragten (QMB) zu benennen, der die Kontrolle über alle die Lernenden betreffenden Funktionen innehat. Diese Rolle muss nicht zwingend von einer bestimmten Person in der Hierarchie ausgeführt werden. Der QMB muss auch keine eigene Abteilungsfunktion innerhalb der Organisation bekleiden. Es reicht aus, wenn das Führungsteam einen aus ihren Reihen oder eine andere Führungskraft mit der Aufgabe betraut. In kleineren Organisationen reicht es aus, wenn diese Aufgabe zusätzlich zu anderen Funktionen ausgeführt wird.

Eine Schlüsselqualifikation des QMB ist zum Beispiel die Erhöhung der Akzeptanz des MSBO im Unternehmen. Dazu muss der QMB die Mitarbeitenden von den Zielen des Systems überzeugen und den einzelnen Mitarbeitenden über seine jeweiligen Aufgaben und seiner Rolle innerhalb des Systems informieren. Einen Überblick über die generellen Aufgaben der QMB-Funktion gibt die Übersicht (s. unten).

Wichtig im Sinne der Norm ist lediglich, dass der QMB oder die mit diesen Aufgaben betraute Person ihre Aufgabe mit dem Blick auf ein konsequent prozessorientiertes Vorgehen wahrnimmt, d. h., dass sie ihre Arbeit auf die Kernprozesse des Unternehmens und alle damit verbundenen Unterstützungsprozesse bezieht. Dazu ist die Abkehr vom Abteilungsdenken hin zur abteilungsübergreifenden Zusammenarbeit und Koordination erforderlich.

Es reicht also nicht aus, die Organisation als Organigramm darzustellen. Das Organigramm gibt keine Auskunft darüber, mit welchen Abläufen und die Leistungen erbracht werden. Wir erhalten keine Hinweise auf die Leistungen für den Lernenden bzw. die erforderlichen Unterstützungsleistungen.

Oberste Leitung – Management

Kernprozesse

- Entwicklung von Bildungsangeboten
- Durchführung von Bildungsangeboten
- Überprüfung von Bildungsangeboten
- Betreuung der Lernenden und anderer interessierter Parteien
- Evaluation und kontinuierliche Verbesserung

Unterstützungsprozesse

- Personalmanagement, Finanzen, Datenschutz
- Zulassung und Verwaltung der Lernenden
- Qualitätsmanagement
- Investitionen und Infrastruktur (Gebäudemanagement)
- Kommunikation Marketing

Abbildung 14: Übersicht über die Kern- und Unterstützungsprozesse

Der QMB arbeitet gemeinsam mit den Prozessverantwortlichen an der Umsetzung des MSBO. In der Anfangsphase sind der QMB selbst oder die von ihm beauftragten Qualitätsbeauftragten in den Kernprozessen (z. B. in der Lehre) die treibende Kraft. Letztendlich sind die Prozessverantwortlichen in der Pflicht, die Prinzipien des Qualitätsmanagementsystems gemeinsam mit ihrem Team umzusetzen. Sie organisieren die Prozessteam-Meetings und führen diese durch.

Der QMB unterstützt sie dabei aktiv, indem er den Spirit des MSBO auf breiter Basis zu allen Mitarbeitenden kommuniziert und entsprechende Schulungen koordiniert. In kleineren Organisationen kann diese Rolle durchaus das Führungsteam selbst übernehmen.

Die Sicherstellung und Umsetzung des Qualitätsmanagementsystems ist ein wesentlicher Erfolgsfaktor und muss entsprechend in der Organisation etabliert und gelebt werden. Das kann jedoch nur funktionieren, wenn die Führungs-, Kern- und Unterstützungsprozesse bekannt sind und auch hier die Aufgaben und Verantwortungsbereiche bestimmt wurden.

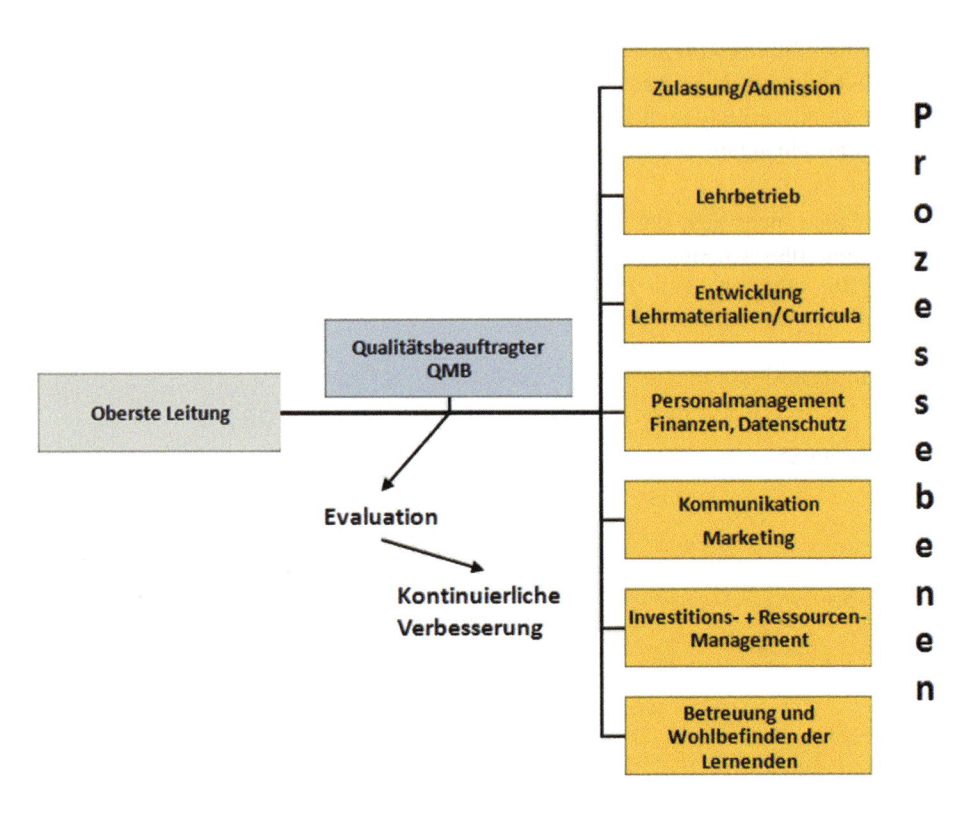

Abbildung 15: Prozessorientierte Struktur des Managementsystems (MSBO)

Je stärker die Prozessorientierung, desto stärker die Entscheidungskompetenz der Prozessverantwortlichen in Bezug auf Budget, Personaleinsatz und Aufgabenfeld. Hier kommt es darauf an, immer den Zweck und das Ergebnis des jeweiligen Prozesses vor Augen zu haben. Sind es z. B. die angestrebten Ziele, die Zufriedenheit der Lernenden und ein gutes Resultat bei der Leistungserbringung zu erreichen, so darf nicht nur abteilungsbezogen gedacht werden. Hier muss der gesamte Lernprozess betrachtet werden – von den Inputs (Material, Methodik) über die Kompetenz der Lehrenden bis hin zur Lernumgebung und dem persönlichen Wohlbefinden der Lernenden.

Der obersten Leitung obliegt die Verantwortung für diesen Kernprozess, der aber nur in der Zusammenarbeit mit allen Prozessbeteiligten umgesetzt werden kann. Ein kooperativer Führungsstil, der die Leitungsebenen in den einzelnen Kern- und Unterstützungsprozessen einbezieht, erleichtert auch entsprechende Anpassungen in Zeiten der Krise und den Umgang mit Risiken und Chancen.

> **QMB-Aufgaben für den Bildungssektor (adaptiert nach Wikipedia und Beispielen aus dem Weiterbildungsbereich)**
>
> - Einführung und Weiterentwicklung des MSBO in der Organisation in Abstimmung mit den einzelnen Bereichen (Zulassung, Lehrbetrieb, Didaktik, Entwicklung von Bildungsprodukten, Betreuung, inklusive Angebote, Personalmanagement, Kommunikation, Wissensmanagement, Datenschutz, Marketing, Evaluation u. a.)
> - Planung, Überwachung und Korrektur des MSBO
> - Koordination der Erstellung, Überwachung und Lenkung von dokumentierter Information zum MSBO
> - Planung, Initiierung, Koordination und Evaluation interner Qualitätszirkel
> - Sammeln und Auswerten von Informationen und Daten im Rahmen des Qualitäts-Controllings
> - Planung und Durchführung von internen Audits
> - regelmäßige Berichterstattung an die Leitung über den Entwicklungsstand und die Wirksamkeit des MSBO einschließlich der Übermittlung qualitätsrelevanter Daten
> - Vor- und Nachbereitung sowie Begleitung externer Audits
> - Beratung der Unternehmensleitung bei der Entwicklung der Qualitätsziele und -politik
> - Planung und Durchführung von Schulungsmaßnahmen bezüglich des Qualitätsmanagements
> - Motivation und Beratung der Mitarbeitenden in Fragen zum Qualitätsmanagement
> - Beteiligung an der Bearbeitung von Reklamation vonseiten der Lernenden in Zusammenarbeit mit weiteren Prozessverantwortlichen

Kennziffern zu Abschnitt 5.3

- Soll/Ist einer Stellenbeschreibung
- Zielerreichung
- Prozessleistungsindikatoren
- Personalfluktuation in der Lehre, in der Verwaltung

Exemplarische Nachweise

- Rollenbeschreibungen/Funktionsbeschreibungen
- Prozessbeschreibung „Erstellen von Funktionsbeschreibungen"
- Organigramm/Funktionsdiagramm
- Organisations- und Kommunikationsstruktur
- Festlegung der Verantwortlichkeiten und Befugnisse, z. B. Prozessverantwortliche
- Beispiel für Zielvereinbarungen

Mögliche Auditfragen:

- Wie wurden die maßgeblichen Rollen innerhalb Ihrer Organisation definiert? Wie und wo sind diese Rollen nachvollziehbar?
- Wie haben Sie die Befugnisse geregelt, und wie werden diese bekannt gemacht?
- Wie werden die Befugnisse, die ein Mitarbeitender in Bezug auf seinen Verantwortungsbereich hat, auf deren Angemessenheit hin überprüft?
- Welche Verantwortlichkeiten und Befugnisse haben die Prozessverantwortlichen? Wo sind diese dokumentiert und wie werden sie überprüft?
- Wie wird sichergestellt, dass die Verantwortlichen die individuellen Bedürfnisse der Lernenden in ausreichendem Maße berücksichtigen? Wie wird die Dokumentation dieses Sachverhalts erstellt und nachgehalten?

6 Planung

Der nächste Baustein zum Managementsystem einer Bildungsorganisation befasst sich mit dem Thema „Planung".

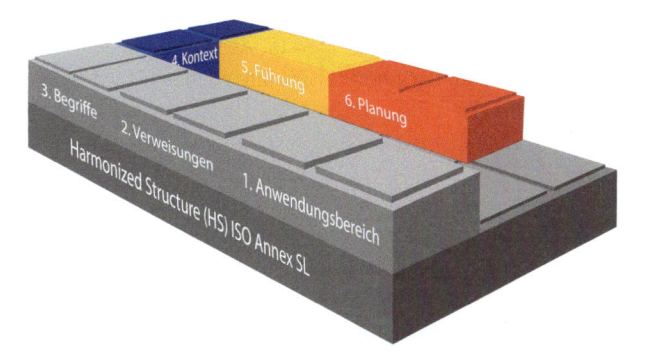

Abbildung 16: Baustein „Planung" im Managementsystem

6.1 Maßnahmen zum Umgang mit Risiken und Chancen

> **6 Planung**
>
> **6.1 Maßnahmen zum Umgang mit Risiken und Chancen**
>
> **6.1.1** Bei der Planung für das MSBO muss die Organisation die in 4.1 genannten Themen und die in 4.2 und 4.4 genannten Anforderungen berücksichtigen sowie die Risiken und Chancen bestimmen, die behandelt werden müssen, um
>
> a) zusichern zu können, dass das MSBO sein(e) beabsichtigtes(/en) Ergebnis(se) erzielen kann,
>
> b) erwünschte Auswirkungen zu verstärken,
>
> c) unerwünschte Auswirkungen zu verhindern, zu minimieren oder zu verringern,
>
> d) eine ständige Verbesserung zu erreichen.
>
> **6.1.2** Die Organisation muss planen:
>
> a) Maßnahmen zum Umgang mit diesen Risiken und Chancen;
>
> b) wie:
>
> – diese Maßnahmen in den MSBO-Prozess der Organisation integriert und dort umgesetzt werden (siehe Abschnitt 8);
>
> – die Wirksamkeit dieser Maßnahmen bewertet wird.
>
> Maßnahmen zum Umgang mit Chancen und Risiken müssen proportional zu der Eintrittswahrscheinlichkeit und der möglichen Auswirkung auf die Konformität von Bildungsprodukten und -dienstleistungen sein.

> ANMERKUNG 1 Zu den Möglichkeiten zum Umgang mit Risiken kann folgendes zählen: Vermeiden von Risiken, ein Risiko auf sich nehmen, um eine Chance wahrzunehmen, Beseitigen der Risikoquelle, Ändern der Wahrscheinlichkeit oder der Konsequenzen, Risikoteilung oder Beibehaltung des Risikos durch eine fundierte Entscheidung.
>
> ANMERKUNG 2 Chancen können zur Übernahme neuer Praktiken und neuer Bildungsprodukte oder Bildungsdienstleistungen führen, der Erschließung neuer Märkte, Ansprache neuer Lernenden und anderer Leistungsempfänger, Aufbau von Partnerschaften, Einsatz neuer Techniken und anderen erwünschten und realisierbaren Möglichkeiten zur Berücksichtigung von Erfordernissen der Organisation oder ihrer Lernenden oder anderen Leistungsempfänger.

Aus den Anforderungen und Erwartungen der interessierten Parteien (s. Normabschnitt 4.2) – Lernende und alle Mitwirkenden im Bildungsprozess (z. B. Dozenten, Betreuer, Eltern, Mentoren, Verwaltung) – sowie aus den in Normabschnitt 4.4 genannten Voraussetzungen für ein funktionales, prozessorientiertes Managementsystem (MSBO) ergeben sich die Maßnahmen, die erforderlich sind, um den Betrieb zur Zufriedenheit aller Beteiligten zu gestalten und dauerhaft zu gewährleisten. Dazu gehört die Betrachtung möglicher Risiken und Chancen, die sich bei der Verfolgung der gesetzten Ziele ergeben können.

Die Betrachtung der Chancen und Risiken bezieht sich dabei in erster Linie auf die Themen der Normabschnitte 4.1 und 4.2. Die oberste Leitung trägt die Verantwortung für eine ausreichende und angemessene Planung der Risikovorsorge sowie der rechtzeitigen Wahrnehmung möglicher Chancen, die sich im Betriebsablauf durch interne oder äußere Einflüsse ergeben können. Dem Zyklus einer fortlaufenden Verbesserung kommt dabei eine besondere Bedeutung zu.

Die Qualitätsplanung betrifft alle Kernprozesse, Bildungsprodukte und das MSBO als Gesamtprozess. Hier folgt die ISO 21001 in den Abschnitten 6.1 der Formulierung der ISO 9001.

Erkennen der Risiko-Bereiche

Chancen und Risiken bestehen in vielen Bereichen – intern und extern. Daher ist zunächst wichtig, die für die Organisation relevanten Arbeitsfelder zu benennen, in denen Risiken minimiert oder ausgeschlossen werden müssen. Indikatoren für die Relevanz sind die Beachtung der Auswirkungen negativer Entwicklungen sowie die Tragweite und Eintrittswahrscheinlichkeit möglicher Risiken und Chancen.

1) **Externe Risiken: direktes Umfeld und globale Einflüsse**. Dazu können gehören:

    a) Veränderungen im Umfeld, die den Zugang zur Einrichtung oder die Sicherheit der Beteiligten gefährden (Beeinträchtigung der Atemluft, Lärm, Baustellen, Vandalismus, Verunreinigungen u. a.)

    b) globale Einflüsse (Pandemien, Klimaveränderungen, Hochwasser u. a.)

    c) reputationsschädigende Ereignisse durch Skandale, Berichterstattungen in den Medien u. Ä.

d) Ausfall der Versorgung mit Strom/Wasser/Internet oder sonstiger die Grundbedürfnisse betreffenden Materialien

e) Veränderung der Bedürfnisse und Erwartungen von Lernenden

f) Veränderung des Bildungssektors durch Konkurrenz, technologische und themenbezogene Herausforderungen

g) Änderung rechtlicher Rahmenbedingungen (z. B. Änderung der Konditionen der staatlichen Förderung)

2) **Interne Risiken: Bildungsprodukt- und prozessbezogene Einflüsse.** Dazu können zählen:

a) Veränderung der Kernprozesse durch externe oder interne Faktoren, wie z. B. Ausfall relevanter Lehrpersonen oder Technologien

b) Ausfall einzelner Prozessschritte, z. B. Mangel an qualifiziertem Personal

c) Gesundheit und Sicherheit der im Lernprozess beteiligten Personen

d) Sicherheit von Fahrzeugen (einschließlich Busse), die zum Transport der Lernenden eingesetzt werden

e) Unterrichtsplanung im Zusammenhang mit Aktivitäten mit höherem Risiko wie wissenschaftlichen Experimenten oder Kursen für Lebensmitteltechnologie

f) kindersichere Standards

g) Sicherheit auf dem Bildungscampus (Infrastruktur)

h) Innovationsstau, veraltete Ressourcen

i) Ausfall relevanter Dienstleister, Lieferanten oder Bildungspartner

j) verhaltensbezogene Ereignisse, die die Bildungsgemeinschaft und den Lernprozess beeinträchtigen

k) Unfälle

l) Vernachlässigung der Sorgfaltspflicht

m) Missbrauch und Vernachlässigung von Schutzbefohlenen

Gesundheit und Sicherheit

Auch wenn die Formulierung der Norm-Anforderungen im Abschnitt 6.1 mit denen in der DIN EN ISO 9001:2015-11 identisch sind, so beziehen sie sich doch in weiten Teilen auf andere Elemente. Der Erfolg einer Bildungsorganisation hängt zwar wie in Unternehmen der Produktionsindustrie von einer sinnvollen Unternehmenspolitik und der Qualität ihrer Produkte sowie Dienstleistungen ab, ein wesentlicher Aspekt liegt hier jedoch auf der Berücksichtigung der Lernenden, die aktiv in die Wertschöpfungsprozesse des Unternehmens eingebunden sind.

Daher legt die DIN ISO 21001:2021-02 in besonderer Weise den Blick auf die Gesundheit und Sicherheit der beteiligten Personen. Das spiegelt sich in einem speziellen Anhang G der Norm wider, der Empfehlungen in Bezug auf Maßnahmen für Gesundheit und Sicherheit gibt – ausdrücklich für Lernende, Mitarbeitende und beteiligte interessierte Parteien:

ANHANG G der Norm DIN ISO 21001:2021-02

Gesundheits- und Sicherheitsaspekte für Bildungsorganisationen

Das Thema Gesundheit und Sicherheit ist besonders wichtig, da immer mehr Bildungsorganisationen Partnerschaften mit Industrie und Regierung aufbauen, um Erlebnislernen, Praktika, Service-Lernen, Studium und berufsbezogene Erfahrungen anzubieten. Dies sind wichtige Lernerfahrungen, die das Lernen erweitern und vertiefen und helfen, Theorie und Praxis zu überbrücken.

Bildungsorganisationen können Folgendes berücksichtigen:

- Kommunikation mit den Mitarbeitern, Lernenden und anderen Leistungsempfängern und die Möglichkeit zur Verfügung stellen, dass Mitarbeiter, Lernende und andere Leistungsempfänger ihrer Rechte und ihre Verantwortung in Bezug auf Gesundheit und Sicherheit wahrnehmen;
- sicheres Arbeiten, Lehren und Lernen, Methoden und Techniken, die Gefahren und Risiken berücksichtigen, indem Präventionsmaßnahmen ergriffen werden, um Gefahren zu beseitigen oder zu mildern;
- Überwachung und Anpassung durch Förderung der Beteiligung der Interessierten Parteien an den verschiedenen Präventionsstrategien.

Bildungsorganisationen können auch überlegen, wie sie die Gesundheit und Sicherheit (einschließlich der körperlichen und psychischen Integrität) des Personals der Bildungsorganisation, der Lernenden und anderer Leistungsempfänger während der Lehr- und Lernaktivitäten gewährleisten können,

- indem sie sichere Arbeitsmethoden und -techniken einführen,
- Gefahrenquellen ermitteln, Risiken beurteilen und Präventionsmaßnahmen zur Beseitigung oder Minderung von Gefahren anwenden,
- Praktiken, die Gesundheits- und Sicherheitsrisiken für die Arbeit, das Lernen und den Unterricht an Bildungsorganisationen reduzieren, einführen,
- Arbeitgebern, Mitarbeitern, Lernenden und anderen Begünstigten die Möglichkeit bieten, ihre Rechte und ihre Verantwortung in Bezug auf Gesundheit und Sicherheit wahrzunehmen,
- Kontrollmechanismen bereitstellen, um die ordnungsgemäße Bewertung von Gesundheits- und Sicherheitsprozessen sicherzustellen,
- Möglichkeiten zur Beteiligung zu den verschiedenen Präventionsstrategien bereitstellen und dazu Rückmeldung geben.

Die Vorsorge bzw. Planung von Maßnahmen im Falle unvorhergesehener Ereignisse, die die Sicherheit und Gesundheit von Lernenden und Lehrenden beeinträchtigen könnten, ist von besonderer Bedeutung und Tragweite. Dieser wichtige Aspekt wird explizit im normativen Teil des Anhangs – Anhang A Frühkindliche Bildung – aufgegriffen.

Die Forderungen der Abschnitte A.1 bis A.11 müssen ausnahmslos erfüllt sein, sie müssen festgelegt und nachgehalten werden. Alle Anforderungen zur körperlichen und psychischen Gesundheit eines Kindes sind anhand von Risikomanagementplänen zu überwachen und zu bewerten. Dazu zählen u. a. auch das Verhaltensmanagement und die Prävention von Kindesmissbrauch und fahrlässigem Verhalten (Norm-Anhang A.11).

Auch wenn es im Schulsektor durch die Norm keine speziellen Anforderungen für minderjährige Lernende gibt, so legen Bildungsorganisationen dieses Sektors im eigenen Interesse in der Regel strenge und umfangreiche Regeln für den Umgang mit Risiken für die Lernenden fest. In diesen Einrichtungen begeben sich Minderjährige in die Obhut von Erwachsenen, die die Sorgfaltspflicht der Eltern übernehmen, sobald das Kind/der Schüler die Einrichtung betritt und aus der Obhut der Familie entlassen wird.

Entsprechend behandeln international Agierende „accreditation organisations", die eigene Zertifizierungen (engl. accreditation) von Bildungsdienstleistern vornehmen, diesen Punkt meist ausführlich und mit besonderer Sorgfalt. So sind die Risiken im Umgang mit Minderjährigen eines der Themen, auf die besonderes Augenmerk gelegt wird (s. Kasten).

Beispiel einer Policy zur Vermeidung von Risiken im Umgang mit Schülern

Die Schulleitung muss über angemessene Kenntnisse von Gesetzen und Vorschriften verfügen, Sicherheitsprotokolle befolgen und erkennen, dass eine sichere Schule ebenso viel mit der Wahrnehmung und Antizipation von Risiken zu tun hat wie mit Gesetzen und deren Einhaltung. Es muss sichergestellt sein,

- dass eine Schulkultur und ein Schulklima bestehen, die der Gesundheit und Sicherheit in jedem Programm und jeder Aktivität dienen,
- dass das Personal Schülern hilft, zu lernen, angemessen für sich selbst und für andere zu sorgen,
- dass die wachsende Reife und Selbstständigkeit der Schüler gefördert und entsprechend ihrem Alter und ihrer Entwicklung angemessen beaufsichtigt und unterstützt wird,
- dass allen Erwachsenen, die Schüler betreuen, unterrichten, mit ihnen arbeiten oder sich in ihrer Nähe aufhalten, die notwendigen Kenntnisse, Schulungen und Fähigkeiten vermittelt wurden, um die Sicherheit der Schüler zu gewährleisten,
- dass diese Erwachsenen den Charakter, die Ausbildung, den Hintergrund und die Erfahrung besitzen, die für eine sichere Arbeit mit Schülern und in der Gemeinschaft erforderlich sind.

> **„Sicherheit" ist kein einzelner statischer Zustand; sie ist eine Fähigkeit. Eine „sichere Schule" ist ein Ansatz und eine Praxis.**
>
> - Die Schule muss die Fähigkeit üben, Risiken einzuschätzen und vernünftige Entscheidungen zu treffen. Sie muss die Wahrnehmung von Gefahren und möglichen Alternativen üben, und sie muss außerdem üben, unter bestimmten Umständen schnell zu handeln.
> - In einer sicheren Schulgemeinschaft kümmern sich Erwachsene um Kinder und Jugendliche, indem sie sie vor vorhersehbaren Risiken schützen und ihre wachsende Unabhängigkeit angemessen fördern.
> - Eine sichere Schule hilft den Schülern, potenzielle Gefahren zu verstehen und zu respektieren, und hilft ihnen, wenn es angebracht ist, Verantwortung für sich und andere zu übernehmen.
> - Sicherheit und Gesundheit sind Herangehensweisen an die Realitäten des Lebens, die durch die Linse der Erfahrung und der Perspektive gesehen werden, die junge Menschen oft nicht besitzen, aber im Laufe der Zeit gewinnen werden. Gesundheit und Sicherheit sind oft eine Frage der Antizipation und Prävention.

Welches Risikomanagement ist zu beachten?

Grundsätzliche Kriterien sind

- die Identifizierung und Bewertung von Risiken und Kontrollen,
- die Dokumentation von Risiken in einem Risikoregister (oder einem gleichwertigen),
- die Implementierung von Maßnahmen und Behandlungen zum Management identifizierter Risiken,
- die Überwachung von Risiken, einschließlich regelmäßiger Überprüfung des Strategieplans und der Risikoregister und
- die Berichterstattung über Risiken.

Die Betrachtung von Risiken sollte zunächst in den Kernprozessen, in denen die Wertschöpfung erbracht wird, erfolgen. In Bildungsorganisationen sind das in der Regel Lehrbetrieb, Qualität der Bildungsprodukte und Umgang mit den Lernenden, wie z. B.

- die Entwicklung und Überprüfung der Umsetzung geplanter Maßnahmen im und um den Lehrbetrieb,
- die Barrierefreiheit der Lehre, der Aufenthaltsqualität und der Entwicklung von Lehrmaterialien in Bezug auf sprachliche, kulturelle, körperliche und psychische Voraussetzungen der Lernenden,
- die Überprüfung und Bewertung des Umgangs der Lehrenden und anderer Mitarbeitender mit den Lernenden,
- die Gemeinschaftsveranstaltungen wie Feste, Konzerte und Wissenschaftsmessen und
- die Projekte mit Lernenden und ggf. externen Partnern.

Danach werden Risiken in den Führungs-, Kern- und Unterstützungsprozessen (Personal, Infrastruktur, Kommunikation etc.) ermittelt. Ein bereits etabliertes MSBO und gut dokumentierte Information helfen hier in erheblichem Maße, da die Prozessabläufe und die einzelnen Prozessschritte bekannt sind.

In einem ersten Schritt kann die Risikobewertung nach den beiden Kategorien

- Auswirkung/Tragweite des Risikos und
- Wahrscheinlichkeit des Eintritts des Risikos

erfolgen. Es gibt verschiedene Methoden, nach denen eine Beurteilung des Risikopotenzials vorgenommen werden kann. Diese haben sich in Produktionsbetrieben bewährt, sind jedoch nicht alle für Bildungsorganisationen geeignet. Eine Übersicht möglicher Bewertungs-Tools ist im Exkurs gelistet (siehe **Exkurs „Bewertungstools"**).

Festlegung von Präventions- und Korrekturmaßnahmen

Sind Fehler in der Risikoanalyse und -bewertung erkannt worden, so ist das Management aufgefordert, entsprechende Korrekturmaßnahmen vorzunehmen und Präventionsmaßnahmen festzulegen, die eine Chancen zur Verbesserung des Prozesses bieten.

Dabei muss die angewendete Maßnahme angemessen in Bezug auf den aufgetretenen Fehler sein. Nichtkonformitäten beinhalten auch Reklamationen vonseiten der Lernenden und interessierter Parteien.

Eine nachhaltige Eingrenzung möglicher Risikofelder kann erreicht werden durch

- entsprechende Anpassungen im Prozessablauf,
- vorbeugende Maßnahmen,
- Schulung der Mitwirkenden,
- Überprüfung von Verantwortungsebenen und Strukturen,
- Überprüfung der Wirksamkeit der eingeleiteten Korrekturmaßnahmen und,
- falls erforderlich, die Aktualisierung des MSBO.

Die praxisorientierte Erfassung der Risiken und der Bewertung der Schwere eines Risikos kann zum Beispiel in einem kurzen Formular für jeden Prozess erfasst werden – siehe Template nachstehend. In kurzer knapper Weise kann so jeder Prozessbeteiligte einen schnellen Überblick gewinnen über

- die einzelnen Prozessschritte,
- die darin erkannten Risiken,
- die Häufigkeit der aufgetretenen Risiken,
- deren Eintrittswahrscheinlichkeit, die Tragweite/Schwere des Risikos (1 leicht bis 3 schwerwiegend),
- mögliche Korrekturmaßnahmen und
- mögliche Präventionsmaßnahmen.

Das Formular wird von einem Verantwortlichen aktualisiert und versioniert und bietet so auch der obersten Leitung einen raschen Überblick, der eine Basis für weitere strategische Planungen und ggf. Änderungen im Prozessablauf bildet.

	Risikobewertung des Prozesses NAME **Festlegung von Korrektur- und Präventionsmaßnahmen**	Nr. Vertraulichkeit:
Überprüfung vor: DATUM		Version: 3

Inhaltsverzeichnis

Zweck/Geltungsbereich

Festlegung der Abläufe zu……………

1. Zuständigkeiten……………………………………………………………………………………
2. Dokumentation der Risikobewertung und Maßnahmen………………………………
3. Änderungsdienst………………………………………………………………………………
4. Verteiler……………………………………………………………………………………………
5. Mitgeltende Unterlagen………………………………………………………………………
6. Anlagen……………………………………………………………………………………………

Abbildung 17: Template eines Risikobewertungsprozesses (Auszug, vollständiges Muster in der Beuth-Mediathek)

Kennziffern zu Abschnitt 6.1

- Anzahl erkannter eingetretener Risiken
- Aufwendungen für risikorelevante Maßnahmen im Geschäftsjahr
- Risikokennzahlen organisationsweit und auf Prozessebene
- Ertragsteigerung durch Chancenwahrnehmung

Exemplarische Nachweise

- Nachweise zum Umgang mit Risiken und Chancen in den jeweiligen Prozessbeschreibungen und Arbeitsanweisungen
- Maßnahmenkatalog inkl. Bewertung der Wirksamkeit
- Risiko-/Chancenportfolio
- Risikobetrachtung im Rahmen der Prozessbewertung
- Beispiele zur Anwendung der SWOT-Analyse, FMEA-Methode oder Anwendung der ISO 31000

- Prozess des Notfallmanagements
- Berufshaftpflichtversicherung
- Sozialversicherung (falls selbstständig)

Mögliche Auditfragen:

- Wie stellen Sie die Identifikation möglicher Risiken und Chancen sicher und wie bewerten Sie diese (Beispiel Covid-Risiken, Digitalisierung, Sicherstellung des erfolgreichen Lerntransfers und der Wirksamkeit)?
- Wie gehen Sie vor, wenn bei Risiken Änderungen festgestellt werden, bzw. welche Risiken haben Sie bewusst in Kauf genommen und warum?
- Wie beobachten und überprüfen Sie die daraus gewonnenen Informationen über Risiken? Nennen Sie aktuelle Beispiele und welche Maßnahmen zur Behebung bzw. Minimierung des Risikos eingeleitet wurden.
- Wie ist die Kultur des risikobasierten Denkens in den verschiedenen Bereichen Ihrer Organisation verankert?
- Existiert ein Plan B, wenn die Ziele nicht erreicht werden? Gibt es einen Notfallplan? Für welche Ziele gilt er?
- Wie haben sich Ihre Risikokennzahlen im letzten Jahr verändert?

6.2 Ziele einer Bildungsorganisation und Planung zu deren Erreichung

> **6.2 Ziele einer Bildungsorganisation und Planung zu deren Erreichung**
>
> **6.2.1** Die Organisation muss die Ziele der Bildungsorganisation für relevante MSBO Funktionen, Ebenen und Prozesse festlegen, die für das MSBO benötigt werden.
>
> Die Ziele der Bildungsorganisation müssen:
>
> a) im Einklang mit Politik der Bildungsorganisation stehen;
>
> b) messbar sein (sofern machbar);
>
> c) zutreffende Anforderungen berücksichtigen;
>
> d) für die Konformität von Bildungsprodukten und -dienstleistungen sowie für die Erhöhung der Zufriedenheit der Lernenden, Beschäftigten und anderen Leistungsempfängern relevant sein;
>
> e) kontinuierlich überwacht werden;
>
> f) vermittelt werden;
>
> g) soweit erforderlich, aktualisiert werden.
>
> Die Organisation muss dokumentierte Information zu den Zielen der Bildungsorganisation und zu den Plänen für deren Erreichung führen und aufrechterhalten.
>
> **6.2.2** Bei der Planung zum Erreichen der Ziele der Bildungsorganisation muss die Organisation Folgendes in ihrem strategischen Plan festlegen und darstellen:
>
> a) was getan wird;
>
> b) welche Ressourcen erforderlich sind;
>
> c) wer verantwortlich ist;
>
> d) wann die es abgeschlossen wird;
>
> e) wie die Ergebnisse bewertet werden.

Die DIN ISO 21001:2021-02 unterscheidet sich auch in diesem Normabschnitt zwar nur geringfügig von der DIN EN ISO 9001:2015-11, aber die Unterschiede sind wesentlich.

Für eine Organisation, die im Bildungssektor arbeitet, ist ihr „Mission Statement" bzw. ihr Leitbild meist DAS Aushängeschild ihres Angebots, ihrer Qualität und ihrer Leistung. Daher ist es für Bildungsorganisationen meist selbstverständlich, dass die Ziele des Unternehmens im Einklang mit Politik und Mission stehen.

Die Zielgruppen des Bildungsangebots, die mit der Einschreibung selbst zu Mitwirkenden im Bildungsprozess werden, achten darauf, wie die Bildungsorganisation im Markt positioniert ist, welche Unternehmenskultur dort herrscht und wie die Bewertung anderer „Kunden" ausfällt. Daher ist die Leitung von Einrichtungen in der Bildung in der Regel mit Priorität darauf bedacht, die Zufriedenheit der Lernenden zu gewährleisten und zu erhöhen.

Die in der Norm formulierten Anforderungen in Bezug auf die Planung und Festlegung von Zielen beziehen sich auf die Einbindung der Ziele in das MSBO. Das bedeutet lediglich, dass die einzelnen Prozesse (z. B. der Lehrbetrieb) und die entsprechenden Verantwortlichkeiten in der Planung festgelegt und überwacht werden.

6.2.1. b) Messbarkeit (sofern machbar)

Die angestrebten Ziele müssen nicht zwingend messbar sein, sollten jedoch quantitativ erfasst werden – falls möglich.

In der Erforschung von Gelingensbedingungen von Bildung sowie von Nutzen und Auswirkungen von Bildungsleistungen wird die Messbarkeit von Bildung durchaus kontrovers diskutiert. Woran lässt sich Bildungserfolg messen? Insbesondere in der Erwachsenenbildung werden in erster Linie monetarisierbare Effekte von Bildung aus einer Individualperspektive erforscht (vgl. Schmid & Bruneforth, 2020).

Für privatwirtschaftliche Bildungsorganisationen ist der finanzielle Aspekt vielleicht der wichtigste. Die DIN ISO 21001:2021-02 geht jedoch darüber hinaus und verweist auf die Beachtung der Einflüsse der Bildungsleistung auf die Persönlichkeit und Entwicklung des Lernenden und auf die Gesellschaft. Lernerfolg ist messbar anhand von

– Noten,

– Erwerb von Kompetenzen,

– Qualität der Bildungsabschlüsse,

– Abschlussquoten.

Das nachstehende Beispiel gibt Hinweise, wie darüber hinausgehende Bewertungen im Hinblick auf soziale Faktoren erzielt werden können. Dabei wird auf wiederholte persönliche Einschätzungen der Lern-Beteiligten vertraut – auch lange nach der erbrachten Leistung.

Die Anforderungen der Norm sind so zu verstehen, dass die Leitung von vornherein über die Messbarkeit von Zielen nachdenken sollte, diese mit geeigneten Maßnahmen sicherstellt und in ihre strategische Planung aufnimmt. Auf diese Weise wird die Endjahresbetrachtung vereinfacht, und die Daten fließen in die ständige Verbesserung der Bildungsleistungen ein.

6.2.1. e) Fortlaufende Überwachung der Ziele

In Ergänzung zu den Forderungen der DIN EN ISO 9001:2015 wird hier die Kontinuität in der Überwachung der Bildungsleistungen gefordert. Im Grunde gilt diese Forderung generell für alle Qualitätsmanagementsysteme und stellt hier keine Ausnahme dar. Die laufende Überprüfung der Qualitätsziele vereinfacht die Optimierung der Ergebnisse, sodass auch in Krisensituationen rasch und effizient reagiert werden kann.

> **„Bildung ist gelungen, wenn ein Individuum sein Wissen und Können erweitert, seine Persönlichkeit entfaltet und seine soziale Integration erhöht hat."**
> Quelle: Schweizerische Technische Fachschule Winterthur, https://www.stfw.ch/de
>
> - Gut geplant ist halb gelernt
>   Der Lehrgangsleiter plant den Unterricht in modularen Unterrichtssequenzen. Dabei berücksichtigt er Sozialformen, Lernziele und Kompetenzen, Methoden sowie weitere Lernressourcen. Die Qualitätssicherung erfolgt jährlich durch einen Abgleich mit dem Rahmenlehrplan.
> - Kontrolle zwecks Verbesserung
>   Die Überprüfung des Unterrichts geschieht sowohl durch die Lernenden als auch durch die Lehrperson selbst. Die Lehrenden werden mittels diverser Selbsteinschätzungen und kollegialen Unterrichtsbesuchen pro Jahr beurteilt.
> - In stetigem Dialog mit den Teilnehmenden
>   Ein weiteres Element ist ein Kursbeurteilungsbogen, welchen die Lernenden selbst ausfüllen. Es ist wesentlich, dass eine Überprüfung der Unterrichtsqualität nicht nur am Lehrgangsende geschieht. Das Fazit aus diesen Beurteilungen wird mit den Teilnehmenden besprochen.
> - Gesamtbeurteilung
>   1) Die Leitung analysiert die kumulierten Ergebnisse und die daraus abgeleiteten Maßnahmen.
>   2) Eine Nachhaltigkeitsumfrage ein Jahr nach Abschluss der Weiterbildung rundet die Betrachtung der Qualität des Unterrichtes ab.
> - Wir sind überzeugt, dass Bildungsqualität dank eines QMS messbar ist, getreu dem Motto „If you can't measure it, you can't manage it".

6.2.2 Forderung einer strategischen Planung

Die strategische Planung ist wohl einer der wichtigsten Aspekte des Lehrbetriebs. Sie ist in vielerlei Hinsicht unerlässlich – um klare Ziele zu setzen, um zu verstehen, wie man sie erreicht, um die Arbeit im Nachhinein analysieren zu können.

Leider gibt es in der Realität zahlreiche Möglichkeiten, wie die Planung mehr zu einer Last als zu einer Hilfe werden kann – und wird. Was kann man tun, den Nutzen einer strategischen Planung zu maximieren? Es ist ein Mittel, um das große Ganze zu sehen, im Gegensatz zur taktischen Planung, die auf kurzfristige Aufgaben abzielt.

Strategische Planung ist wichtig in allen Bildungssektoren, die Umsetzung kann sich jedoch sehr unterscheiden – je nach Größe des Unternehmens und seiner Zielgruppe (Kinder, Schüler, Studierende, Erwachsene in der Weiterbildung). Bei allen Plänen muss es darum gehen, die Lernerfahrung der Lernenden und ihre Ergebnisse zu verbessern. Dazu zählt das Engagement und Wohlbefinden der Lernenden.

Die oberste Führung ist dafür verantwortlich, dass den Lernenden die bestmöglichen Bildungschancen geboten werden. Der Strategieplan legt die Ziele kurz-, mittel- und langfristig fest, je nachdem in welcher Phase sich die Organisation befindet und welche Ziele angesichts der gegebenen äußeren und inneren Bedingungen angemessen erscheinen.

Ein effektiver strategischer Plan umfasst auf jeder strategischen Ebene

- eine kurze Beschreibung der Organisation,
- die Mission und Vision,
- die SWOT-Analyse, mit
  - Strengths (Stärken),
  - Weaknesses (Schwächen),
  - Opportunities (Chancen),
  - Threads (Risiken),
- eine Beschreibung der wesentlichen Strategien der Organisation,
- einen Aktionsplan,
- geschätzte Ausgaben und Geschäftspläne der Organisation.

Ein Beispiel für die SWOT-Analyse gibt das nachstehende Beispiel eines Sprachinstituts.

Die SWOT-Analyse als Part der strategischen Planung

STÄRKEN

Einzigartige didaktische Methode für effizientes und konzentriertes Lernen

Gutes Branding (Spanien)

Vermittlung von 3 Sprachen bis zur fließenden Beherrschung in der Hälfte der Zeit

Ausgangssprachenspezifisches Lehrmaterial

Gezielte Einbindung außerschulischer Aktivitäten

Motivationsprogramm für die Lernenden

Modernste Technologie und Lernressourcen

Eigene Lehrbuch-Reihe, eigene Lernmaterialien

SCHWÄCHEN

Marktanteil noch ausbaufähig

Marketing bisher auf spanisch-lateinamerikanischen Markt beschränkt

Personaldecke ausbaufähig

Bisher nur 3 Sprachen im Angebot

Noch keine Präsenz im deutschen Markt

Hoher Aufwand für die Erstellung und Entwicklung von Lehr- und Lernmaterial

CHANCEN

USP weiter bekannt machen

Partnergewinnung in deutschen und angelsächsischen Märkten

Höhere Reputation durch Internationalisierung

Ausbau der digitalen Sprach-Lern-Angebote

Entwicklung neuer Formate für bestimmte Berufsgruppen (z. B. Pflegekräfte)

Ausbau eines zielgruppenspezifischen Marketings

Erschließung neuer Kundengruppen, z. B. Angebote in Schulen

Höhere Einnahmen durch den Vertrieb von Lehr- und Lernmaterial

RISIKEN

Mangel an qualifiziertem Personal zur curricularen Entwicklung

Hoher Aufwand für die Schulung neuer Dozenten

Hoher Aufwand im Marketing für die Besonderheit der Lehrmethodik

Finanzielle Investitionen für Präsenzunterricht in neuen Regionen

Kritischer Punkt: regulatorische Hindernisse bei der Ausbildung bestimmter Berufsgruppen (z. B. in Deutschland)

Empfehlungen für die Umsetzung einer kurz-, mittel- und langfristigen strategischen Planung gibt das nachfolgende Beispiel (s. Kasten).

Beispiel: 6.2.2 Planung zur Erreichung der Ziele – Festlegung im strategischen Plan

1. Entwicklung einer strategischen Planung

Die Führungskräfte beginnen die Entwicklung einer Strategie mit einem klaren Bekenntnis zum Unternehmenszweck (Mission) und zu den Hoffnungen und Erwartungen hinsichtlich zukünftiger Ergebnisse (Vision). Die Aussagen über die Mission, Vision und Werte stellen eine Orientierungshilfe bei der Formulierung und Umsetzung der Strategie dar. Planungsziel: Erreichung bzw. Anpassung der festgelegten Ziele.

Die aktuellen Daten, die als Grundlage für die Beurteilung durch die Führung dienen, stammen aus drei Bereichen:

- dem externen Umfeld (dem politischen, wirtschaftlichen, gesellschaftlichen, technischen umweltbezogenen und rechtlichen),
- der internen Umgebung (wesentliche Prozesse, beispielsweise die aktuelle Personalsituation, Lerndienstleistungen, Pädagogischen Methoden und Logistik, Innovation und der Einsatz von Technologien),
- den Fortschritten, die mit der vorhandenen Strategie gemacht wurden.

Fragen zur strategischen Planung zur Erreichung der Unternehmensziele:
- In welchen Märkten (Nischen) werden wir am Wettbewerb teilnehmen?
- Was ist unser USP? Welches Bildungsprodukt kann uns unterscheiden?
- Welche Prozesse helfen im Rahmen der Strategie bei der Differenzierung?
- Welche Fähigkeiten und Fertigkeiten unserer Mitarbeitenden erfordert diese Strategie?
- Welche interessierten Parteien sollten in die strategische Planung eingebunden werden?

In Krisenzeiten bewährt sich eine durchdachte Strategie in besonderer Weise. Es macht Sinn, den Blick auf die drei unterschiedlichen strategischen Ebenen zu lenken:
- kurzfristig muss das Unternehmen sicherstellen, dass die Liquidität erhalten bleibt.
- Mittelfristig müssen angemessene Gewinne sichergestellt werden
- Langfristig muss durch den Aufbau von Erfolgspotenzialen die Existenz des Unternehmens gesichert werden.

Die strategischen Ansätze konkurrieren miteinander und müssen gezielt je nach Marktsituation eingesetzt werden. Dennoch sollten alle drei Ebenen im Auge behalten werden. Die unterste Ebene benötigt in unsicheren Zeiten, in den sich der Markt verändert, die größte Aufmerksamkeit bei den meisten Bildungsunternehmen:

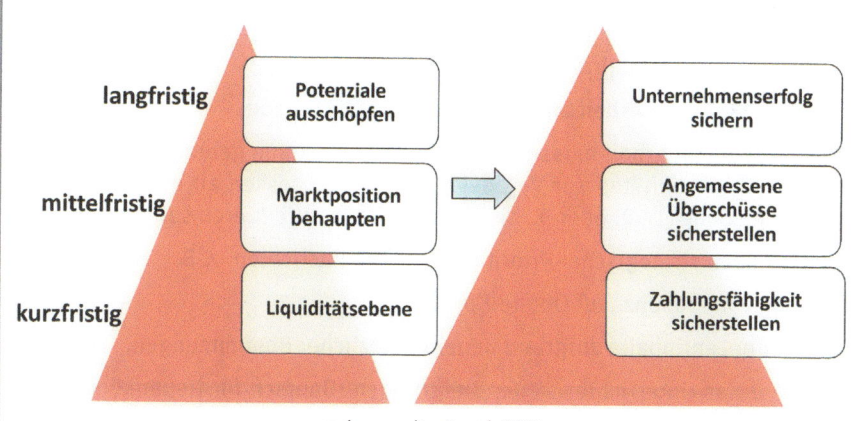

langfristig	Potenziale ausschöpfen	Unternehmenserfolg sichern
mittelfristig	Marktposition behaupten	Angemessene Überschüsse sicherstellen
kurzfristig	Liquiditätsebene	Zahlungsfähigkeit sicherstellen

nach consultnetwork 2021

2. Ein effektiver strategischer Plan umfasst auf jeder strategischen Ebene
- eine kurze Beschreibung der Organisation,
- die Mission und Vision ,
- die SWOT-Analyse,
- eine Beschreibung der Unternehmensstrategien und -techniken,
- einen Aktionsplan,
- geschätzte Ausgaben und Geschäftspläne.

3. Strategische Ziele und Zielwerte entwickeln

Messgrößen, Zielwerte, Initiativen und Budgets entwickeln, die Orientierungshilfe für die Aktivitäten und die Ressourcenverteilung bieten. Messwerte, z. B. Belegungsquoten, Umfrageergebnisse, Bewertung der Leistungen der Lernenden, Quote an Zulassung weiterführender Bildungszweige, Bewertung einzelner Lehrangebote etc.

4. Strategie im Unternehmen verständlich machen

Alle Mitarbeitenden und ggf. weitere interessierte Parteien (Lernende selbst, Eltern, externe Partner) sollten die Strategie verstehen und zu deren Umsetzung motiviert werden. Dazu gehören:

- Sicherstellung, dass alle Beteiligte am gleichen Strang ziehen,
- Verantwortungen zur Umsetzung der strategischen Ausrichtung in den einzelnen Prozessen festlegen,
- Motivationsanreize zur Umsetzung der Strategie geben, z. B.
  - Sinn, Zweck und Ziel ihrer Arbeit darstellen und wertschätzen,
  - für gute Arbeitsbedingungen sorgen, räumlich und zeitlich optimiert,
  - Vertrauen aufbauen, Fehler als Basis für Verbesserungen nutzen,
  - kreative Ideenentwicklung fördern und Ideen umsetzen,
  - Teamarbeit ausbauen, Teamverantwortung stärken,
  - Tools für die Vereinfachung eigenverantwortlicher Prozess-(Teil)-Leistungen einführen (z. B. Sharepoint, Jira).

5. Anpassung der täglichen Arbeit an strategische Zielsetzungen

Strategie und alltägliche Arbeit müssen miteinander in Einklang gebracht werden. Das heißt, dass sich die Aktivitäten zur Verbesserung von Prozessen an der Ausrichtung der strategischen Ebene (1., 2. oder 3., siehe Grafik oben) orientieren sollten.

- Kernprozesse nach strategischer Prioritätensetzung ausrichten, z. B.
  - Umstellung von Präsenz- auf Online-Kurse,
  - Änderung der Lehrinhalte aufgrund neuer gesetzlicher Bestimmungen,
  - Priorität auf das Unterrichten neuer Zielgruppen (Deutsch für Neuankömmlinge, Angebote für den zweiten Arbeitsmarkt),
  - Einbindung der Lernenden in den strategischen Ansatz.
- Stetige Nachverfolgung und Neu-Bewertung bei Änderungen und Anpassungen.

Beispiel (Fortsetzung): 6.2.2 Planung zur Erreichung der Ziele – Festlegung im strategischen Plan

6. Strategischen Plan aufrechterhalten

Um strategische Aufgaben zusätzlich zum normalen Unternehmensalltag zu bewältigen, werden freie Ressourcen benötigt. Daher ist eine sorgfältige Ressourcenplanung unabdingbare Voraussetzung einer Umsetzung der strategischen Ziele.

Wenn sämtliche Ressourcen in der operativen Arbeit aktiv sind, sind zusätzliche Kapazitäten erforderlich, um die strategische Arbeit voranzutreiben.

Der Erfolg resultiert aus der Umsetzung. Dazu gehört es, realistisch zu planen und sich stets nicht nur nach der Vision auszurichten, sondern sehr praktische Umsetzungsschritte für die operativen Prozesse zu bedenken, denn was geleistet werden soll, ist nicht unbedingt das, was geleistet werden kann.

Die Unternehmensleitung sollte sich als aktiver Part des strategischen Planungsprozesses verstehen, um die Beteiligung und Interaktion mit anderen Organisationsmitgliedern zu erhöhen. Im besten Fall kommuniziert sie in kurzen regelmäßigen Abständen, welches Einsatzgebiet dem Unternehmen derzeit und langfristig den höheren Erfolg bietet, und liefert auch die Entscheidung samt Begründung mit. Dabei wird sie durch Führungskräfte in den einzelnen Bereichen unterstützt.

Führungskräfte in allen Bereichen der Lehre und der Verwaltung müssen den Implementierungsprozess der strategischen Planung leiten, nachverfolgen und ggf. ändern. Änderungen sollten in der Planung berücksichtigt und begründet werden. Dabei bleibt die Ausrichtung an den Anforderungen und Bedürfnissen der Lernenden stets oberste Priorität. Unter dieser Prämisse sind folgende Punkte entscheidend:

- **Bereitstellung ausreichender Ressourcen im jeweiligen (Lehr-)Prozess.** Im Personalsektor kann das durch Einstellungen oder die Nutzung von externen Lehrkräften, Dozenten oder Zeitarbeitern gelöst werden.
- **Fokus halten.** Während der Umsetzung ist es essenziell, dass die verantwortlichen Personen ihre strategischen Aufgaben im Blick behalten. Die Verantwortlichen müssen ausreichend Zeit für die Mitwirkung in den strategischen Initiativen haben, d. h., dass sie z. B. das Feedback der Lernenden berücksichtigen, von Lehr-Deputaten entlastet werden und für entsprechende Vertretungsressourcen (temporäre Lehrbeauftragte) gesorgt wird.
- **Ergebnisse beobachten und Maßnahmen ergreifen.** Neue Informationen und Erkenntnisse können den operativen Plan und die Strategie verändern und verbessern und so wieder zu einer effektiveren Umsetzung beitragen. Das gehört zum fortlaufenden Verbesserungsprozess, der zu den wichtigen Anforderungen der Norm gehört (Normabschnitt 10.).

Alle Mitarbeitenden – auch externe Dozenten und Lehrbeauftragte – sollten die strategische Ausrichtung verstehen und durch ihr eigenes Handeln mittragen.

Gezielte Schulungen in Bezug auf Anleitungen zur praktischen täglichen Routine und zum Verständnis der erforderlichen Anpassungsprozesse können zur Verinnerlichung der Veränderungen beitragen.

Kennziffern zu Abschnitt 6.2

- Abschlussquoten
- Summative Bewertungsmatrix der Ergebnisse der Absolventen
- Leistungsziele, Quoten erworbener Kompetenzen
- Finanzielle Zielfaktoren
- Anzahl Lernende pro Erfassungszeitraum
- Verhältnis Lernende zu Lehrenden
- Aufwendungen/Ertrag pro Bildungsteilnehmer

Exemplarische Nachweise

- Übersichten zu relevanten Kennziffern
- Zielvereinbarungen und Zielerreichung
- Prozessbeschreibung „Vereinbarung von Zielen"
- Instrumente für die Lehrbetriebs-Entwicklungsplanung
- Protokolle aus Managementmeetings
- Businessplan
- Bewertung der Qualitätsziele im Inhalt-Lernziel-Schema

Mögliche Auditfragen:

- Wie bildet sich Ihre Planung zum Erreichen Ihrer Ziele im strategischen Plan ab? Woran machen Sie fest, dass die Qualitätsziele im Einklang mit der Qualitätspolitik und der Strategie stehen?
- Wie sieht der Plan zur Erreichung der Qualitätsziele aus? Welche Ihrer Qualitätsziele sind die relevantesten aus Ihrer Sicht?
- Wie ist die Entwicklung der Qualitätsziele in den letzten zwölf Monaten bzw. mittelfristig?
- Wie messen Sie die Qualitätsziele (SMART) und wie werden diese kommuniziert?
- Wie gehen Sie mit (möglichen) Zielkonflikten um? Welche Risiken gibt es bei der Zielerreichung in diesem Jahr?
- Wie wirken sich Veränderungen bei der Risikobewertung aus?

6.3 Planung von Änderungen

> **6.3 Planung von Änderungen**
>
> Wenn die Organisation die Notwendigkeit von Änderungen am MSBO bestimmt, müssen die Änderungen auf geplante Weise durchgeführt werden (siehe 4.4).
>
> Die Organisation muss Folgendes berücksichtigen:
>
> a) der Zweck der Änderungen und deren mögliche Konsequenzen;
>
> b) die Integrität des MSBO;
>
> c) die Verfügbarkeit und Einsatzfähigkeit von internen Ressourcen;
>
> d) die Zuweisung oder Neuzuweisung von Verantwortlichkeiten und Befugnissen;
>
> e) die Verfügbarkeit und Einsatzfähigkeit von für die Änderung benötigten externen Anbietern

Bei Änderungen am MSBO, die die Abläufe und Wechselwirkungen von Prozessen betreffen, sollte stets erneut eine Abschätzung der Bewertung von Risiken und Chancen vorgenommen werden. Dazu gehören Veränderungen

- in der Mission und/oder Vision der Organisation
- in der Lernerfolgsquote oder anderen Zielkriterien
- in Zuständigkeiten für bestimmte Prozesse, insbesondere Prozesse der Wertschöpfungskette
- im Bereich personeller oder investiver Ressourcen
- in Bezug auf Verfahren für die Steuerung der Lehr/Lernprozesse

Dabei sollte die strategische Planung entsprechend angepasst und aktualisiert werden (s. Beispiel im Kasten Strategische Planung Part 5. und 6.).

Kennziffern zu Abschnitt 6.3

- Kennzahlen zur Performance von Lernenden im Blended Learning
- Abschlussquoten-Veränderung durch Online-Lehrbetrieb
- Änderungsquote Anzahl Lernende online versus Face-to-Face
- Einhaltung der Planungstermine

Exemplarische Nachweise

- Prozessübersicht
- Prozessbeschreibung „Änderungen am Qualitätsmanagementsystem", Change Request-Verfahren s. Exkurs 6.3
- Beispiel Änderungsplanung im Lehrbetrieb (Face-to-Face versus Online-Training)
- Qualitätsmanagementplan in der Lehrplan- bzw. Curricula-Entwicklung

- Ressourcenplanung zum Online-Lehrbetrieb
- SWOT-Analyse zu Einflussfaktoren
- Maßnahmenpläne

Mögliche Auditfragen:

- Wie sind Sie mit Veränderungen umgegangen, welche Auswirkungen hatten diese Veränderungen?
- Auf welcher Grundlage erfolgen Änderungen? Welche ungeplanten Änderungen gab es?
- Wie wirksam war die Planung von Änderungen im letzten Jahr, und woran machen Sie dies fest?
- Inwiefern werden bei Änderungen auch deren Auswirkungen auf die interessierten Parteien berücksichtigt? Auf welche interessierten Parteien?

7 Unterstützung

Der Baustein „Unterstützung" befasst sich mit den wertstützenden Prozessen eines Managementsystems für Bildungseinrichtungen

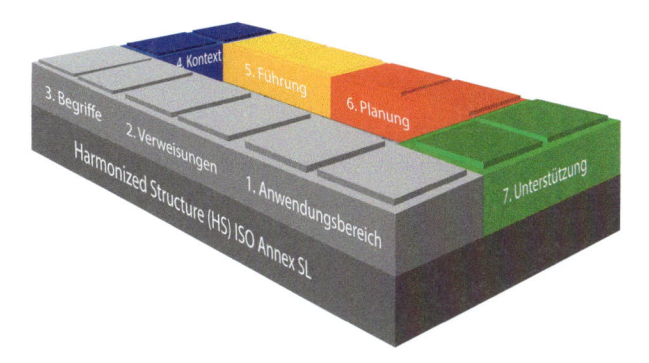

Abbildung 18: Baustein „Unterstützung" im Managementsystem

7.1 Ressourcen

7.1.1 Allgemeines

> **7 Unterstützung**
>
> **7.1 Ressourcen**
>
> **7.1.1 Allgemeines**
>
> **7.1.1.1** Die Organisation muss die erforderlichen Ressourcen für den Aufbau, die Verwirklichung, die Aufrechterhaltung und die fortlaufende Verbesserung des MSBO bestimmen und bereitstellen, damit diese Folgendes nachhaltig verbessern:
>
> a) Engagement und Zufriedenheit der Lernenden durch Tätigkeiten, die das Lernen verbessern und die Erreichung von Lernergebnissen fördern;
>
> b) Engagement und Zufriedenheit der Beschäftigten durch Maßnahmen zur Verbesserung der Kompetenzen der Beschäftigten, um das Lernen zu erleichtern;
>
> c) Zufriedenheit anderer Leistungsempfänger durch Tätigkeiten, die zum sozialen Nutzen des Lernens beitragen.
>
> **7.1.1.2** Die Organisation muss bestimmen und überprüfen, welche Ressourcen bereitgestellt werden müssen von:
>
> a) der Organisation;
>
> b) externen Anbietern.
>
> Die Organisation muss die sonderpädagogischen Bedürfnisse von Lernenden berücksichtigen und sicherstellen, dass die verschiedenen Anforderungen an die Zugänglichkeit berücksichtigt werden.

Der Abschnitt befasst sich mit der Bereitstellung notwendiger Ressourcen, und zwar hinsichtlich

- des Personals,
- der Infrastruktur,
- der Prozessumgebung,
- der Mess- und Überwachungsmittel,
- des erforderlichen Wissens.

Die Bereitstellung von Ressourcen umfasst aber auch das Sicherstellen der erforderlichen Kompetenz der handelnden Personen sowie das Sicherstellen des Bewusstseins aller Personen im Einflussbereich des Bildungsdienstleisters hinsichtlich der Unternehmenspolitik und ihres Einflusses auf die Effektivität des Managementsystems.

Zum Support gehört auch der gesamte Bereich der Kommunikation, innerhalb und außerhalb der Organisation.

Ohne Dokumentation geht es nicht. Die Norm spricht von „dokumentierter Information" und meint damit Dokumente und Aufzeichnungen gleichermaßen, und zwar unabhängig, ob diese in Papierform oder elektronischer Form, in Form von Grafiken, Videos oder sonstigen sprachlichen Aufzeichnungen bereitstehen. Sie müssen nach wie vor gelenkt und archiviert werden.

Zufriedenheit der Lernenden und der Mitarbeitenden

Gegenüber der ISO 9001 ist der Abschnitt „Unterstützung" in der ISO 21001 deutlich ausführlicher. Er ist darüber hinaus thematisch anders gegliedert. So wird der Fokus im ersten Abschnitt 7.1.1 nicht mehr auf Fähigkeiten und Beschränkungen des Qualitätsmanagementsystems durch interne oder externe Ressourcen gelegt. Vielmehr sollte das MSBO so gestaltet sein, dass das Hauptaugenmerk stets auf der Zufriedenheit und dem Engagement der Lernenden sowie dem Engagement und der Zufriedenheit der Mitarbeitenden und anderer interessierter Parteien liegt. Hierin liegt eine wesentliche Änderung der Bezugspunkte, die die Qualität des MSBO bestimmen.

In Abschnitt 7 finden sich neun weitere Abschnitte, die auf die Besonderheiten des Bildungssektors zugeschnitten sind. Auch die Abschnitte 7.1.3 und 7.1.4 zur Lernumgebung und Infrastruktur enthalten deutlich mehr Hinweise, welche Art von Infrastruktur eine Organisation zur Verfügung stellen sollte. Dabei werden insbesondere geeignete Einrichtungen für das Lehren und Lernen als Anforderungen genannt.

Dabei geht es auch um geeignete Lernumgebungen und Lernformen in Bezug auf Blended Learning und Online-Formate. Die Ausgestaltung digitaler Räume muss so erfolgen, dass die Aktivitäten des Online-Lernens den Bedürfnissen und Anforderungen der Lernenden entsprechen.

Mögliche Auditfragen:

- Wie werden erstens die Anforderungen in Bezug auf Personal und Material und zweitens die zur Verfügung stehenden Ressourcen für das MSBO bestimmt? Welche Methodik wird für die Ermittlung eingesetzt?
- Welche Engpässe könnten durch den Ausfall bestimmter Ressourcen (auch extern bereitgestellter) entstehen?
- Wie stellen Sie die regelmäßige Durchführung der Bildungsdienstleistungen bzw. die Lieferung der Bildungsprodukte sicher?
- Inwieweit kann dargestellt werden, dass die Ressourcen das Engagement und die Zufriedenheit der Lernenden, Lehrenden und anderer Nutznießer sicherstellen?

7.1.2 Personal

> **7.1.2 Personal**
>
> **7.1.2.1** Unter Personal muss Folgendes miteinbezogen werden, sofern zutreffend:
>
> a) von der Organisation beschäftigtes Personal;
>
> b) Freiwillige und Praktikanten, die in der Organisation arbeiten oder mitwirken;
>
> c) Mitarbeiter von externen Anbietern, die für die Organisation arbeiten oder mitwirken.
>
> **7.1.2.2** Die Organisation muss:
>
> a) das notwendige Personal für die wirksame Umsetzung ihres MSBO und für den Betrieb und die Steuerung ihrer Prozesse bestimmen und bereitstellen;
>
> b) Einstellungs- oder Auswahlkriterien bestimmen, einführen und veröffentlichen, die den relevanten Interessierten Parteien zur Verfügung stehen müssen;
>
> c) dokumentierte Information über den für die Einstellung oder Auswahl verwendeten Prozess führen und dokumentierte Information über die Ergebnisse der Einstellungsprozesse aufbewahren.

Ein Bildungsdienstleister muss gemäß der Norm die notwendigen Ressourcen ermitteln und zur Verfügung stellen, die für die Einführung, Aufrechterhaltung und Weiterentwicklung des MSBO benötigt werden. Es ist sinnvoll eine für das Managementsystem verantwortliche Person zu benennen, insbesondere bei größeren Bildungsträgern.

Die Lehr-/Lernprozesse Kompetenzen, Bildungsweg, Lehrmethoden, Begleitmaßnahmen usw. sollten festgelegt sein. Eine entsprechende Personalbedarfsanalyse für die erforderlichen personellen Ressourcen sollte die Grundlage für die Rekrutierung neuer Mitarbeitender und für die Auswahl eventueller externer Bildungspartner bilden.

Die notwendigen Qualifikationen der Mitarbeitenden können in einer Kompetenzmatrix erfasst werden. Diese ermöglicht eine Übersicht über berufliche Anforderungen einerseits und den Grad der Erfüllung andererseits. So können frühzeitig personelle Engpässe erkannt und geschlossen werden.

Beispiel einer Kompetenzmatrix in Bezug auf die Anforderungen und Qualifizierungen einer Lehrkraft siehe Abschnitt 7.2.

Besondere Aufmerksamkeit sollte darüber hinaus auf den Abschnitt 7.1.2.1 b) und c) gelegt werden. Eine Untergliederung des Abschnitts „Personal" gibt es in der Norm DIN EN ISO 9001 nicht. Hier wird nur von beschäftigten Personen gesprochen.

Die vorliegende Norm geht hier auf die Praxis in Bildungsinstitutionen verstärkt ein. In einer Bildungsorganisation ist es durchaus üblich, einen erheblichen Teil der Beschäftigten, insbesondere Dozenten, über externe Partner für die Leistungserbringung zu verpflichten (7.1.2.1 c)). Diese erbringen nicht selten einen wesentlichen Teil der Services und Dienstleistungen und sind als Hauptleistungsträger in das Kerngeschäft der Organisation eingebunden. Damit sind sie ebenso wie fest angestelltes Personal Teil des MSBO und müssen entsprechend behandelt und bewertet werden.

Siehe hierzu auch Abschnitt 8.4, der noch einmal auf den Normabschnitt 7.1.2.1 reflektiert.

Auch Abschnitt 7.1.2.1 b) ist neu. Er schreibt vor, dass auch Praktikanten und freiwillig mitarbeitende Personen als regulär mitwirkendes Personal verstanden werden müssen. Auch sie zählen zu Mitarbeitenden, die in das MSBO eingebunden sind und nicht allein als Externe betrachtet werden dürfen. Dazu gehören z. B. Ehrenamtliche und BFD-Freiwillige, die für einen bestimmten Zeitraum eine Aufgabe in der Organisation ausüben.

Kennziffern zu Abschnitt 7.1.2

– Kennziffern für die Personalentwicklungssteuerung

– Quote Lehrpersonal versus Verwaltungspersonal

– Personalbudget-Kennzahlen

Exemplarische Nachweise

– Personalbedarfsanalyse für Lehre und Verwaltung

– Prozessbeschreibung „Bereitstellung notwendiger Ressourcen"

– Dokumentation des Auswahl- und Einstellungsprozesses

– Personalentwicklungsplanung

– Stellen- und Funktionsbeschreibungen

– Kompetenzübersichten

– Rekrutierungskriterien in der Lehre und Betreuung von Lernenden

Mögliche Auditfragen:

■ Wie wird die Personalentwicklung gesteuert?

■ Gibt es Einarbeitungspläne für die Mitarbeitenden? Wie arbeiten Sie neue Mitarbeitende ein?

- Wie legen Sie die Kompetenzen für die Planung zur Nachbesetzung von Mitarbeitenden fest?
- Welche Vertretungsregelungen gibt es?
- Wie garantieren Sie, dass Sie ausreichend qualifizierte Mitarbeitende haben?
- Wie stellen Sie die Zufriedenheit Ihrer Mitarbeitenden fest, und welche Konsequenzen werden daraus gezogen?
- Wie werden Praktikanten und Freiwillige in der Mitarbeiterschaft mit einbezogen?
- Wie werden die Einstellungskriterien bestimmt, eingeführt und interessierten Parteien bekannt gemacht?
- Welche Dokumente werden zu den Auswahl- und Einstellungsprozessen geführt und aufbewahrt?

7.1.3 Infrastruktur

7.1.3 Infrastruktur

7.1.3.1 Infrastruktur muss, sofern zutreffend, die Anforderungen der Lernenden erfüllen. Diese umfasst:

a) Gebäude und Grundstücke;

b) Ausrüstung, einschließlich Hardware und Software;

c) Mittel zur Leistungserbringung.

7.1.3.2 Die Organisation muss:

a) sichere Räumlichkeiten bestimmen, bereitstellen und instand halten:

   1) die dazu geeignet sind, dass das Personal die Kompetenzentwicklung der Lernenden unterstützen kann;

   2) die die Kompetenzentwicklung der Lernenden verbessern.

b) sicherstellen, dass die Abmessungen der Räumlichkeiten den Anforderungen der Nutzer entsprechen.

7.1.3.3 Soweit erforderlich, müssen Räumlichkeiten für folgende Tätigkeiten vorhanden sein:

a) Unterrichten;

b) Selbststudium;

c) Vermittlung von Wissen;

d) Ruhe und Erholung;

e) Selbstversorgung.

ANMERKUNG 1   Räumlichkeiten können auch digitale Räume sein.

ANMERKUNG 2   Räumlichkeiten können sich im Innen- und Außenbereich befinden.

Texte zu den Abschnitten 7.1.3 und 7.1.4 siehe 7.1.4.

Mögliche Auditfragen (7.1.3 und 7.1.4 siehe 7.1.4):

7.1.4 Umgebung von Bildungsprozessen

> **7.1.4 Umgebung von Bildungsprozessen**
>
> Die Organisation muss ein geeignetes Umfeld zur Förderung des allgemeinen Wohlbefindens relevanter Interessierter Parteien bestimmen, bereitstellen und aufrechterhalten, indem sie Folgendes berücksichtigt:
>
> a) psychosoziale Faktoren;
>
> b) physikalische Faktoren
>
> ANMERKUNG 1 Psychosoziale Faktoren im Umfeld können die Folgenden umfassen: Arbeitsanforderungen, Beeinflussung am Arbeitsplatz, Weiterbildungsmöglichkeiten, Sinn der Arbeit, Einsatzbereitschaft, Berechenbarkeit, Belohnung, Rollenklarheit, Führungsqualität der Vorgesetzten, soziale Unterstützung durch Vorgesetzte, Zufriedenheit mit der Arbeit, Vereinbarkeit mit dem Familienleben, Werte am Arbeitsplatz, Stress, Burnout, beleidigendes Verhalten (z. B. Mobbing).
>
> ANMERKUNG 2 In einer Umgebung können physikalische Faktoren Temperatur, Wärme, Feuchtigkeit, Licht, Luftführung, Hygiene und Lärm sowie die Ergonomie von Geräten und Möbeln sein.

Für eine funktionierende Lernumgebung und Infrastruktur reicht es in einem Lehrbetrieb allein nicht aus, dass ein störungsfreier Betriebsablauf ermöglicht wird. Die individuellen Bedürfnisse und das Wohlbefinden der Lernenden spielen meist eine deutlich größere Rolle als in einem anderen Dienstleitungsunternehmen.

In einer Bildungsorganisation steht der Kunde, d. h. der Lernende, im Produktionsablauf im Mittelpunkt. Er ist nicht nur Empfänger der Leistung am Ende des Prozesses, sondern bestimmt dessen Qualität, Ausführung und Dauer in jeder Phase unmittelbar mit. Daher muss eine Infrastruktur bereitgestellt werden, die die Anforderungen vonseiten der Lernenden in jeder Hinsicht abdeckt, ihre Kompetenzentwicklung fördert und die Unterstützung durch die Lehrenden begünstigt.

Eine angenehme Lernumgebung ist sowohl in der Erwachsenbildung als auch im Schul- und Vorschulbetrieb von hoher Bedeutung. Dazu zählen zum Beispiel

- ausreichend Tageslicht,
- ausreichend große Räumlichkeiten für verschiedene Aktivitäten,
- angenehmes Raumklima,
- entspannte und bequeme Sitzmöglichkeiten,
- ruhiges und ungestörtes Umfeld,
- neigbare Tischplatten und
- ergonomische Anpassungsmöglichkeiten

Darüber hinaus ist ein in jeder Hinsicht sicheres Umfeld durch entsprechende Ausrüstungen und Material zu gewährleisten, u. a. durch

- die Gewährleistung von Datensicherung und Datenschutz,
- geeignete IT-Infrastruktur mit Hard- und Software für die Lerngruppe,
- spezielle technische Vorkehrungen zur Unterrichtung von Lernenden mit besonderen Bedürfnissen,
- Sicherheit von Datenverbindungen, WLAN, Tablets und Smartphones, Sicherheit von Scan- und Printmedien.

Exemplarische Nachweise zu den Abschnitten 7.1.3 und 7.1.4

- Nachweis der Eignung der Räumlichkeiten und Ausrüstung (inklusive Online-Equipment),
- Investitionsbudget,
- Sicherheitsdatenblätter und Unterweisungen,
- Messdaten von Luftqualität und Raumtemperatur,
- Nachweis der Eignung von Ausrüstung, einschließlich Hardware und Software,
- angemessene Auslegung der IT- und Kommunikationsinfrastruktur nebst Risiken- und Chancenbetrachtung,
- Ergebnisse von Zufriedenheitsumfragen aller Bildungsbeteiligten.

Mögliche Auditfragen (7.1.3 und 7.1.4):

- Was sind die unverzichtbaren Elemente der Infrastruktur in Ihrer Organisation?
- Welche Maßnahmen werden getroffen, um eine kontinuierlich gut funktionierende Infrastruktur sicherzustellen? Wie ermitteln Sie den Bedarf an Infrastruktur?
- Wie stellen Sie sicher, dass die Infrastruktur den Anforderungen der Lernenden genügt und Ihre Kompetenzentwicklung unterstützt und verbessert?
- Welche Rolle kommt dem Einsatz digitaler Medien bei der Erbringung der Dienstleitung zu?
- Wie wird der Gesundheit und Sicherheit der Lernenden und Lehrenden Rechnung getragen?
- Was tun Sie dafür, damit sich Ihre Mitarbeitenden in Ihrer Organisation und an ihrem Arbeitsplatz wohlfühlen? Wie zufrieden sind die Mitarbeitenden mit ihrem Arbeitsplatz?

Beispiele für Unterstützungsressourcen für Lernstrukturen im digitalen Zeitalter

(insbesondere zu den Abschnitten 7.1.2, 7.1.3 und 7.1.4)

In der Lernkultur des digitalen Zeitalters kommt den Lehrenden zunehmend die Rolle des Coaches zu, der Teamarbeit fördert und die Lernenden bei der Verbesserung ihrer Fähigkeiten unterstützt. Von den Lehrenden wird erwartet, dass sie den Lernenden Hilfe zur Selbsthilfe geben – Coaches zeigen ihnen nicht mehr, wie sie Probleme direkt lösen können, sondern wie sie Ressourcen finden können, um die Lösung selbst zu finden. Dazu bedarf es der Umsetzung von Unterrichtsinnovationen mit Schwerpunkt auf fortlaufende Verbesserung des Lernens im digitalen Zeitalter. Dazu zählen:

1) Anpassung von Didaktik und Inhalt von Unterrichtseinheiten mit Blick auf Blended-Learning-Strukturen, individualisiertes Lernen und Online-Module

2) Bereitstellung moderner Technologien und digitaler Ressourcen für Lernende und Lehrende

3) Modellierung und Förderung des häufigen und effektiven Einsatzes von Technologie für das Lernen

4) Schaffung von lernenden-zentrierten Umgebungen inkl. Technologie und Lernressourcen, die individuellen Bedürfnisse der Lernenden berücksichtigen

5) Sicherstellung einer effektiven Praxis der Lehrenden im Umgang mit Online-Tools und deren Einbindung in den Lehrplan durch entsprechende Schulungseinheiten

6) Teilnahme der Lehrenden und Verwaltungs-Mitarbeitenden an lokalen und (digitalen) überregionalen Lerngemeinschaften, die Innovation, Kreativität und Zusammenarbeit fördern

7) Unterstützung und Modellierung effektiver Kommunikation und Zusammenarbeit zwischen intern und extern Beteiligten unter Verwendung digitaler Tools; Bestimmung von Prozess-Verantwortlichen für diese Aufgabe

8) Stetige Prüfung neuer Technologien mit Potenzial zur Verbesserung des Lernens

7.1.5 Ressourcen zur Überwachung und Messung

> **7.1.5 Ressourcen zur Überwachung und Messung**
>
> **7.1.5.1 Allgemeines**
>
> Die Organisation muss die Ressourcen bestimmen und bereitstellen, die für die Sicherstellung gültiger und zuverlässiger Überwachungs- und Messergebnisse benötigt werden, um die Konformität von Bildungsprodukten und -dienstleistungen mit festgelegten Anforderungen nachzuweisen.
>
> Die Organisation muss sicherstellen, dass die bereitgestellten Ressourcen:
>
> a) für die jeweilige Art der unternommen Überwachungs- und Messtätigkeiten geeignet sind, d. h. dem Ziel, der Art und der Methode der pädagogischen Vermittlung und der Dauer der Bildungsdienstleistung angemessen sind;
>
> b) aufrechterhalten werden, um deren fortlaufende Eignung sicherzustellen.
>
> Die Organisation muss geeignete dokumentierte Information als Nachweis für die Eignung der Überwachung und Messung aufbewahren.
>
> ANMERKUNG Zu den Methoden der pädagogischen Vermittlung können gesprochene Kommunikation in einem physischen Raum, Online-Kommunikation, physische oder digitale Verbreitung von Material, Kommunikation über Rundfunkmedien oder eine Kombination aus diesen gehören.
>
> **7.1.5.2 Messtechnische Rückführbarkeit**
>
> Wenn die messtechnische Rückführbarkeit eine Anforderung darstellt oder von der Organisation als wesentlicher Beitrag zur Schaffung von Vertrauen in die Gültigkeit der Messergebnisse angesehen wird, muss das Messmittel:
>
> a) in bestimmten Abständen oder vor der Anwendung gegen Normale verifiziert, kalibriert oder beides werden, die auf internationale oder nationalen Normale rückgeführt sind, wenn es solche Normale nicht gibt, muss die Grundlage für die Kalibrierung oder Verifizierung als dokumentierte Information aufbewahrt werden;
>
> b) gekennzeichnet werden, um deren Status bestimmen zu können;
>
> c) vor Einstellungsänderungen, Beschädigung oder Verschlechterung, was den Kalibrierungsstatus und demzufolge die Messergebnisse ungültig machen würde, geschützt sein.
>
> Die Organisation muss bestimmen, ob die Gültigkeit früherer Messergebnisse beeinträchtigt wurde, wenn festgestellt wird, dass das Messmittel für seinen vorgesehenen Einsatz ungeeignet ist, woraufhin die Organisation soweit erforderlich geeignete Maßnahmen einleiten muss.

Was die Überwachung und Messung von Ressourcen angeht, stimmen die beiden Standards DIN ISO 21001:2021-02 und DIN EN ISO 9001:2015-11 in den Anforderungen überein. Allerdings sind die Anforderungen sehr allgemein gehalten und gehen nicht auf die Schwierigkeiten bei diesem Thema im Bildungsbereich ein. Daher sollten an dieser Stelle einige beispielhafte Aspekte genannt werden, die zu überwachen und zu messen sind und welche Arten von Ressourcen dafür verwendet werden können.

Abschnitt 7.1.5 enthält die Forderung, dass Überwachungs- und Messtätigkeiten dem Ziel und der Art der pädagogischen Lehrmethode angemessen sein müssen. Das gilt in gleicher Weise für die Dauer der Bildungsdienstleistung. Darüber hinaus wird die messtechnische Rückführbarkeit gefordert.

Wie und woran können Lerndienstleistungen und didaktische Methoden überhaupt gemessen werden?

Dazu gibt die Norm keine direkten Hinweise im Abschnitt selbst, allerdings finden sich einige Vorschläge zu Messkriterien und Messinstrumenten im ANHANG E.1 und ANHANG E.2 der Norm.

Exemplarisch genannt werden können die Kennziffern:

- Anwesenheits- und Beteiligungsquoten von Lernenden
- Grad der Erreichung von Lernergebnissen
- Abbruchquoten
- Erfolgsquoten
- Zufriedenheitsquoten (ermittelt in Umfragen)

Diese Kennzahlen sind in der Regel das Ergebnis sehr unterschiedlicher Faktoren, die sich aus den Indizes selbst nicht ableiten lassen. Sie sagen nichts direkt aus über die Angemessenheit didaktischer Lernmethoden, die Dauer der Lerneinheit oder den Einfluss begleitender Maßnahmen und Materialien oder das Lernumfeld. Um mehr Klarheit in mögliche Ursachen von Lernergebnissen und -quoten zu bringen, können zum Beispiel die nachstehenden Ansätze zur Messung genutzt werden:

Selbstmaßnahmen

- Umfrage bei den Lernenden, sich anhand bestimmter Erfolgsfaktoren selbst zu bewerten (und dabei eventuell zu erkennen, dass sie sich verbessern müssen) – während und nach der Teilnahme an der Schulung.

Peer-Einschätzungen

- Evidenzbasiertes gegenseitiges Feedback unter Lernenden, ebenso unter Lehrenden.

Team-Bewertung

- Internes und externes Feedback einer Teamleistung in Bezug auf ein gesetztes Ziel, d. h. faktenbasierte Selbsteinschätzung der Teammitglieder und die Beurteilung der Leistung anderer Teams in Schlüsselbereichen durch andere Teams.

Lernerfolgsquoten anhand SMARTER Kriterien

– Lernerfolgskriterien sollten anhand relevanter Benchmarks stetig überprüft und ggf. angepasst werden. Im Sinne der Norm muss es dabei auch um die Beachtung von ökologischen und ressourcenschonenden Kriterien gehen. So sollten die zu erwerbenden Kompetenzen und Fähigkeiten regelmäßig auch auf ihre Verträglichkeit im Hinblick auf Nachhaltigkeit und gesellschaftliche Kontexte gespiegelt werden. Lernziele können mit Hilfe der SMARTER-Methodik geprüft und weiterentwickelt werden:

- S: Spezifisch
- M: Messbar
- A: Attraktiv, erreichbar
- R: Realistisch, angemessen
- T: Terminiert
- E: Economic, ökologisch
- R: Ressourcenbedacht

Exemplarische Nachweise zu Abschnitt 7.1.5:

– Personalbedarfsanalyse für Lehre und Verwaltung
– Prozessbeschreibung „Bereitstellung notwendiger Ressourcen"
– Dokumentation des Auswahl- und Einstellungsprozesses
– Personalentwicklungsplanung
– Stellen- und Funktionsbeschreibungen
– Kompetenzübersichten
– Rekrutierungskriterien in der Lehre und Betreuung von Lernenden

Mögliche Auditfragen:

■ Wie stellen Sie die Konformität der Bildungsprodukte und -dienstleistungen mit geltenden gesetzlichen Regelungen sicher?
■ Wie wird sichergestellt, dass die Methoden zu Überwachung und Messung von Bildungsdienstleistungen geeignet und zuverlässig sind? Welche Qualifikation müssen die Mitarbeitenden aufweisen, die die Messungen und Überwachungen durchführen?
■ Auf welche Art und Weise können Sie die Angemessenheit der Ressourcen für die jeweilige Bildungsdienstleistung in Abhängigkeit von der gewählten Pädagogik, den Zielsetzungen und der Dauer der Dienstleistung ermitteln, und wie wird diese sichergestellt?
■ Nutzen Sie Checklisten? Falls ja, welchen Messkriterien genügen diese für das jeweilige Bildungsprodukt bzw. die -dienstleistung?

7.1.6 Wissen der Organisation

> **7.1.6 Wissen der Organisation**
>
> **7.1.6.1 Allgemeines**
>
> Die Organisation muss das Wissen bestimmen, das benötigt wird, um ihre Prozesse durchzuführen und die Konformität von Bildungsprodukten und -dienstleistungen zu erreichen.
>
> Dieses Wissen muss aufrechterhalten und in erforderlichem Umfang zur Verfügung gestellt werden.
>
> Beim Umgang mit sich ändernden Erfordernissen und Entwicklungstendenzen muss die Organisation ihr momentanes Wissen berücksichtigen und bestimmen, auf welche Weisejegliches notwendiges Zusatzwissen und erforderliche Aktualisierungen erlangt oder darauf zugegriffen werden kann.
>
> Die Organisation muss den Austausch von Informationen zwischen den Lehrenden und den Beschäftigten, vor allem zwischen Kollegen, fördern.
>
> ANMERKUNG 1 Das Wissen der Organisation ist das Wissen, das organisationsspezifisch ist, es wird im Allgemeinen durch Erfahrungen erlangt. Es sind Informationen, die im Hinblick auf das Erreichen der Ziele der Organisation angewendet und ausgetauscht werden.
>
> ANMERKUNG 2 Das Wissen der Organisation kann auf Folgendem basieren:
> - auf internen Quellen (z. B. geistiges Eigentum, aus Erfahrungen gesammeltes Wissen, Lektionen aus Fehlern und erfolgreichen Projekten, Erfassung und Austausch von nicht dokumentiertem Wissen und Erfahrung, die Ergebnisse aus Verbesserungen von Prozessen, Bildungsprodukten und -dienstleistungen);
> - auf externen Quellen (z. B. Normen, Hochschulen, Konferenzen, Wissenserwerb von Lernenden, anderen Leistungsempfängern oder Anbietern).
>
> **7.1.6.2 Lernressourcen**
>
> Die Organisation muss, sofern erforderlich, Lernressourcen bereitstellen und diese wo und wann sie benötigt werden zur Verfügung stellen.
>
> Die Lernressourcen müssen:
>
> a) die Bedürfnisse und Anforderungen von Lernenden, anderen Leistungsempfängern und Lehrenden berücksichtigen;
>
> b) in geplanten Abständen überprüft werden, um sicherzustellen, dass sie auf dem neuesten Stand sind;
>
> c) katalogisiert und mit Verweisungen ausgezeichnet werden.
>
> Die Organisation muss die Anforderungen an das geistige Eigentum beachten und sollte die Wiederverwendbarkeit von Ressourcen fördern.
>
> ANMERKUNG Gegebenenfalls kann eine Metadaten-Norm (z. B. ISO 15836 oder ISO/IEC 19788) als Verweisung verwendet werden

Die Norm verlangt, dass das Wissen, das benötigt wird, um die verschiedenen Prozesse in einer Bildungsorganisation durchzuführen, sichergestellt sein muss, um die Konformität der Dienstleistungen zu gewährleisten.

Dieses Wissen umfasst die Gesamtheit aller Informationen, Erfahrungen und Kenntnisse, die von der Organisation erlangt wurden. Dazu gehören sowohl systemimmanentes Wissen als auch die Kenntnisse der Mitarbeitenden. Wirksames Wissensmanagement, das die zielgerichtete Entwicklung innovativer Wissensprodukte und deren Verbreitung und Weitergabe an andere Interessierte beinhaltet, ist ein entscheidendes Element des Werterhalts und der Weiterentwicklung von Wissen. Zu den Wissensprodukten gehören

- Leitlinien, Regeln und Verfahren zur Bewertung der Relevanz des Wissens für bestimmte Prozesse (z. B. fachspezifisches Wissen im Lehrbetrieb),
- Problemlösungsansätze, d. h. Erfahrungen, die bei der Lösung eines bestimmten Problems gesammelt wurden,
- Veränderungsprozesse (z. B. Verantwortung einer Lehrkraft im kaufmännischen Sektor für die Übernahme neuer Erkenntnisse zum Finanzmanagement in die Materialien und Gestaltung einer Lehrveranstaltung).

Die Organisation muss entscheiden, welche Wissensinhalte für die verschiedenen Wissenstransfer-Ebenen zur Verfügung stehen müssen: für den effektiven und organisationskonformen Austausch zwischen Lehrenden und Lehrenden, den Lernenden untereinander, Austausch der Lehrenden untereinander – auch über die eigene Disziplin hinaus –, zwischen erfahrenem Personal und Neueinsteigern, zwischen Lehrpersonal und Verwaltung u. a.

Methoden und Instrumente

Es stellt sich die Frage, wie Wissen generiert und gespeichert wird und wer auf welches Wissen Zugriff haben sollte. Hierzu müssen Abläufe und Verantwortlichkeiten geregelt sein. Entsprechende Prozesse müssen dokumentiert und regelmäßig auf ihre Validität überprüft werden.

Da Wissensmanagement im Zuge der digitalen Transformation und der immer kürzer werdenden Halbwertszeiten von Wissen eine enorme Bedeutung hat, verfügen Bildungsorganisationen in der Regel über ein digitales Management-Informationssystem, das den effizienten täglichen Betrieb und die strategischen Ziele, d. h. das MSBO, unterstützt. Verschiedene Prozessebenen können dabei unterschieden werden:

- das Intranet, das die Arbeitsstationen (PCs, Laptops, Smartphones, E-Labs, ...) des Verwaltungspersonals, der Lehrenden und der Lernenden miteinander verbindet und einen geregelten Zugang zu einer Art elektronischem Archiv für „dokumentierte Informationen" wie Dokumente, Videos, Audios, Fotos, Präsentationen, elektronische Zeichnungen usw. ermöglicht,
- ein Verwaltungsprogramm, das kombinierte Funktionen der Dateneingabe und -ausarbeitung in allen administrativen Bereichen, für Online-Fragebögen und Online-Evaluierungstools ermöglicht,
- eine „Cloud"-Lösung mit externer Daten- und Programmspeicherung als dritte Ebene.

Die Identifikation und Einrichtung erforderlicher Schnittstellen zwischen den Ebenen ist eine wesentliche Voraussetzung für das Funktionieren des Gesamtsystems. Darüber hinaus sind aktuelle Datenschutz- und Datensicherheitsfunktionen und der Schutz personenbezogener Daten in Übereinstimmung mit den geltenden Rechtsvorschriften zu berücksichtigen. Die verbundenen Informationen müssen effizient identifiziert, zugewiesen, geplant, umgesetzt und überwacht werden.

Beispiel

Eine Berufliche Fachschule hat entschieden, das System der bestehenden IT-Insellösungen für Lehrbetrieb, Verwaltung (insbesondere Personalmanagement, Aufnahme und Registrierung von Lernenden), Managementaufgaben und curricularen Entwicklungsleistungen zusammenzuführen. Dazu soll ein digitales Management-Informationssystem eingeführt werden, das die Kommunikation und den Datenaustausch zwischen den Abteilungsebenen steuert und erleichtert. Folgender „Fahrplan" zur Implementierung des Systems wurde vorgeschlagen:

– Auswahl des entsprechenden digitalen Systems, das sicherstellt, dass die relevanten operativen Funktionen der Beruflichen Fachschule unterstützt werden, darunter:
  - HR-Management inklusive Weiterbildungs- und Personalentwicklung
  - Gewährleistung eines geschützten Daten-/Wissenstransfers zwischen relevanten Parteien – intern und extern
  - Gebäudemanagement und Bestandsverwaltung
  - Ausbildungsplanung und -durchführung
  - Entwicklungsplanung von Lehrplänen und Curricula
  - Budgetierung und Finanzkontrolle, Datenmanagement und Überwachung
  - strukturierte Dokumentation und Archivierung von Wissen
  - Schutz vor Datenverlust und Wahrung von Eigentumsrechten
– Beachtung der grundsätzlichen Benutzerfreundlichkeit inklusive Update-Management
– Beachtung relevanter Schnittstellen zwischen verschiedenen Nutzerebenen
– sicherstellen, dass die entsprechenden Arbeitsplätze der Mitarbeitenden der Fachschule an das Informationssystem angeschlossen sind und diese über angemessene Fähigkeiten zur Nutzung des Systems verfügen
– Einrichtung eines Data-Management-Referats mit entsprechend qualifiziertem Personal, das die Einrichtung und Nutzung eines digitalen Systems gewährleistet

Zur Koordination der Planungs- und Implementierungsphase wurde ein temporäres Komitee gebildet, das mit Vertretern des obersten Managements, der Lehrerschaft, der Verwaltung, mit IT-Kollegen und externen Experten besetzt ist.

> In die Implementierungs- und Erprobungsphase von sechs Monaten wurden sowohl Mitarbeitende aus Lehrbetrieb und Verwaltung als auch die Lernenden einbezogen. Die anschließende SWOT-Analyse zeigte Stärken, Schwächen, mögliche Risiken und Chancen des Systems auf, die in einer zweiten Phase der Anpassung berücksichtigt wurden.
>
> Seither wird das System von Team des Data-Managements überprüft und im stetigen Dialog mit Prozessverantwortlichen und Nutzern in regelmäßigen Abständen angepasst. Alle Beteiligten nehmen an regelmäßigen Schulungen zu Methoden der Erhaltung und Dokumentation von Know-how und Wissen teil. Strategien zur Wissensbindung und zum Wissenstransfer wurden als feste Bestandteile in die strategische Planung des Managements aufgenommen.

Wie kann das Management den Erhalt von (entscheidendem) Wissen fördern?

Die Organisation muss sicherstellen, dass sie vor Wissensverlust geschützt ist, der entstehen kann

- durch das Ausscheiden von Mitarbeitenden in Schlüsselpositionen beziehungsweise wichtigen Wissensträgern,
- durch die fehlende Erfassung und Dokumentation relevanter Informationen.

Hier geht es also um früheres, aktuelles und zusätzliches, extern erworbenes Wissen, dessen Wert und Relevanz für die Erbringung der Dienstleistungen essenziell ist. Es ist daher erforderlich genau festzustellen, welches Wissen heute und zukünftig gebraucht wird und welche personellen und systemimmanenten Ressourcen damit verbunden sind.

Aufgrund von natürlichen und ungeplanten Mitarbeiterfluktuationen kann Wissen schnell verloren gehen, wenn es nicht dokumentiert wurde. Die Organisation sollte sich daher einen Überblick über das Wissen der Mitarbeitenden verschaffen und geeignete Maßnahmen ergreifen, um die Informationen für die Organisation zu sichern. Mit Hilfe einer Wissensmatrix bzw. eines prozessorientierten Verfahrens zur Erfassung des intern vorhandenen Wissens kann eine Identifikation und Evaluation vorgenommen werden, idealerweise in Verbindung mit einer Betrachtung des Risikos eines Wissensverlustes.

Oft steht Wissensverlust im Zusammenhang mit dem Verlust wichtiger Mitarbeitender. Daher sollte die Wissensspeicherung in die Funktionsweise der Organisation integriert werden, und zwar frühzeitig, lange bevor ein wichtiger Mitarbeitender im Begriff ist, zu gehen.

Risikobetrachtung Wissenserhalt (Beispiel)

Wissen	Wissensträger/ Funktion	Bewertung der Relevanz	Risikoeinschätzung	Maßnahme
Know-how Weiterentwicklung der Curricula	Bereichsleiter Koordination Lehrbetrieb	3	7	Sicherstellung der Know-how-Weitergabe an Entwicklungsteam, Wissenssicherung durch Dokumentation
Know-how betr. Instandhaltung von Geräten	Leiter Instandhaltung und Wartung Technik	2	9	Aufgrund von bevorstehendem Ruhestand sofortige Maßnahmen zur Wissenssicherung
Anleitung und Vermittlung technischen Wissens und Erwerb praktischer Fähigkeiten an Lernende	Fachbereichsleiter technische Ausbildung	3	4	Frühzeitige Einarbeitung eines Nachfolgers, Dokumentation der didaktischen und inhaltlichen Vorgehensweise

Bewertung der Relevanz: 1 gering, 2 mittel, 3 hoch. Risikobewertung: unter 5 klein, 5 bis 8 mittel, über 8 hoch

Obwohl es als entscheidend für den langfristigen Unternehmenserfolg angesehen wird, verfügen nicht alle Organisationen über formale Strategien zur Wissensspeicherung. Eine Wissensbindungsstrategie sollte Teil der strategischen Planung der Organisation sein, um langfristig wirksam zu sein. So können Wissensressourcen, die gefährdet sind und aufbewahrt werden müssen, identifiziert und spezifische Maßnahmen in die Wege geleitet werden, um sie in der Organisation zu halten.

Die oberste Leitung sollte sich folgenden Fragen stellen:

Abbildung 19: Fragen an die Organisation

Abgesehen von den allgemeinen Formaten zum Wissensaustausch wie z. B. formelle und informelle Wissensnetzwerke (Meetings, soziale Medien, Wissensmessen, Forschungsergebnisse etc.) kann die Organisation Werkzeuge und Techniken nutzen, um die Wissensspeicherung zu systematisieren:

- Prozessdokumentationen,
- Einsatz von funktionsübergreifenden Projekt- und Arbeitsteams,
- Arbeitsplatzrotation,
- regelmäßige Feedbacks und After-Action-Reviews,
- Interviews & Exit-Interviews,
- Einführung von Belohnungsstrukturen, um den Austausch von Schlüsselwissen zu fördern,
- Storytelling,
- Mentoring-Programme & Job Shadowing,
- Wissen der Ruheständler nutzen.

Erfolgsfaktoren von Wissensmanagement

Die folgenden Schlüsselfaktoren können das Wissensmanagement wirkungsvoll unterstützen:

– Einbindung der Wissensbindungsstrategie in die strategische Planung der Organisation,
– Aufbau und Implementierung eines integrierten Informationssystems,
– Konzentration auf die Erfassung von kritischem Wissen,
– Aufbau einer Lernkultur unter den Mitarbeitenden, den Wert von Wissen zu erkennen; Erfassung von Wissen als Teil jedes Arbeitsprozesses und aller Phasen des Beschäftigungszyklus,
– Einbindung ehemaliger Mitarbeitender in Alumni-Netzwerke.

Adaptiert nach Auszügen aus https://www.knowledge-management-tools.net

Exemplarische Nachweise zu Abschnitt 7.1.2

– Wissensdatenbank
– Prozessbeschreibung zur Aktualisierung von Lernressourcen
– Übersichten über Zugangsrechte und Verantwortlichkeiten im Wissensmanagement
– Beispiele für Lessons Learned
– Benchmarking
– Interdisziplinärer und Best-Practice-Austausch
– Einfluss von Erfahrungen und Wissen der Lernenden in die curriculare Weiterentwicklung
– Wissensressourcen aus Forschung, Messen, Markt
– Prozesse zum Know-how-Transfer intern – extern

Mögliche Auditfragen:

- Welche Informationsquellen können Lernende, Lehrende und weitere Beschäftigte nutzen? Wie wird neues Wissen in der Organisation verankert?
- Wie fördern Sie den Austausch von Wissen zwischen Lernenden und Lehrenden sowie zwischen den Mitarbeitenden?
- Falls Sie Lernressourcen bereitstellen: Wie stellen Sie sicher, dass diese den Anforderungen der Lernenden, Lehrenden und weiteren Leistungsempfängern genügen? Wie und in welchen Abständen werden Lernressourcen überprüft?
- Wie stellen Sie Anforderungen an geistiges Eigentum sicher?
- Wie wird Fachwissen/Best Practice zugänglich gemacht?
- Wie können Sie garantieren, dass das Wissen Ihrer Leistungsträger – auch im Falle von Kündigungen oder Umstrukturierungen – erhalten bleibt und weitergegeben wird? Wie erfolgt die entsprechende Dokumentation und wer hat dazu Zugangsberechtigung?

7.2 Kompetenz

7.2.1 Allgemeines

> **7.2 Kompetenz**
>
> **7.2.1 Allgemeines**
>
> Die Organisation muss:
>
> a) für Personen, die unter ihrer Aufsicht Tätigkeiten verrichten, welche die Leistung der Bildungsorganisation beeinflusst, die erforderliche Kompetenz bestimmen;
>
> b) sicherstellen, dass diese Personen auf Grundlage angemessener Ausbildung, Schulung oder Erfahrung kompetent sind;
>
> c) Verfahren zur Bewertung der Leistung der Beschäftigten festlegen und umsetzen;
>
> d) wo zutreffend, Maßnahmen einleiten, um die benötigte, aktuelle Kompetenz zu erwerben, und die Wirksamkeit der getroffenen Maßnahmen zu bewerten;
>
> e) Maßnahmen ergreifen, um die ständige Entwicklung relevanter Kompetenzen der Beschäftigten zu unterstützen und sicherzustellen;
>
> f) angemessen dokumentierte Information als Nachweis der Kompetenz aufbewahren.
>
> ANMERKUNG Geeignete Maßnahmen können z. B. sein: Schulung, Mentoring oder Versetzung von gegenwärtig angestellten Personen oder Anstellung oder Beauftragung kompetenter Personen.

Die DIN ISO 21001:2021-02 weicht in den Anforderungen an die Sicherstellung der Kompetenzen, die für die Ausübung der Tätigkeiten erforderlich sind, grundsätzlich kaum von der DIN EN ISO 9001:2015 ab, sie erweitert den Katalog jedoch um wichtige Punkte. Dazu gehören

- 7.2.1 e) die Sicherstellung, dass Maßnahmen durchgeführt werden, die die fortlaufende Weiterentwicklung wichtiger Kernkompetenzen garantieren,
- 7.2.2 besondere Anforderungen an die Unterstützung der Lehrenden, die im Lehrbetrieb mit Lernenden arbeiten, besondere Bedürfnisse haben und daher ggf. differenzierte Lehr- und Lernmethoden, Unterrichtsstrukturen oder individuelle Spezialangebote benötigen.

In jeder Organisation ist das strategische Kompetenzmanagement ein wichtiger Part des Qualitätsmanagements, das dazu beiträgt, vorhandene Mitarbeiterkompetenzen besser aufzuschlüsseln und effektiver im Betrieb nutzen zu können. Durch Analyse und Darstellung kann festgestellt werden, welche notwendigen Fähigkeiten, Kenntnisse oder Kompetenzen Mitarbeitende in bestimmten Positionen entwickeln müssen, um zur Wettbewerbsfähigkeit der Organisation beizutragen. Auf diese Weise bildet das Kompetenzmanagement einen wichtigen Grundpfeiler der Unternehmensführung, der Entwicklung neuer Bildungsprodukte, des Marketings und der Ressourcenplanung.

Abbildung 20:
Kompetenzmanagement

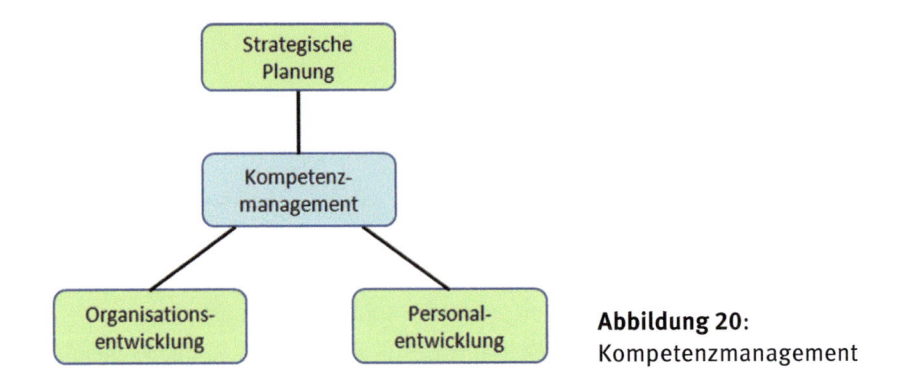

Zielgerichtetes Kompetenzmanagement trägt durch geeignete Maßnahmen dazu bei, die Kompetenzfelder der Belegschaft nachhaltig und anhand der Unternehmensziele zu entwickeln und zu stärken. Ein MSBO ist nur dann wirksam, wenn die Mitarbeitenden über die erforderlichen Kompetenzen verfügen, die für ihre Funktion und ihre Verantwortlichkeiten in der Organisation erforderlich ist.

Die oberste Leitung und ihre Führungskräfte ist dafür verantwortlich, dass die Mitarbeitenden in allen Bereichen – Lehrpersonen, Betreuungskräfte, Mitarbeitende in der Entwicklung, Verwaltung, Personalwesen, Marketing, externe Dozenten und temporäre Mitarbeitende – Möglichkeiten zur Entwicklung der notwendigen Kompetenzen erhalten in Bezug auf die für sie relevanten Prozesse, Produkte und Dienstleistungen und dass diese auch wahrgenommen werden.

Wie kann ein professionelles Kompetenzmanagement aussehen?

Ein Konzept für ein Kompetenzmanagement umfasst alle relevanten Führungs-, Wertschöpfungs- und Unterstützungsprozesse und kennt die erforderlichen Kompetenzprofile der entsprechenden Funktionen. Im ersten Schritt bedeutet dies, die Kompetenzen der Mitarbeitenden zu evaluieren:

- Fachkompetenz und Methodenkompetenz bündeln,
- Selbstkompetenzen und Sozialkompetenzen/Teamfähigkeit jeweils gesondert evaluieren,
- Jeder einzelne Mitarbeitende sollte anhand eindeutiger Indikatoren objektiv beurteilt werden.
- Aus den Ergebnissen Schulungsmaßnahmen ableiten, die dazu beitragen, die Kompetenzen des Mitarbeitenden zu professionalisieren.

Was ist unter den erforderlichen Kompetenzen – den Kernkompetenzen – für eine bestimmte Aufgabe, eine Funktion in der Organisation zu verstehen?

Die Kompetenzentwicklung geht von vier Kompetenzfeldern aus:

Methodenkompetenz: Darunter ist die Fähigkeit und Bereitschaft zu verstehen, sich Fachwissen anzueignen. Dazu gehört auch die Beherrschung der Kommunikationstechniken, analytisches Denkvermögen, Selbstmanagementtechniken und lösungsorientiertes Denken.

Fachkompetenz: Sie beschreibt die Fähigkeit und die Bereitschaft, ein für die Funktion erforderliches Wissen einzusetzen, um vor allem herausfordernde Situationen eines Unternehmens zu bewältigen.

Selbstkompetenz ist die Fähigkeit, zu erkennen wo man hin will und wie man proaktiv dieses Ziel erreichen kann. Dazu gehören Reflexionsfähigkeit, Kritikfähigkeit, Entschlossenheit, Selbstvertrauen, Flexibilität, Zuverlässigkeit, Pflichtbewusstsein, Verantwortungsbewusstsein und selbstständiges Handeln.

Sozialkompetenz: Merkmale wie Fairness, Konfliktfähigkeit, Überzeugungsfähigkeit und Teamfähigkeit sind Merkmale der Sozialkompetenz. Sie ist die Voraussetzung dafür, konstruktiv und vertrauensvoll innerhalb eines Teams zu arbeiten.

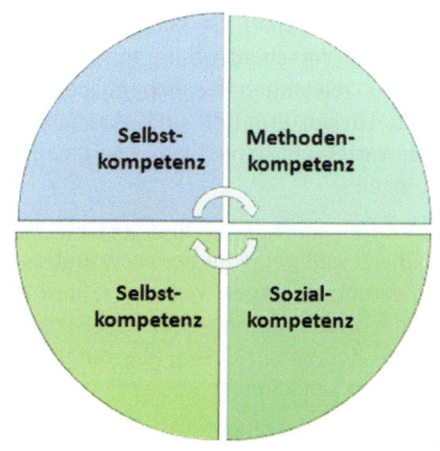

Abbildung 21: Kompetenzen

Methodik der Kompetenzentwicklung

Kompetenzentwicklung unterstützt Mitarbeitende in ihrer Aufgabe und ist damit ein wichtiges Feld der Personalentwicklung. Kompetenzentwicklung bedeutet fortwährendes Lernen. Dieses kann gezielt passieren, oder aber auch ganz beiläufig, während des Arbeitsprozesses. Dabei werden

– aktuelle und künftige Herausforderungen der Mitarbeitenden identifiziert,
– Beschäftigte und Führungskräfte zu Entwicklungsbedarfen beraten,
– Vorschläge für Schulungen und Coachings gemacht,
– unterschiedliche Zielgruppen miteinander vernetzt,
– Impulse für passende Instrumente und Angebote der Schulungen gegeben.

Im Bildungssektor, insbesondere im Lehrbetrieb, sind besonders persönliche, soziale und didaktische Kompetenzen gefragt. Hier ist es sinnvoll, gemeinsam mit den Akteuren passgenaue Schulungsprogramme zu entwickeln und durchzuführen. Zu den Tools des Kompetenzmanagements gehören

- Schulungsbedarfsermittlung und -planung,
- anschließende Wirksamkeitsbewertung,
- Funktionsbeschreibungen,
- Einarbeitungspläne mit Nachweis der Kompetenz,
- Kompetenznachweise, die über reine Schulungspläne mit Teilnahmebestätigung hinausgehen,
- Kompetenzmatrix,
- Gespräche zur Entwicklung der Mitarbeitenden.

Ein bewährtes Tool zur Schulungsbedarfsermittlung des Einzelnen, aber auch eines bestimmten Teils der Organisation, z. B. des Lehrbetriebs, stellt die **Kompetenzmatrix** da. Diese Methode hilft bei der Kompetenzplanung. Für verschiedene organisatorische Bereiche, Leistungsangebote bzw. Rollen werden die relevanten fachlichen, methodischen und persönlichen Kompetenzen identifiziert, Lücken ermittelt und Maßnahmen abgeleitet. Die Wirksamkeit der Maßnahmen wird bewertet und so bestimmte Kennzahlen ermittelt, die zur Steuerung der Personalplanung dienen.

Dabei zeigt die Matrix auf, welche Anforderungen an einzelne Funktionen gestellt werden, in welchem Ausmaß die Anforderungen für die jeweiligen Funktionen erfüllt sein sollten (das SOLL-Profil), in welchem Ausmaß die Anforderungen von den einzelnen Beschäftigten erfüllt werden (IST-Profil) und wie der Qualifikationsstand des Bereichs insgesamt ist. Ersichtlich werden ebenso eventuelle Kompetenzlücken, die durch entsprechende Qualifizierungsmaßnahmen geschlossen werden können.

Das Vorgehen zur Erstellung einer Kompetenzmatrix (auch Qualifikationsmatrix) verläuft im Prinzip in folgenden Schritten:

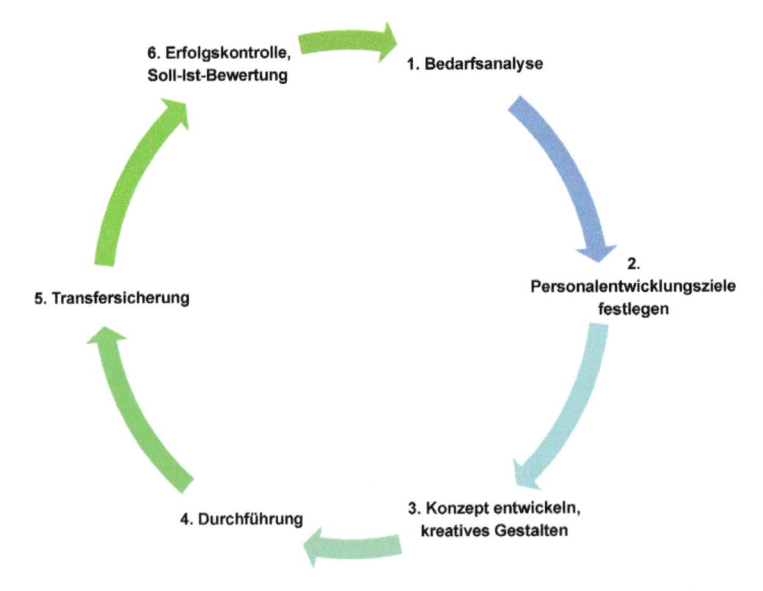

Abbildung 22: Schritte zur Umsetzung einer Kompetenzmatrix (Bfw 2017)

7 Unterstützung

Eine entsprechende Matrix eignet sich bestens als konsolidierte dokumentierte Information. Der Schulungsplan für die Mitarbeitenden sollte entsprechend darauf abgestimmt sein.

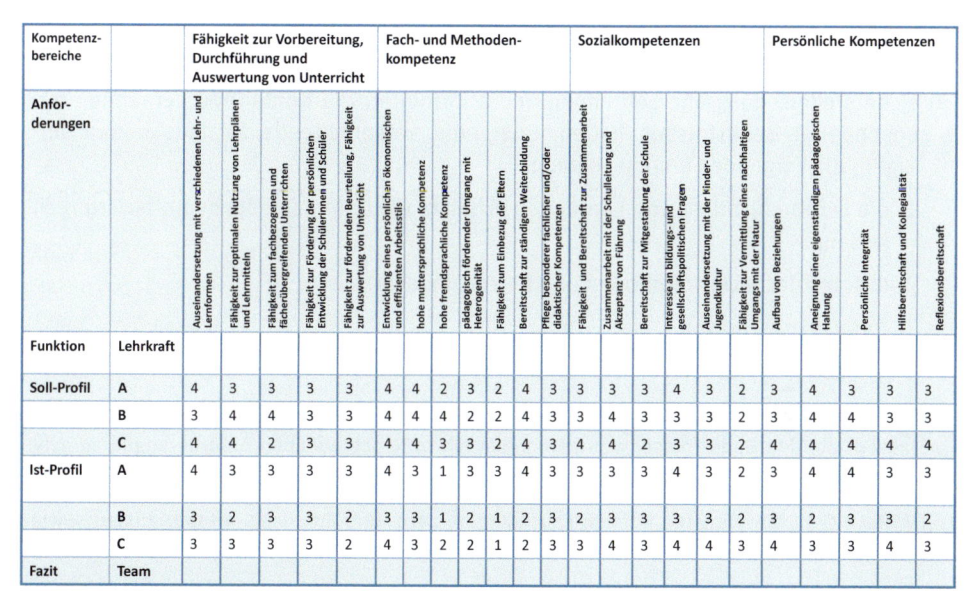

Kompetenz-bereiche		Fähigkeit zur Vorbereitung, Durchführung und Auswertung von Unterricht					Fach- und Methoden-kompetenz							Sozialkompetenzen						Persönliche Kompetenzen			
Anfor-derungen		Auseinandersetzung mit verschiedenen Lehr- und Lernformen	Fähigkeit zur optimalen Nutzung von Lehrplänen und Lehrmitteln	Fähigkeit zum fachbezogenen und fächerübergreifenden Unterrichten	Fähigkeit zur Förderung der persönlichen Entwicklung der Schülerinnen und Schüler	Fähigkeit zur fördernden Beurteilung, Fähigkeit zur Auswertung von Unterricht	Entwicklung eines persönlichen ökonomischen und effizienten Arbeitsstils	hohe muttersprachliche Kompetenz	hohe fremdsprachliche Kompetenz	pädagogisch fördernder Umgang mit Heterogenität	Fähigkeit zum Einbezug der Eltern	Bereitschaft zur ständigen Weiterbildung	Pflege besonderer fachlicher und/oder didaktischer Kompetenzen	Fähigkeit und Bereitschaft zur Zusammenarbeit	Zusammenarbeit mit der Schulleitung und Akzeptanz von Führung	Bereitschaft zur Mitgestaltung der Schule	Interesse an bildungs- und gesellschaftspolitischen Fragen	Auseinandersetzung mit der Kinder- und Jugendkultur	Fähigkeit zur Vermittlung eines nachhaltigen Umgangs mit der Natur	Aufbau von Beziehungen	Aneignung einer eigenständigen pädagogischen Haltung	Persönliche Integrität	Hilfsbereitschaft und Kollegialität	Reflexionsbereitschaft
Funktion	Lehrkraft																							
Soll-Profil	A	4	3	3	3	3	4	4	2	3	2	4	3	3	3	3	3	4	3	2	3	4	3	3	3
	B	3	4	4	3	3	4	4	4	2	2	4	3	3	4	3	3	3	2	3	4	4	3	3
	C	4	4	2	3	3	4	4	3	3	2	4	3	4	4	2	3	3	2	4	4	3	4	4
Ist-Profil	A	4	3	3	3	3	4	3	1	3	3	4	3	3	3	3	4	3	2	3	4	4	3	3
	B	3	2	3	3	2	3	3	1	2	1	2	3	2	3	3	3	3	2	3	2	3	3	2
	C	3	3	3	3	2	4	3	2	2	1	2	3	3	4	3	4	4	3	4	3	3	4	3
Fazit	Team																							

Abbildung 23: Kompetenzmatrix

\multicolumn{8}{l}{**Beispiel für einen Schulungsplan**}
Nr.	Schulungs-thema	Zielgruppe	Teilnehmer	Termin	Durch-geführt am:	Art der Wirksamkeits-prüfung
1						
2						
3						
4						
5						
6						

7.2.2 Zusätzliche Anforderungen für sonderpädagogischen Förderbedarf

> **7.2.2 Zusätzliche Anforderungen für sonderpädagogischen Förderbedarf**
>
> Die Organisation muss Mittel zur Verfügung stellen, um Lehrende zu unterstützen, indem sie:
>
> a) sicherstellen, dass alle Lehrenden und Mitarbeiter, die Kontakt zu Lernenden mit besonderen Bedürfnissen haben, über eine entsprechende Fachausbildung verfügen, die Folgendes umfassen kann:
>
> 1) die Lernbedürfnisse von Lernenden erfüllen, die unterschiedliche Anforderungen haben;
>
> 2) differenzierte Lehrmethoden und Bewertungsverfahren;
>
> 3) Unterrichtsstruktur.
>
> b) Zugang zu Netzwerken von Spezialisten ermöglichen.
>
> ANMERKUNG 1 Eine Spezialausbildung kann eine Ausbildung in differenziertem Unterricht umfassen, um den Bedürfnissen von Lernenden mit unterschiedlichen Anforderungen gerecht zu werden.
>
> ANMERKUNG 2 Spezialisten können Psychologen, Lern- und Entwicklungsspezialisten sowie Logopäden sein.

Die DIN ISO 21001:2021-02 stellt weitere Anforderungen an Institutionen, die mit Menschen arbeiten, die besondere Bedürfnisse haben. Besonderer Wert wird auf die Kompetenz derjenigen gelegt, die direkt mit den Lernenden im Kontakt sind, diese schulen und/oder betreuen. Sie müssen nicht nur über die entsprechenden Fachkompetenzen verfügen, sondern sich auch mit geeigneten differenzierten Lehr- und Lernmethoden auskennen und diese in zugewandter Art und Weise anwenden können.

Was gehört zu den besonderen Fähigkeiten und Kenntnissen der Lehrenden und Betreuenden, die von der Norm gefordert werden?

Im Grunde werden hier keine Anforderungen gestellt, die über die im Rahmen der Umstellung auf inklusive Konzepte in der frühkindlichen, schulischen und universitären Bildung vonseiten staatlicher und privatwirtschaftlicher Stellen erarbeitet wurden. In der Definition der besonderen Kompetenz der Lehrenden geht es in allen Bildungssektoren nicht allein um die Lehre, sondern um das Wissen und Verständnis für die besonderen Bedürfnisse der Lernenden, den Beziehungsaufbau, soziale Kontakte und Empathie. Darüber hinaus müssen Curricula und Lehrpläne weiterentwickelt und überprüft werden.

Nicht alle Fachlehrkräfte, Sonderpädagogen, Sozialpädagogen und Erzieher müssen direkt in der Organisation verankert sein. Externe Experten, Psychologen und spezielle Fachkräfte, die Eltern und weitere Bezugspersonen gehören zum Kompetenzteam. Ihnen muss ausreichend Gelegenheit und Raum zu Austausch und Beratung gegeben werden. Hier bedarf es einer abgestimmten Planung, die alle Akteure mit einbezieht.

Die Planung sollte berücksichtigen, dass für die erforderlichen Aufgaben zur Erfüllung des Lernerfolgs ausreichend sonderpädagogische Fachkompetenz vorhanden ist und dieses entsprechend dokumentiert ist.

> **Aufgaben im sonderpädagogischen Bereich, die anhand von Beispielen dokumentiert werden können:**
>
> - Die besonderen Bedürfnisse und ggf. Einschränkungen der Lernenden in Bezug auf ihre Möglichkeiten der Teilhabe am Lernprozess sind bekannt und können angemessen adressiert werden.
> - Didaktische, fachdidaktische und förderschwerpunktbezogene Modelle und Konzepte sind bekannt und können angewendet werden.
> - Die Unterrichtsplanung berücksichtigt individuelle Förderplanungen und deren Zielsetzungen in Übereinstimmung mit curricularen und entwicklungsorientierten Zielen.
> - Der Unterricht wird methodisch so aufgebaut, dass die Lernenden auf ihrem jeweiligen Abstraktions- und Leistungsniveau lernen können.
> - Die Lehrenden sind vertraut mit
>   - der Planung, Durchführung und Analyse von Unterricht in heterogenen Gruppen,
>   - einzelfallbezogener Reflektion der Entwicklung und Umsetzung individueller Bildungsangebote,
>   - Maßnahmen, um Lernende mit Lernrückständen wieder die Anbindung an das Unterrichtsgeschehen zu ermöglichen,
>   - den Lernausgangslagen der Lernenden. Lehrende können diese analysieren und bewerten und sind in der Lage, mit den so gewonnenen Einsichten Unterricht zu gestalten.
> - Sonderpädagogische Bildungsangebote können im gemeinsamen Unterricht in differenzierten Organisationsformen umgesetzt werden (Binnendifferenzierung).
> - Die Planung der Arbeit erfolgt in multiprofessionellen Teams (z. B. Lehrende, Sozialpädagogen, Erzieher, Psychologen). Die Lehrenden wissen um die unterschiedlichen Formen der Unterrichtsgestaltung im Team und deren Möglichkeiten und Grenzen.
> - Die erforderlichen Aufgaben werden im Team erarbeitet und verbindlich festgelegt.
> - Den Lernenden wird ausreichend Gelegenheit und Raum gegeben, selbstwirksam und kompetent zu agieren und aus Rückschlägen und Erfolgserlebnissen zu lernen.
>
> (angelehnt an: Seminar für den Vorbereitungsdienst für das Lehramt Sonderpädagogik BW 2015)

Kennziffern zu Abschnitt 7.2

- Entwicklung von Soll/Ist-Kompetenzen

Exemplarische Nachweise

- Kompetenzmatrix
- dokumentierter Nachweis der Kompetenz von Funktionsträgern
- Stellenbeschreibungen
- Einarbeitungspläne mit Nachweis der Kompetenz
- Schulungsunterlagen zur Vermittlung bestimmter Kompetenzen
- Schulungsbestätigungen mit Kompetenznachweis
- ggf. Nachweis sonderpädagogischer Fachkompetenz

Mögliche Auditfragen:

- Welchen Überblick über die Kompetenz in der gesamten Organisation haben Sie?
- Wie stellen Sie sicher, dass Ihre Beschäftigten die erforderlichen Fähigkeiten, die für die Ausübung ihrer Rollen und Verantwortlichkeiten im Rahmen des MBSO erforderlich sind, besitzen?
- Wie schaffen Sie ausreichende Möglichkeiten zur Entwicklung der erforderlichen Kompetenzen in Bezug auf die jeweiligen Bildungsprozesse? Was berücksichtigt die Planung von Kompetenzen, die zukünftig erforderlich wird?
- Werden Kompetenzen genutzt, um multifunktionale/bereichsübergreifende/agile Teams zu bilden? Wenn ja, wie können diese Kompetenz-Cluster den Bildungsprozess unterstützen?
- Wie wird die Kompetenz der Mitarbeitenden (interne und externe) ermittelt und bewertet? Welche Konsequenzen leiten sich daraus ab für Schulungen, Anweisungen und Trainings? Wie stellen Sie fest, ob Maßnahmen wirksam waren?
- Wie gehen Sie damit um, wenn Sie Fehler im Prozess aufgrund mangelnder Kompetenz von Lehrenden feststellen?
- Welche Kompetenzen werden in nächster Zukunft dringend erforderlich sein, sind aber derzeit noch nicht vorhanden?
- Wie stellen Sie sicher, dass Beschäftigte, die in Kontakt mit Menschen mit besonderen Bedürfnissen stehen, über die notwendigen Kompetenzen verfügen? Wie werden diese überprüft?
- Welche Nachweise können Sie zur Kompetenz Ihrer Beschäftigten vorweisen? Wie werden Kompetenznachweise geführt und nachgehalten?

7.3 Bewusstsein

> **7.3 Bewusstsein**
>
> Die Organisation muss sicherstellen, dass sich die relevanten Personen, die unter Aufsicht der Organisation arbeiten, des Folgenden bewusst sind:
>
> a) der Politik und Strategie der Bildungsorganisation und der relevanten Ziele des MSBO;
>
> b) ihres Beitrags zur Wirksamkeit des MSBO einschließlich der Vorteile einer verbesserten Leistung der Bildungsorganisation;
>
> c) der Folgen einer Nichterfüllung der MSBO-Anforderungen.

Das Qualitätsmanagement einer Organisation ist immer nur so gut, wie es von den Beschäftigten verstanden und bewusst gelebt wird. Die wertschöpfenden Prozesse im Lehrbetrieb haben ihre Dynamik und es gibt viele je nach Einflussfaktoren, die sich nicht standardisieren lassen.

Die Lernenden sind als „Kunden" der Bildungseinrichtung aktiv in den Prozess der Leistungserbringung eingebunden und verändern diesen je nach Lernausgangsvoraussetzungen und Persönlichkeit. Jede Gruppe strahlt eine unterschiedliche Motivation aus und ist nicht einfach die Summe ihrer Individuen, sondern jeder Lernende bringt seine individuelle Motivation und Erfahrung mit. Darauf müssen sich Lehrende einstellen, wenn sie das Lernen optimieren und reflektierte Erfahrungen und Kompetenzbildung ermöglichen wollen.

Die Leitung muss diese Komplexität berücksichtigen, wenn sie sichergehen will, dass die Mitarbeitenden die Mission und Vision der Organisation in ihrer täglichen Arbeit umsetzen. Nur dann können sie einen sinnvollen Beitrag zum MSBO und damit zum Wertschöpfungsprozess erbringen.

Selbstverständnis der Lehrenden

Der Lehrkörper stellt ein wichtiges Rückgrat des Erfolgs der Organisation dar. Lehrende legen in der Regel eine starke Betonung auf die Selbstbestimmung und Selbstorganisation in ihrem Handeln, insbesondere in Bezug auf die Anwendung bestimmter didaktischer Methoden und der Schwerpunktsetzung im Unterricht. Sie wollen Mitgestaltende ihrer Arbeit für und mit den Lernenden sein. Für sie ist aktive Partizipation ein wichtiges Strukturprinzip. Insbesondere in der privatwirtschaftlich organisierten Bildung gilt das in zunehmendem Maße ebenso für die Beschäftigten in der Verwaltung. Dieser Ansatz kann jedoch nicht verallgemeinert werden.

Die oberste Leitung kann die selbstmotivierende Kraft des Personals für die Wirksamkeit des MSBO nutzen, indem sie diese durch verschiedene Maßnahmen aktiv in die Richtung lenkt, die der Organisation und ihrem Leitbild entsprechen.

Ist das Bewusstsein für ein gemeinsames Verständnis der Aufgaben der Organisation sowie die Wertschätzung der eigenen Rolle in der Leistungserbringung gegeben, so ist das die beste Voraussetzung für den Erfolg der Bildungseinrichtung am Markt. Vorschläge, die dazu beitragen können, eine entsprechende Bewusstseinsbildung auf den Weg zu bringen, sind im nachfolgenden Block dargestellt.

Wie kann (das Ziel der) Bewusstseinsbildung erreicht werden?

1) **Vorbild sein.** Wenn die Leitung erreichen möchte, dass sich die Mitarbeitenden in einer bestimmten Art und Weise (hier: qualitätsbewusst) verhalten, dann sollte sie diese Haltung vorleben.

2) **Auf Einsicht setzen.** Durch eigenes Handeln die Mitarbeitenden dahin zu bewegen, sich selbst bzw. ihre Haltung, ihr Handeln zu ändern.

3) Durch Schulung und eigenes Vorleben aufzeigen, dass die Lernenden Auftraggebende und Mitwirkende im Lehr-Lernprozess zugleich sind. Ihre Bedürfnisse und Anforderungen stehen an erster Stelle.

4) Bewusstsein dafür entwickeln, das Bildungsprodukt, die Bildungsleistung, wie das Eigene zu betrachten. Das bedeutet z. B., den Lernenden so zu behandeln, wie man es selbst erwarten würde.

5) Auch in kleinen Dingen und im sozialen Kontext stets auf die Aspekte achten, die dem Kunden wichtig sind. Dazu gehört auch, Beschwerden und Anregungen der Lernenden ernst zu nehmen und zu beachten.

6) Mitarbeitende wertschätzen, die sich für produktive Produkt/Verfahrensveränderung einsetzen oder innovative Entwicklungen der Bildungsprodukte vorantreiben (Fehlertoleranz).

7) Vorteile von Leistungsverbesserungen für die Beschäftigten und die Organisation aufzeigen.

8) Übernahme von eigenverantwortlichem Handeln unterstützen.

9) Aktive Kommunikation des Qualitätsniveaus durch regelmäßige Rückkopplung auf allen Ebenen sicherstellen.

Kennziffern zu Abschnitt 7.3

- Zufriedenheit der Lernenden
- Testimonials interessierter Parteien
- Ergebnis der Auswertung von Feedbacks der Mitarbeitenden
- Anzahl der Verbesserungsvorschläge

Exemplarische Nachweise

- Dokumentationen zu Besprechungen zum MSBO
- Protokolle Mitarbeitergespräche
- Zielvereinbarungen
- Bewertung der Lehrenden durch die Lernenden
- Vorschläge zur Optimierung und Modifikation von Lehrveranstaltungen
- Vorschläge zur Weiterentwicklung von Curricula
- Dokumentation von Feedbacks zu Lehrveranstaltungen und zu Betreuungsleistungen

Mögliche Auditfragen:

- Wie stellen Sie sicher, dass ein Qualitätsbewusstsein der Mitarbeitenden gegeben ist? Wie wirkt sich das auf Ihre Qualitätspolitik, die Qualitätsziele und das MSBO aus?
- Welche Motivationsmöglichkeiten nutzen Sie, um Ihre Mitarbeitenden in Ihren jeweiligen Aufgaben zu unterstützen und zu stärken?
- Wie stellen Sie sicher, dass externe Mitarbeitende im Hinblick auf das notwendige Bewusstsein in Ihrer Organisation geschult werden?

7.4 Kommunikation

7.4.1 Allgemeines

> **7.4 Kommunikation**
>
> **7.4.1 Allgemeines**
>
> Die Organisation muss die für die MSBO relevante interne und externe Kommunikation bestimmen, einschließlich:
>
> a) worüber sie kommunizieren wird;
>
> b) warum sie kommuniziert wird;
>
> c) wann kommuniziert wird;
>
> d) mit wem kommuniziert wird;
>
> e) wie kommuniziert wird;
>
> f) wer kommuniziert.

Der Abschnitt *Kommunikation* ist gegenüber der DIN EN ISO 9001:2015-11 und der DIN ISO 29990:2010-12 deutlich erweitert. Der Abschnitt ist in drei Unterabschnitten genauer spezifiziert:

1) Allgemeines – Neu ist die Frage nach dem Grund für die Kommunikation (7.4.1b)

2) Neue Forderung nach der Zweckbestimmung der Kommunikation (7.4.2) für verschiedene interessierte Gruppen

3) Zwei neue Unterabschnitte:

   a) 7.4.3.1 Neue Forderung nach der Festlegung, Klassifizierung und Umsetzung von verschiedenen Typen von Kommunikationsvereinbarungen, die auch dokumentiert werden müssen.

   b) 7.4.3.2 Die Nachweispflicht wird gefordert für die Überwachung der Kommunikationsstränge sowie die Sicherstellung, dass die Prozesse regelmäßig evaluiert und verbessert werden. Darüber hinaus wird auf die Aufbewahrungspflicht für relevante Dokumente verwiesen.

In der Komplexität der Einbindung der Kommunikationspartner unterscheiden sich Bildungsinstitutionen von Unternehmen anderer Branchen:

- Zum einen ist der Lernende der Empfänger der Leistung und zahlt für das Bildungsprodukt.
- Zum anderen ist er ein essenzieller Teil des Kommunikationsgeschehens, denn Lernen geschieht durch Kommunikation. Das Bildungsprodukt kann nur durch den Prozess des Lernens erworben werden.

Daher hat der Lernende das Recht und die Pflicht auf Mitwirkung und aktive Einbindung in die Kommunikation, im Seminar, Klassenraum oder bei der Online-Schulung. Dazu bedarf es vertraglicher klarer Vereinbarungen, die zu Beginn der der Leistungserbringung abgeschlossen werden müssen (Normabschnitt 7.4.3).

Berücksichtigung verschiedener Kommunikationsebenen

Die detaillierten Ausführungen im Normabschnitt 7.4 sind der Tatsache geschuldet, dass die Kunden einer Bildungsdienstleistung – unabhängig davon, ob es sich um Erwachsene, Schüler, Studierende oder Kindergarten-Kinder bzw. deren Eltern handelt – in den Herstellungsprozess der Leistung unmittelbar eingebunden sind und aktiv am Bildungsprozess teilnehmen.

Darüber hinaus sind die Mitarbeitenden sowie verbundene externe Partner, Behörden, Unternehmen, Agenturen und Lieferanten in der Kommunikationsstrategie zu berücksichtigen.

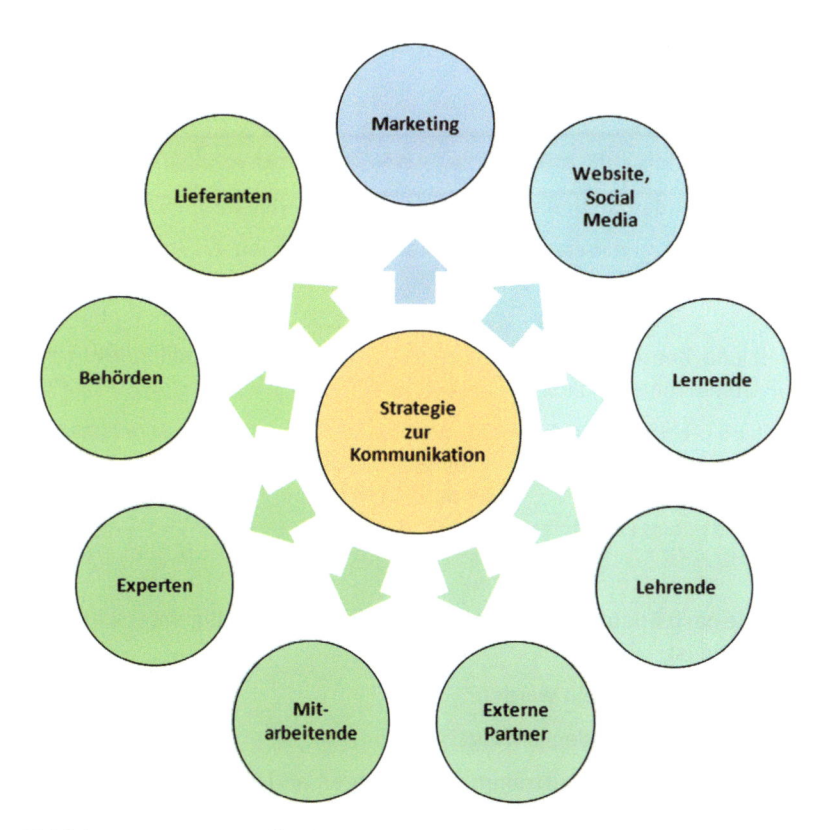

Abbildung 24: Kommunikationsstrategie einer Organisation

Das Management sollte hier zwischen verschiedenen Ebenen unterscheiden, denn nicht jeder Partner ist in gleicher Weise zu informieren beziehungsweise in den Kommunikationsprozess einzubinden.

Das oberste Management muss sicherstellen, dass die Lehrenden die Kommunikationsleistung gegenüber den Lernenden erbringen können, indem sie sie regelmäßig in festgelegten Routinen informieren und mitwirken lassen. Ein offener, kollegialer Führungsstil ist die beste Grundlage für eine dauerhafte und für alle Parteien befriedigende Kommunikationskultur.

Mögliche Auditfragen:

- Wie erfolgt die Planung der Kommunikation mit spezifischen Zielgruppen (Lehrende, Lernende, externe interessierte Partner)? Wer steuert diese Kommunikation?
- Wie transparent ist die Kommunikation innerhalb der Organisation dargestellt, zum Beispiel wer was mit wem kommuniziert? Warum wird kommuniziert? Wie ist die oberste Leitung eingebunden?
- Wer hat Zugriff auf Protokolle von Meetings? Wie werden Niederschriften gesteuert und dokumentiert?
- Wer ist zuständig für PR-Arbeit und Veröffentlichungen in sozialen Medien?

7.4.2 Kommunikationszwecke

> **7.4.2 Kommunikationszwecke**
>
> Interne und externe Kommunikation müssen die folgenden Zwecke erfüllen:
>
> a) Einholung der Meinung oder Zustimmung der relevanten Interessierten Parteien;
>
> b) Übermittlung relevanter, genauer und zeitnaher Informationen an Interessierten Parteien im Einklang mit der Mission, der Vision, der Strategie und der Politik der Organisation;
>
> c) Zusammenarbeit und Koordination von Tätigkeiten und Prozessen mit relevanten Interessierten Parteien innerhalb der Organisation.
>
> ANMERKUNG Die übermittelten Informationen können Informationen über die Bereitstellung von Bildungsprogrammen, beabsichtigte Lernergebnisse, Qualifikationen, Innovationen, neue Ideen sowie wissenschaftliche Ergebnisse, Methoden, Ansätze und die zugrunde liegenden Lernprodukte und -dienstleistungen enthalten.

Kommunikation kann je nach Bildungsorganisation und Zielsetzung völlig unterschiedlich ausgestaltet sein. Wichtig ist:

- Was soll erreicht bzw. sichergestellt werden?
- Welche Zweckbestimmungen werden verfolgt?
- Geht es um die Absicherung von Aufträgen, Erwartungen an Leistungen, Verhaltensweisen, Vertraulichkeit, Mitwirkung, Verantwortungsübernahme, Teamarbeit, Erfüllung bestimmter Voraussetzungen?

In jedem Fall steht die erfolgreiche Vermittlung von Kompetenzen, Wissen und Verhaltensweisen – angepasst an Fähigkeiten der Zielgruppe der Lernenden – im Vordergrund. Diese Forderung wurde in die Abschnitte 7.4.2 bzw. 7.4.1 b) zusätzlich aufgenommen. Dazu sind die Einholung des Einverständnisses und die Berücksichtigung unterschiedlicher Interessen und Vorstellungen aller Beteiligten – intern und extern – erforderlich.

Das bedeutet nicht, dass alle Partner auf gleichem Niveau Rechte zur Mitsprache und zu Entscheidungen eingeräumt werden. Es bedeutet lediglich, dass sich das Management der unterschiedlichen Meinungen und Interessen bewusst sein muss und diese in seine Entscheidungen einbezieht.

Wer sind die relevanten Parteien?

Zusammenarbeit und Koordination der „relevanten" Parteien innerhalb der Organisation ist kein „nice-to have", sondern eine explizite neue Anforderung. Hier sind in erster Linie die Lernenden und Lehrenden zu nennen. Sie haben nicht nur ein Recht auf Information, sondern darüber hinaus das Recht und die Pflicht zur Zusammenarbeit und zur Mitsprache.

Die Norm gibt in den Anmerkungen zu Abschnitt 7.4.2 Beispiele, auf welche Weise das geschehen kann, z. B. durch das zur Verfügung stellen von

- Dokumenten zu den angestrebten Lernzielen,
- Methoden,
- jährlichen Lehrplänen,
- Ressourcen zum Selbststudium,
- innovativen Lehr- und Lernansätzen,
- technischen Hilfsmitteln und
- wissenschaftlichen Grundlagen.

Dabei bleiben Grad und Tiefe der Einbindung der Lernenden und Lehrenden als auch anderer Parteien jeweils dem Management überlassen. Die Leitung muss in jedem Fall sicherstellen, dass relevante Informationen rechtzeitig und genau weitergegeben werden und dass diese im Einklang mit Mission, der Vision und der Politik der Organisation stehen.

Wichtige Parteien, die in zielgruppenspezifischer Weise in den Kommunikationsprozess einbezogen werden müssen, sind neben Lernenden und Lehrenden u. a.

- Mitarbeitende in der Verwaltung,
- Eltern und gesetzliche Vertreter der Lernenden,
- externe Partner, z. B. externe Dozenten oder verbundene Partner, die Praktika oder andere Praxiselemente zur Verfügung stellen (z. B. Steuerberater, Unternehmer),
- Experten (IT, Psychologen, Wissenschaftler, Sozialarbeiter, Sporttrainer),
- Behörden und
- andere externe Dienstleister (Lieferanten, Caterer, Busfahrer, Reinigungskräfte etc.).

Ein robustes Kommunikationsnetzwerk sorgt für eine effektive Kommunikation und so für Aufrechterhaltung der kulturellen und sozialen Entwicklung.

Dazu kann sich die Organisation ein Kommunikationskonzept zugrunde legen, das alle Stakeholder mit einbezieht. Darin werden die Kommunikationskanäle festgelegt und einem stetigen Überprüfungs- und Verbesserungsprozess unterworfen, damit jeder Mitarbeitende, Lernende oder externer Partner seiner Rolle entsprechend kommunizieren kann.

Die Leitlinien sollten gleichermaßen Klarheit für die internen und externen Kommunikationsprozesse schaffen. Externe Kommunikation umfasst das Marketing mit dem Schwerpunkt der Öffentlichkeitsarbeit und Imagepflege ebenso wie den Aufbau guter und stabiler Beziehungen zu allen Partnern außerhalb der Organisation.

Die oberste Leitung sollte dafür Sorge tragen, dass allen Mitwirkenden innerhalb der Organisation bewusst ist, dass sie selbst durch ihr Verhalten und ihre Einstellung zum Image und zur externen Wahrnehmung beitragen. Der Kommunikationsprozess sollte daher von der Leitung oder über Führungskräfte zentral gesteuert werden.

Auszug aus Hinweisen zum Kommunikationskonzept für Schulen, Kanton Zürich, Beiblatt 2011

- Die Grundsätze der Kommunikation basieren auf dem Leitbild oder auf Leitideen der Organisation und können ebenfalls in einigen Leitsätzen definiert werden:
  - Die Ziele, Anliegen und Aktivitäten der Organisation werden regelmäßig und aktuell kommuniziert.
  - Die Kommunikation erfolgt pro-aktiv und orientiert sich an definierten Zielgruppen.
  - Die Kommunikation orientiert sich an der Strategie der Schule Organisation und den Informationsbedürfnissen der Zielgruppen.
  - Die Kommunikation wird zentral koordiniert.
  - Die Kommunikation soll gezielt und informativ sein. Ein Informationsüberhang ist zu vermeiden.
  - Kommunikation ist keine Einbahnstraße. Die Organisation sucht das Gespräch und den Kontakt zu allen Akteuren intern und extern.
- Die Kommunikationsstrategie beschreibt, zu welchem Zeitpunkt wie und mit wem kommuniziert werden soll.
  - Wer ist betroffen, wer muss informiert und oder in Entscheidungen miteinbezogen werden? (Zielgruppendefinition)
  - Was soll konkret erreicht werden, welche Ziele werden verfolgt?
  - Welche Informationen müssen wie aufbereitet werden?
  - Welche Kanäle werden dafür genutzt?

Zielgruppenanalyse

Für eine effiziente Information und einen gewinnbringenden Austausch ist es wesentlich, dass Informationen zum richtigen Zeitpunkt an die richtigen Adressaten gelangen. Es ist hilfreich, für wichtige Kommunikationsinhalte (Projekte, Änderungen/Reformen etc.) eine Zielgruppenanalyse zu erstellen. Dabei werden verschiedene Faktoren berücksichtigt:

Thema	Direkt betroffene Personen/Gruppen	Interessiert	Haltung: + o −
▓▓▓▓▓▓▓▓▓▓	▓▓▓▓▓▓▓▓▓▓	▓▓▓▓▓▓▓▓▓▓	▓▓▓▓▓▓▓▓▓▓
☐	☐	☐	☐
☐	☐	☐	☐
☐	☐	☐	☐

Einfluss: groß, mittel gering	Wissensstand: groß, mittel gering	Maßnahmen
▓▓▓▓▓▓▓▓▓▓	▓▓▓▓▓▓▓▓▓▓	▓▓▓▓▓▓▓▓▓▓
☐	☐	☐
☐	☐	☐
☐	☐	☐

Diese Analyse bietet eine Grundlage für die Kommunikationsplanung. Aufgrund der entsprechenden Einschätzungen wird entschieden, in welcher Form mit welchen Gruppierungen kommuniziert wird und ob beispielsweise Betroffene oder Interessierte mit einer positiven Haltung und einem hohen Wissensstand in die Kommunikation miteinbezogen werden könnten.

Mögliche Auditfragen:

- Auf welche Weise wird sichergestellt, dass interessierte Parteien angehört werden und ihre Meinung Berücksichtigung findet? Wie und in welchem Turnus wird das dokumentiert und aktualisiert?

- Wie stellen Sie sicher, dass die Kommunikation den Zweck erfüllt, interne und externe relevante Parteien in die Prozesse der Leistungserbringung in angemessener Weise einzubinden?

- Wie und durch wen erfolgt die Prüfung, ob Informationen an interessierte Parteien im Einklang mit der strategischen Planung und der Mission stehen?

7.4.3 Kommunikationsvereinbarungen

> **7.4.3 Kommunikationsvereinbarungen**
>
> **7.4.3.1** Die Organisation muss wirksame Vereinbarungen für die Kommunikation mit Lernenden und anderen Interessierte Parteien in Bezug auf Folgendes bestimmen und umsetzen:
>
> a) Politik und Strategieplan der Organisation;
>
> b) Entwurf, Inhalt und Bereitstellung von Bildungsprodukten und -dienstleistungen;
>
> c) Anfragen, Bewerbung, Zulassung oder Registrierung;
>
> d) Leistungsdaten der Lernenden, einschließlich der Ergebnisse der formativen und summativen Evaluation;
>
> e) Rückmeldungen der Lernenden und Interessierte Parteien, einschließlich Beschwerden der Lernenden und Umfragen zur Zufriedenheit der Lernenden/Interessierte Parteien.
>
> Die Organisation muss ihre Lernenden und andere Leistungsempfänger bei ungelösten Problemen über externe Kontaktstellen informieren.
>
> **7.4.3.2** Die Organisation muss in geplanten Intervallen:
>
> a) die Umsetzung ihrer Kommunikationsbemühungen überwachen;
>
> b) den Kommunikationsplan basierend auf den Überwachungsergebnissen analysieren und verbessern.
>
> Die Organisation muss dokumentierte Information als Nachweis für ihren Kommunikationsprozess aufbewahren.
>
> ANMERKUNG 1   Die Organisation kann Kommunikationspläne und -vereinbarungen innerhalb der Prozesse dokumentieren, zu denen diese gehören.
>
> ANMERKUNG 2   Die Organisation kann, sofern erforderlich, Methoden umsetzen, um die Rückverfolgbarkeit der Kommunikation sicherzustellen.
>
> ANMERKUNG 3   Bei den externen Kontaktstellen kann es sich um Personen oder Organisationen wie Vermittler, Prozessanwälte, Regierungsbehörden, Ombudsmänner, Schutzherren, Vertreter von Lernenden oder anderer Dritte handeln.

Zur Erfüllung der in Abschnitt 7.4.2 genannten Kommunikationszwecke ist es sinnvoll, entsprechende Vereinbarungen mit den unterschiedlichen Zielgruppen – Lernende, Lehrende, Verwaltungskräfte und externe Partner – abzuschließen und festzulegen, wer mit wem in welcher Weise kommunizieren muss oder darf. Idealerweise sollten diese Prozesse in einer Kommunikationsstrategie geregelt sein.

Abschnitt 7.4.3 geht im Detail in Bezug auf die festzulegenden Kommunikationswege ein. Dabei wird von der Anforderung nach „wirksamen" Vereinbarungen gesprochen. Dieses Attribut ist je nach Zweck und Zielgruppe individuell auszulegen und zu begründen.

Hier fordert die Norm, dass die oberste Leitung festlegen muss,

- was in jedem Fall „wirksam" und zweckdienlich bedeutet,
- welche Zielpersonen involviert werden,
- wer Verantwortung für einen bestimmten Kommunikationsprozess übernimmt.

Wirksam im Sinne eines effektiven Services gegenüber dem Lernenden bzw. potenziellen Kunden ist eine kohärente und effektive Kommunikationsbotschaft, die sich im Marketing, Social Media, Branding und in Public Relations ausdrückt. Das zeigt sich im Wettbewerbserfolg der Bildungsorganisation.

Datengeschützte oder andere vertrauliche Dokumente sind nur einem definierten Personenkreis zugänglich, der vom Management festgelegt und dokumentiert wird. Dazu gehören mitarbeiterbezogene Dokumente und Prüfungsergebnisse, deren Kommunikationswege streng restriktiv gesteuert werden müssen.

7.4.3.1 Allgemeines

Die grundlegenden politischen und strategischen Zielsetzungen der Organisation sollten jeder Art von Kommunikation zugrunde liegen.

Der Unterabschnitt 7.4.3.1b) geht konkret auf die Bestimmung von Kommunikationsvereinbarungen zu unterschiedlichen Stadien in der Bereitstellung der Produkte und Dienstleistungen ein. Diese sollten in maßgeschneiderter Form an die jeweiligen Zielgruppen weitergegeben werden:

Beispiel Zielgruppe Lernende

Hier sollte unterschieden werden, welche Informationen

- **vor** der Zulassung,
- **während** des Lernprozesses und
- **nach** Abschluss der Lerndienstleistung erbracht werden sollten.

In der Kommunikationsstrategie sollte festgelegt sein, wer diese Informationen in welcher Form erstellen und weitergeben muss. Die detaillierten Anforderungen der Norm an die Informationspflichten gegenüber dem Lernenden in Bezug auf die Lerndienstleistungen sind in Normabschnitt 8.2.2 formuliert. Hierzu gehören zum Beispiel auch Lernvereinbarungen.

Vor der Zulassung

Welche Informationen vor der Zulassung bereits zur Verfügung gestellt werden sollten, ist im Normabschnitt 8.5.1.2 detailliert geregelt (siehe dort).

Die Kommunikation nach außen muss in Übereinstimmung mit der veröffentlichten Dokumentation (Medien, Prospekte, soziale Netzwerke) erfolgen. Lernende müssen erkennen können,

- welche Bildungsdienstleistungen sie erwarten können,
- welche Abschlüsse sie erwerben können

– und umgekehrt, welche Verpflichtungen sie eingehen und welche Erwartungen sie zu erfüllen haben.

Ebenso wichtig ist, dass Lernende wissen, welche didaktischen Methoden zum Einsatz kommen (Freiarbeit, Selbststudium, Binnendifferenzierung, Vorlesung, Online/Präsenz-Anteile, Teamwork, Frontalunterricht oder Praxisarbeit). Es ist jedoch nicht erforderlich, dass sie bereits umfassend über den gesamten Inhalt der Curricula oder Lehrpläne informiert werden.

Für die Lehrenden und andere in den Lehr-/Lernprozess eingebundene Personen bedeutet es eine erhebliche Erleichterung ihrer Aufgabe, wenn sie wissen, von welchem Informationsstand der Lernenden sie ausgehen können. Daher nehmen viele Bildungsorganisationen vor Aufnahme einen Lernstands-Test vor, der eine passende Schulungsmaßnahme oft erst ermöglicht (z. B. in Sprachinstituten bei der Eingruppierung nach A1 bis C2).

Kommunikation zwischen Lernenden und Lehrenden

Eine gelingende und zielführende Zusammenarbeit lässt sich am besten auf einer gegenseitigen wertschätzenden Haltung aufbauen. Die Einholung von Rückmeldung vonseiten der Lernenden ist ein bewährtes Instrument, um die den Lehrbetrieb zu optimieren. Die Intervalle und Ausgestaltung der Feedbacks sollten festgelegt werden, um den fortlaufenden Verbesserungsprozess zu gewährleisten (zum Thema „Feedback der Lernenden" s. auch S. 234 ff.).

Die Prozessbeschreibungen für die Kommunikation im Konfliktfall und bei Beschwerden kann verschiedene Stufen der Eskalation und Bewältigungsschritte berücksichtigen – siehe nachfolgende Beispiele.

Viele Bildungsinstitutionen haben entsprechende Lernvereinbarungen formuliert, die die Art der Kommunikation regeln und auf die selbsttätige Mitwirkung der Lernenden setzen.

Beispiele zu Lernvereinbarungen sind in Normabschnitt 8.2.2 aufgeführt.

> **Beispiel**
>
> **Kommunikation zwischen Lehrenden und Lernenden im Seminar (Erwachsenenbildung)**
>
> (nach Quilling, 2015, DIE Deutsches Institut für Erwachsenenbildung)
>
> - Die Kommunikation im Kurs zu gestalten, bedeutet nicht nur, klar und strukturiert zu sprechen und Wissen zu vermitteln, sondern auch auf Fragen der Teilnehmenden einzugehen, Diskussionen zu moderieren, Teilnehmende zu beraten, Konflikte zu erkennen und zu lösen.
> - Die Kommunikation findet unter Gleichberechtigten statt und sollte von gegenseitigem Vertrauen, Wertschätzung und Respekt geprägt sein.
> - In der Erwachsenenbildung wird die Lehrkraft oft mit der Institution gleichgesetzt, die den Kurs oder das Seminar veranstaltet. Daher ist es gut, wenn die Lehrkräfte die Rahmeneinflüsse mitgestalten können, z. B. bei der Bestimmung des Ortes, dem zeitlichen Umfang und der Ausstattung des Raumes.
> - Um als Lehrkraft erfolgreich zu sein, sollte man das eigene Handeln reflektieren. Das kann einerseits durch Feedback von den Teilnehmenden, andererseits durch Checklisten oder Feedbackbögen am Kursende geschehen.
> - Nur wenn man Lernziele setzt, ist es möglich, einen Soll-Ist-Vergleich zu machen. So kann man herausfinden, was gut und was schlecht war und gegebenenfalls auch warum.
> - Feedbackrunden zur Art der Vermittlung und zum Inhalt während des Kurses sollten eingeplant werden. Dann ist die Gefahr, an den Interessen der Teilnehmerinnen und Teilnehmern vorbeizuarbeiten, geringer.

Beispiel

Kommunikationsrichtlinie bei Beschwerden der Lernenden bzw. ihren gesetzlichen Vertretern

Die Organisation fördert positive Kontakte zu den Lernenden und bemüht sich, das Selbstwertgefühl aller in der Bildungsgemeinschaft zu stärken. Die Politik der Organisation trägt zu diesen Idealen bei. Dazu gehören

- die Förderung positiver und vertrauensvoller Beziehungen zwischen Lehrbetrieb und Lernenden bzw. gesetzlichen Vertretern.
- Möglichkeit geben, Meinungen/Beschwerden im Rahmen eines definierten Verfahrens zu äußern, um die Konfliktchancen zu minimieren.
- Nur Kommunikationswünsche oder Beschwerden über Lehrkräfte, die von Lernenden bzw. gesetzlichen Vertretern per Post oder Mail versandt werden, können von der Verwaltung bearbeitet werden. Mündliche Beschwerden können gemäß Stufe 1 dieses Verfahrens informell bearbeitet werden.

Stufe 1

Ein Lernender/gesetzlicher Vertreter, der eine Beschwerde einreichen möchte, sollte sich an die zuständige Lehrkraft wenden, um die Beschwerde zu lösen. Wenn es nicht gelingt, die Beschwerde mit der Lehrkraft zu lösen, sollte die Leitung eingeschaltet werden.

Stufe 2

Die Leitung sollte die genaue Art der schriftlichen Beschwerde der Lehrkraft zur Kenntnis bringen und versuchen, die Angelegenheit zwischen den Parteien innerhalb von fünf Tagen nach Eingang der schriftlichen Beschwerde zu klären.

Stufe 3

Wird die Beschwerde nicht informell gelöst, so sollte die Leitung a) der Lehrkraft eine Kopie der schriftlichen Beschwerde vorlegen und (b) ein Treffen mit der Lehrkraft, dem Lernenden bzw. gesetzlichen Vertreter und der Leitung selbst zu vereinbaren, um die Beschwerde zu lösen. Ein solches Treffen sollte innerhalb von zehn Tagen nach Eingang der schriftlichen Beschwerde stattfinden.

Stufe 4

Ist die Beschwerde immer noch nicht gelöst und die Leitung der Auffassung, dass die Beschwerde nicht begründet ist, sollte der Lehrkraft und der Beschwerdeführer innerhalb von drei Tagen nach der Teamsitzung darüber informiert werden.

Stufe 5

Wenn die Untersuchung abgeschlossen ist, sollte die Leitung die Entscheidung der Lehrkraft und dem Beschwerdeführer innerhalb von fünf Tagen nach der Sitzung schriftlich übermitteln. Die Entscheidung der Leitung ist endgültig. Dieses Beschwerdeverfahren wird nach drei Jahren überprüft.

> **Beispiel**
>
> **Kommunikation zur Konfliktlösung im Lehrbetrieb**
>
> (Auszug aus www.diezeitschrift.de, Szepansky, 2015)
>
> Konfliktlösung geschieht im Spannungsfeld von Einfühlung, Abgrenzung und Verhandlung. Dabei können grundsätzlich zwei oder manchmal alle drei Verhaltensweisen je nach Situation kombiniert werden:
>
> Beispielsweise können Leitende nach einer klaren Botschaft, wie sie sich das Vorgehen wünschen (Grenzsetzung), die Bedürfnisse der Teilnehmenden erfragen (Versachlichung) und/oder mit einer verständnisvollen Äußerung (Einfühlung) zum Dialog animieren, um zu einer gemeinsamen Lösung zu kommen.
>
> **Umgang mit dem Angriff auf Lehrende**
>
> | Einfühlen | Versachlichen | Grenzen setzen |
> |---|---|---|
> | • Aktives Zuhören
• Fragen stellen
• Umdeuten | • Lösungsorientierte Fragen
• Vorschläge unterbreiten | • Ich-Botschaften
• Bedingungen formulieren
• Forderungen stellen |
>
> **Der Besserwisser: Störer mit System behandeln**
>
> | Positive Anteile des Verhaltens | Bedürfnisse des Besserwissers | Was könnte dem Gruppenprozess fehlen? | Lösungsideen |
> |---|---|---|---|
> | • Besserwisser bringt weitere Aspekte ein | • Anerkennung seiner Kompetenz | • ein kritischer Dialog | • Ideen des Besserwissers würdigen, Beispiele geben lassen |

7.4.3.2 Überwachung der Kommunikation

Ein wichtiger Part des MSBO ist die Überwachung, Analyse und Verbesserung der Kommunikationsabläufe und damit der Kommunikationsstrategie.

In den Kommunikationsabläufen sollten Zeitbudgets- oder Anwendungsfristen (Start- und Endtermine, Zwischendaten, Meilensteine) festgelegt sein, die der Komplexität der strategischen Ziele und dem Inhalt der strategischen Optionen des MSBO entsprechen. Dazu zählt

- die Diagnose der Kommunikationsstränge des internen und externen Umfelds der Organisation, die die strategischen Ziele und Optionen tangieren.
- eine wiederkehrende Marktanalyse als Basis zur Entwicklung neuer Bildungsangebote und Dienstleistungen, die die Bedürfnisse der potenziellen Kunden erfüllen und denen der Konkurrenz überlegen sind.

In zunehmendem Maße sind Lernende bzw. ihre gesetzlichen Vertreter und relevante externe Parteien auch daran interessiert, die Dinge zu verfolgen, die den Lernenden direkt betreffen. Beispiele hierfür sind Informationen zur Lern/Lehrkultur, zu pädagogischen Methoden, zu Noten und zum Verhaltensmanagement.

Jedes Mal, wenn eine Maßnahme ergriffen wird, von der Bewertung der Leistungen bis hin zur Dokumentation besonderer Vorkommnisse oder Veränderungen im Raumbelegungsplan, muss das Ereignis genau aufgezeichnet und für eine festgelegte Frist aufbewahrt werden. Das MSBO hilft auch dabei, die Kommunikation zwischen der Bildungsinstitution, dem Lernenden und ggf. den gesetzlichen Vertretern zu verbessern.

Kennziffern zu Abschnitt 7.4

- Beteiligungsquote an internen Umfragen und Lehrveranstaltungs-Feedbacks
- Maßnahmenumsetzung aus laufenden Meetings
- Beteiligungsquote am Vorschlagswesen
- Beschwerdequote

Exemplarische Nachweise

- Protokolle zu Besprechungen zum MSBO
- Prozessbeschreibung „Interne und externe Kommunikation"
- Veröffentlichungen in Intranet oder Mitarbeiterzeitschrift
- Prospekte, Werbung in On- und Offline-Medien
- Kommunikationsplan
- Kommunikationsmatrix
- Nachweis zur Übermittlung von Leistungsdaten der Lernenden
- Kommunikationsvereinbarungen mit Lernenden und anderen interessierten Parteien
- Lehrmaterialien
- Richtlinien im Beschwerdemanagement

Mögliche Auditfragen:

- Welche Kommunikationsvereinbarungen schließen Sie mit Lernenden, Lehrenden und weiteren interessierten Partnern ab?
- Wie stellen Sie sicher, dass Ihre Kommunikationsplanung so umgesetzt wird, dass sie den angestrebten Zweck erfüllt und ggf. Persönlichkeitsrechte sowie Vertraulichkeit gewahrt werden?
- Wie verläuft der Prozess der Bearbeitung von Zulassung und Registrierung von Lernenden? Wer ist dafür verantwortlich? Wie wird die Vertraulichkeit der Information in jedem Prozessschritt gewährleistet?
- Wie erfolgt die Kommunikation im Beschwerdemanagement?

- Wie wird mit der Übermittlung von Leistungsdaten der Lernenden verfahren?
- Wie wird der Prozess der Kommunikation mit interessierten Parteien unter Wahrung der Datensicherheit gesteuert und dokumentiert?

7.5 Dokumentierte Information

7.5.1 Allgemeines

> **7.5 Dokumentierte Information**
>
> **7.5.1 Allgemeines**
>
> Das MSBO der Organisation muss beinhalten:
>
> a) die von diesem Dokument geforderte dokumentierte Information;
>
> b) dokumentierte Information, welche die Organisation als notwendig für die Wirksamkeit des MSBO bestimmt hat.
>
> ANMERKUNG 1 Der Umfang dokumentierter Information für ein MSBO kann sich von Organisation zu Organisation unterscheiden, und zwar aufgrund:
>
> - der Größe der Organisation und der Art ihrer Tätigkeiten, Prozesse, Bildungsprodukte und -dienstleistungen;
> - Komplexität ihrer Prozesse und deren Wechselwirkungen;
> - der Kompetenz der Personen.
>
> ANMERKUNG 2 Die Dokumentation kann in jeder Form oder Art vorliegen.
>
> ANMERKUNG 3 Dokumentierte Informationen können unter anderem sein:
>
> - akademischer Kalender, Zugang zu Aufzeichnungen;
> - Kerncurriculum, Vorlesungsverzeichnis;
> - Noten, Bewertung und Beurteilung;
> - Verhaltens- und Ethikkodex.

In diesem Normkapitel werden die Anforderungen an die Lenkung von dokumentierten Informationen (Dokumente und Aufzeichnungen) festgelegt. Dabei unterteilt sich das Kapitel in folgende Unterkapitel:

7.5.1 Allgemeines

7.5.2 Erstellen und Aktualisieren

7.5.3 Lenkung dokumentierter Informationen

Der in DIN EN ISO 9000:2015-11 definierte Begriff „Dokumentierte Information" ist ein Unterbegriff des Begriffs „Dokument" und steht in einer Abstraktionsbeziehung zu ihm. „Dokumentierte Information" ist also nicht ein Unterbegriff von „Information", wie man aufgrund der Benennung vermuten könnte.

Das Merkmal, das den Unterbegriff „Dokumentierte Information" von dem Überbegriff „Dokument" unterscheidet, ist die Tatsache, dass die in dem Dokument enthaltene Information von einer Organisation gelenkt und aufrechterhalten werden muss.

7.5.2 Erstellen und Aktualisieren

> **7.5.2 Erstellen und Aktualisieren**
>
> Bei der Erstellung und Aktualisierung dokumentierter Information muss die Organisation:
>
> a) angemessene Kennzeichnung und Beschreibung (z. B. Titel, Datum, Autor oder Referenznummer);
>
> b) angemessenes Format (z. B. Sprache, Softwareversion, Grafik) und Medium (z. B. Papier, elektronisch) unter Berücksichtigung der Anforderungen hinsichtlich der Zugänglichkeit für Personen mit besonderen Bedürfnissen;
>
> c) angemessene Überprüfung und Genehmigung im Hinblick auf Eignung und Angemessenheit
>
> sicherstellen.

Dokumentierte Information beschreibt Dokumente, die von einer Organisation gelenkt und aufrechterhalten werden müssen und das Medium, auf dem sie enthalten sind.

Dabei kann die dokumentierte Information in jeglichem Format oder Medium vorliegen sowie aus jeglicher Quelle stammen. Der Anwendungsbereich der MSBO muss als dokumentierte Information verfügbar sein und aufrechterhalten werden.

Der Anwendungsbereich muss die Arten der behandelten Bildungsprodukte und -dienstleistungen angeben, und eine Begründung für jede Anforderung dieses Dokuments liefern, die von der Organisation als nicht für den zutreffend hinsichtlich des Anwendungsbereiches ihres MSBO bestimmt wird.

7.5.3 Lenkung Dokumentierter Information

> **7.5.3 Lenkung dokumentierter Information**
>
> **7.5.3.1** Die für das MSBO erforderliche und von diesem Dokument geforderte dokumentierte Information muss gelenkt werden, um sicherzustellen, dass sie:
>
> a) verfügbar und für die Verwendung an dem Ort und zu der Zeit geeignet ist, an dem bzw. zu der sie benötigt wird;
>
> b) angemessen geschützt wird (z. B. vor Verlust der Vertraulichkeit, unsachgemäßen Gebrauch, Verlust der Integrität oder unbeabsichtigten Änderungen).

7.5.3.2 Zur Lenkung dokumentierter Informationen muss die Organisation, falls zutreffend, folgende Tätigkeiten berücksichtigen:

a) Verteilung, Zugriff, Auffindung und Verwendung;

b) Schutz und Sicherheit, einschließlich Redundanz;

c) Ablage/Speicherung und Erhaltung, einschließlich Erhaltung der Lesbarkeit;

d) Überwachung von Änderungen (z. B. Versionskontrolle);

e) Aufbewahrung und Verfügung über den weiteren Verbleib;

f) Gewährleistung der Vertraulichkeit;

g) Verhinderung der unbeabsichtigten Verwendung veralteter dokumentierter Informationen.

Dokumentierte Information externer Herkunft, die von der Organisation als notwendig für die Planung und den Betrieb des MSBO bestimmt wurde, muss angemessen gekennzeichnet und gelenkt werden.

Die festgelegten Kontrollen müssen als dokumentierte Information aufbewahrt werden.

ANMERKUNG 1   Zugriff kann eine Entscheidung voraussetzen, mit der die Erlaubnis erteilt wird, dokumentierte Information lediglich zu lesen oder die Erlaubnis und Befugnis zum Lesen und Ändern dokumentierter Information.

ANMERKUNG 2   Zur Wahrung der Lesbarkeit gehört auch die Sicherstellung der Integrität bei der Datenübertragung zwischen Medien oder Formaten.

Was ist mit Lenkung gemeint?

Die Dokumentenlenkung bedeutet, dass die dokumentierten Informationen zu bewerten und zu genehmigen sind (sowohl vor der ersten Herausgabe als auch nach einer Aktualisierung), dass Änderungen und der aktuelle Überarbeitungsstatus sichtbar sind und dass die jeweils gültige Fassung an den Einsatzorten verfügbar ist.

Dokumentierte Information kann sich beziehen auf

– das Managementsystem, einschließlich damit verbundener Prozesse,

– erstellte Informationen, die die Organisation in die Lage versetzen, arbeiten zu können (Dokumentation),

– Nachweise erreichter Ergebnisse (Aufzeichnungen).

Eine Aufzeichnung ist ein Dokument, das erreichte Ergebnisse angibt oder einen Nachweis ausgeführter Tätigkeiten bereitstellt. Aufzeichnungen können beispielsweise angewendet werden zur Darlegung von Rückverfolgbarkeit und zum Nachweis von Verifizierungen, Vorbeugungs- und Korrekturmaßnahmen. Aufzeichnungen bedürfen üblicherweise nicht der Überwachung durch Revision.

Exkurs „7.5 Lenkung dokumentierter Information" zeigt eine Liste von Dokumenten und Aufzeichnungen, die nach Forderungen der Norm DIN ISO 21001:2021-02 erstellt, aufrechterhalten und nachgewiesen werden müssen.

Dokumentierte Informationen müssen immer und zu jedem Zeitpunkt identifizierbar und zuordenbar sein. Das heißt, alle Dokumente müssen mit Titel, Datum, Gültigkeitsdauer, Autor und einer Referenznummer etc. versehen werden.

Diese Dokumente unterliegen einer angemessenen Überprüfung und Genehmigung durch den oder die zuständigen Stellen in der Organisation. Die Lenkung der dokumentierten Information muss überwacht und sichergestellt werden, um zu garantieren, dass sie auch dort, wo benötigt, verfügbar ist.

Mindestanforderungen an die Dokumentation

Die Information bezieht sich im Wesentlichen auf die Effektivität und Aufrechterhaltung des MBSO. Hier sind Mindestanforderungen zu erfüllen, die eine konsequente Rückverfolgbarkeit der gegebenen Information sicherstellen. In der neuen Norm wird u. a. der Aufbewahrung der dokumentierten Information als Nachweis besondere Aufmerksamkeit geschenkt.

Der Umfang und die Art der Dokumentation sind abhängig von der Größe des Unternehmens und der Komplexität der Prozesse. Gerade in Bezug auf veränderliche Prozessabläufe und verbundene Prozesse ist es sinnvoll, standardisierte technische/digitale Formate als Basis für die Dokumentation zu nutzen.

Grundlegende Prinzipien und Unterscheidungen:

– Dokumententyp

– Sinn und Zweck des Dokuments

– Verantwortlicher für das Bearbeiten dieses Dokumentes (Prozessverantwortlicher, Prozesseigner)

– Verbundene Dokumente

Nachweise (Aufzeichnungen) und gelenkte Prozessdokumente

a) **Ein Nachweis ist unveränderlich**

– mit Datum,

– Ersteller und

– Unterzeichner

Nachweise dokumentieren:

– Code of Conduct für Lehrende, Lernende, Management, weitere Prozessbeteiligte in Ressourcenmanagement und Verwaltung, alle weiteren interessierten Parteien

– Anwendungsbereich und Ausschlüsse

– Generelle Prozessmodelle und ihre Wechselwirkungen, Prozessverantwortlichkeiten

- Festlegung von Leistungsindikatoren:
  - z. B. Zulassungskriterien und Verfahrensweisen, Messkriterien, Besprechungsprotokolle, Schulungsnachweise, Management Reviews, Auditberichte, Rekrutierungsprozesse, Stellenbeschreibungen
- Risiken, Chancen, Ressourcen, Input, Output, Ressourcen, notwendige Anweisungsdokumente wie Prüfanweisungen, Arbeitsanweisungen, Verfahrensanweisung
- Qualitätspolitik + Qualitätsziele
- Verfahrensweisen im Rekrutierungsprozess,
- Kompetenzanforderungen an die Prozessbeteiligten in allen Aufgabenbereichen
- Produkt-/Dienstleistungsfreigaben, Kriterien zur Freigabe, Änderung von definierten Speicherplätzen, Lese- und Gestaltungsrechten
- Bewertungsergebnisse der Angebote
- Sicherstellung von beherrschten Bedingungen bzgl. der Dienstleistungen

b) **Ein Prozessdokument ist eindeutig identifizierbar mit Angaben**
- zur Art des Prozesses,
- zur Zuordnung innerhalb der Organisation,
- zum Prozesseigner + -nutzer,
- zum Datum,
- zur Versionsnummer,
- zu Fristen und Ablaufdatum.

Prozessbeschreibungen

In der Prozessbeschreibung wird der Prozess mit Teilprozessen und deren Schnittstellen beschrieben. Jeder einzelne Prozessschritt ist in der Prozessbeschreibung aufgeführt.

Dazu der Input (Was geht in den Prozess?) und der Output (Was leistet der Prozess?). Weiter enthält eine Prozessbeschreibung die messbaren Prozessziele, die die Leistung des beschriebenen Prozesses messbar machen. Diese Kennzahlen definieren die Kriterien für die Güte des Prozesses. Sie werden in regelmäßigen Abständen überprüft und neu festgelegt.

Der Prozess ist einem Prozesseigner zugeordnet. Er trägt die Verantwortung für die Umsetzung, für die Einführung von KVP Maßnahmen und letztendlich für die Schulung der KollegInnen hinsichtlich des Prozessgedankens und im eigentlichen Sinne dafür, dass die KollegInnen den Prozess auch inhaltlich und in der Praxis umsetzen können.

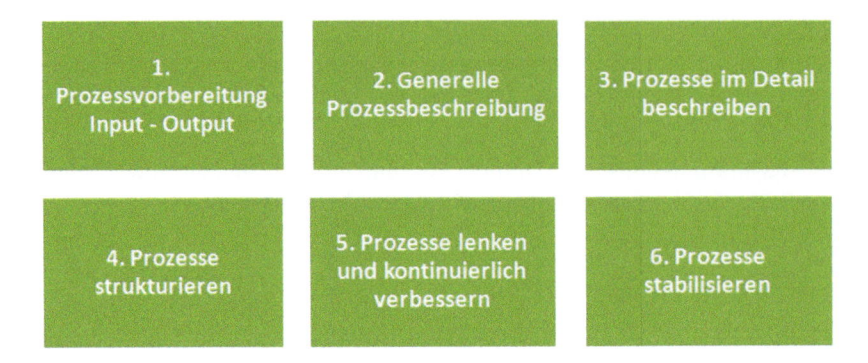

1. Prozessvorbereitung Input - Output	2. Generelle Prozessbeschreibung	3. Prozesse im Detail beschreiben
4. Prozesse strukturieren	5. Prozesse lenken und kontinuierlich verbessern	6. Prozesse stabilisieren

Abbildung 25: Schritte zur Prozessmodellierung

Arbeitsanweisungen

Die Arbeitsanweisung ist eine Prozessbeschreibung. Sie ist das unterste Glied in der Pyramide des Qualitätsmanagements. Sie hat stets eine zeitlich begrenzte Gültigkeit. Eine Arbeitsanweisung kann z. B. den Prozess einer spezifischen Aufgabe beschreiben, der nur für den oder die KollegInnen wichtig ist, die den bestimmten Prozess bearbeiten. Diese KollegInnen

- entscheiden, mit welchen Prüf- oder Messmitteln die ständige Kontrolle durchgeführt wird,
- führen die Arbeit gemäß den Anforderungen aus.

Arbeitsanweisungen sind die untere Ebene eines Prozesses	Arbeitsanweisungen sind versioniert und i. d. R. zeitlich begrenzt	Sie enthalten Text und visuelle Darstellungen	Sie sind Grundlage für die Unterweisung der Nutzer

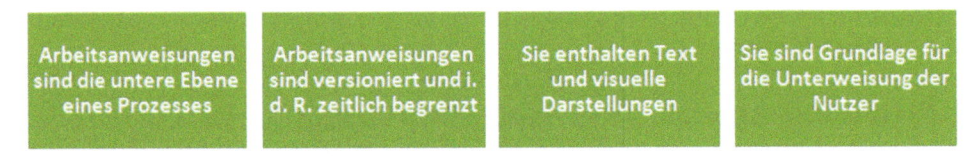

Abbildung 26: Elemente einer Arbeitsanweisung

Eine Beispielmatrix für eine Arbeitsanweisung siehe Abschnitt 8.1.2.

Praxis-Beispiele für Dokumentierte Information zur Dienstleistungserbringung im Bildungssektor

Kontext der Organisation und Leitung

- Leitungsgremium, Management, Lehrkörper (interne und externe Dozenten)
- Rollen und Befugnisse
- Organisationsformen und Zusammenarbeit
- aktuelle Statuten und Vereinbarungen
- Richtlinien betr. Interessenkonflikte im Management und interessierten Parteien – intern und extern

7 Unterstützung

Planung
- Strategieplan
- Instrumente für die Schulentwicklungsplanung
- Planung für Risiken und Chancen

Materialien zur Bewerbung, Anmeldung und Zulassung
- veröffentlichte Unterlagen zur Anmeldung/Immatrikulation, aktuelle digitale/gedruckte Zulassungsmaterialien und/oder Link zur Online-Seite
- Studenten-/Elternvertrag(verträge)
- Erklärung zu den Richtlinien und Verfahren für finanzielle Unterstützung
- Richtlinie zur Nicht-Diskriminierung (kann in anderen Materialien enthalten sein)
- Handbücher für Lernende (und Eltern)

Nachhaltigkeit und Mission
- Code of Conduct für Lehrende, Lernende, Management, weitere Prozessbeteiligte in Ressourcenmanagement und Verwaltung, alle weiteren interessierten Parteien
- aktuelles Leitbild und dessen Umsetzung
- Erklärung der Grundwerte/Glaubenssätze/Philosophie
- Erklärung zur Vision
- Nutzenversprechen
- Erklärung zum nachhaltigen Umgang mit Ressourcen und Werten
- Sicherung von Organisationswissen

Ressourcen
- Management-Review, interne Audits
- Jahresbudget für das letzte abgeschlossene Jahr
- schriftlicher Finanzplan einschließlich Drei- bis Fünfjahresprojektion
- Bericht zum Sicherheitsaudit/Risikomanagement der Versicherung
- Versicherungspolicen/-pläne
- Gehaltstabelle für Vollzeit-Dozenten, die nur das niedrige, mittlere und hohe Gehalt aufführt
- Liste der Leistungen

Personal und Kompetenzen
- aktuelle Liste der Mitarbeitenden, einschließlich Rollen und Verantwortlichkeiten, Dauer der Betriebszugehörigkeit und berufliche Qualifikationen
- Organigramm(e) und/oder Protokolle, in denen Kommunikationswege und Verantwortungsbereiche festgelegt sind

- Beispiele für jede Art von Fakultäts-/Personal-/Verwaltungsvertrag
- Verhaltenskodex
- Liste der Materialien, die konsequent in Personalakten geführt werden
- Kompetenzen im Umgang mit gesellschaftlichen Schlüsselthemen
- überfachliche Kompetenzen
- Liste der effektiven und abgeschlossenen Weiterbildungsmöglichkeiten für Dozenten und Mitarbeitende in den letzten drei Jahren

Gesundheit und Sicherheit

- aktueller Krisenmanagementplan/Protokolle einschließlich aktueller Kommunikations- und Kontaktinformationen
- Dokumentation zur Einhaltung von Vorschriften, einschließlich:
  - aktuelle Feuerinspektionen für jede Einrichtung
  - Zertifizierung der Lebensmittelversorgung (d. h. Sauberkeit, sichere Handhabung, Gesundheitsinspektion)
  - Inspektion medizinischer Einrichtungen nach Bedarf (staatliche und lokale Anforderungen variieren)
  - alle zusätzlich erforderlichen Tests (z. B. Leitungswasser, Radon, Asbest, Kohlenmonoxid)
  - Zeitplan für Brandschutzübungen und Abriegelung/Campus-Notfall- und Sicherheitsaktivitäten – sowohl für das letzte Jahr abgeschlossen als auch für das laufende Jahr geplant
  - Dokumentation zu einzelnen Aktivitäten, bei denen spezielle Gesundheits- und Sicherheitsüberlegungen notwendig sind (z. B. Sportübungen und -spiele, Exkursionen und Ausflüge außerhalb des Campus, internationale Reisen und Impfungen)
  - Richtlinie zur Beschaffung aktueller Gesundheitsdaten der Schüler
  - Erklärung des Instituts/Schulleiters, dass der Notfallplan der Schule vollständig ist und bei den zuständigen lokalen Behörden eingereicht wurde
  - Dokumentation zur Einhaltung staatlicher Vorschriften für Programme, die Kinder unter drei Jahren betreuen (falls zutreffend)

Kommunikation

- Dokumentation zum instituts-/schulinternen Kommunikationsmanagement
- Festlegung der Kriterien einer gelingenden Kooperation zwischen allen KollegInnen und Dritten (Dozenten/Lehrkörper/Verwaltung/Führung/externe Beteiligte)
- Zusammenarbeit mit externen Vertragspartnern
- Konzept zur Information der Öffentlichkeit und anderer interessierter Parteien

Leistungserhebung

- Dokumentation der Kriterien zur Bewertung und Beurteilung von Leistungen
- Dokumentation der Kriterien zur Einschätzung und Wertung von Verhalten und Engagement
- Dokumentation und Aufbewahrung von Leistungsergebnissen

Unterstützung der Lernenden

- Dokumentation, die spezifische Dienste, Programme oder Aktivitäten beschreibt, z. B:
  - lernunterstützende Dienste
  - Beratung und Betreuung von Lernenden
  - Tests und Einstufung – Kurse, Programme, Universitäts-/College-Bewerbung

Dokumentation der Lehr- und Lernmaterialien und didaktischen Methodiken

- aktueller schriftlicher Lehrplan und geplante Änderungen
- Curriculum und curriculare Planungen
- Beispiele zur Didaktik und Lehrmethodik
- Beispiele von Bewertungsinstrumenten/Methoden, die den Fortschritt der Lernenden belegen
- Dokumentation der Entwicklungsplanung
- Dokumentation der Entwicklungseingaben
- Dokumentation der Entwicklungsergebnisse
- Inhalt-Lernziel-Schema; Kompetenzpyramide
- Materialien zum Einsatz von Lern- und Teilnehmerberatung
- Ressourcen (und ggf. deren Veränderung) für die Lehr- und Lernprozesse
- Dokumentation der Steuerungsmaßnahmen für die Entwicklung
- Darstellung der Schnittstellen zwischen Personen, die am Entwicklungsprozess beteiligt sind inklusive der am Lernprozess beteiligten Lernenden

Beispiele zur Einbindung der interessierten Parteien in die Schul-/Instituts-Kultur

- Regelungen für die Kommunikation mit Lernenden, Lehrenden, Eltern und weiteren interessierten Parteien in und außerhalb des Lehrbetriebs
- Beispiele für die Kommunikation zwischen den interessierten Gruppen inkl. Ehemalige und Familien

Mögliche Auditfragen:

- Wie ist die Dokumentation in Ihrer Organisation strukturiert und wer verantwortet sie?
- Wie werden externe Dokumente gekennzeichnet und gelenkt? Um welche Dokumente handelt es sich (Beispiele)?
- Welche Prozesse, die den Bildungsprozess betreffen, müssen nicht gesteuert und somit auch nicht aktualisiert werden?
- Wie gehen Sie mit kurzfristigen Änderungen bei Arbeitsabläufen in Bezug auf die Dokumentation um? Wie stellen Sie sicher, dass keine veralteten Dokumente verwendet werden?
- Wie sind die Datenschutzbestimmungen hinterlegt und wie werden sie angewendet?
- Gibt es eine Dokumentation der Verhaltens- und Ethikregeln?
- Wie überprüfen Sie die Einhaltung gesetzlicher Vorgaben, Datenschutz und Vertraulichkeitsverpflichtungen?
- Welche Aufbewahrungspflichten müssen beachtet werden? Gibt es Verjährungsfristen?

8 Betrieb

Der Baustein 8 ist dem Thema „Betrieb" gewidmet. Unter „Betrieb" werden in Bildungseinrichtungen alle Prozesse subsummiert, die sich mit der Planung, Angebotsbearbeitung, Durchführung und Nachbereitung von Qualifizierungsmaßnahmen befassen.

Im Sinne der Harmonized Struktur und der Möglichkeit, integrierte Managementsysteme zu entwickeln und aufrechtzuerhalten, werden in diesem Abschnitt die unternehmensspezifischen Ausprägungen des Managementsystems einer Bildungseinrichtung beschrieben.

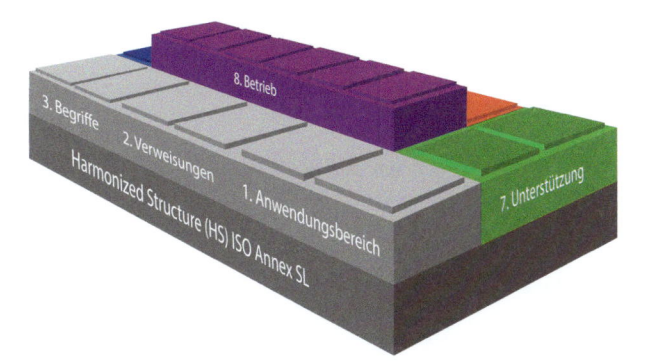

Abbildung 27: Baustein „Betrieb" im Managementsystem

8.1 Betriebliche Planung und Steuerung

Abschnitt 8 ist der umfangreichste Normabschnitt in der DIN ISO 21001:2021-02. Gegenüber der DIN EN ISO 9001:2015-11 sind die Abschnitte deutlich erweitert und detaillierter beschrieben und bieten eine ganze Reihe sehr konkreter Anwendungshinweise.

Im Wesentlichen sind die Anforderungen der DIN EN ISO 9001:2015-11 übernommen und durch zusätzliche Anforderungen ergänzt. Diese beziehen sich auf die Sonderpädagogik (8.1.3, 8.5.1.6), die spezifische betriebliche Planung und Kontrolle bei der Gestaltung, Entwicklung und den erwarteten Ergebnissen von Lernergebnissen, Lehrmethoden und Lernumgebungen, Beurteilungskriterien, Lernbeurteilung, Zulassungskriterien, Verbesserungsmethoden und Unterstützungsleistungen.

Der betriebliche Ablauf der Erbringung der Bildungsdienstleistung kann im sogenannten Turtle-Diagramm visualisiert werden:

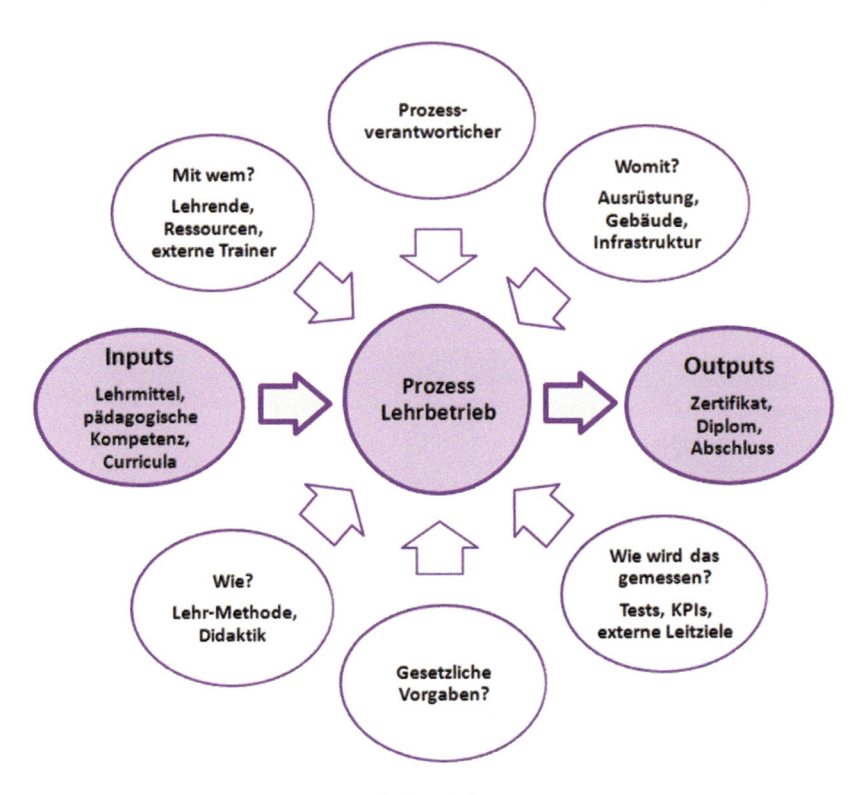

Abbildung 28: Gesamtprozess Lehrbetrieb

Die Visualisierung des Prozesses erzeugt eine Transparenz von Schnittstellen und Abhängigkeiten (Input-Output) und stellt daher ein hilfreiches Instrument für Analyse, Überprüfung und Design von Standards und Arbeitsabläufen dar. Folgende Schlüsselfragen können sich aus dem dargestellten Prozess ergeben:

- Werden die Anforderungen der Lernenden und anderer involvierter Parteien verstanden und erfüllt?
- Ist der Prozess wertschöpfend im Sinne des Nutzens für den Lernenden?
- Wie sind Ergebnisse, Prozessleistung und Wirksamkeit? Wie werden sie gemessen?
- Welchen Nachweis gibt es für die fortlaufende Verbesserung des Lehr-Lernprozesses?
- Wie werden die erbrachten Leistungen dokumentiert?
- Welche Schnittstellen im Prozess sind besonders kritisch im Hinblick auf die Erbringung der Gesamtleistung?
- Wie werden die Schnittstellen überwacht?

8.1.1 Allgemeines

> **8 Betrieb**
>
> **8.1 Betriebliche Planung und Steuerung**
>
> **8.1.1 Allgemeines**
>
> Die Organisation muss die Prozesse (siehe 4.4) zur Erfüllung der Anforderungen an die Bereitstellung von Bildungsprodukten und -dienstleistungen und zur Durchführung der in 6.1 bestimmten Maßnahmen planen, verwirklichen und steuern, indem sie:
>
> a) Anforderungen an die Bildungsprodukte und -dienstleistungen bestimmt;
>
> b) Prozesskriterien festlegt;
>
> c) die Ressourcen bestimmt, die benötigt werden, um die Konformität mit den Anforderungen der Bildungsprodukte und -dienstleistungen zu erreichen;
>
> d) die Steuerung der Prozesse in Übereinstimmung mit den Prozesskriterien durchführt;
>
> e) im erforderlichen Umfang dokumentierte Information bestimmt und aufbewahrt:
>
>   1) sodass darauf vertraut werden kann, dass die Prozesse wie geplant durchgeführt wurden;
>
>   2) um die Konformität von Bildungsprodukten und -dienstleistungen mit ihren Anforderungen nachzuweisen.
>
> ANMERKUNG „Aufbewahren" beinhaltet sowohl die Lagerung als auch die Instandhaltung dokumentierter Informationen für bestimmte Zeiträume.
>
> Das Ergebnis dieser Planung muss für die Betriebsabläufe der Organisation geeignet sein.
>
> Die Organisation muss geplante Änderungen überwachen sowie die Folgen unbeabsichtigter Änderungen beurteilen und, falls notwendig, Maßnahmen ergreifen, um nachteilige Auswirkungen zu vermindern.
>
> Die Organisation muss sicherstellen, dass ausgegliederte Prozesse gesteuert werden (siehe 8.4).

Die betriebliche Planung der Prozesse im Betrieb muss vor der Ausführung der Bildungsdienstleistungen abgeschlossen sein. Sie sollte sich an klaren Prozesskriterien orientieren, die in der Umsetzungsphase als Leitgrößen dienen. Hier bezieht sich die Norm ebenso wie die DIN EN ISO 9001:2015 auf die Prozesse, die bereits in Abschnitt 4.4 dargestellt wurden und Kernelemente des MSBO sind.

Darüber hinaus müssen die in Abschnitt 6.1 festgestellten **Risiken und Chancen** der Prozesse Berücksichtigung finden. Das oben dargestellte Turtle-Diagramm kann hier als wichtige Strukturierungshilfe bei der Analyse von Risiken und Chancen dienen. Es bringt ein hohes Maß an Transparenz für den Prozess und ermöglicht es, gezielt Schwachstellen und Prozessrisiken aufzuzeigen.

Ein Risikofaktor ist zum Beispiel eine unzureichende Prozesseffizienz.

Das wäre der Fall, wenn eine neue Lehrkraft aufgrund von unzureichender Personalplanung und hoher Ausfallquote unter den Lehrkräften keine ausreichende Einarbeitung erfährt oder der erfahrene Mentor keine Zeitfenster für die Einarbeitung des neuen Kollegen zur Verfügung hat. Die Folge kann eine unzureichende Lehrleistung sein, die sich auf den Lernerfolg und damit auf die Qualität des Bildungsprodukts negativ auswirkt.

Dazu sollte der Betrieb festlegen, welche **Anforderungen** er an die Bildungsdienstleistungen stellt (Abschnitte 8.1. und 8.2) und an welchen **Prozesskriterien** diese Beurteilung festgemacht wird (Abschnitt 8.1.1 b).

Die Erstellung von belastbaren und nachvollziehbaren Kriterien für den Bildungssektor ist immer wieder eine Herausforderung und muss für verschiedene Bildungsbereiche individuell festgesetzt werden. Wichtig ist eine Definition von Kriterien, anhand derer die Lernleistungen bzw. die Qualität des jeweiligen Prozessschritts nachgeprüft und bewertet werden können.

Prozessindikatoren (KPI)

Der Lehr-Lernprozess sollte als der wichtigste Kernprozess der Bildungsinstitution einer laufenden Überwachung bzw. eines laufenden Monitorings unterzogen werden, mit dem die Stärken und Schwächen des Prozesses entdeckt und entsprechende Maßnahmen getroffen werden können. Um diese Analyse möglich zu machen, sind aussagekräftige Indikatoren (KPIs) erforderlich, die eine Evaluation des Prozesses erlauben. Im Prozessmanagement stellt sich die Frage, wie die Bildungsleistung von wem und wann durchgeführt wird. Das MSBO behandelt u. a. die ablauforganisatorischen Aspekte des Prozesses und ist damit ein wichtiges Tool für die praktische Umsetzung einer erfolgreichen Bildungsleistung.

Element	Leitfragen
Prozessdarstellung (= *Prozess im engeren Sinne als geordnete Folge von Aktivitäten / Prozess-Schritten ggf. mit Verantwortlichkeiten*)	Wie ist etwas von wem und wann durchzuführen?
Prozessdefinition	Welchem Bereich ist der Prozess zugeordnet und wer ist der Prozess-Owner?
Arbeitsmaterialien und Dokumente, Rechtsgrundlagen	Womit wird der Prozess durchgeführt? Welche Rechtsgrundlagen sind zu beachten?
Auslöser und Ergebnis	Was löst den Prozess aus? Welches Ergebnis soll erzeugt werden?
Kennzahlen (Indikatoren und Ziele)	Wie wird die Zielerreichung gemessen?
Informations- und Schulungskonzepte	Wie soll geschult und informiert werden?

(nach Berglehner, Wilbers 2015)

Das Monitoring des Prozesses sollte mit einem vergleichsweise geringen Erhebungs- und Auswertungsaufwand verbunden sein, da die Überwachung in einem regelmäßigen Turnus durchgeführt werden muss, um quantitativ und qualitativ sinnvolle Aussagen zu gewährleisten. Die Indikatoren sollten so gewählt werden, dass diese Aussagen auch erzielt werden können.

Ermittlung von Prozessindikatoren

Welche Kennzahlen für einen Prozess relevant sind, kommt auf die erwünschte Aussagekraft an. Diese sollten mit dem Qualitätsverständnis des MSBO im Einklang sein.

– Welche Perspektive soll bearbeitet werden?
– Welches Ziel soll erreicht werden?
– Mittels welcher Aktion(en) soll die Umsetzung erfolgen?
– Über welche vorhandenen Messwerte kann der Erfolg gemessen/überprüft werden?
– Kompetenzen festlegen
– Soll–Ist Vergleich definieren

Entwicklungsgebiet
- Kundenorientierung, Qualifizierung für ein bestimmtes Berufsfeld

Ziel
- Erfolgreiche externe Abschlussprüfung, hohe Abschlussquote

Aktion
- Weiterbildungskatalog erstellen, an den Markt bringen und qualifizierte Lehrende gewinnen

Kennzahl
- Anzahl der Teilnehmer, deren Zufriedenheit, Lernerfolg, Zufriedenheit beteiligter Partner

Abbildung 29: Ermittlung der Prozessindikatoren

Was können sinnvolle KPIs für den Lehr-Lernprozess sein?

– Das summative Ergebnis des Lernerfolges – der Notendurchschnitt – wird meist als ein wesentliches Merkmal angesehen.
– Ebenso bestimmte Quoten, die die Lernenden erzielen: z. B.
  • der Prozentsatz an Absolventen, die einen bestimmten Abschluss in einem Jahrgang erreichen,
  • der Prozentsatz an Lernenden, die in einen weiterführenden Bildungszweig überwechseln.

Allerdings sagen diese Zahlen nicht unbedingt etwas aus über die Qualität des Lehrenden selbst. Gute Ergebnisse können durch gute Lehre oder aber trotz unterdurchschnittlicher Lehrleistung erzielt worden sein. Ob beispielsweise die Einführung einer Lehrkraft in das Kollegium wirklich erfolgreich war, lässt sich i. d. R. erst nach vielen Jahren feststellen.

Aus diesem Grunde werden weitere Kennzahlen hinzugezogen, die auf der Bewertung des Bildungsprodukts durch die Lernenden selbst und ggf. weitere interessierte Parteien beruhen.

Dazu gehören:

- Umfragen unter den Lernenden im Verlauf und am Ende des Lernprozesses zu verschiedenen Aspekten des Unterrichts, z. B. zur Zufriedenheit mit

  - Inhalt,
  - Didaktik,
  - Verhalten,
  - Effektivität der Vermittlung,
  - Lernatmosphäre.

- Umfragen unter interessierten Parteien, die direkt oder indirekt mit dem Lernprozess verbunden sind. Dazu gehören zum Beispiel:

  - verbundene Unternehmen, die Partner im Prozess der Ausbildung oder im Rahmen eines Praktikums sind,
  - Eltern oder gesetzliche Vertreter,
  - Mentoren,
  - Lehrer-Kollegen.

- Ergebnisse aus der Lehrveranstaltungs-Visitation

Die Evaluation des Prozesses muss einfach und rasch möglich sein, d. h., die Kennzahlen sollten so aufbereitet und dargestellt werden, dass ein kurzer Blick auf die Ausprägung der Prozesskennzahlen reicht, um den Prozess zu bewerten.

(Siehe auch Beispiel des prozessorientierten Managementreviews (Abschnitt 9.3), in dem jeweils festgestellt wird, ob der Prozess mit „grün", „gelb" oder „rot" zu bewerten ist).

8.1.2 Spezifische Ablaufplanung und Kontrolle von Bildungsprodukten und -dienstleistungen

> **8.1.2 Spezifische Ablaufplanung und Kontrolle von Bildungsprodukten und -dienstleistungen**
>
> Die Organisation muss das Design, die Entwicklung und die erwarteten Ergebnisse der Bildungsprodukte und -dienstleistungen planen, einschließlich der:
>
> a) Lernergebnisse;
>
> b) Sicherstellung geeigneter und zugänglicher Lehrmethoden und Lernumgebungen;

> c) Definition von Beurteilungskriterien des Lernens;
>
> d) Durchführung einer Beurteilung;
>
> e) Definition und Durchführung von Verbesserungsmethoden;
>
> f) Bereitstellung von Unterstützungsleistungen.
>
> Wenn eine Organisation frühkindliche Bildung anbietet, müssen die zusätzlichen Anforderungen nach Anhang A angewendet werden.

Das Prozessmanagement als umfassendes Konzept schließt die Fragen der Prozesssteuerung, -strukturierung und -kontrolle mit ein und berücksichtigt somit auch den Qualitätsregelkreis für Prozesse. Die Definition relevanter Kriterien für den Lehr-Lern-Prozess ermöglicht dabei eine systematische Vorgehensweise in der Modellierung der erforderlichen Prozessschritte. Bildungsorganisationen müssen sich am Markt behaupten und kosteneffizient arbeiten. Daher erscheint es umso wichtiger, Prozessabläufe stetig zu optimieren, anzupassen und sich auf die Kernanforderungen zu konzentrieren.

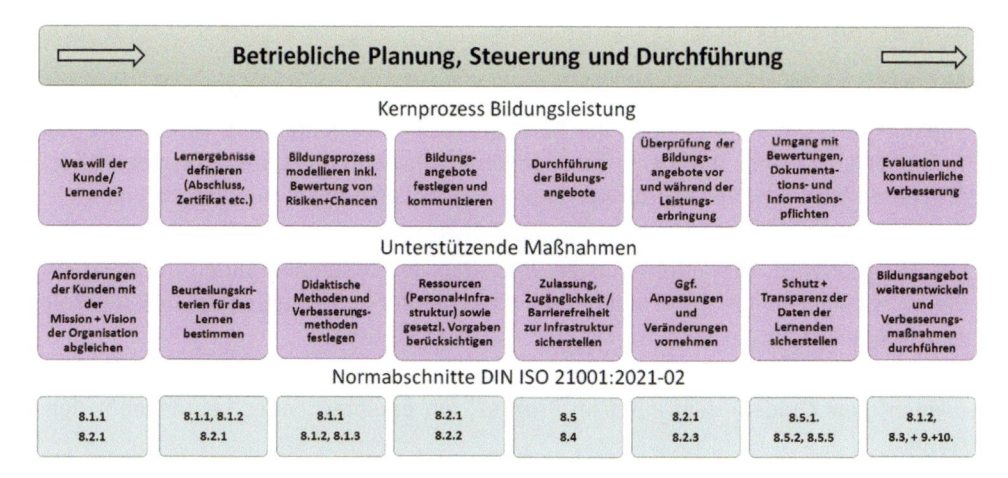

Abbildung 30: Betriebliche Planung, Steuerung und Durchführung

Unabhängig davon, um welchen Bildungssektor es sich handelt, ist es sinnvoll, die Prozessabläufe zu definieren und klare Verantwortlichkeiten dafür festzulegen. In der Praxis hat sich die Darstellung einzelner Prozessabläufe in Form von Prozesscharts bewährt, die einfach in der Handhabung sind.

Beispiel I für eine Prozessübersicht:

Prozessübersicht

Prozess No. :
Prozessbeschreibung ....
Prozesseigner ....
Lieferanten   ....
Erstellt:
Versionsnr.:
Nächste Revision, Datum:

Input	Output	Prozessschritt	Beteiligte	KPI	Risiko-stufe	Maßnahmen	Verant-wortlich
1							
2							
3							
4							
5							
6							

Beispiel Prozessübersicht

Inputs sind im Kern die objektivierten Inhalte, die Lehrende einbringen, während die Bildungsprozesse die Methoden der Bereitstellung von Inhalten und Vermittlung von Techniken umfassen. Darüber hinaus gehören Infrastruktur, Unterrichtsmaterialien, die Lehrenden selbst und die Aufwendungen für die Leistungserbringung zum Input.

Outputs sind das Endprodukt des Bildungsprozesses, das auf der Grundlage von Zielen bewertet wird. Die Anforderungen vonseiten der Lernenden bilden die Basis für die Entwicklung eines Curriculums und eines darauf fußenden Lehrplans, die zum gewünschten Output, dem Zertifikat oder Abschluss führen.

Im Kommunikationsprozess entspricht die Nachfrage vonseiten der potenziellen Lernenden (den Kunden) dem Input im Prozess, ein entsprechendes Lehrangebot dem Output.

Die **Beteiligten** sind zum einen die Lehrenden und weitere Mitarbeitenden, im speziellen Fall (z. B. im Setting einer Projektgruppe) können es ebenso die Lernenden selbst sein. In diesem Fall ist besonderes Augenmerk auf die Sicherheitsaspekte bzw. auf das Risikopotenzial (z. B. Outdoor-Settings) zu legen. Das Risiko kann z. B. von Stufe 1 (gering) bis Stufe 3 (schwerwiegend) eingestuft werden. Ein Beispiel eines Templates zur Erfassung von Risikobewertungskriterien und Maßnahmen in Prozessen ist in Abschnitt 6.1 dargestellt.

Die **Kennzahlen** (KPI) eines Prozesses sollten so gewählt werden, dass sie den Erfolg der Maßnahme bzw. das Erreichen des angestrebten Ziels angemessen widerspiegeln.

Maßnahmen sollten zur Steuerung des Prozesses dienen und mit klaren Verantwortlichkeiten hinterlegt werden.

Beispiel II Template für eine Arbeitsanweisung:

	Prozessbeschreibung Arbeitsanweisung	Seite: X/3
		Vertraulichkeit:
		Version:

Version	Datum	Autor	Beschreibung der Änderung
1			

Erstellt	Freigegeben (Prozessverantwortlicher)	Freigegeben (QM-Beauftragter)

(Auszug, vollständiges Muster in der Beuth-Mediathek)

Die Norm legt den besonderen Fokus auf die Steuerung des Ablaufs und der entsprechenden Kontrolle in Bezug auf:

– Lernergebnisse

– Sicherstellung geeigneter und zugänglicher Lehrmethoden und Lernumgebungen

– Definition von Beurteilungskriterien des Lernens

– Durchführung einer Beurteilung

– Definition und Durchführung von Verbesserungsmethoden

– Bereitstellung von Unterstützungsleistungen

Im **Bereich frühkindlicher Bildung** gelten zusätzliche Anforderungen. Diese sind in Norm-Anhang A für den frühkindlichen Sektor verbindlich geregelt. Hier werden auch zahlreiche Gestaltungshinweise gegeben.

Im **sonderpädagogischen Bereich** gelten zusätzliche Anforderungen, die in Abschnitt 8.1.3 dargestellt werden. Hier kommt es insbesondere darauf an, die Mitgestaltungsmöglichkeit der Lernenden im Bildungsprozess sicherzustellen und ggf. den Lehrprozess entsprechend zu adaptieren.

Um Missverständnissen vorzubeugen: Es ist nicht erforderlich, einen Lehrprozess in jedem Fall auf die Zielgruppe von Menschen mit besonderen Bedürfnissen anzupassen. Die Norm sagt lediglich, dass ein Lehrprozess adaptiert werden muss, wenn der Anbieter sein Bildungsprodukt für diese Zielgruppe öffnen möchte. Die Entscheidung liegt bei der Bildungsorganisation.

Beispiel III

Rahmenbedingungen für die Modellierung von Bildungsdienstleistungen für Lernende mit besonderen Bedürfnissen

- Die besonderen Bedürfnisse und ggf. Einschränkungen der Lernenden in Bezug auf ihre Möglichkeiten der Teilhabe am Lernprozess sind bekannt und können angemessen adressiert werden.
- Didaktische, fachdidaktische und förderschwerpunktbezogene Modelle und Konzepte sind bekannt und können angewendet werden.
- Die Unterrichtsplanung berücksichtigt individuelle Förderplanungen und deren Zielsetzungen in Übereinstimmung mit curricularen und entwicklungsorientierten Zielen.
- Der Unterricht wird methodisch so aufgebaut, dass die Lernenden auf ihrem jeweiligen Abstraktions- und Leistungsniveau lernen können.
- Die Lehrenden sind vertraut
  - mit Planung, Durchführung und Analyse von Unterricht in heterogenen Gruppen,
  - mit einzelfallbezogener Reflektion der Entwicklung und Umsetzung individueller Bildungsangebote,
  - mit Maßnahmen, um Lernende mit Lernrückständen wieder die Anbindung an das Unterrichtsgeschehen zu ermöglichen,
  - mit den Lernausgangslagen der Lernenden, sie können sie analysieren und bewerten und sind in der Lage, mit den so gewonnenen Einsichten Unterricht zu gestalten.
- Sonderpädagogische Bildungsangebote können im gemeinsamen Unterricht in differenzierten Organisationsformen umgesetzt werden (Binnendifferenzierung).
- Die Planung der Arbeit erfolgt in multiprofessionellen Teams. Die Lehrenden wissen um die unterschiedlichen Formen der Unterrichtsgestaltung im Team und deren Möglichkeiten und Grenzen.
- Die erforderlichen Aufgaben werden im Team erarbeitet und verbindlich festgelegt.
- Den Lernenden wir ausreichend Gelegenheit und Raum gegeben, selbstwirksam und kompetent zu agieren und aus Rückschlägen und Erfolgserlebnissen zu lernen.

8.1.3 Zusätzliche Anforderungen für sonderpädagogischen Förderbedarf

> **8.1.3 Zusätzliche Anforderungen für sonderpädagogischen Förderbedarf**
>
> Die Organisation sollte:
>
> a) Flexibilität zeigen, um die Mitgestaltung des Lernprozesses durch Lernende auf der Grundlage von Fertigkeiten, Fähigkeiten und Interessen zu unterstützen, einschließlich Ansätze wie:
>
> 1) adaptiver Unterricht;
>
> 2) speziell angepasster Inhalt;
>
> 3) Erlaubnis zur Zulassung zu zwei verschiedenen Programmen oder Bildungsorganisationen;
>
> 4) individuell zugeschnittene Maßnahmen;
>
> 5) Anpassung des Curriculums oder Anpassung des Ausbildungsprogramms an das spezifische Profil des Lernenden, oberhalb oder unterhalb der altersgerechten Bildungsstufe oder -niveaus für ein bestimmtes Fach oder eine bestimmte Bildungsmaßnahme;
>
> 6) Anerkennung von Vorkenntnissen und Erfahrungen.
>
> b) eine Umgebung mit entsprechenden Ressourcen fördern, um die einzelnen Lernenden dabei zu unterstützen, ihr optimales Potenzial auszuschöpfen;
>
> c) Verbindungen zu Arbeitsplatzangeboten anbieten;
>
> d) die Versorgung mit ausreichend gesunden und nahrhaften Mahlzeiten nach Bedarf sicherstellen.

Kennziffern zu Abschnitt 8.1

- Prozesskennzahlen (KPI-Listen)
- Reklamationsquote
- Teilnahmequoten in verschiedenen Vermittlungsformaten
- geplante Relation von Lehrenden zu Lernenden in verschiedenen Veranstaltungsformaten
- Personalplanzahlen in der Lehre, in der Entwicklung und nichtakademischen Bereichen

Exemplarische Nachweise

- Ressourcenpläne
- Risiko/Chancen-Matrix
- Nachweise zur zielgruppengerechten Durchführbarkeit von Lehrveranstaltungen (z. B. im sonderpädagogischen Bereich)
- Dienstpläne, Vertretungspläne
- Nachweis der Berücksichtigung aller gesetzlichen und datenspezifischen Vorgaben
- Notfallpläne

Mögliche Auditfragen:

- Welchen Einfluss haben die Qualitätsziele des MSBO in der Planung und Steuerung? Auf welcher Grundlage erfolgt die Ressourcenplanung für die Bildungsdienstleitung?
- Wie erfolgt die alltägliche Steuerung der Kernprozesse in Ihrer Organisation? Was sind geeignete Kriterien und Kennzahlen dafür?
- Was verstehen Sie unter der Modellierung von Dienstleistungen unter beherrschten Bedingungen? Welche Bedingungen können das sein?
- Wie prüfen Sie, ob die Planung von Dienstleistungen oder Produkten für die Abläufe in Ihrer Organisation angemessen ist? Wie fließen die relevanten Anforderungen der interessierten Parteien in die Planung ein?
- Inwieweit berücksichtigt der Planungsprozess Risiken und Chancen?
- Wie werden Risiken und Chancen in der Erstellung von Lehrplänen berücksichtigt?
- Welche Nachweise zur zielgruppengerechten Durchführbarkeit einer Bildungsdienstleistung gibt es?
- Mit welcher Methodik können Verbesserungspotenziale in der Erbringung der Bildungsdienstleistung erkannt werden?
- Wie gehen Sie mit Störungen im Betriebsablauf (Ausfall von Personal, technische Engpässe, externe Einflüsse) um? Gibt es ein abgestuftes Verfahren? Wie gehen Sie mit mittel- und langfristigen Problemen in der Steuerung um?
- Wie könnte die Steuerung des Betriebsablaufs noch effizienter und effektiver gestaltet werden?
- Falls zutreffend: Wie berücksichtigen Sie die besonderen Anforderungen der Erbringung von Bildungsdienstleistungen für Menschen mit besonderen Bedürfnissen? Inwieweit werden Umgebung, Ressourcen, Didaktik und Lerninhalt an diese Zielgruppe angepasst?

8.2 Anforderungen an Bildungsprodukte und -dienstleistungen

8.2.1 Bestimmung von Anforderungen für Bildungsprodukte und -dienstleistungen

> **8.2 Anforderungen an Bildungsprodukte und -dienstleistungen**
>
> **8.2.1 Bestimmung von Anforderungen für Bildungsprodukte und -dienstleistungen**
>
> Bei der Bestimmung von Anforderungen an die Bildungsprodukte und -dienstleistungen, die den Lernenden und anderen Leistungsempfängern angeboten werden sollen, muss die Organisation sicherstellen, dass die Anforderungen an die Bildungsprodukte und -dienstleistungen festgelegt sind, einschließlich der:
>
> a) die von der Organisation aufgrund ihrer Politik und ihres strategischen Plans als notwendig erachtet werden;
>
> b) die sich aus der Bedarfsanalyse ergeben, die durchgeführt wird, um die Anforderungen von (derzeitigen und potenziellen zukünftigen) Lernenden und anderen Leistungsempfängern zu bestimmen, insbesondere derjenigen mit besonderen Bedürfnissen;
>
> c) die sich aus internationalen Forderungen und Entwicklungen ergeben;
>
> d) die sich aus dem Arbeitsmarkt ergeben;
>
> e) die sich aus der Forschung ergeben;
>
> f) die sich aus geltenden Gesundheits- und Sicherheitsanforderungen ergeben.
>
> Die Organisation muss sicherstellen, dass sie Zusagen im Hinblick auf die von ihr angebotenen Bildungsprodukte und -dienstleistungen erfüllen kann.
>
> ANMERKUNG 1   Die Bedarfsanalyse beinhaltet eine umfassende Bewertung der Lernfähigkeiten der Lernenden und kann Vorkenntnisse und Fähigkeiten, bevorzugte Lernstrategien, soziale und emotionale Bedürfnisse, besondere Ernährungsbedürfnisse und biologische Lernrhythmen umfassen.
>
> ANMERKUNG 2   In einem pädagogischen Kontext können die Anforderungen an Bildungsprodukte und -dienstleistungen in mehreren Teilen bestimmt werden, die in die verschiedenen Phasen des betrieblichen Prozessablaufs aufgeteilt sind. Zum Beispiel werden Anforderungen, wie gesetzlich definierte Lernergebnisse, vor der Bereitstellung der Bildungsdienstleistung identifiziert, während Anforderungen hinsichtlich der spezifischen Bedürfnisse des einzelnen Lernenden erst bestimmt werden können, nachdem die Bereitstellung der Dienstleistung begonnen hat und die Lernenden bekannt sind.
>
> ANMERKUNG 3   Die Bedarfsanalyse für Lernende mit besonderen Bedürfnissen kann die Analyse von Lese-, Recht-schreib- oder Rechenschwächen und von motorischen, auditiven oder visuellen Behinderungen umfassen. Für begabte Lernende kann die Bedarfsanalyse die Analyse der Hochbegabung, der Hyperlexie und der vorläufigen Bewertung je nach Bereich der Begabung umfassen (z. B. allgemeine intellektuelle Fähigkeiten, spezifische akademische Eignung, Führungsfähigkeit, kreatives und produktives Denken, psychomotorische Fähigkeiten, Bildende und Darstellende Kunst).

Im **Abschnitt 8.2** beschreibt die Norm konkreter, was und wie die Bildungsdienstleistungen zu gestalten und wie sie vor bzw. mit der Erbringung der Dienstleistung zu kommunizieren sind.

Planungsgrundlage und Zielsetzung bei der Festlegung der Anforderungen an die Bildungsprodukte und -dienstleistungen sind zunächst die Anforderungen vonseiten der Kunden, der Lernenden. Je klarer das Anforderungsprofil und dessen grundlegende Kriterien ermittelt werden können, umso zielgerichteter können die Qualitätsanforderungen an das Produkt ermittelt werden. Hilfreich ist es z. B., die folgenden Fragen zu stellen:

- Steht das Bildungsangebot im Einklang mit der Mission und Vision der Organisation? Dann sollte es Teil des strategischen Plans sein.
- Wurden die Lernenden und weitere interessierte Parteien in die Gestaltung des Angebots eingebunden?
- Wurden Bedarfsanalysen durchgeführt? Welche Erwartungen der Lernenden wurden festgestellt?
- Welches Lern-/Studienziel soll erreicht werden? Haben wir uns bewusst überlegt,
  - welche Kompetenzen die Lernenden nach Abschluss der Kurse/Programme erworben haben sollen?
  - welche Fähigkeiten und welches Wissen auch im Hinblick auf ihren weiteren Bildungsweg bzw. weitere Beschäftigung oder ihre Verantwortung als Bürger erforderlich sind?
- Identifizieren und lernen wir von bewährten Praktiken?
- Inwieweit wurden aktuelle Forschungsergebnisse und internationale Erfahrungen bei der Gestaltung der Lehrelemente und in der pädagogischen Ausrichtung berücksichtigt?
- Wurden allgemeine Marktentwicklungen und Marktforschungsergebnisse sowie Gesundheits- und Sicherheitsmaßnahmen mit einbezogen?
- Wurden alle erforderlichen gesetzlichen Regelungen beachtet? Sind datenschutzrechtliche Aspekte (DSGVO) und AGBs berücksichtigt?
- Auf welche situationsbezogenen (neuen) Anforderungen vonseiten des Lernenden müssen Sie sich ggf. einstellen? Beispiel: spontane Umstellung der Formate auf Online Learning aufgrund behördlicher Bestimmungen. Wie kann die (Um-)Steuerung erfolgen, und wie wurde die Situation im Schulungsvertrag berücksichtigt?

Exemplarische Nachweise zu Abschnitt 8.2.1

- Bedarfserhebungen und Studien
- Marktanalysen
- Produkt/Leistungskatalog
- Prozessbeschreibung von der Marktpräsenz zur Kundenanfrage
- Nachweis der Konformität mit gesetzlichen Vorgaben

- Nachweis der Berücksichtigung erforderlicher Sicherheits- und Gesundheitsauflagen
- Leistungsvereinbarungen
- Nachweis der Übereinstimmung von Leistungsversprechen gegenüber den Lernenden und dem tatsächlichen Angebot
- Nachweise zur zielgruppengerechten Durchführbarkeit von Lehrveranstaltungen (z. B. im sonderpädagogischen Bereich)

Mögliche Auditfragen:

- Welche Quellen nutzen Sie, um die Kundenanforderungen (Anforderungen vonseiten der potenziellen Lernenden und anderer interessierter Parteien, z. B. Garantiepersonen, Eltern) zu ermitteln?
- Inwieweit stehen Ihre Bildungsangebote mit der strategischen Ausrichtung und der Qualitätspolitik der Organisation im Einklang? Wie wird das ermittelt?
- Welche Anforderungen von gesetzlicher Seite finden Berücksichtigung, und wer ist in Ihrer Organisation für die entsprechende Konformität verantwortlich? Wie und wo ist diese dokumentiert und wie wird sie nachgehalten?
- Anhand welcher Kriterien stellen Sie intern sicher, dass Sie Ihre Zusagen im Hinblick auf Ihr Angebot erfüllen können?
- Wie stellen Sie vor der Aufnahme der Dienstleistung sicher, dass die Kundenerwartungen/der Kundenauftrag mit Ihrem Angebot übereinstimmt?
- Wie sind Gesundheits- und Sicherheitsaspekte in der Angebotsbestimmung berücksichtigt?

8.2.2 Mitteilung der Anforderungen an Bildungsprodukte und -dienstleistungen

8.2.2 Mitteilung der Anforderungen an Bildungsprodukte und -dienstleistungen

Beginnend mit oder vor der Bereitstellung der Bildungsprodukte und -dienstleistungen muss die Organisation die Lernenden und andere relevante Interessierte Parteien informieren und gegebenenfalls ihr Verständnis hinsichtlich folgender Punkte überprüfen:

a) Zweck(e), Format und Inhalt der angebotenen Bildungsprodukte und -dienstleistungen, einschließlich der Bewertungsinstrumente und -kriterien;

b) Verpflichtungen, Verantwortlichkeiten und Erwartungen, die den Lernenden und anderen Leistungsempfängern auferlegt werden;

c) Mittel, mit denen das erworbene und bewertete Lernen in Form von dokumentierter Information anerkannt und aufbewahrt wird;

d) Verfahren, die bei Unzufriedenheit oder Uneinigkeit einer Interessierten Partei mit dem MSBO anzuwenden sind;

e) wer und wie das Lernen und die Bewertung unterstützt werden;

f) etwaige damit verbundene Kosten wie Studiengebühren, Prüfungsgebühren und Kauf von Lernmaterialien;

g) etwaige Voraussetzungen wie erforderliche Fähigkeiten (einschließlich Fähigkeiten der Informations- und Kommunikationstechnik [IKT]), Qualifikationen und Berufserfahrung.

Kommunikation VOR und MIT der Erbringung der Dienstleistung

In der Kommunikationsstrategie zur Bildungsdienstleistung gegenüber dem Kunden und weiterer interessierter Parteien sollte festgelegt sein, wer diese Informationen in welcher Form erstellen und weitergeben muss. Die detaillierten Anforderungen der Norm an die Informationspflichten gegenüber dem Lernenden in Bezug auf die Lerndienstleistungen sind im **Normabschnitt 8.2.2** formuliert. Hierzu gehören zum Beispiel Schulungsverträge und Lernvereinbarungen. Welche Informationen vor der Zulassung bereits zur Verfügung gestellt werden sollten, ist im **Normabschnitt 8.5.1.2** detailliert geregelt (siehe dort).

Die Kommunikation nach außen muss in Übereinstimmung mit der veröffentlichten Dokumentation (Medien, Prospekte, soziale Netzwerke) erfolgen. Lernende müssen erkennen können,

- welche Bildungsdienstleistungen sie erwarten können,
- welche Abschüsse sie erwerben können,
- und umgekehrt, welche Verpflichtungen sie eingehen und welche Erwartungen sie zu erfüllen haben,
- welche Fähigkeiten, Qualifikationen und Berufserfahrung sie mitbringen müssen, wenn sie an dem Bildungsprogramm teilnehmen wollen und
- welche Möglichkeiten sie haben, wenn sie mit der Dienstleistung bzw. dem Dienstleistungsprodukt unzufrieden sind.

Ebenso wichtig ist, dass sie wissen, welche didaktischen Methoden zum Einsatz kommen (Freiarbeit, Selbststudium, Binnendifferenzierung, Vorlesung, Online-/Präsenz-Anteile, Teamwork, Frontalunterricht oder Praxisarbeit). Es ist jedoch nicht erforderlich, dass sie bereits umfassend über den gesamten Inhalt der Curricula oder Lehrpläne informiert werden.

In der Regel werden dazu vor Aufnahme der Dienstleistung entsprechende **Schulungsverträge** abgeschlossen, die die persönlichen und fachlichen Voraussetzungen beschreiben und geltende gesetzliche Regelungen enthalten. Im Rahmen eines Audits gelten Schulungsverträge, die sowohl rechtliche Bestimmungen als auch Anforderungen und Leistungen beider Vertragspartner enthalten, als ausreichender Nachweis für die Erfüllung der Lerndienstleistung.

8 Betrieb

Vertrag über die Durchführung eines Seminars/einer Schulung	
	Teilnehmer/-in-Daten
	Name:
	E-Mail:
	Mobiltelefon-Nummer:

MUSTER Bildung und Beratung GmbH =
Anbieter der Bildungsdienstleistung

Adresse _____
Kontakt _____

Titel	Seminar mit dem Titel **Lehrgang/Schulung zu** _____
Referent	_____
Inhalte, Ziele, Regeln	• Ziele, die erreicht werden sollen (Auflistung) • Inhalte, die vermittelt + Kompetenzen, die erworben werden sollen (Auflistung) • Bewertungskriterien (Kriterienkatalog) • Ressourcen und interne Regularien – s. ANLAGE
Seminardauer	TT.MM. – TT.MM.JJ / 40 Unterrichtsstunden à 45 min an 5 Unterrichtstagen / 9:00 – 17:00 Uhr
Seminarort	_____
Seminarunterlagen	Der *Anbieter der Bildungsdienstleistung* stellt die im Anhang aufgeführten Unterlagen zur Verfügung.
Vergütung	Für die Seminarteilnahme wird ein Honorar von ____ € erhoben. Der Lehrgang ist umsatzsteuerbefreit gemäß § 4 Abs. 21 UStG. Die Vergütung beinhaltet die Kosten für die Vor- und Nachbereitung durch die Referenten und die Bereitstellung der Unterlagen. Die Prüfungsgebühren (___€) erhebt die *Prüfstelle* direkt beim Prüfungsteilnehmer.
Prüfung	Die Prüfung wird vor der *Prüfstelle* in _____ abgelegt.
Fälligkeit	Die Vergütung des Honorars wird ohne Abzug sofort nach Rechnungsstellung fällig.
Kündigung	Der *Anbieter der Bildungsdienstleistung* kann den Schulungsvertrag mit einer X-wöchigen Frist kündigen. Beide Vertragsparteien können den Vertrag innerhalb von __ Tagen nach Vertragsabschluss, längstens bis zum Beginn der Maßnahme, kündigen. Eine Kündigung aus wichtigem Grund bleibt davon unberührt. Bei Prüfungsabmeldung werden die bereits an die *Prüfstelle* geleisteten Prüfungsgebühren in Rechnung gestellt.
Urheberrecht	Das Urheberrecht an den Seminarunterlagen liegt beim *Anbieter der Bildungsdienstleistung*. Ohne Zustimmung des *Anbieters der Bildungsdienstleistung* dürfen die Unterlagen nicht vervielfältigt oder elektronisch gespeichert und Dritten zugänglich gemacht werden.
Nebenabreden	Änderungen und Ergänzungen dieses Vertrages bedürfen der Schriftform. Die Änderung der Schriftform bedarf ebenfalls der Schriftform.
Gerichtsstand	Erfüllungsort _____, Gerichtsstand _____
Salvatorische Klausel	Sollten einzelne Bestimmungen dieses Vertrages unwirksam sein, so wird die Gültigkeit der übrigen Bestimmungen dadurch nicht berührt. Anstelle der unwirksamen Bestimmungen soll eine Regelung gelten, die dem am nächsten kommt, was die Vertragspartner gewollt haben oder gewollt hätten, wenn ihnen die Unwirksamkeit der Bestimmung bekannt gewesen wäre.
Ort/Datum	_____

Abbildung 31: Vertrag über die Durchführung eines Seminars

> Mitgeltende ANLAGE zum Schulungsvertrag
>
> **Zahlungsverzug**
> Bei Zahlungsverzug ist der Anbieter der Bildungsdienstleistung berechtigt, für jede Mahnung eine Kostenbeteiligung von € ____ sowie Verzugszinsen in Höhe von __ % p. a. über dem Basiszins der Europäischen Zentralbank zu berechnen. Bei Nichtzahlung des fälligen Betrages ist der Anbieter der Bildungsdienstleistung berechtigt, den/die Teilnehmer/-in mit sofortiger Wirkung von der Teilnahme an der Lehrveranstaltung auszuschließen.
>
> **Absage/Ausfall und Verlegung von Bildungsmaßnahmen, Wechsel von Dozenten/Tutoren**
> Der Anbieter der Bildungsdienstleistung hat das Recht, Bildungsmaßnahmen bei nicht ausreichenden Anmeldungen oder aus anderem wichtigen Grunde abzusagen. In diesem Falle werden bereits gezahlte Teilnahmeentgelte in voller Höhe zurückerstattet. Weitere Schadenersatzansprüche sind ausgeschlossen, sofern nicht Vorsatz oder grobe Fahrlässigkeit vorliegen.
> Dem Anbieter der Bildungsdienstleistung steht das Recht zu, Veranstaltungstermine in angemessener Frist zu verlegen, zusätzliche Termine aufzunehmen und ausgefallene Veranstaltungen an unterrichtsfreien Tagen nachzuholen. Als angemessene Frist gilt, wenn der neue Termin innerhalb der planmäßigen Dauer der Bildungsmaßnahme liegt.
>
> **Datenschutz**
> Durch die Abgabe der Anmeldung erklärt sich der/die Teilnehmer/-in einverstanden, dass personenbezogene Daten für die Zwecke der Veranstaltungsabwicklung sowie zur Zusendung späterer Informationen im Zusammenhang mit der Aus- und Weiterbildung gespeichert werden. Der Anbieter der Bildungsdienstleistung verpflichtet sich nach der EU-DSGVO, die erfassten Daten vertraulich zu behandeln und ausschließlich zum Zwecke der Durchführung und Dokumentation der vereinbarten Leistungen zu speichern. Der/die Lehrgangsteilnehmer/-in kann jederzeit Auskunft zu den im Zusammenhang mit ihrer Person gespeicherten Daten verlangen.
>
> **Hausordnung**
> Die geltende Hausordnung des Anbieters der Bildungsdienstleistung, die öffentlich aushängt, ist Bestandteil dieser Teilnahmebedingungen für alle Veranstaltungen des Anbieters der Bildungsdienstleistung, die in seinem Betriebsgebäude stattfinden; für andere Veranstaltungsorte gilt die dort geltende Hausordnung.
>
> Ziele, die erreicht werden sollen
> (Auflistung)
>
> Inhalte, die vermittelt + Kompetenzen, die erworben werden sollen
> (Auflistung)
>
> Bewertungskriterien
> (Kriterienkatalog)
>
> Ressourcen und interne Regularien
> (Auflistung)

Abbildung 32: Mitgeltender Anhang zum Schulungsvertrag

- Beispiel: Spontane Umstellung der Formate auf Online Learning aufgrund behördlicher Bestimmungen. Wie kann die (Um-)Steuerung erfolgen und wie wurde die Situation im Schulungsvertrag berücksichtigt?

Kommunikation WÄHREND der Bildungsdienstleistung. Lernvereinbarungen zwischen Lernenden und Lehrenden

Eine gelingende und zielführende Zusammenarbeit lässt sich am besten auf einer gegenseitigen wertschätzenden Haltung aufbauen. Die Einholung von Rückmeldung vonseiten der Lernenden ist ein bewährtes Instrument, um den Lehrbetrieb zu optimieren. Die Intervalle und Ausgestaltung der Feedbacks sollten festgelegt werden, um den fortlaufenden Verbesserungsprozess zu gewährleisten.

Viele Bildungsinstitutionen haben entsprechende **Lernvereinbarungen** formuliert, die die Art der Kommunikation während der Leistungserbringung regeln und auf die selbsttätige Mitwirkung des Lernenden setzen. Je nach Art und Weise der Dienstleistung sind die Lernenden ein essenzieller Teil des Bildungsprozesses, der sich mit und durch ihre Beteiligung gestaltet und verändert.

Beispiel der wesentlichen Elemente einer Lernvereinbarung in der Erwachsenenbildung:

Die Lernvereinbarung wird zwischen dem Lernenden und dem Bildungsanbieter oder direkt mit dem/der Dozent/in abgeschlossen, um größtmögliche Transparenz für beide Seiten während des Lehr-/Lernprozesses zu gewährleisten. Die Lernvereinbarung ermöglicht es Lernenden, den Lernerfolg kontinuierlich selbst zu prüfen und den jeweils erreichten Status quo zu reflektieren. Das bedeutet konkret, Lernende sollen in der Lage sein, ihre Arbeitsschritte zu kontrollieren, einen Zeitplan einzuhalten und die Zielsetzungen im Auge zu behalten.

Dabei kann individuell festgelegt werden, in welchem Umfang und bei welchen Aufgaben Unterstützung gewünscht bzw. erforderlich ist. Bei einer heterogenen Zielgruppe – z. B. in einem Seminar für Lernende mit und ohne besondere Bedürfnisse – können die Vereinbarungen unterschiedliche Grade der Hilfs- und Unterstützungsmaßnahmen vorsehen oder differenzierte didaktische Methoden berücksichtigen.

Es sollte das Ziel sein, dass die Lernleistung in die eigene Verantwortung übernommen wird und jeder Teilnehmende seine/ihre Leistung als persönlichen Erfolg empfindet.

Ablauf Lernvereinbarung
(gemäß https://methodenkoffer-sgl.de/enzyklopaedie/lernvertrag/)

1) Feststellung des Lernbedarfes

2) Festlegung der Lernziele

3) Festlegung der Lernschritte und -materialien

4) Festlegung des Zeitrahmens und der einzelnen Arbeitsschritte

5) Festlegung der Erfolgskriterien, Festlegung relevanter Indikatoren für die Qualität der Zielerreichung

6) Überprüfung durch die Lehrenden

7) Ausführen der vereinbarten Lernschritte, wobei kontinuierlich überprüft wird, ob diese geeignet sind, die Lernziele zu erreichen.

8) Abschließende Evaluation durch den Lernenden und den Lehrenden.

Die Prozessbeschreibungen für die Kommunikation im Konfliktfall und bei Beschwerden kann verschiedene Stufen der Eskalation und Bewältigungsschritte berücksichtigen – s. Beispiel dazu im Normabschnitt 8.5.1.5.

Kennziffern zu Abschnitt 8.2.2

- Rückfragequoten
- Zufriedenheit der Lernenden
- Serviceniveau

Exemplarische Nachweise

- Prozessbeschreibung von der Kundenanfrage zum Kundenauftrag
- KANO-Modell
- Kommunikationsübersichten und Verantwortlichkeiten für die Kommunikation mit den Kunden
- Schulungsverträge
- Lernvereinbarungen
- Schriftverkehr
- Medien-Präsenz offline, online
- Kommunikationsprozess bei Reklamationen und Beschwerden
- Fokusgruppen
- Kundenzufriedenheitsanalysen
- Geschäftsbedingungen für Bildungsdienstleistungen
- Kommunikationsprozess im Falle von Störungen und Notfällen

Mögliche Auditfragen:

- An welchen Stellen im Ablauf findet die Kommunikation mit den Lernenden und ggf. interessierten Parteien statt? Was muss die Kommunikation zwingend umfassen?
- Welche Kommunikationskanäle bestehen? Wie stellen Sie eine geeignete Kundenkommunikation über diese sicher?
- Wie kann sichergestellt werden, dass Lernende, Lehrende und weitere interne oder externe interessierte Parteien die Lern- und Leistungsvereinbarungen verstanden haben?
- Wie können Sie sichergehen, dass Ihre Kunden über die erforderlichen Fähigkeiten bzw. beruflichen Erfahrungen verfügen, die unverzichtbare Grundvoraussetzungen für die Teilnahme an Ihrem Bildungsangebot darstellen?
- Wie stellen Sie sicher, dass die Kundenzufriedenheitsanalysen berücksichtigt werden? Welche Methoden der Erfassung der Kundenzufriedenheit nutzen Sie (z. B. KANO-Modell)?
- Welche Verfahrensweisen kommen in Konfliktfällen (intern zwischen Lernenden, Lernenden und Lehrenden oder externen Parteien) zum Tragen? Gibt es dazu entsprechende dokumentierte Information?

- Wie wird mit Lernergebnissen umgegangen? Wie werden sie dokumentiert, aufbewahrt und an wen aus welchen Gründen kommuniziert?
- Wie kommunizieren Sie mit Ihren Kunden bei Beschwerden und Reklamationen? Welche derartigen Rückmeldungen hat es in den letzten Monaten gegeben?
- Existieren Notfallmaßnahmen, wie und mit wem Sie bei Bedarf intern und/oder extern (an den Kunden/den Lernenden bzw. an interessierte Parteien) kommunizieren können?

8.2.3 Änderungen von Anforderungen an Bildungsprodukte und -dienstleistungen

8.2.3 Änderungen von Anforderungen an Bildungsprodukte und -dienstleistungen
Wenn Anforderungen an Bildungsprodukte und -dienstleistungen Änderungen unterliegen, muss die Organisation sicherstellen, dass relevante dokumentierte Information angepasst und die zuständigen Interessierten Parteien auf die geänderten Anforderungen hingewiesen werden.

Bildungsdienstleistungen und Produkte unterliegen ständiger Veränderung und Aktualisierung. Daher gehört es ebenso zur Pflicht des Lernangebotsanbieters, zu gewährleisten, dass Lernende und eigene Mitarbeitende sowie externe Partner rechtzeitig vor Aufnahme des Lehrbetriebs darüber in angemessener Weise in Kenntnis gesetzt werden. Entsprechende Informationen müssen kommuniziert, dokumentiert und so aufbewahrt werden, damit sie auch nach Jahren noch auffindbar und nachvollziehbar sind.

Die Organisation ist darüber hinaus verpflichtet, eine regelmäßige Überprüfung relevanter Produktinformationen vorzunehmen und diese dokumentarisch festzuhalten.

Vor dem Eingehen einer Liefer- bzw. Leistungsverpflichtung sollte eine Machbarkeitsprüfung stehen. Dabei sind die Kriterien der Einhaltung gesetzlicher und behördlicher Forderungen für die Bildungsdienstleistung zu berücksichtigen sowie z. B. die folgenden Grundsätze:

– grundsätzliche Durchführbarkeit des Bildungsauftrags
– Inhalt und Umfang der zu erbringenden Bildungsdienstleistung
– Klarheit darüber, was die Lernenden nach Abschluss der Kurse/Programme wissen und können sollen (Berücksichtigung des gelingenden Lerntransfers)
– didaktische Vorgaben
– Festlegung des Grades an pädagogischer Freiheit der Lehrenden
– Regeln im Zusammenwirken von Lehrenden und Lernenden
– technische, logistische und räumliche Voraussetzungen

Sobald die Durchführbarkeit des Bildungsauftrags festgestellt wurde, kann ein Leistungsvertrag auf der Grundlage eines Angebots durch die Organisation erfolgen.

Kennziffern zu Abschnitt 8.2.3

- Rückfragequoten
- Zufriedenheit der Lernenden
- Serviceniveau

Exemplarische Nachweise

- Prozessbeschreibung Change-Request-Verfahren (siehe auch Exkurs 6.3)
- Statusreport Change-Request-Verfahren
- Schriftverkehr
- Medien-Präsenz offline, online
- Reklamationen
- Fokusgruppen
- Kundenzufriedenheitsanalysen
- Geschäftsbedingungen für Bildungsdienstleistungen

Mögliche Auditfragen:

- Welche Änderungen von Anforderungen an Ihre Bildungsdienstleistung haben sich im abgelaufenen Jahr ergeben, und wie haben Sie diese an relevante interessierte Parteien kommuniziert?
- Wer ist für die Überprüfung von Änderungen in der Organisation zuständig, z. B. aufgrund neuer gesetzlicher Anforderungen? Wie wird die entsprechende Anpassung des Bildungsangebots gesteuert?

8.3 Entwicklung von Bildungsprodukten und -dienstleistungen

8.3.1 Allgemeines

> **8.3 Entwicklung von Bildungsprodukten und -dienstleistungen**
>
> **8.3.1 Allgemeines**
>
> Die Organisation muss einen Entwicklungsprozess erarbeiten, umsetzen und aufrechterhalten, der dafür geeignet ist, die anschließende Bereitstellung von Bildungsprodukten und -dienstleistungen sicherzustellen.

Curricula und Lehrpläne unterliegen einem ständigen Wandel und müssen daher ständig überprüft und angepasst werden. Es ist daher eine wichtige Aufgabe der Organisation, den Entwicklungsprozess ihrer Syllabi und ihres gesamten Curriculums zu planen, zu gestalten und fortlaufend weiterzuentwickeln. Das bedeutet, nicht nur die Produkte müssen weiterentwickelt werden, sondern ebenso die dazugehörigen Prozesse. Entsprechende Entwicklungsphasen und zeitliche Entwicklungsabfolgen müssen in der Planung und den Steuerungsmechanismen für das Design bereits angelegt werden.

> **Beispiel**
>
> **Entwicklung von Bildungsdienstleistungen**
>
> Im Rahmen eines europäischen ERASMUS-Projektes wurde das Entwicklungsprogramm ABC Learning Design entwickelt. Es hat sich zur Überarbeitung und Neugestaltung von Modulen bewährt. Es eignet sich ebenso für die Überführung von Präsenz- oder Onlinemodulen in ein gemischtes Format (blended learning). Die Entwicklungsetappen, die das Programm vorsieht, wurden in erster Linie für universitäre Strukturen entwickelt, lassen sich jedoch ebenso auf andere Bildungsleistungen anwenden. Es werden sechs verschiedene Grundaktivitäten unterschieden:
>
> - Wissenserwerb,
> - Kollaboration,
> - Diskussion,
> - forschendes Lernen,
> - Wissen anwenden,
> - Bildungsprodukt erstellen.
>
> Gruppen von Lehrenden arbeiten in Teams für 1,5 Stunden zusammen, um ein visuelles „Storyboard" zu erstellen. Der vorgegebene „Fahrplan" bietet einen hilfreichen Rahmen zur Planung und Entwicklung verschiedener Lernaktivitäten:
>
> 1) Erste grobe Skizze zu verschiedenen Lernaktivitäten mithilfe von Aktivitätskarten mit Beschreibungen und beispielhafte Anregungen zur Umsetzung in die Praxis
>
> 2) In den nachfolgenden Schritten werden formative und summative Prüfungen festgelegt, ein Handlungsplan mit Zeitplan erstellt und die weiteren Schritten fixiert. Dabei sind Kommunikation und Kooperation zwischen den Beteiligten zentrale Erfolgsfaktoren.
>
> Der detaillierte Fahrplan und Material kann über Downloads auf https://abc-ld.org/abc-learning-design-toolkit-2020/ heruntergeladen werden. ABC Learning Design method, Nataša Perović, Clive Young UCL. (2015)

Exemplarische Nachweise zu Abschnitt 8.3.1

- Checklisten und Reports im Entwicklungsprozess
- Handlungsplan mit zeitlichen Vorgaben
- Arbeitsanweisungen
- Prozessbeschreibungen

Mögliche Auditfragen:

- Wie lässt sich der gesamte Entwicklungsprozess – Curricula, Lehrpläne etc. – nachvollziehen, am besten anhand eines Beispiels?
- Wie stellen Sie in der Entwicklungsarbeit Kohärenz in den Lehrplänen und Bildungsprozessen sicher?
- Berücksichtigen Sie, wie die Entwicklung eines neuen Syllabus mit anderen Lehrinhalten zusammenhängt, sie ergänzen oder in sie integriert werden könnten? Sind Aktivitäten außerhalb der üblichen Lernumgebung mit einbezogen?
- Wer ist in Ihrer Organisation intern und extern in den Entwicklungsprozess eingebunden und an welchen Stellen?
- Wie werden Risiken und Chancen bei der Entwicklung berücksichtigt?
- Welche Quellen werden für Anforderungen in der Entwicklung genutzt?

8.3.2 Entwicklungsplanung

8.3.2 Entwicklungsplanung

Bei der Bestimmung der Phasen und Steuerungsmaßnahmen für die Entwicklung muss die Organisation Folgendes berücksichtigen:

a) die Anforderungen, wie in 8.2 definiert;

b) die Art, Dauer und den Umfang der Entwicklungsaktivitäten;

c) die erforderlichen Prozessphasen, einschließlich zutreffender Überprüfung der Entwicklung;

d) die erforderlichen Tätigkeiten zur Entwicklungsverifizierung- und Entwicklungsvalidierung;

e) die Verantwortlichkeiten und Befugnisse im Zusammenhang mit dem Entwicklungsprozess;

f) den internen und externen Ressourcenbedarf für die Entwicklung von Bildungsprodukten und -dienstleistungen;

g) die Notwendigkeit, Schnittstellen zwischen Personen, die am Entwicklungsprozess beteiligt sind, zu steuern;

h) die Notwendigkeit, Lernende und andere Leistungsempfänger in den Entwicklungsprozess einzubinden;

i) die Anforderungen an die anschließende Bereitstellung von Bildungsprodukten und -dienstleistungen;

j) die Steuerungsebene, die von Lernenden, anderen Leistungsempfängern und anderen relevanten Interessierten Parteien für den Entwicklungsprozess erwartet wird;

k) die benötigten dokumentierten Informationen, um zu bestätigen, dass die Anforderungen an die Entwicklung erfüllt wurden;

l) der evidenzbasierte Ansatz;

m) das Ausmaß, in dem die Lernenden aufgrund ihrer Fertigkeiten, Interessen und Fähigkeiten individualisierte Lernwege benötigen;

n) die Notwendigkeit der Wiederverwendbarkeit, Zugänglichkeit, Austauschbarkeit und Langlebigkeit von Werkzeugen für die Erstellung, Produktion und Bereitstellung von Bildungsmaßnahmen.

Wie in Abschnitt 3 bereits dargestellt, beruhen die Grundsätze des Standards der DIN ISO 21001:2021-02 nicht nur auf sieben, sondern auf elf wesentlichen Grundsätzen. Dazu gehören neben den aus der DIN EN ISO 9001:2015-11 bereits bekannten Prinzipien die folgenden Grundsätze:

Grundsatz 1: Fokus auf Lernende und andere Nutznießer

Der Lernende als unmittelbarer Kunde der Organisation bestimmt den Fokus der Entwicklung der Zielsetzungen und Inhalte des Bildungsangebots, denn es gilt, seine Anforderungen zu erfüllen und darüber hinaus zu denken (Was können die Anforderungen gemäß Kapitel 8.2 in einem Jahr, in fünf Jahren etc. sein und was hat darauf einen Einfluss?).

Grundsätze 7 und 8: Ethisches Verhalten im Bildungswesen und soziale und gesellschaftliche Verantwortung

Die Norm gibt in ihrem Anhang B.8 Beispiele zur Umsetzung des Grundsatzes sozialer und gesellschaftlicher Verantwortung, Anhang B.10 geht darüber hinaus auf die Integrität (Ehrlichkeit und Fairness) im Umgang mit allen interessierten Parteien ein. Aspekte einer nachhaltigen Ressourcenverwendung und Gestaltung des Lern/Lehrprozesses gehören ebenso zu den zu beachtenden Prinzipien des verantwortungsbewussten Handelns und müssen dem Entwicklungsprozess zugrunde liegen.

Grundsatz 9: Zugänglichkeit und Gerechtigkeit

Bildungsorganisationen müssen sicherstellen, dass ein möglichst breiter Personenkreis, unabhängig von ihren Einschränkungen und Ressourcen, Zugang zu ihren Bildungsprodukten und -dienstleistungen haben kann. Je nach Charakter des Angebots kann der Geltungsbereich jedoch eingeschränkt werden (siehe auch Normabschnitt 4.3).

In der Planung der Syllabi und Curricula sind selbstverständlich alle elf Grundsätze des MSBO gleichermaßen zu berücksichtigen. Daher sind die Normausführungen im Abschnitt 8.3 Entwicklung deutlich umfangreicher als in der vergleichbaren Norm DIN EN ISO 9001. Das hat aber auch den Vorteil einer sehr präzisen Anleitung und zielgerichteten Unterstützung im Hinblick auf die geforderten Prozessschritte und Nachweise.

Überblick über wesentliche Phasen der Entwicklungsplanung

Im Zuge der Beachtung der elf Grundsätze sollte für die Entwicklung bzw. Weiterentwicklung eines Bildungsprodukts oder einer -dienstleistung Folgendes berücksichtigt werden:

> 1) ausreichende Ressourcen in Bezug auf Art und Umfang der Entwicklungsphasen
> 2) definierte Schnittstellen zwischen den Verantwortlichen für die einzelnen Entwicklungsschritte
> 3) Einbeziehung der Lernenden und relevanter interessierter Parteien in die Entwicklung
> 4) Durchführung von Verifizierungs- und Validierungsmaßnahmen für die einzelnen Entwicklungsschritte sowie für die Gesamtentwicklung
> 5) Steuerungsmechanismen, die auf die Bedürfnisse und Erwartungen der Lernenden und weiterer interessierter Parteien abgestimmt sind. Dabei sollten ggf. auch die Anforderungen an individualisierte Lern- und Lehrmethoden einbezogen werden.
> 6) Langlebigkeit und Wiederverwendbarkeit von Instrumenten und Ressourcen
> 7) Informationen für den Übergang in nachgelagerte Prozesse und Tätigkeiten

Die Norm hebt darüber hinaus hervor, dass evidenzbasiertes, d. h. beweisgestütztes Vorgehen den Tätigkeiten in allen Entwicklungsetappen zugrunde liegen sollte. Die Nachweise müssen dokumentiert und aufbewahrt werden. Fristen werden nicht gesetzt. Sie sind vom Entwicklungszyklus und der Häufigkeit der erforderlichen Änderungen an den Produkten festzusetzen. Es gilt zu beachten, dass jede wesentliche Änderung einer Bildungsdienstleistung, die den Bildungsprozess in nicht unerheblichem Ausmaß beeinflusst, als Neuentwicklung angesehen werden muss.

Kennziffern zu Abschnitt 8.3.2

– Entwicklungszeiten

– Erfüllungsgrad von Kundenanforderungen bzw. anderer interessierter Parteien

– Einhaltungsquote von Meilensteinen

Exemplarische Nachweise

– Entwicklungspläne – Meilensteine

– Entwicklungsressourcen, Verantwortlichkeiten

– Einbeziehung von Lernenden und anderen interessierten Parteien in die Entwicklungsplanung

– Risiko-/Chancenbewertung

– Mess- und Prüfpläne

– Dokumentation zu Datenschutz- und Sicherheitsauflagen

Mögliche Auditfragen:

- Wie wird der Entwicklungsprozess geplant und dokumentiert?
- Wie sieht die Planung, Steuerung und Lenkung von Entwicklungstätigkeiten aus? Gibt es Meilensteinpläne und Qualitätsziele? Wie erfolgt die Steuerung der zeitlichen und prozessualen Meilensteine?
- In welchen Entwicklungsphasen werden Anforderungen und Voraussetzungen der Lernenden und Lehrenden berücksichtigt (u. a. Ausmaß an Fertigkeiten und Fähigkeiten, die ggf. individualisierte Lernwege erfordern)?
- Wie wird mit Änderungen umgegangen, die während der Entwicklung gefordert werden?
- Wie berücksichtigen Sie in der Entwicklungsplanung den geforderten evidenzbasierten Ansatz in Bestimmung der Anforderungen an die Bildungsprodukte?
- Wie fließen Aspekte einer nachhaltigen Ressourcenverwendung und eines nachhaltigen Lehr- und Lernprogramms in die Entwicklung von Bildungsprodukten ein?
- Welche Verantwortlichkeiten und Befugnisse wurden festgelegt, z. B. Projektleiter?
- Wie wird der Nachweis zur Bestätigung der Anforderungen an die Entwicklung geführt? Sind die Anforderungen skaliert/skalierbar? Handelt es sich um eine völlige Neuentwicklung eines Bildungsprodukts?

8.3.3 Entwicklungseingaben

8.3.3 Entwicklungseingaben

Die Organisation muss die Anforderungen bestimmen, die für die jeweiligen Arten von Bildungsprodukten und -dienstleistungen, die entwickelt werden, von wesentlicher Bedeutung sind. Die Organisation muss Folgendes betrachten:

a) Funktions- und Leistungsanforderungen;

b) aus vorausgegangenen vergleichbaren Entwicklungstätigkeiten gewonnene Informationen;

c) Normen, Standards oder Anleitungen für die Praxis, zu deren Umsetzung sich die Organisation verpflichtet hat;

d) mögliche Konsequenzen aus Fehlern aufgrund der Art der Bildungsprodukte und -dienstleistungen.

Die Eingaben müssen vollständig, eindeutig und für die Entwicklungszwecke angemessen sein.

Widersprüchliche Entwicklungseingaben müssen bereinigt werden.

Die Organisation muss dokumentierte Information über Entwicklungseingaben aufbewahren.

Die Planung jeder Entwicklung von Bildungsprodukten basiert auf Entwicklungseingaben, die sich wiederum an den Anforderungen gemäß Abschnitt 8.2.1 orientieren. Unter den Entwicklungseingaben sind Leistungs- und Funktionsanforderungen der Lernenden zu verstehen. Dazu gehören z. B. die Berücksichtigung verschiedener Anforderungsniveaus einer heterogenen Gruppe von Lernenden und die Konformität mit den angestrebten Lernzielen. Die Entwicklungseingaben sollten im Einklang mit bestehenden gesetzlichen Vorgaben und den elf Grundsätzen stehen.

Dazu gehören ebenso ethische Prinzipien und Kriterien der Barrierefreiheit und Nachhaltigkeit. Alle vorhergehenden Entwicklungsergebnisse – auch die ähnlicher Produkte – sowie neuere wissenschaftliche Erkenntnisse, die von wesentlicher Bedeutung für die Art des Bildungsprodukts sind, müssen mit einbezogen werden.

Die Entwicklungseingaben werden dokumentiert und über einen dem Produkt angemessenen Zeitraum aufbewahrt. Im Falle der Entwicklung eines Weiterbildungs- oder Schul-Curriculums als grundlegendem Konzept einer Institution kann dieser Zeitraum z. B. mehrere Jahrzehnte betragen. Das kann auch gelten, wenn Lehrmethoden und -techniken grundsätzliche Änderungen erfahren (z. B. Umstellung auf Online-Services). Werden Lehrpläne (Syllabi) oder Maßnahmen neu konzipiert, so sollte sich der Aufbewahrungshorizont entsprechender Nachweise zur Rückverfolgbarkeit sowohl an der den gesetzlichen Vorgaben, der Verweildauer der Lernenden in der Institution als auch an dem erreichten bewerteten Abschluss (Examen, Zertifikat) orientieren.

In Bezug auf die Steuerung der Entwicklungsphasen unterscheidet die Norm zwischen der Steuerung der Entwicklung von Bildungsdienstleistungen (8.4.3.2) und der Entwicklung von Curricula (8.3.4.3).

Kennziffern zu Abschnitt 8.3.3

– Erfüllungsgrad der Anforderungen

– Entwicklungszeiten

– Entwicklungskosten

Exemplarische Nachweise

– Lastenheft zum zu entwickelnden Bildungsprodukt

– Arbeitsanweisungen zu den Entwicklungsetappen

– Kundenbedarfsanalyse

– Risiko/Chancen-Analyse-Ergebnisse

– Feedback der interessierten Parteien – Ideen-Input/Reklamationen

– Fehlerberichte

– gesetzliche und behördliche Vorgaben in Bezug auf das zu entwickelnde Bildungsprodukt

– Bewertung der Datenschutz- und Sicherheitsauflagen

Mögliche Auditfragen:

- Wie werden die Eingaben zur Entwicklung gesammelt und dokumentiert?
- Gibt es eine dokumentierte Information für den Produkt- und Prozessumfang? Wo und wie sind Vorerfahrungen (z. B. Konsequenzen aus Fehlern in aktuellen Lehrplänen) sowie Ausführungsvorgaben (Behörden, Lernende, Mitarbeitende, Marktentwicklungen u. a.) berücksichtigt?
- In welchem Umfang wurden Risiken und Chancen im Rahmen des Lehr-/Lernprogramms für die Produkte, Prozesse und Dienstleistungen erhoben und bewertet? Wurden diese dokumentiert? Wie wird verfahren, wenn Eingaben nicht erfüllt werden können?

8.3.4 Steuerungsmaßnahmen für die Entwicklung

8.3.4 Steuerungsmaßnahmen für die Entwicklung

8.3.4.1 Allgemeines

8.3.4.1.1 Die Organisation muss Steuerungsmaßnahmen für den Entwicklungsprozess anwenden, um sicherzustellen, dass

a) die zu erzielenden Ergebnisse festgelegt sind,

b) Überprüfungen durchgeführt werden, um zu bewerten, ob die Ergebnisse der Entwicklung die Anforderungen erfüllen,

c) Verifizierungs- und Validierungstätigkeiten durchgeführt werden, um sicherzustellen, dass die resultierenden Bildungsprodukte und -dienstleistungen die Anforderungen erfüllen, die sich aus der vorgesehenen Anwendung oder dem beabsichtigten Gebrauch ergeben,

d) jegliche notwendigen Maßnahmen zu Problemen eingeleitet werden, die während der Überprüfungen, oder Verifizierungs- und Validierungstätigkeiten bestimmt wurden.

8.3.4.1.2 Die Organisation muss dokumentierte Information aufbewahren, die als Nachweis dienen für:

a) die Ergebnisse aller Überprüfungen, Verifizierungs- und Validierungsaktivitäten;

b) alle neuen Anforderungen an die Bildungsprodukte und -dienstleistungen.

ANMERKUNG   Entwicklungsüberprüfung, Verifizierung und Validierung haben unterschiedliche Zwecke. Sie können separat oder in beliebiger Kombination durchgeführt werden, je nachdem, was für die, Bildungsprodukte und -dienstleistungen der Organisation geeignet ist.

8.3.4.2 Steuerung der Entwicklung von Bildungsdienstleistungen

Die auf den Entwicklungsprozess angewendeten Steuerungsmaßnahmen müssen sicherstellen, dass

a) der Zweck und Anwendungsbereich der Bildungsmaßnahme oder des Programms im Hinblick auf die Anforderungen der Lernenden für das weitere Studium oder die weitere Tätigkeit festgelegt werden,

b) die Voraussetzungen (falls vorhanden) angegeben werden,

c) die Eigenschaften der Lernenden definiert sind,

d) die Anforderungen für weitere Studien oder Tätigkeiten bekannt sind,

e) die Bildungsdienstleistung den Anforderungen des Zwecks und des Anwendungsbereichs, unter Berücksichtigung der Eigenschaften der Lernenden, entsprechen können,

f) die Eigenschaften des Absolventenprofils definiert werden.

ANMERKUNG In einem pädagogischen Kontext kann der Entwicklungsprozess iterativ sein. Beispielsweise kann ein Basislehrplan entworfen werden, bevor die Bildungsdienstleistung erbracht wird, wobei die pädagogischen Methoden möglicherweise an die spezifischen Bedürfnisse der jeweiligen Gruppe von Lernenden während jeder Erbringung einer Bildungsdienstleistung angepasst werden müssen.

8.3.4.3 Steuerung der Entwicklung von Curricula

Die auf den Entwicklungsprozess angewendeten Steuerungsmaßnahmen müssen sicherstellen, dass

a) sie hinsichtlich der Lernergebnisse:

   1) mit dem Anwendungsbereich der Bildungsmaßnahme oder des Programms übereinstimmen;

   2) in Bezug auf die Kompetenzen beschrieben werden, die die Lernenden nach Abschluss des Lehrplans erworben haben sollten;

   3) eine Angabe bezüglich des Niveaus enthalten, auf dem die Lernenden eingestuft werden können, nachdem die Kompetenzen erreicht wurden;

   4) spezifisch, messbar, erreichbar, relevant und zeitgebunden sind.

b) sie hinsichtlich der Lernaktivitäten:

   1) für die Methode der pädagogischen Übermittlung geeignet sind;

   2) angemessen sind, um die Erreichung der Lernergebnisse sicherzustellen;

   3) spezifisch, messbar, erreichbar, relevant und zeitgebunden sind.

c) alle Ressourcen definiert sind, die zum erfolgreichen Abschluss der Lernaktivitäten erforderlich sind;

d) sie hinsichtlich der angemessene Möglichkeiten im Lernkonzept Folgendes enthalten:

1) für die Lernenden, eine aktive Rolle bei der Gestaltung des Lernprozesses übernehmen;

2) für die formative Evaluation und Rückmeldungen.

8.3.4.4 Steuerung der Entwicklung der summativen Evaluation

Die Steuerungsmaßnahmen, die auf den Entwicklungsprozess der summativen Evaluation angewendet werden, müssen sicherstellen, dass

a) ein eindeutiger Zusammenhang zwischen dem Bewertungskonzept und den zu beurteilenden Lernergebnissen, und gegebenenfalls den darauf basierenden Lernaktivitäten, nachgewiesen werden kann,

b) die Tätigkeiten unter Berücksichtigung der Grundsätze der Transparenz, der Zugänglichkeit, des Respekts gegenüber dem Lernenden und der Fairness, insbesondere im Hinblick auf die Einstufung, durchgeführt werden,

c) das Bewertungssystem definiert und validiert ist.

8.3.4.1 Allgemeines

Dieser Normabschnitt ist gegenüber der DIN EN ISO 9001:2015 deutlich erweitert, da der Entwicklungsprozess in Bezug auf Steuerungsmaßnahmen die Kategorien „Bildungsdienstleistungen" und „Curricula" unterscheidet.

Was bedingt den Unterschied zwischen Curricula und Bildungsdienstleistungen bzw. Lehrplänen/ Syllabi?

Ein Lehrplan umfasst alle inhaltlichen Teile der in einem Fach behandelten Konzepte und gibt darüber hinaus Hilfestellungen für den Lehrenden in Bezug auf die pädagogische und didaktische Umsetzung. Ein Curriculum ist der Gesamtinhalt, der in einem Bildungssystem oder in einem Kurs gelehrt wird. Lehrpläne können von Lehrendem zu Lehrendem sehr unterschiedlich sein, aber die Curricula bleiben über einen bestimmten Zeitraum gleich, weil sie von der Organisation als zentrale Basis für den fächerübergreifenden Lehrinhalt erstellt wurden. Sie stellen sicher, dass zu erzielende Kompetenzen und Lernergebnisse definiert sind, die den anschließenden Bildungstransfer ermöglichen.

Die Entwicklung von Bildungsdienstleistungen und von Curricula ist zu lenken. Die Art und der Umfang der Lenkung müssen transparent und nachvollziehbar sein. Dazu bedarf es eines Verfahrens um wirksam feststellen zu können, ob die Entwicklungsergebnisse den zuvor definierten Anforderungen entsprechen. Dazu dienen passende Verifizierungs- und Validierungsverfahren. Die Ergebnisse aller Überprüfungsschritte müssen dokumentiert und die Nachweise aufbewahrt werden (8.3.4.1.2).

Verifizierung und Validierung der Entwicklungsfortschritte

Verifizierung

Entwicklungsziele müssen auf ihre Durchführbarkeit hin untersucht und geprüft werden, um zu gewährleisten, dass die aufgestellten Anforderungen erfüllt und die gewünschte Qualität erreicht wurde. Daher ist eine Verifizierung der Ergebnisse jedes Teil-Entwicklungsschrittes sinnvoll. Stimmt das Ergebnis mit den Entwicklungseingaben und den Zielvorgaben überein, so kann die Entwicklung in die geplante Richtung fortgeführt werden. Das Verfahren der Verifizierung sowie das Ergebnis müssen nachweisbar sein und schriftlich dokumentiert werden.

Validierung

Wenn die Verifizierung der einzelnen Entwicklungsetappen erfolgreich verlaufen ist, fordert die Norm noch die Entwicklungsvalidierung. Sie ist der letzte Schritt der Entwicklung, bevor das Curriculum bzw. der Lehrplan die Freigabe erhält. Mit Hilfe der Entwicklungsvalidierung wird bestätigt, dass das resultierende Bildungsprodukt den Anforderungen entspricht und als Grundlage/als Element des Bildungsprozesses geeignet ist.

Beispiel: Validierung von Entwicklungsleistungen in Bildungssystemen

Mit Verweis auf bildungspolitische Arbeitsprogramme der EU (u. a. 9600/04 EDUC 118 SOC 253) unterscheidet das Deutsche Institut für Erwachsenenbildung zwischen verschiedenen Verfahrensebenen zur Validierung von Entwicklungsleistungen in Bildungssystemen (http://www.die-bonn.de/id/3467).

Auf der Verfahrensebene umfasst die Validierung mehrere Elemente. Bezogen auf Entwicklungsleistungen bzw. Änderungen einer Bildungsdienstleistung ist zu beachten:

- Generelles unverzichtbares Element des Validierungsverfahrens ist die Ermittlung bereits erzielter Lernergebnisse, die der Entwicklung zugrunde liegen. Diese kann mit Hilfe eines bestehenden Katalogs erfolgen, wobei überprüft wird, ob die dort verzeichneten Wissenselemente, Fähigkeiten, Fertigkeiten etc. vorhanden sind oder nicht.

- Ein zweites Element des Validierungsverfahrens ist die Bewertung. Diese erfolgt auf der Grundlage der vorab definierten Leistungsstandards, z. B. solcher für existierende Schul- oder Berufsabschlüsse, und stellt fest, in welchem Maße die ermittelten Lernergebnisse diesen Standards entsprechen. Auf der Grundlage einer solchen Bewertung kann die Gleichwertigkeit der erworbenen Kompetenzen mit solchen, die z. B. im formalen Bildungssystem erworben wurden, bestätigt bzw. geprüft werden, ob ein Lerntransfer in weiterführende Bildungssysteme oder in den Arbeitsmarkt gesichert ist.

- Wichtiges Element der Validierung ist die Dokumentation, bei der die Ergebnisse der Ermittlung sowie ggf. der Bewertung schriftlich festgehalten und so für Außenstehende sicht- und lesbar gemacht werden.

- Schließlich kann das Validierungsverfahren als viertes Element einen Akt der formalen Anerkennung umfassen, bei der die Gleichwertigkeit der ermittelten Kompetenzen in Bezug auf externe Leistungsstandards festgestellt wird.

Die Validierung ist sozusagen die „Nagelprobe" für das entwickelte Bildungsprodukt. Hier wird abschließend überprüft, ob die fertige Entwicklung auch tatsächlich den funktionalen Anforderungen des Lernenden und weiterer relevanter Beteiligter entspricht.

Die Norm unterscheidet explizit zwischen der Steuerung der grundlegenden Curricula und der Dienstleistungen bzw. der Lehrpläne/Studien- bzw. Kursprogramme.

8.3.4.2 Steuerung der Entwicklung von Bildungsdienstleistungen

Die Steuerung der Entwicklung von Bildungsdienstleistungen betrifft das Design der Lehrpläne/Kurse/Studienpläne und Programme und die Ausgestaltung der Unterrichtspraktiken.

Die in Abschnitt 8.2.1 beschriebenen Kriterien in Bezug auf die Anforderungen an Bildungsprodukte und -dienstleistungen (z. B. Berücksichtigung von Forschungsergebnissen, Potenzial und Eigenschaften der Lernenden, Anforderungen des Arbeitsmarktes) bilden die Basis des inhaltlichen und gestalterischen Designs. Dazu gehören u. a.

- die Struktur der Bildungsdienstleistung/des Kurses/des Programms hinsichtlich der Lernziele und der infrastrukturellen Gegebenheiten (z. B. Online-Formate),
- Erfassung logischer Zusammenhänge zwischen den einzelnen Lernmodulen,
- abgestimmte Abfolge und Dauer der Kurse ,
- didaktische Vorgaben oder Empfehlungen,
- zielgerichtetes Organisieren von Gruppenunterricht,
- organisatorische, gruppenbezogene und abgestufte Interventionsstrategien, abgestimmt auf die Bedürfnisse der Lernenden,
- Strategische Differenzierung und Personalisierung auf der Grundlage der Lernbedürfnisse, Flexibilität in Bezug auf die Lernformen und -ziele für Lernende mit besonderen Anforderungen und Bedürfnissen,
- Wahlfreiheit betreffend bestimmter Kurseinheiten, die individuellen Neigungen und Interessen von Lernenden entgegenkommen.

8.3.4.3 Steuerung der Entwicklung von Curricula

Im curricularen Entwicklungsprozess sollten bereits die „study outcomes" festgelegt werden. Nach Pukelis et al. (2009) beschreiben „study outcomes" Wissen, Fähigkeiten, Haltungen und Werte, die die Lernenden für sich erwerben bzw. entwickeln sollten. Die Lernenden erhalten dadurch Anhaltspunkte für die Planung ihres Lernprogramms/Studiums, das auch die zu erlangenden Kompetenzen umfasst.

Diese Form der „Output"-Orientierung auf der Basis von Kompetenzen ist grundlegend für die Festlegung und Bewertung von berufsbezogenen Standards und Qualifikationsprofilen. Erst daran anschließend sollten Teil- oder fächerbezogene Lernziele sowie zu erbringende Nachweise für Studien/Lernleistungen bestimmt werden.

Die Entwicklung von Curricula baut auf wesentlichen Voraussetzungen auf, die je nach Anwendungsfeld entsprechend gelenkt und definiert werden müssen. Dabei sind zu berücksichtigen:

- die persönlichen und fachlichen Eigenschaften, die die Lernenden mitbringen,
- Anforderungen, die den späteren Lerntransfer in berufliche Tätigkeiten oder weiterführende Bildungsinstitutionen sicherstellen.

Die Entwicklungssteuerung hat zu gewährleisten, dass Dienstleistungen, Lehrpläne, Studieninhalte, Programme mit dem jeweiligen Curriculum in Einklang stehen. Im Gegensatz zu diesen werden im Curriculum keine didaktischen Festlegungen getroffen. Das Curriculum sollte jedoch Hinweise zum erwarteten Niveau der Qualifikation der Lernenden enthalten.

Damit Curriculum und Lehrplangestaltung kohärente Ergebnisse liefern, bedarf es einer abgestimmten Vorgehensweise in allen Entwicklungsphasen betreffend inhaltlicher und struktureller Festsetzungen. Die Steuerung der curricularen Entwicklung sollte daher

- die Umsetzung der Lernaktivitäten im Blick haben – auch in Bezug auf eine für die Lernenden geeignete Methodik,
- das Ziel verfolgen, dass die Lernenden ein tiefes Verständnis über eine Breite von Wissen erwerben können z. B. durch interdisziplinäres Lernen, projektbasiertes Lernen und authentische Lernerfahrungen,
- den Lernenden als aktiven Mitgestaltenden des Prozesses berücksichtigen, sowohl im Hinblick die aktive Rolle als auch was Rückmeldungen und Bewertungen anbetrifft,
- Ressourcen bestimmen, die für den Lernprozess geeignet und erforderlich sind – inklusive online-Ressourcen (geeignete Soft- und Hardware), Räumlichkeiten, Instrumentarien und Sicherungsmaßnahmen und
- ggf. die Beteiligung externer Mitwirkender vonseiten interessierter Parteien berücksichtigen (z. B. Vertreter von Unternehmen in der beruflichen Bildung).

Beispiel: Planung der Curricula-Entwicklung

a) Ermittlung des Status quo betr. des Lerntransfers durch
- Befragung der Absolventen (Was sind ihre Arbeitsfelder/Berufsfelder?)
- Befragung anderer interessierter Parteien (Arbeitgeber, Verbände etc.)

b) Ermittlung erforderlicher und erwünschter Kompetenzen
- Anforderungen an Fähigkeiten und Fertigkeiten fachlicher und überfachlicher Art
- Anforderungen weiterführender Institutionen, des Arbeitsmarktes etc.
- Anforderungen betr. Sicherheit/Gesundheitsschutz
- Anforderungen gemäß internationalen Entwicklungen und Erfahrungen
- Anforderungen gemäß ethischer Grundsätze und Nachhaltigkeitsaspekten

c) Analyse der Lernvoraussetzungen und Lernbedürfnisse
- Wissens- und Kompetenzprofil der Lernenden vor Aufnahme der Bildungsmaßnahme

- Angemessenheit und Eignung der Lehr- und Lernmethoden
- Maßnahmen, die die Heterogenität der Lernenden berücksichtigen
- Motivationslage – für was und bei welchen Aufgaben/Tätigkeiten sind die Lernenden besonders motiviert?

d) Analyse der Kohärenz von Lernmethoden und Wissensvermittlung mit dem derzeitigen Stand der Forschung
- Sind neueste Forschungsergebnisse und internationale Studien einbezogen?
- Sind Best-Practice-Erfahrungen und Vorgaben durch Fachverbände einbezogen?

Steuerungsmaßnahmen für die Entwicklung – Abstimmung von Lernzielen und Inhalten

a) Generelle Überlegungen zur Kongruenz von Curriculum und Lehrplan/Syllabus
- Welche Vermittlungsformen sind geeignet, um die im Curriculum verankerten Bildungsziele zu erreichen?
- In welcher Art und Weise sollen fachübergreifende Schlüsselkompetenzen in die Bildungsvermittlung einbezogen werden (integrativ/additiv)?

b) Was ist bei der Überarbeitung/Anpassung des Curriculums zu beachten?
- Entspricht das Leistungs-Niveau der Absolventen den Anforderungen an einen gelingenden Lerntransfer?
- Welchen Verbindlichkeitsgrad haben die Inhalte und Kompetenzanforderungen? Sind Wahlmöglichkeiten gegeben?
- Sind Änderungen in Bezug auf die Heterogenität der Zielgruppen und ihren Lernvoraussetzungen angemessen berücksichtigt worden?
- Sind lernortspezifische Besonderheiten erfasst worden?
- Inwieweit sind Praxisphasen u. Ä. sinnvoll in das Curriculum eingebunden?
- Ist die erforderliche Basis an Ressourcen in Bezug auf Infrastruktur, Lehrpersonal und finanziellen Gegebenheiten ausreichend beachtet worden?

c) Wie gelingt die Umsetzung der Lernkontexte in Lehrpläne und Programme?
- Sind die Lehr-Lern-Module im Hinblick auf die Vorgaben im Curriculum inhaltlich und strukturell sinnvoll gestaltet?
- Sind die Lehr-Lern-Module aufeinander abgestimmt und entsprechend gestuft?
- Gibt es organisatorische und personelle Strukturen, die eine gelingende Umsetzung der Lernkontexte in Lehrpläne sicherstellen?
- Welche didaktischen Mittel sind für die Erreichung bestimmter Lernziele geeignet?
- Welcher Zeitaufwand ist für die einzelnen Einheiten angemessen (Workload betr. Vorbereitung, Vermittlung, Nachbereitung, ECTS)?

> - Inwieweit müssen individuelle Lehrplangestaltungen aufgrund besonderer Anforderungen bestimmter Lern-Zielgruppen eingeplant werden?
> - Inwieweit werden die Lernenden in die Gestaltung der Lehrpläne eingebunden? Werden Vorschläge von ihrer Seite abgewogen und angemessen berücksichtigt?
>
> Adaption nach https://didaktikblog.uni-hohenheim.de/wp-content/uploads/2015/10/ESIT-ICPL-Schritte-der-Curriculumentwicklung.pdf

8.3.4.4 Steuerung der Entwicklung der summativen Evaluation

Die summative Evaluation am Ende des curricularen Entwicklungsprozesses durchleuchtet den Prozess nachträglich. Sie wird eingesetzt für die Verbesserungen im nächsten curricularen Zyklus (fortlaufende Verbesserung). Wenn Entwicklungsleistungen in Bezug auf Bildungsdienstleistungen und Curricula erbracht werden, ist die Überprüfung und ggf. Überarbeitung eines entsprechenden Bewertungskonzeptes zur Leistungserfassung eingeschlossen. Das Bewertungskonzept beschreibt die Bewertung von Leistungen der Lernenden unter Berücksichtigung rechtlicher Rahmenbedingungen nach Maßstäben, die verschiedene Leistungsaspekte umfassen können.

Ziel des Bewertungskonzeptes ist es, Leistungsbewertung für Lernende und interessierte Parteien transparent und nachvollziehbar zu gestalten.

Die Steuerungsmaßnahmen für die abschließende Bewertung der Leistungen, die summativen Evaluation, sollte danach ausgerichtet sein, welche Kriterien im Bewertungskonzept zugrunde gelegt wurden und mit welcher Gewichtung sie in die abschließende Beurteilung von Leistung eingehen. Dabei sollte ein eindeutiger Zusammenhang zwischen Bewertungskriterien gemäß Konzept und der Evaluation der erzielten Lernergebnisse erkennbar sein.

Das Bewertungskonzept umfasst auch Hinweise, wie die Lernleistung messbar und bewertbar gemacht werden kann.

Mögliche Kriterien in der Bewertungskonzept-Entwicklung:

> Berücksichtigung des Grundsatzes, dass der Lernende und seine Anforderungen im Fokus der Entwicklung der Bewertungskriterien stehen sollten

> Beachtung unterschiedlicher Anforderungs- und Leistungsniveaus

> Messbarkeit und Eindeutigkeit des Benotungssystems und des Bewertungsschemas

> Differenzierung von Aufgabenformulierungen und Benotungsspannen, um der Heterogenität in Lerngruppen zu entsprechen

> Definition von Erwartungshorizonten zu einzelnen Aufgabenstellungen, die den Leistungsanspruch festlegen.

Abbildung 33: Mögliche Kriterien in der Bewertungskonzept-Entwicklung

Fazit: In der summativen Evaluation müssen sich die Bewertungskriterien widerspiegeln. Sie müssen für alle am Bildungsprozess Beteiligte transparent und eindeutig sein. Durch systematische Validierungen kann bestätigt werden, dass die abschließende Evaluation den Kriterien des Bewertungskonzepts entspricht.

Kennziffern zu Abschnitt 8.3.4

- Anzahl der Prüfungen und Prüfkosten
- Erfüllungsgrad der Vorgaben
- Folgemaßnahmen zur Anpassung an die Vorgaben
- Aufwand zur Verifizierung und Validierung

Exemplarische Nachweise

- Dokumentation zur Definition von Entwicklungsfortschritten und -ergebnissen
- Beschreibung der (iterativen) Entwicklungsprozesse
- Beschreibung notwendiger Maßnahmen aufgrund von Verifizierungsergebnissen
- Dokumentation zu Verifizierungs- und Validierungsschritten
- Freigabeprotokolle
- Risikobewertungen
- Prüfprotokolle
- Nachweis der Berücksichtigung von Transparenz- und Fairnesskriterien in der Entwicklung summativer Bewertungen

Mögliche Auditfragen:

- Wie wurden die Ergebnisse, z. B. der Entwicklung eines Lehrplans, definiert?
- Wurden Überprüfungen definiert? Gibt es einen Projektplan inkl. Fortschritts- und Ergebnisbewertung?
- Wie kann die curriculare Entwicklung verifiziert und validiert werden? Welche Kriterien sind hier relevant? Inwieweit spielt das rückwirkende Abgleichen von Qualitätskriterien zusammen mit den operationalisierten Lernzielen für die individuellen Ziele der Lernenden eine Rolle?
- Wie werden die Ergebnisse von Verifizierungen und Validierungen dokumentiert und nachgehalten?
- Wie sind deren Ergebnisse aus den letzten Monaten? Welche Nachweise gibt es dazu?
- Was ist unter einem iterativen Entwicklungsprozess zu verstehen? In welchem Fall ist ein solcher Prozess sinnvoll?
- Was sollte in der Lernplanentwicklung im Hinblick auf den Lernerfolg und die Mitwirkung der Lernenden berücksichtigt werden?
- Welche inhaltlichen Voraussetzungen müssen in der Entwicklung von Curricula und Lehrplänen gegeben sein, damit der Lerntransfer in die Praxis bzw. in andere Bildungssektoren ermöglicht wird?
- Inwieweit berücksichtigt die Entwicklung der Curricula – unter Einbeziehung der gewählten Lernumgebung/Einsatz digitaler Medien – die aktive Mitwirkung der Lernenden?
- Wie kann der Nachweis eines eindeutigen Zusammenhangs zwischen Lernergebnissen und Bewertungsmaßstäben bei der Entwicklung von summativen Bewertungen von Qualität und Wirksamkeit einer durchgeführten Maßnahme geführt werden?
- Inwieweit fließen Fairness- und Transparenzaspekte in Bezug auf die Lernenden in die Entwicklung summativer Evaluation ein?

8.3.5 Entwicklungsergebnisse

> **8.3.5 Entwicklungsergebnisse**
>
> Die Organisation muss sicherstellen, dass die Entwicklungsergebnisse:
>
> a) die in den Entwicklungseingaben enthaltenen Anforderungen erfüllen;
>
> b) für die sich anschließenden Bereitstellungsprozesse von Bildungsprodukten und -dienstleistungen geeignet sind;
>
> c) Anforderungen an die Überwachung und Messung, (soweit zutreffend), sowie Annahmekriterien enthalten oder auf sie verweisen;
>
> d) die Eigenschaften von Bildungsprodukten und -dienstleistungen festlegen, die für deren vorgesehenen Zweck und deren sichere und ordnungsgemäße Bereitstellung von wesentlicher Bedeutung sind;
>
> e) als dokumentierte Information aufbewahrt werden.

Entwicklungsergebnisse müssen den Eingaben entsprechen und umsetzbar sein. Dies beinhaltet auch die Eigenschaften der Produkte und Dienstleistungen sowie die Kriterien zur Messung und Annahme. Dabei sollte berücksichtigt werden, dass die Erwartungen an den Entwicklungsprozess und die Konformität gegenüber den Anforderungen nachvollziehbar sind. Die Entwicklungsergebnisse werden an Kriterien gemessen, die sich aus den Entwicklungsvorgaben sowie betrieblichen Anforderungen und Zielsetzungen ergeben.
Dazu zählen die nachstehend abgebildeten 4 Steuerungsschritte:

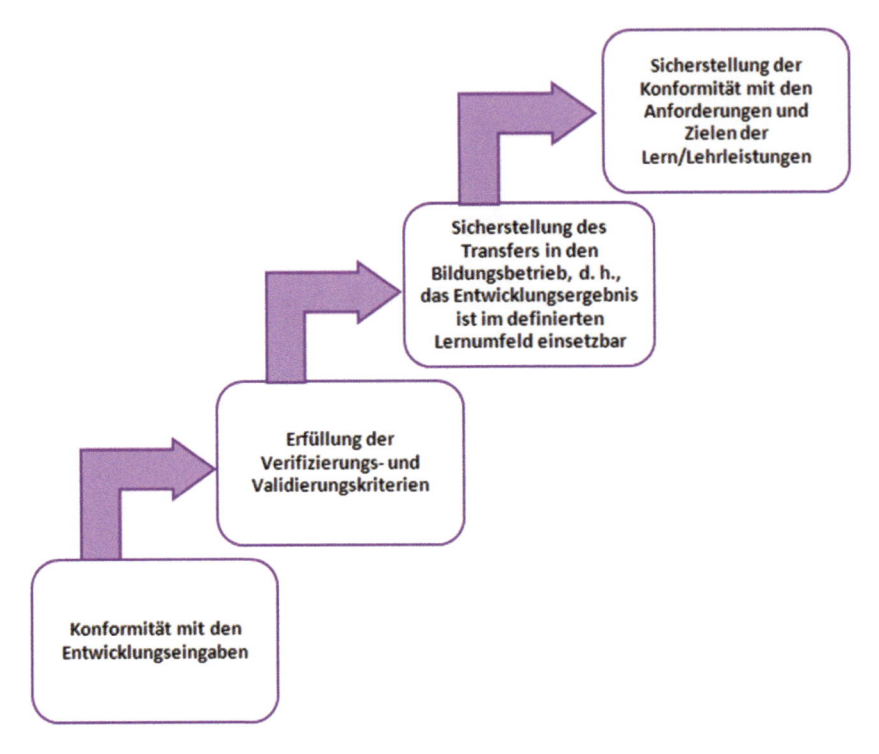

```
                                              ┌──────────────────────┐
                                              │   Sicherstellung der │
                                              │   Konformität mit den│
                                         ──▶   │   Anforderungen und  │
                                              │       Zielen der     │
                                              │   Lern/Lehrleistungen│
                                              └──────────────────────┘
                          ┌──────────────────────┐
                          │  Sicherstellung des  │
                          │    Transfers in den  │
                    ──▶   │  Bildungsbetrieb, d. h.,│
                          │ das Entwicklungsergebnis│
                          │    ist im definierten │
                          │  Lernumfeld einsetzbar│
                          └──────────────────────┘
         ┌──────────────────────┐
         │     Erfüllung der    │
    ──▶  │  Verifizierungs- und │
         │ Validierungskriterien│
         └──────────────────────┘
┌──────────────────────┐
│  Konformität mit den │
│  Entwicklungseingaben│
└──────────────────────┘
```

Abbildung 34: Steuerung des Entwicklungsprozesses

Die Organisation muss dafür sorgen, dass klare Verantwortlichkeiten und einheitliches Vorgehen für die Freigabe von Entwicklungsergebnissen festgelegt sind. Eine Freigabe kann dann erfolgen, wenn die Prüfung der Ergebnisse ein zumindest zufriedenstellendes Ergebnis bescheinigt. Die Freigabeergebnisse müssen dokumentiert und aufbewahrt werden.

Falls sich ein freigegebenes Entwicklungsprodukt im definierten Einsatzbereich als nicht umsetzbar erweist, so muss das Produkt zurückgezogen und in einem geordneten, d. h. nachvollziehbaren Prozess entweder in den Entwicklungsprozess zurückgegeben oder verworfen werden. Alle Schritte werden entsprechend dokumentiert.

Kennziffern zu Abschnitt 8.3.5

- Risikokennzahlen
- Anzahl von Abweichungen zu den Vorgaben
- Zufriedenheit der Lernenden und Lehrenden

Exemplarische Nachweise

- Freigabedokumente
- Prüfprotokolle
- Nachweis des Zusammenhangs zwischen Anforderungen interessierter Parteien und Entwicklungsergebnissen
- Nachweis der Konformität mit den Lehr-/Lernzielsetzungen

Mögliche Auditfragen:

- Welche Entwicklungseingaben wurden festgelegt und verabschiedet?
- Wie wurde dokumentiert, dass die Entwicklungsergebnisse den Eingaben entsprechen?
- Wie erfolgt der Freigabeprozess des Entwicklungsergebnisses? Wer ist dafür verantwortlich, wer hat Zugriffsrechte?
- Welche dokumentierte Information wird genutzt, um künftige Messungen, Prüfungen und Nutzungen zu beschreiben (Kennzahlen)?

8.3.6 Entwicklungsänderungen

> **8.3.6 Entwicklungsänderungen**
>
> Die Organisation muss Änderungen, die während oder nach der Entwicklung von Bildungsprodukten und -dienstleistungen vorgenommen werden, in dem Umfang ermitteln, überprüfen und steuern, der sicherstellt, dass daraus keine nachteilige Auswirkung auf die Konformität mit den Anforderungen oder Ergebnissen entsteht.
>
> Die Organisation muss dokumentierten Informationen aufbewahren zu:
>
> a) den Entwicklungsänderungen;
>
> b) den Ergebnissen der Überprüfungen;
>
> c) der Autorisierung der Änderungen;
>
> d) den eingeleiteten Maßnahmen zur Vorbeugung nachteiliger Auswirkungen.

Dieser Normabschnitt entspricht im Wesentlichen dem entsprechenden Abschnitt in der DIN EN ISO 9001. Die Änderungen müssen definiert, geprüft und gesteuert werden, damit die bestehende Kongruenz mit dem Bildungsprodukt aufrechterhalten bleibt. Entwicklungsänderungen können wichtige Indikatoren dafür sein, dass sich das Gesamtprodukt verändert oder bisherige strukturelle Voraussetzungen und Zielsetzungen nicht mehr gegeben sind.

Wenn Änderungen in der Entwicklung von Bildungsdienstleistungen erforderlich sind, sollte stets geprüft werden, ob die Entwicklungsziele noch gelten und die Entwicklungseingaben nach wie vor gültig sind. Damit ergeben sich ggf. Planungsänderungen, die Auswirkungen auf zeitliche Vorgaben, Personaleinsatz und Methodiken haben. Damit können sich strukturelle und/oder inhaltliche Auswirkungen auf die Entwicklungsstrategie ergeben.

Entweder durchläuft der Planungsprozess einen regulären PDCA-Zyklus, oder es ergeben sich grundlegende Änderungen (z. B. im Curriculum), die eine umfassende Revision erforderlich machen (z. B. bei Neuausrichtung eines technischen Berufsbildes).

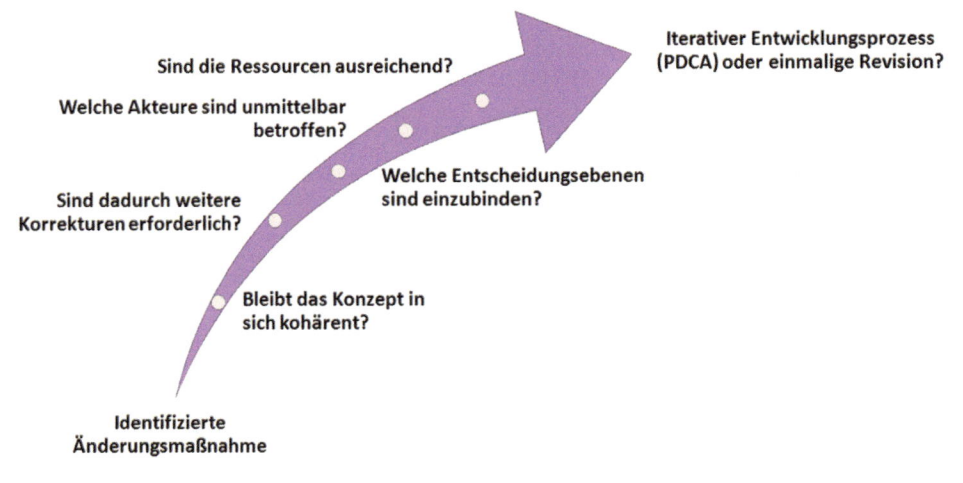

Abbildung 35: Revision des Entwicklungsprozesses

Kennziffern zu Abschnitt 8.3.6

– Anzahl der Änderungen

– erforderlicher Aufwand (Zeit, Ressourcen)

Exemplarische Nachweise

– Freigabeprotokolle der Änderungen in der Entwicklung

– Revision der Curricula

– Änderungshistorie

– veränderte Gesetzeslage

– Dokumentation von Updates von Anforderungen

– Änderungen in der technischen Umsetzung von Bildungsleistungen

Mögliche Auditfragen:

- Wie werden die Risiken von Änderungen oder Änderungswünsche von Kunden bewertet und in die Entwicklung eingebracht?
- Welche Zeitpläne und Meilensteine wurden mit welchen Auswirkungen angepasst?
- Welche Änderungen hatten Sie in den letzten Monaten?
- Wie wurden Entwicklungsänderungen in die Entwicklungseingaben eingearbeitet? Wer kann die Änderungen freigeben?
- Gibt es Vorbeugemaßnahmen zur Verhinderung nachteiliger Auswirkungen?

8.4 Steuerung von extern bereitgestellten Prozessen, Bildungsprodukten und -dienstleistungen

8.4.1 Allgemeines

> **8.4 Steuerung von extern bereitgestellten Prozessen, Bildungsprodukten und -dienstleistungen**
>
> **8.4.1 Allgemeines**
>
> Die Organisation muss sicherstellen, dass extern bereitgestellte Prozesse, Bildungsprodukte und -dienstleistungen den Anforderungen entsprechen.
>
> Die Organisation muss Steuerungsmaßnahmen bestimmen, die für extern bereitgestellte Prozesse, Bildungsprodukte und -dienstleistungen durchzuführen sind, wenn
>
> a) Bildungsprodukte und -dienstleistungen von externen Anbietern für die Integration in die organisationseigenen Bildungsprodukte und -dienstleistungen durchzuführen sind,
>
> b) Bildungsprodukte und -dienstleistungen den Lernenden oder anderen Leistungsempfängern direkt durch externe Anbieter im Auftrag der Organisation bereitgestellt werden,
>
> c) ein Prozess oder ein Teilprozess infolge einer Entscheidung durch die Organisation von einem externen Anbieter bereitstellt wird.
>
> Die Organisation muss Kriterien für die Bewertung, Auswahl, Leistungsüberwachung und Neubeurteilung externer Anbieter bestimmen und anwenden, die auf deren Fähigkeit beruhen, Prozesse oder Bildungsprodukte und -dienstleistungen in Übereinstimmung mit den Anforderungen bereitzustellen. Die Organisation muss dokumentierte Information zu diesen Tätigkeiten und über jegliche notwendigen Maßnahmen aus den Bewertungen aufbewahren.

Dieser Normabschnitt entspricht inhaltlich und strukturell im Wesentlichen der DIN EN ISO 9001. Die erforderliche Kontrolle und Evaluation externer Dienstleistungen muss durch die Organisation garantiert sein. Die Organisation muss die entsprechenden Kriterien für die Beurteilung und Auswahl von Lieferanten festlegen und die Überwachung und Bewertung von externen Partnern planen und durchführen. Dies gilt insbesondere dann, wenn die Bildungsorganisation nicht die vollständige Wertschöpfung erbringt, sondern Lehrpläne, curriculare Standards, Entwicklungsleistungen oder nicht-akademische Leistungen von externen Anbietern bezieht. In der Bildungsbranche existiert eine Fülle unterschiedlicher Formen externer Leistungen. Da diese oft unmittelbare Auswirkungen auf Lernende und Lehrende haben, ist eine sorgfältige Steuerung der Prozesse für die Qualität der Gesamtleistung der Organisation von hoher Bedeutung.

Die Norm fordert, dass die Kompatibilität mit dem MSBO der Organisation auch für diejenigen Teile gesichert sein muss, die nicht innerhalb des eigenen QM-Systems entstehen, sondern z. B. durch externe Partner erbracht werden. Dies bedeutet, dass es keine Lücke in der Qualität der Wertschöpfungskette geben darf. Es geht darum, Schnittstellen zu beschreiben (z. B. das Lieferantenmanagement), Anforderungen und Kontrollpunkte festzulegen und eine Überwachung der externen Leistungen zu gewährleisten.

Grundsätzlich kann zwischen nachstehenden Typen von Dienstleistung unterschieden werden:

1) **Typ 1:** Erbringung einer Bildungsdienstleistung oder eines -produkts, die/das in das bestehende Bildungssystem der Organisation integriert wird. In diesem Fall kann die Dienstleistung z. B. Teil des Lehrplans sein oder durch den Einsatz externer Dozenten, Tutoren und Lehrkräfte in erheblichem Maße zur Erbringung der Gesamtleistung beitragen. Hier spricht man von einer externen Dienstleistung als integriertem Part des Kernprozesses der Bildungsdienstleistung. Die Leistung des externen Anbieters muss mit der Steuerung des MSBO der Organisation kompatibel sein, denn die externen Mitarbeitenden sind in diesem Fall ebenso wie fest angestelltes Personal Teil des MSBO. Siehe hierzu auch Abschnitt 7.1.2.1 c), der noch einmal auf den Normabschnitt 8.4. reflektiert. Die Bildungsorganisation bleibt dem Lernenden als auch weiteren interessierten Parteien gegenüber hinsichtlich der zu erbringenden Leistungen haftbar.

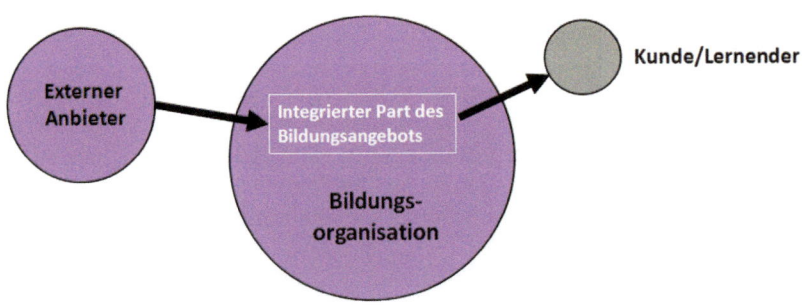

Abbildung 36: Dienstleistungstyp 1

2) **Typ 2:** Die Dienstleistung erfolgt direkt an den Lernenden oder andere Leistungsempfänger durch den externen Anbieter im Auftrag der Organisation. Das bedeutet, dass die Organisation sicherstellen muss, dass die gegenüber dem Lernenden erbrachte Leistung von dritter Seite mit den Gesamtleistungen des Bildungsträgers übereinstimmt, diese sinnvoll und effektiv unterstützt und den Qualitätskriterien der Organisation entspricht.

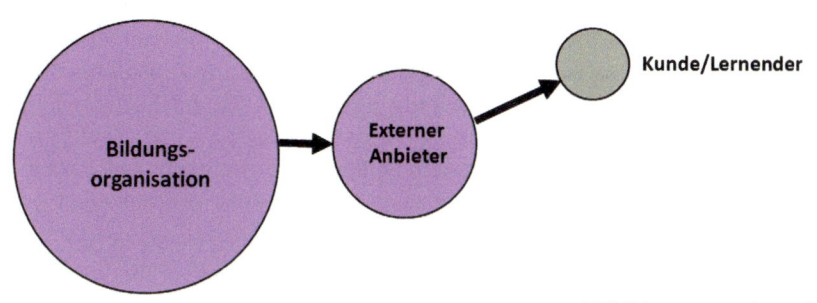

Abbildung 37: Dienstleistungstyp 2

Das ist zum Beispiel der Fall,

- wenn Franchisenehmer einen Bildungsauftrag an verschiedenen Orten ausführen,
- wenn Lehrmittel für den Schulbetrieb direkt durch den Lernenden vom Anbieter, z. B. einer Universität, bezogen werden,
- wenn Nachhilfeorganisationen externe Tutoren engagieren, die den Lernenden direkt zu Hause unterrichten,
- wenn externe Bildungsdienstleister in bestimmten Ländern im Auftrag der Organisation einen Bildungsauftrag in der Landessprache übernehmen.

In allen Fällen muss sichergestellt sein, dass die Qualität der externen Leistungen mit den Regelungen des MSBO übereinstimmt.

3) **Typ 3:** Die Dienstleistung wird aufgrund von Managemententscheidungen als outgesourcter Prozess durch einen externen Partner erbracht. Dazu können zählen: Cafeteria/Mensa, Online-Tools für den Lehrbetrieb, Buchhaltung, IT-Prozesse, Sanitär-, Sicherheits- und Instandhaltungsleistungen.

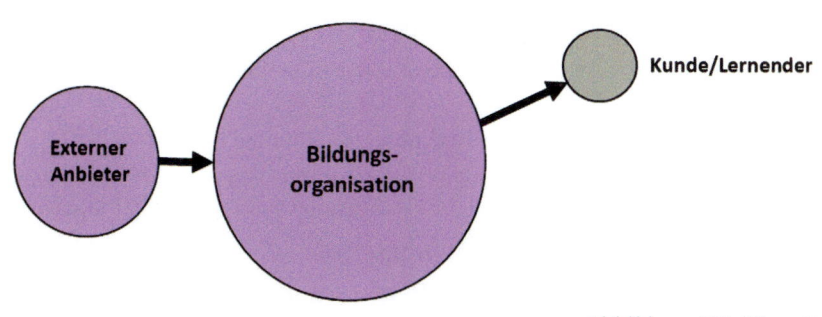

Abbildung 38: Dienstleistungstyp 3

Ebenso wie in der Entwicklung von Bildungsdienstleistungen und Curricula (siehe Abschnitt 8.3 ff.) gilt die Beachtung der elf Grundsätze dieser Norm für die extern erbrachten Dienstleistungen, die die Kernprozesse der Organisation unterstützen, bereichern oder integraler Part der Prozesse sind.

Die Organisation muss sicherstellen, dass die Grundsätze in den Leistungen der externen Dienstleister erkennbar sind. Das gilt insbesondere dann, wenn sich die Dienstleistung direkt auf den Lernenden oder die für ihn erbrachte Lehrdienstleistung bezieht oder einen nicht-akademischen Bereich betrifft, der unmittelbaren Einfluss auf Gesundheit, Sicherheit und Wohlbefinden der Lernenden hat. Dazu gehört in Erweiterung zu anderen Qualitätskriterien der Grundsatz 1 (Fokus auf Lernende und andere Nutznießer) sowie die Grundsätze 7 und 8 (Ethisches Verhalten im Bildungswesen und soziale und gesellschaftliche Verantwortung) und Grundsatz 9 (Zugänglichkeit und Gerechtigkeit). Nähere Erläuterungen zu den genannten Prinzipien finden sich im Norm-Anhang B.8 bis B.10.

Die Organisation muss dafür Rechnung tragen, dass es keine Qualitätslücke in Bezug auf die Einhaltung der Grundsätze geben kann. Um mögliche Mängel von vornherein auszuschließen, sollte darauf geachtet werden, dass externe Bildungspartner nach Kriterien ausgesucht werden, die mit dem MSBO zu vereinbaren sind, d. h. dass Leistungen unter beherrschten Bedingungen erbracht werden.

Leitlinien zur Arbeit mit externen Bildungspartnern

Der Begriff externer „Bildungspartner" oder „Anbieter" kann sich sowohl auf Personen, Organisationen oder Gruppen beziehen, die ihre Dienste und/oder Ressourcen zur Unterstützung der Leistungen des Bildungsträgers auf der Ebene des Lehrbetriebs, bei sportlichen Aktivitäten, bei nicht-akademischen Leistungen oder auf der Ebene der gesamten Bildungseinrichtung zur Verfügung stellen.

Die Sicherstellung qualitativ hochwertiger Dienstleistungen des externen Partners sind entscheidend für eine dauerhafte Wirkung. Das gilt unabhängig von der Art des Bildungsträgers und seines Angebots. Daher muss die Organisation dafür Sorge tragen, dass folgende Verfahren mit den Anforderungen des MSBO kompatibel sind:

1) **Definition der Leistungen**, die vom externen Partner erbracht werden sollen. Dazu bedarf es einer klaren Bewertung der eigenen Dienstleistungen und Produkte sowie eine Analyse möglicher Bereiche, die sich für ein Outsourcing bzw. eine Ergänzung der eigenen Bildungsleistung eignen.

2) **Festlegung der Verantwortungsebenen**: Der Bildungsträger muss die entsprechenden Zuständigkeiten in der eigenen Organisation festlegen:

   - Wer ist in der den Bedarf meldenden Stelle für die Erstellung der Anforderungsbedingungen zuständig?
   - Wer kann die Angebote potenzieller externer Anbieter einholen und beurteilen?
   - Welche Managementebenen sind in die Entscheidung über die Auswahl eines Partners eingebunden?
   - Wer ist zuständig für die Abwicklung der Auftragserteilung?
   - Welche Stelle ist für die Überwachung und Bewertung des Anbieters in Bezug auf die zu erbringenden Leistungen verantwortlich?
   - Welche Ebenen entscheiden über Änderungen der externen Dienstleistungen?

3) **Auswahlkriterien**: Die Kriterien sollten sich an den festgelegten Zielen orientieren. Alle Pläne und Aktivitäten sollten auf die Ziele abgestimmt sein, die die Organisation im Rahmen der Bedarfsanalyse (1) und des Verbesserungsprozesses festgelegt hat. Dabei ist es im Bildungsbetrieb in der Regel sinnvoll, auf die folgenden generellen Attribute zu achten:

- Anstreben einer möglichst langfristigen Partnerschaft. Die Dienstleistungen des Anbieters sollten als Teil einer langfristigen Strategie zur Verbesserung des Lehrbetriebs bzw. der Lernleistungen angesehen werden.
- Die Auswahl sollte evidenzbasiert erfolgen. Der Leistungskanon des Anbieters sollte durch langjährige Erfahrungen, Forschungsergebnisse und nachvollziehbare Beweise gestützt sein.
- Das Leistungsangebot sollte auf die Anforderungen des Bildungsträgers passend zugeschnitten werden können. Der externe Partner sollte in der Lage sein, seinen Angebotskatalog und ggf. seinen pädagogischen Ansatz auf die besonderen Umstände und Bedürfnisse des Bildungsträgers abzustimmen.

4) **Qualitäts-Check**: Es lohnt sich, vor Auswahl eines externen Anbieters einen umfassenden Qualitätscheck durchzuführen. Exemplarische Leitfragen zum Qualitätscheck sind in der nachfolgenden Auflistung dargestellt.

5) **Die Festlegung der Leistungskriterien**, Laufzeit, Bewertungsmaßnahmen, Evaluationskriterien und Rahmenbedingungen der Leistungserbringung sind Bestandteile des Vertrags mit dem Anbieter.

6) **Art und Weise der Leistungsüberwachung**: Diese ist Teil der Leistungsvereinbarung und sollte zu Beginn verbindlich festgelegt sein. Im Falle der Erbringung von Dienstleistungen, die zu den Kernprozessen des Bildungsträgers (z. B. Typ 1) gehören oder diesen im laufenden Betrieb ergänzen oder unterstützen, sollte eine fortlaufende Bewertung der Dienstleistungen erfolgen und sich nicht auf eine Evaluation bestimmter quantifizierbarer Ergebnisse am Ende der Bildungsmaßnahme beschränken.

Falls es sich bei der externen Dienstleistung um einen nicht-akademischen Part handelt, der nicht unmittelbar die Lernenden betrifft (z. B. Instandhaltungsmaßnahmen oder Lieferung von Büromaterial oder Sport-Equipment durch Dienstleistungstyp 3), so sollte mindestens einmal jährlich eine Bewertung des Anbieters stattfinden. Weitere Bewertungen sind nur bei besonderen Vorfällen erforderlich (Qualitätsabweichungen, Lieferausfällen, Zweifel an der Integrität etc.).

7) **Festlegung der Bewertungskriterien**: Es muss bestimmt werden, welche Ergebnisse zur Bewertung des externen Partners und seiner Leistungen herangezogen werden. Dazu muss vertraglich vereinbart sein, welche Erwartungen der Anbieter in welchem Zeitraum zu erfüllen hat und welche Erwartungen erfüllt sein müssen, um einen Folgeauftrag zu erhalten. Die Erwartungen und zu erzielenden Ergebnisse (KPIs) müssen klar kommuniziert und dokumentiert werden. Der Anbieter sollte in Bezug auf Regelabweichungen und Änderungen am Produkt oder an der Dienstleistung sowie betreffend der Rückverfolgbarkeit stets auskunftsfähig sein. Ist das nicht der Fall, so müssen Korrekturmaßnahmen durchgeführt oder ggf. der Anbieter gewechselt werden.

8) **Erstellung eines Evaluationszyklus:** Ein Plan zur Evaluation der Dienstleistungen des Anbieters sollte vor Beginn der Arbeit erstellt werden, damit sich alle Beteiligten über die Erwartungen und Maßnahmen vor der Umsetzung im Klaren sind. Interventionen und andere Verbesserungsinitiativen sollten Teil eines strategischen Plans zur fortlaufenden Verbesserung des externen Angebots im Sinne des PDCA-Zyklus sein. Die während des Evaluationsprozesses gewonnenen Erkenntnisse bilden die Basis für den nächsten Zyklus.

9) **Strategie zur laufenden Evaluation und Verbesserung:** Die Evaluierungsdaten, die zu den Leistungen des externen Partners erhoben werden, sollten vom Bildungsträger genutzt werden, um die Ansätze zur Verbesserung des Lernerfolgs der Lernenden generell zu überprüfen und ggf. anzupassen. Als Teil des Qualitätsmanagements sind externe Leistungen auch Part des strategischen Verbesserungszyklus der eigenen Organisation.

Anmerkung: In vielen Bildungsorganisationen bilden externe Bildungsangebote einen zentralen Bestandteil des Lehrbetriebs (z. B. beim Einsatz kompletter externer Lehrmodule in der Weiterbildung, im Privatschul- und Hochschulwesen). In diesem Fall ist es Teil der Evaluierung darauf zu achten, dass die Angebote des externen Partners die Art und Weise der Lehr- und Lernbedingungen und deren Einfluss auf Betreuungs- und Wohlfühlfaktoren der Lernenden berücksichtigen und im besten Falle begünstigen.

Exemplarische Leitfragen zum Qualitätscheck externer Bildungspartner

Die folgende Checkliste kann bei der Entscheidung über die Inanspruchnahme externer Anbieter zur Unterstützung der Lehrplanumsetzung und/oder nicht-akademischer Aufgaben hilfreich sein:

a) **Pädagogisches Verständnis für die Anforderungen vonseiten der Bildungsorganisation (Auftraggeber).** Bietet der externe Anbieter eine Dienstleistung an, die einen oder mehrere der folgenden Punkte unterstützt?

- Verbessert (z. B. durch Schulungen, Seminare) er die Kenntnisse und das Verständnis der Lehrenden für die relevanten Inhalte des Lernbereichs und/oder Pädagogik?
- Bietet er Unterstützung beim Aufbau von Kapazitäten zur Durchführung effektiver Bildungsprogramme, z. B. Teamteaching innerhalb einer geplanten Arbeitseinheit?
- Bietet er Mehrwert für die Lehr- und Bildungsstandards und die Lehrplanumsetzung?
- Kann er einen Beitrag zum Planungsprozess für die Entwicklung von Bildungsprogrammen leisten?
- Gibt es regelmäßige Gelegenheiten für Feedback durch die Bewertung von Lehrplänen?
- Stellt er wichtige Verbindungen zwischen dem Bildungsträger und anderen Einrichtungen im kommunalen/regionalen Umfeld her?

b) Qualitätssicherung

- Bietet der externe Anbieter den Lernenden eine Lernerfahrung, die die Einrichtung selbst nicht bieten kann?
- Ist die Lernerfahrung für das Bildungsprogramm der Einrichtung geeignet?
- Verfügt der externe Anbieter, der die Dienstleistung erbringt, über relevante Qualifikationen und Erfahrung?
- Hat der externe Anbieter den Nachweis erbracht, dass die eingesetzten Mitarbeitenden über entsprechende Führungszeugnisse verfügen und Erfahrungen im Umgang mit Lernenden bestimmter Altersgruppen haben?
- Haben die zuständigen Mitarbeitenden die Art des Dienstes und die Inhalte mit dem externen Anbieter besprochen und sie über die Anforderungen und Erwartungen informiert? Zum Beispiel:
    - Verbindungen zum Lehrplan
    - Inhalte, die mit den Werten der Bildungseinrichtung übereinstimmen
    - geeignete Didaktik, geeignete Lehr- und Lernaktivitäten und -strategien
    - stufengerechte Inhalte
    - Unterstützung eines integrierten Ansatzes
    - Unterstützung nicht-akademischer Programme
- Gibt es Verfahren für die Bewertung und das Feedback zwischen der Bildungseinrichtung und dem externen Anbieter?
- Wurde ein Risikomanagementplan erstellt?
- Sind die Informationen über die externen Anbieter und ihr Personal ausreichend?

c) Richtlinien und Verfahren

- Wurde die Kohärenz der externen Dienstleistungen mit dem bestehenden MSBO geprüft?
- Wurden die Prozessdokumente geprüft? Z. B. in Bezug auf Folgendes:
    - Richtlinien und Verfahren zum Kinder- und Jugendschutz
    - Lehrplangestaltung und -programmierung
    - Beachtung der Gesetze über Gesundheit und Sicherheit am Arbeitsplatz
    - Beachtung des Ethik-Kodex

d) Chancengleichheit und Gerechtigkeit

- Sind die Dienstleistungen und Ressourcen des externen Anbieters auf die Bedarfsbereiche innerhalb der Einrichtung ausgerichtet?
- Unterstützen sie das gesamtschulische Ethos und die pädagogische Ausrichtung der Einrichtung?
- Berücksichtigen sie die Vielfalt der Gemeinschaft von Lernenden und Lehrenden?

> - Unterstützen sie ein Bewusstsein für die Bedürfnisse der lokalen Gemeinschaft?
> - Ermöglicht das Angebot einen gleichberechtigten Zugang für alle Lernenden?
> - Ermöglicht die Zeitplanung allen Lernenden die Teilnahme?
>
> *Generalisiert nach Richtlinien für externe Partner, Northern Territory of Australia, Department of Education, 2022 und eigenen Quellen*

Kennziffern zu Abschnitt 8.4.1

- Bewertungskennzahlen für externe Anbieter
- Anteil fehlerhafter Produkte von externen Anbietern
- Anteil von Lieferausfällen p. a.
- Beschwerdequote vonseiten der Lernenden und der Mitarbeitenden in Bezug auf integrierte externe Programme oder Dozenten

Exemplarische Nachweise

- Übersicht externer Partner
- Auswahlkriterien für externe Anbieter
- Kompetenznachweise externer Partner
- Checklisten
- Bewertungskriterien für Leistungen externer Partner
- Rahmenverträge, Leistungsscheine, Qualitätsvereinbarungen
- Protokolle von Schnittstellengesprächen
- Lieferantenaudits
- Nachweis der Kompatibilität der externen Leistung mit dem MSBO
- Durchführungsverfahren und Ablauf der extern erbrachten Bildungsmaßnahme

Mögliche Auditfragen:

- Welche Prozessschritte sind für die Erbringung Ihrer Bildungsdienstleistung erforderlich, werden aber nicht durch eigene Mitarbeiter erbracht? Gibt es turnusmäßige Schnittstellenabstimmungen? Führen Sie Lieferantenaudits durch?
- In welchen Prozessschritten wird externe Unterstützung benötigt?
- Nach welchen Kriterien erfolgt die Auswahl der externen Anbieter? Gibt es Rahmenverträge, Qualitätsvereinbarungen?
- Welche Produkte und Dienstleistungen kaufen Sie ein, die maßgeblichen Einfluss auf die Erfüllung der Anforderungen vonseiten der Lernenden haben?
- In welcher Form bewerten Sie die Ergebnisse der extern eingekauften Dienstleitungen in Bezug auf die Auswirkungen auf den Lernprozess?
- Wie gehen Sie vor, wenn ein wesentlicher externer Dienstleister ausfällt? Wie stellen Sie sicher, dass die Bildungsdienstleistung dennoch wie geplant erbracht wird?

8.4.2 Art und Umfang der Steuerung

> **8.4.2 Art und Umfang der Steuerung**
>
> Die Organisation muss sicherstellen, dass extern bereit gestellte Prozesse, Bildungsprodukte und -dienstleistungen die Fähigkeit der Organisation, ihren Lernenden und anderen Leistungsempfängern beständig konforme Bildungsprodukte und -dienstleistungen zu liefern, nicht nachteilig beeinflussen.
>
> Die Organisation muss:
>
> a) sicherstellen, dass extern bereit gestellte Prozesse unter der Steuerung ihres MSBO verbleiben;
>
> b) sowohl die Kontrollen definieren, die sie auf einen externen Anbieter anzuwenden beabsichtigt als auch diejenigen, die sie auf die Ergebnisse anzuwenden beabsichtigt;
>
> c) Folgendes berücksichtigen:
>
>   1) die potenziellen Auswirkungen der extern bereit gestellten Prozesse, Bildungsprodukte und -dienstleistungen auf die Fähigkeit der Organisation, beständig die Anforderungen der Lernenden und anderer Leistungsempfängern zu erfüllen;
>
>   2) die Wirksamkeit der durch den externen Anbieter angewendeten Maßnahmen zur Steuerung.
>
> d) die Verifizierung bzw. andere Tätigkeiten bestimmen, die notwendig sind, um sicherzustellen, dass die extern bereit gestellten Prozesse, Bildungsprodukte und -dienstleistungen die Anforderungen erfüllen.

Die Art und der Umfang der zu erbringenden Kontrollleistung gegenüber externer Dienstleistungen und Produkte steht in unmittelbarer Beziehung zu den möglichen Risiken der Organisation, den Anforderungen vonseiten der Lernenden und anderer interessierter Parteien gerecht zu werden und gesetzeskonform zu handeln.

Dabei sollte unterschieden werden, ob der externe Partner einen direkten und wesentlichen Einfluss auf die Erbringung der Bildungsleistung hat oder eher mittelbar agiert, indem er z. B. Produkte zuliefert, die nicht zum essenziellen Part des Lehrbetriebs zählen.

Überwachungs- und Bewertungsintervalle

Das Ausmaß des Einflusses eines Anbieters auf die Kernprozesse und die Wertschöpfung der Organisation ist also ein wesentlicher Faktor für die Auswahl und für die Überwachungs- und Bewertungsintervalle. Je intensiver der externe Partner bzw. seine Leistungen in die Wertschöpfungskette eingebunden sind, umso höher ist die Überwachungs- und Bewertungsdichte.

Grundsätzlich können unterschieden werden

A unverzichtbare Partner,

B ersetzbare Partner,

C jederzeit austauschbare Partner.

Ist der Partner für den Lehrbetrieb unverzichtbar (A), so macht es Sinn, eine gemeinsame Qualitätsstrategie zu entwickeln, um die Anforderungen der Kunden/der Lernenden zu erfüllen.

Im Falle der in Abschnitt 8.4.1 genannten Typisierung kann man davon ausgehen, dass es sich beim **Typ 1 (externer Anbieter als integrierter Part der eigenen Bildungsleistung)** in der Regel um einen unverzichtbaren Partner (A) handelt, mit dem die eigene Wertschöpfungskette steht und fällt. Hier wird die Organisation gewissenhaft darauf achten, dass die Forderungen der Norm erfüllt sind. Dazu gehört eine lückenlose, d. h. im besten Falle fortlaufende Überwachungsroutine.

Beispiele für Typ 1 als unverzichtbarer externer Partner:
- eine Weiterbildungs-Akademie, die einen externen Bildungsprovider als Betreiber eines Standorts oder eines Online-Schulungs-Ablegers engagiert,
- eine Universität, die eine Fakultät (z. B. Rechtswissenschaften) in ein Institut ausgliedert, das von einem externen akademischen Partner nach Vorgabe der Hochschule geleitet und betrieben wird.
- Im freien schulischen und vorschulischen Sektor gibt es viele Beispiele von Einrichtungen, die zwar rechtlich eigenständig sind, ihre Curricula und Lehrpläne jedoch von einem zentralen Anbieter beziehen, der ggf. auch in die Auswahl von Lehrpersonal und Lern-Ressourcen eingebunden ist. Der externe Anbieter ist hier in der Regel auch der Verantwortliche für die Neu-Entwicklung von Lehrmaterial, Curricula und deren Änderungen.

In einer solchen Beziehung stehen die Partner in einer sehr engen Abhängigkeit zueinander. Langlebige Partnerschaften auf Augenhöhe können sich auf dieser Basis dann entwickeln, wenn Win-win-Situationen hergestellt werden können. Dazu bedarf es klarer vertraglicher Vereinbarungen, fortlaufender Abstimmung und Evaluationen sowie absoluter Zuverlässigkeit. Die DIN ISO 21001:2021-02 kann hierfür einen verlässlichen Rahmen bilden. Eine fortlaufende Evaluation der Bildungsleistungen, interne Audits und die Kommunikation über die Bewertung sind gute Garanten für einen reibungslosen Betrieb.

Maßnahmen einer fortlaufenden Evaluationsroutine

Um eine Partnerschaft auf Augenhöhe zu gewährleisten, sollten sich Bildungsträger und externer Partner auf gemeinsame Strategien für ein fortlaufendes Feedback verständigen. Diese können z. B. Folgendes umfassen:
- unmittelbare Evaluierung bestimmter Bildungsmaßnahmen oder Beratungstermine vor Ort,
- regelmäßige Besprechungen, um die Eindrücke der Mitarbeitenden von den Leistungen des Anbieters zu diskutieren und zu verifizieren,
- regelmäßige Nachbesprechungen zwischen Lehrenden/Management und Personal des Anbieters,
- strukturierte Überprüfungen der Fortschritte/Verbesserungen zur Jahresmitte/pro Quartal.

Im Falle eines Anbieters **Typ 2 – direkte Lieferung an den Kunden** und **Typ 3 – Erbringung eines outgesourcten Prozesses, der nicht unmittelbar das Kerngeschäft der Organisation betrifft**, handelt es sich meist um ersetzbare Partner (B) oder einen, der jederzeit austauschbar ist (C), wie z. B. Lieferanten für Sport-Equipment oder Büro. Die Norm gibt hier keine Fristen für die Bewertung von externen Partnern vor. In Bezug auf die DIN EN ISO 9001:2015 hat sich eine Frist von einem Jahr bei einem festen Lieferantenverhältnis durchgesetzt.

Einschränkungen sind dann gegeben, wenn der Anbieter z. B. wesentliche nicht-akademische Leistungen erbringt, ohne die der Lehrbetrieb nicht funktioniert. Dazu gehört der Betrieb einer Mensa/Cafeteria, der eine höhere Kontrolldichte erfordert.

Überwachungs- und Bewertungs-Elemente externer Anbieter qualitätskritischer Produkte

Bei der Bewertung eines externen Partners kann eine Risikoanalyse, die sich auf die Erbringung der vereinbarten Produkte und Leistungen bezieht, gute Ergebnisse liefern. Es geht aber nicht um die Ermittlung jeglicher Risiken – hier kann man sich leicht überheben –, sondern nur um diejenigen Faktoren, die Einfluss auf die Konformität qualitätskritischer Produkte und Dienstleistungen haben und sich auf die Erfüllung vertraglicher Vereinbarungen beziehen. Dazu zählen zum Beispiel:

– die Fähigkeit des externen Partners, die Anforderungen des Bildungsträgers in Qualität, Umfang und Pünktlichkeit zuverlässig zu erfüllen,
– die Wirksamkeit der vom Partner angewandten Steuerungsmaßnahmen,
– die Kompatibilität der Leistungen mit dem MSBO des Bildungsträgers.

Im Gegensatz zu Industrieunternehmen sind Bewertungen im Bildungssektor eher selten an Faktoren wie Reklamationen/Jahr, Stückzahlen oder Fehlerkategorien festzumachen, die elektronisch erfasst und in Relation zur Produkt- und Lieferqualität gesetzt werden können.

Bildungsorganisationen, die mit externen Partnern kooperieren wollen, nutzen in der Regel Checklisten für die erforderlichen Informationen über den Provider. Diese können bereits bei der Auswahl eines geeigneten externen Kandidaten hilfreich sein. Anhand von Checklisten können ggf. Bereiche erkannt werden, bei denen noch Unsicherheiten oder Missverständnisse bezüglich eines vorgeschlagenen Leistungspakets bestehen.

Anbieterleistungen als integrierter Teil des Lehrbetriebs der Organisation:

Anbieter-Leistungen als integrierter Teil des Lehrbetriebs der Organisation Folgende Informationen sind bekannt:	JA	NEIN	Noch offen
Strategie des externen Anbieters zur Sicherstellung der Übereinstimmung mit dem MSBO der Organisation			
Bewertungskriterien des Anbieters in Bezug auf individualisierte Lern- und Lehrformen			
Spezifische Änderungen des Lehrplans, der Unterrichtspraktiken, der Zeitplanung und der Klassenstruktur			
Vertragslaufzeiten einzelner Auftragsbestandteile sind abgestimmt			
Personen, die Dozentenleistungen vor Ort erbringen (Hintergrund und Kontaktinformationen)			
Art der angebotenen Fortbildungsmaßnahmen (z. B. Experten-Coaching, Peer-Coaching, Aktionsforschung, Gruppenreflexion, individuelle Reflexion)			
Schulungen für Personen in Führungspositionen			
Verfahren für die berufliche Weiterbildung neuer Mitarbeitender am Standort sind abgestimmt			
Abstimmung der Formen der Kommunikation erfolgt			
Häufigkeit der Kommunikation, Kommunikationsebenen sind abgestimmt			
Hauptkontaktperson des Anbieters			
Regionale und lokale Möglichkeiten für Treffen zwischen Lehrkräften verschiedener Institutionen, die dieselben Dienste nutzen			
Wie der Anbieter die Nachhaltigkeit der Verbesserungsbemühungen unterstützen wird, ist bekannt.			
Wie die Dienstleistungen des Anbieters den kontinuierlichen Verbesserungszyklus unterstützen, ist klar dargestellt.			
Klärung der Eigentumsrechte an den vom Anbieter für die Organisation entwickelten Prozessen und Materialien ist erfolgt.			
Andere Dienstleistungen:			

Lehr- und Lernmaterialien des Anbieters:

Lehr- und Lernmaterialien des Anbieters Folgende Informationen sind bekannt:	JA	NEIN	Noch offen
Themenbereiche und Zielgruppen, für die Lehrplanmaterialien bereitgestellt werden			
Verfügbarkeit spezieller Materialien und Tipps zur Anpassung von Lehrplanmaterialien für Lernende mit besonderen Bedürfnissen			
Zeitplan für die Lieferung der Materialien, Zusicherung, dass alle Materialien rechtzeitig geliefert werden, und Kontaktperson, falls die Materialien nicht rechtzeitig eintreffen			
Materialien für die Umsetzung von Strategien (z. B. gemeinsame Planungszeit, Unterrichtsplanung, Schleifenbildung, Management, Einbeziehung von Unternehmen)			
Materialien zur Anleitung der Institution bei der Selbsteinschätzung			
Ausrüstung oder Materialien, die vom Anbieter benötigt werden, aber von der Organisation bereitgestellt werden müssen (z. B. Computer, Laborausrüstung)			
Andere Materialien, die im Preis für die Dienstleistungen nicht enthalten sind.....			

Checkliste zur Schwachstellenanalyse

Der Grad der Erreichung von Zielen in der Zusammenarbeit mit einem externen Anbieter kann mit Gap- oder Schwachstellen-Analysen für die Felder der Zusammenarbeit dargestellt werden. Die Bildungsorganisation kann dieses Instrument nutzen, um die Bedürfnisse, Anforderungen und Werte der Organisation darzustellen und mögliche Lücken in der Zusammenarbeit aufzudecken. Die möglichen Bereiche der Bedürfnisse, Standards, Anforderungen und Werte sind

– Lernerfolgsquoten, Transferquoten,

– Infrastruktur/Ambiente in Lehre und Lernen,

– Komponenten des Lehrplans,

– Gleichstellungsschulung,

– Einbeziehung von interessierten Parteien (z. B. Familie, lokales Umfeld, Unternehmen, Institute),

– Unterrichtsmethoden und -durchführung,

- Aufbau interkultureller Lerngemeinschaften,
- zweitsprachige Lernende,
- soziales und emotionales Lernen,
- besondere Bedürfnisse der Lernenden,
- Einstellung, Einarbeitung und Betreuung von Lehrkräften,
- Einsatz und Pflege von Technologie,
- Ressourcenplanung im akademischen und nicht-akademischen Sektor
- Qualität nicht-akademischer Bereiche (Mensa, extracurriculare Aktivitäten, Marketing, Personal- und Budgetmanagement, Instandhaltungsaufgaben)

Generalisiert nach Auszügen aus AIR 2019: Guide to working with external providers

Die Analyse der Dienste des externen Anbieters kann z. N. durch Rückmeldungen und Bewertungen von 1) Lehrenden, 2) Lernenden und 3) interessierten Parteien in Form von Fragebögen mit Bewertungsschemata beurteilt werden.

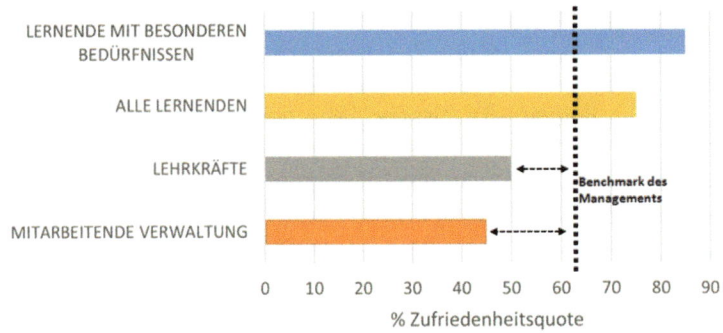

Abbildung 39: Zufriedenheit mit extern bereitgestellten individualisierten Lernmodulen

Zusammenfassend können die nachfolgenden Prinzipien der Evaluation eines externen Anbieters festgehalten werden:

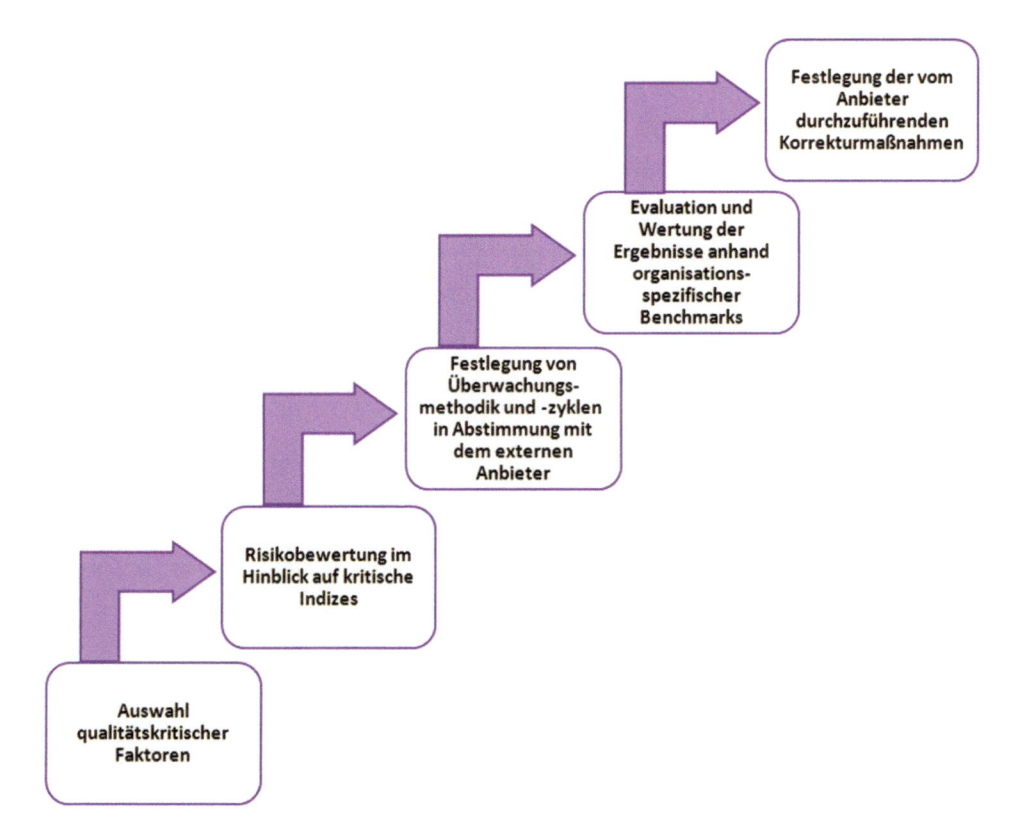

```
Festlegung der vom Anbieter durchzuführenden Korrekturmaßnahmen
    ↑
Evaluation und Wertung der Ergebnisse anhand organisationsspezifischer Benchmarks
    ↑
Festlegung von Überwachungsmethodik und -zyklen in Abstimmung mit dem externen Anbieter
    ↑
Risikobewertung im Hinblick auf kritische Indizes
    ↑
Auswahl qualitätskritischer Faktoren
```

Abbildung 40: Auswahl kritischer Faktoren

Kennziffern zu Abschnitt 8.4.2

– Zufriedenheitsquoten

– Bewertungskennzahlen für externe Anbieter

– Anteil fehlerhafter Produkte von externen Anbietern

– Anteil von Lieferausfällen p. a.

– Beschwerdequote vonseiten der Lernenden und der Mitarbeitenden in Bezug auf integrierte externe Programme oder Dozenten

Exemplarische Nachweise

- Prüfprotokolle
- Maßnahmenkatalog
- Checklisten
- Fehlerlisten
- Beschwerden
- Dokumentation der Schnittstellen mit dem externen Partner
- Rahmenverträge, Leistungsvereinbarungen, Qualitätsvereinbarungen
- Lieferantenaudits
- Nachweis der Kompatibilität der externen Leistung mit dem MSBO
- Durchführungsverfahren und Ablauf der extern erbrachten Bildungsmaßnahme
- Korrespondenz mit externen Anbietern
- Anforderungskatalog

Mögliche Auditfragen:

- Wie stellen Sie sicher, dass Ihre externen Anbieter durch das MSBO gesteuert werden? Welche Risiken sehen Sie in diesem Zusammenhang?
- Wie ermitteln Sie, ob die Leistung der externen Anbieter Ihren Anforderungen entspricht (Lieferantenmanagement)? Welche Konsequenzen ziehen aus den Bewertungen externer Partner? Welche Maßnahmen leiten sich daraus ab?
- Welche Nachweise können für Art, Umfang und Qualität der ausgelagerten Prozesse erbracht werden? Wie und durch wen werden sie erfasst und nachgehalten?

8.4.3 Informationen für externe Anbieter

8.4.3 Informationen für externe Anbieter

Die Organisation muss die Angemessenheit der Anforderungen vor deren Bekanntgabe gegenüber externen Anbietern sicherstellen.

Die Organisation muss den externen Anbietern ihre Anforderungen in Bezug auf Folgendes mitteilen:

a) die bereitzustellenden Prozesse, Bildungsprodukte und -dienstleistungen;

b) die Genehmigung von:

   1) Bildungsprodukten und -dienstleistungen;

   2) Methoden, Prozessen und Ausrüstungen;

   3) die Freigabe von Bildungsprodukten und -dienstleistungen;

c) die Kompetenz einschließlich jeglicher erforderlichen Qualifikationen von Personen;

d) das Zusammenwirken des jeweiligen externen Anbieters mit der Organisation;

e) Steuerung und Überwachung der Leistung des jeweiligen externen Anbieters, die von der Organisation eingesetzt werden;

f) die Verifizierungs- oder Validierungstätigkeiten, die die Organisation, ihre Lernenden oder andere Leistungsempfänger beabsichtigen, beim jeweiligen externen Anbieter durchzuführen.

Die Organisation ist verpflichtet, dem externen Anbieter seiner Funktion und der Art der Partnerschaft entsprechende Informationen zur Verfügung zu stellen, die sich auf die Anforderungen an die bereitzustellenden Prozesse, Produkte und Dienstleistungen beziehen. Dazu gehören u. a. Informationen

- zu Art und Umfang der bereitzustellenden Dienstleistungen und Produkte,
- zur Einbindung externer Prozesse in den eigenen Lehr-/Lernbetrieb,
- zum Zusammenwirken des externen Partners mit der Organisation,
- zu Prozessen der Genehmigung und Freigabe von Produkten und Dienstleistungen,
- zu Kompetenzen und Qualifikationen des Personals,
- zur Identifikation der Schnittstellen zwischen dem MSBO und dem Qualitätsmanagementsystem des externen Partners,
- zu Art und Umfang der Leistungssteuerung und Überwachung des externen Anbieters durch die Organisation und
- zur Verifizierungs- oder Validierungstätigkeiten durch die Organisation.

Die Angemessenheit der Informationen, die dem externen Partner zur Verfügung gestellt werden, ist stets abhängig von der Relevanz der zugelieferten Leistungen und Produkte für wesentliche Wertschöpfungsprozesse der Organisation. Je nachdem ob es sich um die Zulieferung von Dienstleistungen handelt, deren Bereitstellung für die Kernprozesse der Organisation unverzichtbar sind (z. B. zur Verfügungstellung externer Curricula, Gestellung eines Dozentenpools) oder eine geringere Wertigkeit besitzen (Lieferung von Sportequipment, Reinigungsaufgaben etc.), ist die Angemessenheit entsprechend zu prüfen und zu bewerten. In jedem Fall sollten klare und eindeutige Absprachen in Form schriftlicher Verträge und Liefervereinbarungen getroffen und dokumentiert werden.

Exemplarische Nachweise zu Abschnitt 8.4.3

- Korrespondenz mit externen Anbietern
- Anforderungskatalog
- Schriftwechsel mit dem externen Anbieter
- Checklisten
- Nachweise der Kompetenzen des Anbieters
- Bestellungen, Aufträge

Mögliche Auditfragen:

- Wie teilen Sie die Anforderungen Ihrer Organisation, z. B. auch gesetzliche und behördliche Anforderungen, insbesondere bei Erstellung im Ausland, dem externen Anbieter mit?
- Wie kommunizieren Sie die Ergebnisse von Leistungsbewertungen mit Ihrem externen Partner?
- Was gehört zum Informationskatalog, den Sie externen Anbietern zur Verfügung stellen müssen?

8.5 Bereitstellung der Bildungsprodukte und -dienstleistungen

8.5.1 Steuerung der Bereitstellung von Bildungsprodukten und -dienstleistungen

> **8.5 Bereitstellung der Bildungsprodukte und -dienstleistungen**
>
> **8.5.1 Steuerung der Bereitstellung von Bildungsprodukten und -dienstleistungen**
>
> **8.5.1.1 Allgemeines**
>
> Die Organisation muss die Produktion und die Dienstleistungserbringung unter beherrschten Bedingungen durchführen.
>
> Falls zutreffend, müssen beherrschte Bedingungen Folgendes enthalten:
>
> a) die Verfügbarkeit von dokumentierten Informationen, die festlegen:
>
>   1) die Merkmale der herzustellenden Bildungsprodukte, der zu erbringenden Bildungsdienstleistungen oder der durchzuführenden Tätigkeiten;
>
>   2) die zu erzielenden Ergebnisse.
>
> b) die Verfügbarkeit und Anwendung von geeigneten, validierten Überwachungs- und Messressourcen;
>
> c) die Durchführung von Überwachungs- und Messtätigkeiten, einschließlich der Berücksichtigung von Beschwerden, anderen Rückmeldungen und den Ergebnissen der formativen Evaluation in geeigneten Phase, um zu verifizieren, dass die Kriterien zur Steuerung von Prozessen oder Ergebnissen sowie die Annahmekriterien für Bildungsprodukte und -dienstleistungen erfüllt wurden;
>
> d) die Nutzung einer geeigneten Infrastruktur und Umgebung für die Durchführung von Prozessen;
>
> e) die Benennung von kompetenten Personen einschließlich jeglicher erforderlicher Qualifikation (siehe 7.2);
>
> f) die Validierung und regelmäßige wiederholte Validierung der Fähigkeit, geplante Ergebnisse der Prozesse der Produktion oder Dienstleistungserbringung zu erreichen, wenn das resultierende Ergebnis nicht durch anschließende Überwachung oder Messung verifiziert werden kann;
>
> g) die Durchführung von Maßnahmen zur Verhinderung menschlicher Fehler;
>
> h) die Durchführung von Freigaben, Liefertätigkeiten und Tätigkeiten nach der Lieferung.

Der Kernprozess der Erbringung von Bildungsdienstleistungen und -produkten ist ebenso umfänglich wie variantenreich. Der besondere Aspekt, der bei allen Dienstleistungen im Bildungssektor zum Tragen kommt, ist das direkte Involvement des Kunden als Lernendem. Er ist unmittelbar an der Durchführung, Gestaltung und Veränderung des Prozesses beteiligt. Das Feedback der Lernenden und die Resonanz ihrer Aktivitäten auf den Lehrbetrieb hat erheblichen Einfluss auf dessen Ausführung und Qualität. Der Lehrbetrieb und alle damit zusammenhängenden Arbeiten sind der wichtigste Teil des MSBO. In

Abschnitt 8.5.1 werden die allgemeinen Anforderungen aus der DIN EN ISO 9001:2015-11 übernommen. Zusätzlich gibt es weitere Unterabschnitte (8.5.1.2 bis 8.5.1.6), die zusätzliche Anforderungen der DIN ISO 21001:2021-02 darstellen und in der DIN EN ISO 9001:2015-11 nicht vorhanden sind.

Der allgemeine Prozess der Bildungsdienstleistung beginnt mit der
- Zulassung der Lernenden (8.5.1.2). Darauf folgen
- der Lehr- und Lernprozess (8.5.1.3),
- die summative Beurteilung der Leistungen (8.5.1.4) und schließlich
- die Formen der Lernanerkennung und die Bekanntgabe des Prüfungsergebnisses und Ausstellung des Zeugnisses.
- Der Abschnitt 8.5.1.6 behandelt die zusätzlichen Anforderungen an die sonderpädagogische Förderung, die in drei Abschnitten detailliert beschrieben werden.

Ebenso wie in der DIN EN ISO 9001:2015-11 fordert die DIN ISO 21001:2021-02 die Sicherstellung des Lehr- und Lernbetriebs unter „beherrschten Bedingungen".

Was ist darunter zu verstehen?

Beherrschte Bedingungen sind gegeben, wenn die Organisation die folgenden Bedingungen und Grundsätze beachtet:

> - erforderliche Kompetenz der Lehrenden und des betreuenden Personals
> - geeignete räumliche und infrastrukturelle Bedingungen
> - nachgewiesene Qualitätsmerkmale des Lehr-/Lernprozesses
> - dokumentierte durchzuführende Tätigkeiten mit definierten Ergebnissen
> - geeignete Ressourcen zur Überwachung und Messung
> - geeignete Validierungsverfahren betreffend Durchführung und Outcomes
> - dokumentierter Freigabeprozess für Leistungen und Produkte
> - Dokumentation und Behandlung nachgelagerter Prozesse

Um die beherrschten Bedingungen zu überprüfen, ist es hilfreich, sich Fragen zur Durchführung der Bildungsleistung zu stellen:
- Sind wir so organisiert, dass wir sicherstellen, dass unsere gemeinsamen Ziele und Prioritäten konsequent umgesetzt werden?
- Wie ist gewährleistet, dass Lehr- und Lernprozesse angemessen und konsequent umgesetzt werden?
- Wie ist die Erwartungshaltung der Lehrenden und Lernenden gegenüber dem Lernerfolg und der Transfersicherheit?

- Auf welche Weise ist gewährleistet, dass die Lernenden ihre Mitwirkung am Gelingen annehmen und aktiv am Lernprozess beteiligt sind?
- Bewerten wir die Praktiken in vergleichbaren Institutionen und reflektieren die Erkenntnisse im eigenen Lehrbetrieb?
- Sind bewährte Verfahren ausreichend dokumentiert und kommuniziert, sodass die Lehrenden diese nutzen können?
- Wie können wir trotz Fluktuation unter den Lehrkräften sicherstellen, dass die Inhalte wie vorgesehen vermittelt werden?
- Auf welche Weise ist gesichert, dass Entwicklungsergebnisse im Curriculum wie geplant im Lehrbetrieb berücksichtigt und die Ergebnisse effektiv genutzt werden?
- Sind entsprechende strukturelle und inhaltliche Voraussetzungen gegeben, damit der Lerntransfer in die Praxis, in andere Bildungssektoren gelingt?
- Arbeiten wir gemeinsam an der Umsetzung von Verbesserungsinitiativen?

Der Lehrplan gibt die inhaltlichen Eckpunkte und die zeitliche Struktur der Vermittlung von Bildungsdienstleistungen wieder. Er sollte den Prozess im Hinblick auf die zu erzielenden Ergebnisse so beschreiben, dass die Leistungen entweder durch fortlaufende Überprüfungen sichergestellt werden oder durch Prüfungen im Anschluss an die Bildungsleitung validiert werden und somit eine Vergleichbarkeit mit ähnlichen Bildungsergebnissen und Abschlüssen gegeben ist.

Eckpunkte eines funktionierenden Lehrbetriebs *nach Meyer (2004)*

1) Klare Strukturierung: Prozess-, Ziel- und Inhaltsklarheit, Klarheit der Rollen, Absprache von Regeln, Ritualen und Freiräumen

2) Hoher Anteil echter Lernzeit: durch gutes Zeitmanagement, Pünktlichkeit, Auslagerung von Organisationsaufgaben, Rhythmisierung des Tagesablaufs

3) Lernförderndes Klima: durch gegenseitigen Respekt, verlässlich eingehaltene Regeln, Verantwortungsübernahme, Gerechtigkeit und Fürsorge

4) Inhaltliche Klarheit: durch Verständlichkeit der Aufgabenstellung, Monitoring des Lernverlaufs, Plausibilität des thematischen Gangs, Klarheit und Verbindlichkeit der Ergebnissicherung

5) Sinnstiftendes Kommunizieren: durch Planungsbeteiligung, Gesprächskultur, Lerntagebücher und Teilnehmerfeedback

6) Methodenvielfalt: Reichtum an Inszenierungstechniken, Vielfalt der Handlungsmuster, Variabilität der Verlaufsformen und Ausbalancierung der methodischen Großformen

7) Individuelles Fördern: durch Freiräume, Geduld und Zeit, durch Binnendifferenzierung, durch individuelle Lernstandsanalyse, besondere Förderung von Teilnehmern aus Risikogruppen

Mögliche Auditfragen:

- Wie wird die Prozess- und Produktqualität sichergestellt?
- Wie erfolgen Messung und Bewertung einzelner Prozessschritte?
- Bildungsdienstleistungen müssen unter beherrschten Bedingungen durchgeführt werden. Welche konkreten Bedingungen sind darunter zu verstehen?
- Welche Freigabekriterien gibt es für Bildungsprodukte und -dienstleistungen?
- Welche Arbeitsanweisungen gibt es? Wie und durch wen werden diese dokumentiert und nachgehalten?
- Welche Anforderungen an die Kompetenz sind notwendig? Wie wird diese sichergestellt?

8.5.1.2 Zulassung von Lernenden

8.5.1.2.1 Informationen vor der Zulassung

Die Bildungsorganisation muss sicherstellen, dass den Lernenden vor der Zulassung Folgendes zur Verfügung gestellt wird:

a) angemessene Informationen, die die organisatorischen und beruflichen Anforderungen sowie die Verpflichtung der Organisation für gesellschaftliche Verantwortung Rechnung tragen;

b) angemessene und eindeutige Informationen zu:

   1) den beabsichtigten Lernergebnisse, berufliche Perspektiven, pädagogischer Ansatz;

   2) die Beteiligung der Lernenden, und gegebenenfalls erforderlich anderer Leistungsempfänger, an ihrem Bildungsprozess;

   3) Zulassungskriterien und -kosten des Bildungsprodukts oder der Bildungsdienstleistung.

8.5.1.2.2 Zulassungsbedingungen

Die Organisation muss ein Zulassungsverfahren für Lernende erstellen. Zusätzlich zu den Anforderungen nach 4.4.1, muss das Verfahren:

a) Zulassungskriterien festlegen, die Folgendes erfüllen:

   1) organisatorische Anforderungen;

   2) Anforderungen aus dem professionellen Bereich;

   3) Anforderungen hinsichtlich des Programminhalts und/oder des pädagogischen Ansatzes.

b) sicherstellen, dass die Zulassungskriterien und -verfahren für alle Lernenden einheitlich angewendet werden;

c) als dokumentierte Information aufbewahrt werden;

d) öffentlich zugänglich sein;

e) die Rückverfolgbarkeit jeder Zulassungsentscheidung sicherstellen;

f) dokumentierte Information als Nachweis für Zulassungsentscheidungen aufbewahren.

Für die nachstehenden Abschnitte 8.5.1.2 bis 8.5.1.6 gibt es in der DIN EN ISO 9001: 2015-11 keine Entsprechungen. Diese sind speziell auf den Sektor der Bildungsdienstleister zugeschnitten. Der Prozess der Zulassung von Lernenden wird unterteilt in zwei Teile:

Abschnitt 8.5.1.2.1 behandelt die **Informationen, die der Lernende vor Aufnahme der Schulung/des Seminars/des Studiums erhalten muss**. Dazu gehören Informationen zum organisatorischen Ablauf des Lehrbetriebs ebenso wie Informationen zu Inhalt und Zielsetzung, Wertigkeit der Abschlüsse, Kosten und pädagogischem Rahmen. Das kann in Form von Broschüren, Website, Testimonials, Videos, Ranking-Ergebnissen, Aufnahmeformularen und persönlichen Beratungsgesprächen erfolgen. Es muss sichergestellt sein, dass die Information korrekt, ausreichend und für die Zielgruppe passend weitergegeben werden kann. Sie muss dokumentiert und aufbewahrt werden.

Abschnitt 8.2.2 ist bereits auf einzelne Elemente der Kommunikation mit dem Lernenden vor der Zulassung eingegangen. Im Hinblick auf Aussagen zur Zulassung und zum Verfahren sind eindeutige Angaben erforderlich, die sich in veröffentlichten Dokumentationen (Medien, Prospekte, soziale Netzwerke) widerspiegeln. Die an den Lernenden gestellten Erwartungen sowie alle Verpflichtungen, der er eingehen muss, um aufgenommen zu werden, müssen in angemessener und juristisch einwandfreier Weise kommuniziert werden.

Abschnitt 8.5.1.2.2 nennt die **Anforderungen, die an die Zulassung geknüpft sind**. Das Zulassungsverfahren muss bestimmte Aufnahmekriterien erfüllen, die definieren, welche Anforderungen an die Qualifikation und die persönlichen Voraussetzungen des Lernenden gestellt werden. Hierbei gilt die Beachtung des Gleichheitsgrundsatzes. Darüber hinaus muss festgelegt sein, was der Lernende zu erfüllen hat. Dabei handelt es sich um

– Anforderungen in Bezug auf die Organisation des Lehrbetriebs,

– Anforderungen an den beruflichen und persönlichen Hintergrund des Lernenden,

– Anforderungen, die den Lehrplan betreffen, die von ihm angestrebten Abschlüsse und den pädagogischen Rahmen.

Die Entscheidung für oder gegen eine Zulassung eines Interessenten müssen nachvollziehbar sein. Transparenz und Rückverfolgbarkeit der Aufnahmeentscheidungen müssen für jeden Lernenden gewährleistet sein. Daher sind sämtliche Informationen zu dokumentieren und öffentlich zugänglich zu machen.

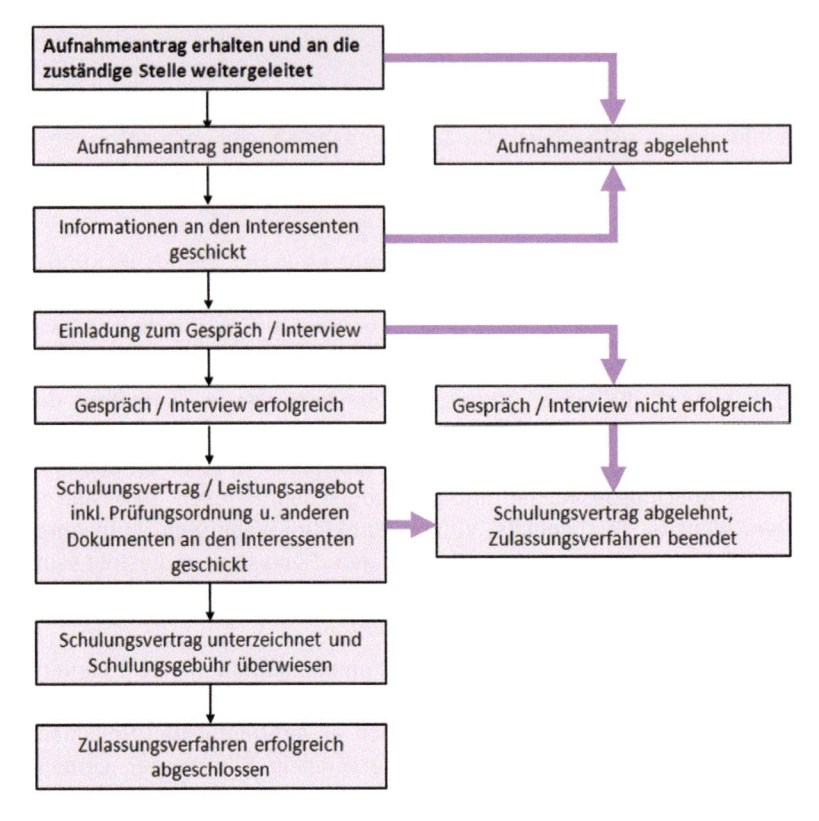

```
┌─────────────────────────────────┐
│ Aufnahmeantrag erhalten und an die │
│ zuständige Stelle weitergeleitet   │
└─────────────────────────────────┘
              │
              ▼
┌─────────────────────────────┐      ┌─────────────────────────────┐
│ Aufnahmeantrag angenommen   │      │ Aufnahmeantrag abgelehnt    │
└─────────────────────────────┘      └─────────────────────────────┘
              │
              ▼
┌─────────────────────────────┐
│ Informationen an den Interessenten │
│ geschickt                          │
└─────────────────────────────┘
              │
              ▼
┌─────────────────────────────┐
│ Einladung zum Gespräch / Interview │
└─────────────────────────────┘
              │
              ▼
┌─────────────────────────────┐      ┌─────────────────────────────┐
│ Gespräch / Interview erfolgreich │      │ Gespräch / Interview nicht erfolgreich │
└─────────────────────────────┘      └─────────────────────────────┘
              │
              ▼
┌─────────────────────────────┐      ┌─────────────────────────────┐
│ Schulungsvertrag / Leistungsangebot │      │ Schulungsvertrag abgelehnt, │
│ inkl. Prüfungsordnung u. anderen    │─────▶│ Zulassungsverfahren beendet │
│ Dokumenten an den Interessenten    │      └─────────────────────────────┘
│ geschickt                          │
└─────────────────────────────┘
              │
              ▼
┌─────────────────────────────┐
│ Schulungsvertrag unterzeichnet und │
│ Schulungsgebühr überwiesen        │
└─────────────────────────────┘
              │
              ▼
┌─────────────────────────────┐
│ Zulassungsverfahren erfolgreich │
│ abgeschlossen                   │
└─────────────────────────────┘
```

Abbildung 41: Beispiel für den Prozess eines Zulassungsverfahrens

Mögliche Auditfragen:

- In welcher Form informiert die Organisation die Lernenden vor der Zulassung über die Zulassungskriterien, die beabsichtigten Lernergebnisse, berufliche Perspektiven und die pädagogische Ausrichtung? Inwiefern kommt die Organisation dabei ihrer Verpflichtung zu gesellschaftlicher Verantwortung und Handeln nach ethischen Grundsätzen nach?
- Wie ist das Zulassungsverfahren für Lernende geregelt und welche Kriterien umfasst es?
- Ist sichergestellt, dass alle Zulassungsentscheidungen rückverfolgt werden können? Wie wird das dokumentiert und zugänglich gemacht?

8.5.1.3 Bereitstellung von Bildungsprodukten und -dienstleistungen

Die Organisation muss Prozesse für

a) das Unterrichten,

b) die Förderung des Lernens,

c) eine administrative Unterstützung beim Lernen

erstellen.

Sobald der Zulassungsprozess abgeschlossen ist, wird die eigentliche Bildungsdienstleistung erbracht. Der Lehrbetrieb kann in unterschiedlicher Form als Präsenzveranstaltung, in Form von Blended Learning (mit partiellem Online-Service) oder komplett als Online- oder Fernlehrleistung erbracht werden.

Der Unterricht stellt in jedem Fall den Kernprozess der Leistungserbringung dar. Diese ist an die Umsetzung der zuvor vereinbarten pädagogischen und didaktischen Methoden, die zu vermittelnden Inhalte, den zeitlichen Umfang und die zu erzielenden Fähigkeiten und Kompetenzen gebunden. Dabei ist die individuelle Förderung und Unterstützung von Lernenden zu beachten, die für spezielle Zielgruppen mit besonderen Bedürfnissen erforderlich ist (siehe Abschnitt 8.5.1.6).

Mögliche Auditfragen:

- Welche Prozesse wurden für die Erbringung der Bildungsangebote eingerichtet? Wie werden sie gesteuert und dokumentiert?

8.5.1.4 zusammenfassende Bewertung

Die Organisation muss:

a) sicherstellen, dass Methoden zur Erkennung von Plagiaten und anderem Fehlverhalten vorhanden sind und den Lernenden mitgeteilt werden;

b) die Rückverfolgbarkeit der Benotung sicherstellen, so dass ein objektiver Zusammenhang zwischen der vorgestellten Arbeit der Lernenden und der vergebenen Note festgestellt werden kann;

c) dokumentierte Information über die Bewertung als Nachweis für die vergebene Benotung aufbewahren;

d) die Aufbewahrungsfrist dieser dokumentierten Information öffentlich zugänglich machen.

Nach Abschluss der Lehrdienstleistung müssen die erzielten Lernergebnisse – Wissen, Kompetenzen und Fähigkeiten – geprüft werden, bevor die Beherrschung des Wissens bzw. erworbene Kompetenzen und Fähigkeiten vom Bildungsdienstleister bestätigt werden können. Die summative Bewertung erfolgt in der Regel am Ende der Lehr-/Lernphase und folgt festgesetzten Regelungen, die in einem Statut zur Leistungskontrolle oder einer Prüfungsordnung zusammengefasst sind.

Prüfungsordnungen und ähnliche Prüfungsfestsetzungen sind für die Lernenden bindend. Sie sind Bestandteil der Leistungsvereinbarung und müssen dem Interessenten vor Aufnahme der Schulung/des Studiums bekannt gemacht werden. Darin wird unter anderem geregelt, wie die Benotung zustande kommt (darin z. B. die prozentuale Wertung bestimmter Prüfungen und Prüfungsformen), welchem Ziel und Zweck die Bewertung der Leistung dient, welche Transfermöglichkeiten in berufliche Tätigkeitsfelder oder in andere Bildungssektoren gegeben sind und welche Verpflichtungen für Lernende und die Organisation selbst bestehen. Dazu gehört unter anderem auch die Nennung der Konsequenzen, die sich aus Betrugs- und Täuschungsversuchen ergeben.

Die Organisation muss die Rückverfolgbarkeit der Benotung inklusive der Begründung für die Notengebung gewährleisten und die entsprechenden Dokumente aufbewahren. Die Lernenden müssen über die Aufbewahrungsfristen und die Methoden einer eventuellen Plagiatsüberprüfung informiert werden.

Elemente und Themen einer Prüfungsordnung

Eine Prüfungsordnung regelt alle Anforderungen und Verfahren, die bei Prüfungen in einem bestimmten Studiengang/einer Weiterbildungs- oder Schulungsmaßnahme einzuhalten sind.

- Allgemeines
- Allgemeine Zulassungsvoraussetzungen
- Zweck der Prüfung
- zu erreichender Titel des Abschlusses
- falls gegeben: Credits und Module
- Regelzeiten, Studien- und Prüfungsaufbau
- Fächer und Fächerkombinationen
- Prüfungsfristen
- Prüfungsausschuss
- Fachsprache
- Studienleistungen und lehrveranstaltungsbegleitende Prüfungen
- mündliche Prüfungen
- schriftliche Prüfungen
- Hausarbeiten
- Online-Prüfungen
- Bewertung der Studien- und Prüfungsleistungen, Notengebung
- Versäumnis, Rücktritt, Täuschung, Ordnungsverstoß
- Bestehen und Nichtbestehen
- Wiederholung von Prüfungsleistungen
- Anrechnung von Zeiten und Prüfungsleistungen

Mögliche Auditfragen:

- Welche Art von Bewertungsgrundlagen (z. B. Prüfungsordnung) zu Verhalten und Leistungen der Lernenden haben Sie?
- Was wird durch das Prüfungsverfahren geregelt? In welcher Form ist dieses öffentlich zugänglich gemacht?
- Wie ist sichergestellt, dass Verstöße, Betrugs- oder Täuschungsversuche erkennbar sind? Wann und in welcher Form sind die Lernenden über Plagiatsüberprüfungsmethoden und Aufbewahrungsfristen aufgeklärt worden?

8.5.1.5 Anerkennung des bewerteten Lernens

Die Organisationen müssen gewährleisten, dass nach den zusammenfassenden Bewertungen:

a) die Lernenden über die Ergebnisse der Beurteilungstätigkeit und die Benotung informiert werden;

b) die Lernenden die Möglichkeit haben, gegen die Ergebnisse der Bewertungstätigkeit und der Benotung Beschwerde einzulegen oder eine Berichtigung zu beantragen;

c) die Lernenden vollen Zugang zu ihrer Arbeit und ihrer detaillierten Bewertung sowie Möglichkeiten für Rückmeldungen haben;

d) ein Nachweis der Bewertungsergebnisse dem Lernenden als dokumentierte Information ausgestellt wird;

e) die Gründe für die Entscheidung über die Benotung und die abschließende Bewertung als dokumentierte Information aufbewahrt werden;

f) die dokumentierte Information für einen bestimmten Zeitraum aufbewahrt werden;

g) die Aufbewahrungsfrist dieser dokumentierten Information öffentlich zugänglich ist.

Nach Abschluss der Bewertung/der Prüfung müssen die Prüfungsteilnehmer über ihre Ergebnisse informiert werden. Sie erhalten damit gleichzeitig die Möglichkeit, ihr Ergebnis zu überprüfen und gegebenenfalls eine Berichtigung zu verlangen. Sie haben das Recht auf Erläuterungen zu den Bewertungskriterien und zur Bewertungsmethodik. Allen Absolventen steht ebenso das Recht zu, einen schriftlichen Nachweis für ihre Prüfungsleistungen zu erhalten.

Die Organisation ist verpflichtet, sicherzustellen, dass der Lehrkörper nachvollziehbare Begründungen für die Bewertung geben kann. Die Gründe für die entsprechenden Bewertungsentscheidungen müssen dokumentiert und über eine bestimmte Frist aufbewahrt werden. Die Norm gibt hier keinen Zeitraum vor. Dieser sollte sich nach der Art und Dauer des Studiums/der Beschulung richten. Die Aufbewahrungsfrist muss den Lernenden und allen interessierten Parteien bekannt gegeben werden. Innerhalb dieses Zeitraums muss die Möglichkeit gegeben sein, die Bewertungsunterlagen einzusehen.

Alle Lernenden haben generell die Möglichkeit, die Bewertung ihrer Leistungen anzufechten. Grundsätzlich kann jede Prüfung vom Staat und anderen Trägern angefochten werden. Dazu gehören beispielsweise

- Abschlussprüfungen von Schulen und Hochschulen,
- Klausuren, die bestanden werden müssen, um zur Abschlussarbeit zugelassen zu werden,
- Gesellen- und Meisterprüfungen,
- berufliche Abschlussprüfungen.

Eine Anfechtung kann für den Lernenden z. B. von großer Bedeutung sein, wenn die entsprechende Note wesentlich für seinen weiteren Werdegang ist. Der Bildungsträger befindet sich in jedem Fall der Nachweispflicht, dass die Benotung und dass das Bewertungsverfahren korrekt, d. h. in Übereinstimmung mit Prüfungsordnung oder entsprechenden Statuten, abgelaufen ist. Die Beachtung der Informations-, Dokumentations- und Aufbewahrungsanforderungen ist daher essenziell.

Mögliche Auditfragen:

- Sind die Lernenden über ihre eigenen Ergebnisse informiert worden? Wurde ihnen die Möglichkeit gegeben, die Ergebnisse zu überprüfen und bei Bedarf Berichtigung zu erhalten?
- Wurde den Lernenden Gelegenheit gegeben, ein Feedback zur Bewertungsmethodik zu geben?
- Wie gehen Sie mit Beschwerden zur Einstufung oder Benotung um?
- Wie erfolgt die Dokumentation der Bewertungsergebnisse, und wie lange werden sie aufbewahrt?

8.5.1.6 Zusätzliche Anforderungen für sonderpädagogischen Förderbedarf

8.5.1.6.1 Das Management-, Lehr- und Unterstützungspersonal einer Organisation kann unter Einbindung von Lernenden und anderen Interessierten Parteien Schritte zur Verbesserung der Zugänglichkeit zu Bildungsdienstleistungen ermitteln. Die Organisation muss abschließend beurteilen, was in einem bestimmten Zeitraum möglich sein könnte.

8.5.1.6.2 In Bezug auf die Bereitstellung von Lerndienstleistungen sollte die Organisation:

a) differenzierte Unterrichtsstrategien anwenden, die sich an Lernende im Klassenzimmer richten;

b) Ansätze verwenden, die für Lernende mit besonderen Bedürfnissen empfohlen werden, um die Entwicklung der Selbstwahrnehmung, Selbstregulierung und Metakognition zu fördern;

c) die Bedürfnisse des Lernenden, des Lehrenden, der Anforderungen der Bildungsmaßnahme, des Kontextes (der Lernumgebung) in einem größeren Rahmen (z. B. Anforderungen des Curriculums, nationale Werte) ausgleichen;

d) individuelle Maßnahmen flexibel umsetzen, falls erforderlich, einschließlich:

   1) der Änderung des Curriculums;

   2) der Förderung von Selbstbestimmung und Unabhängigkeit;

   3) der Tutoren- und Mentorenschaft.

8.5.1.6.3 In Bezug auf die Beurteilung des Lernens sollte die Organisation:

a) den Lernenden zahlreiche und diverse Möglichkeiten bieten, um zu demonstrieren, dass sie die Unterrichtsthemen beherrschen;

b) sicherstellen, dass der Unterricht Tätigkeiten und Beurteilungen bietet, die es den Lernenden ermöglichen, ihre Lernerfolge zu erreichen und zu demonstrieren;

c) eine flexible Umsetzung individueller Maßstäbe, falls erforderlich, einschließlich angemessener Bewertungsmethoden ermöglichen.

8.5.1.6.4 Einzelne Lernende, die besondere Unterstützung beim Lernen benötigen, um die vereinbarten Lernergebnisse zu erreichen, müssen so integriert werden, dass die Anforderungen der Lernenden, die Integrität der Lernergebnisse und die Kapazität der Bildungsorganisation in Einklang gebracht werden.

In Bezug auf die Anforderungen von Lernenden mit besonderen Bedürfnissen sollte die Organisation prüfen, wie die Zugänglichkeit zu ihren Bildungsdienstleistungen für bestimmte Zielgruppen verbessert werden kann. Idealerweise sollten sonderpädagogische Bildungs-, Beratungs- und Unterstützungsangebote eng mit der allgemeinen Pädagogik und deren Angeboten verknüpft sein und sich auf bestimmte Zeiträume beziehen. Das Ziel ist die Schaffung geeigneter Lern- und Entwicklungsbedingungen, die das Lernen erleichtern. Dabei sollte auf die Vermeidung bzw. Beseitigung von Lernbarrieren durch entsprechende Maßnahmen geachtet werden.

Wie bereits in den Abschnitten 5.1.3 und 7.2.2 dargestellt, können die Bedürfnisse der Lernenden sehr unterschiedlich sein. Je nachdem auf welche besonderen Bedürfnisse eingegangen werden muss, sind die Anforderungen an die Infrastruktur, die Kompetenzen der Lehrenden, an Unterrichtsstrategien und Ressourcen unterschiedlich zu stellen.

Die Organisation muss nachweisen, dass sie der Zielgruppe entsprechend alle Aspekte evaluiert und entsprechende Maßnahmen getroffen hat, um die Lernenden mit besonderen Anforderungen optimal zu unterstützen. Das kann sowohl die Schaffung barrierefreier Zugänge zu Räumlichkeiten sein als auch differenzierte Lehr- und Lernmethoden, individuelle Spezialangebote und Lehrende mit besonderen Ausbildungen. Dabei kann es sich auch um hinzugezogene Mentoren oder externe Experten handeln.

Falls erforderlich müssen der Lehrplan und die curricularen Voraussetzungen entsprechend modifiziert und angepasst werden. Das macht ggf. auch eine individualisierte Form der Leistungsmessung erforderlich, die die jeweiligen Lernvoraussetzungen angemessen berücksichtigt. Die Bewertung einer Leistung sollte sich auf den individuellen Lernfortschritt und den individuellen Kompetenzerwerb beziehen.

Beispiele für die Verbesserung der Zugänglichkeit im sonderpädagogischen Bereich

Voraussetzung: Die besonderen Bedürfnisse und ggf. Einschränkungen der Lernenden in Bezug auf ihre Möglichkeiten der Teilhabe am Lernprozess sind erkannt und können angemessen adressiert werden.

- Didaktische, fachdidaktische und förderschwerpunktbezogene Modelle und Konzepte wurden geprüft und werden angewendet.
- Die Unterrichtsplanung berücksichtigt individuelle Förderplanungen und deren Zielsetzungen in Übereinstimmung mit curricularen und entwicklungsorientierten Zielen.
- Der Unterricht wird methodisch so aufgebaut, dass die Lernenden auf ihrem jeweiligen Abstraktions- und Leistungsniveau lernen können.
- Die Lehrenden sind vertraut
  - mit Planung, Durchführung und Analyse von Unterricht in heterogenen Gruppen,
  - mit einzelfallbezogener Reflektion der Entwicklung und Umsetzung individueller Bildungsangebote,
  - mit Maßnahmen, um Lernende mit Lernrückständen wieder die Anbindung an das Unterrichtsgeschehen zu ermöglichen,
  - mit den Lernausgangslagen der Lernenden. Sie können sie analysieren und bewerten und sind in der Lage, mit den so gewonnenen Einsichten den Unterricht zu gestalten.
- Sonderpädagogische Bildungsangebote können im gemeinsamen Unterricht in differenzierten Organisationsformen umgesetzt werden (Binnendifferenzierung).
- Die Planung der Arbeit erfolgt in multiprofessionellen Teams. Die Lehrenden wissen um die unterschiedlichen Formen der Unterrichtsgestaltung im Team und deren Möglichkeiten und Grenzen.
- Die erforderlichen Aufgaben werden im Team erarbeitet und verbindlich festgelegt.
- Den Lernenden wird ausreichend Gelegenheit und Raum gegeben, selbst wirksam und kompetent zu agieren und aus Rückschlägen und Erfolgserlebnissen zu lernen.

Kennziffern zu Abschnitt 8.5.1.1 bis 8.5.1.6

- operative Leistungskennzahlen wie z. B.
  - Teilnehmerzahlen
  - Verhältnis von Lernenden zu Lehrenden
  - Erfolgsquote der Lernenden
  - Zufriedenheitsquoten der Lernenden
  - Summative Bewertung
  - Fluktuation unter den Lehrenden
  - Ausfallquoten im Lehrbetrieb

Exemplarische Nachweise

- Prozessbeschreibungen
- Arbeitsanweisungen
- Lehrpläne
- Stundenpläne
- Nachweise der Qualifikationen der Lehrenden
- Verifizierungs- und Validierungsergebnisse
- Protokolle von Teamsitzungen der Lehrenden
- Nachweis eines gelingenden Lerntransfers
- Dokumentation von Prüfungsergebnissen
- Freigabeprotokolle
- Beispiele individueller Lehrplangestaltung
- Dokumentation didaktischer Prinzipien
- Kommunikationsprotokolle zwischen Lehrenden, Lernenden und weiteren interessierten Gruppen

Mögliche Auditfragen:

Die Anforderungen gelten, falls die Zielgruppe der Lernenden mit besonderen Lernbedürfnissen in das Bildungsangebot aufgenommen wurde.

- Hat Ihre Organisation Schritte zur Verbesserung der Zugänglichkeit von Bildungsdienstleistungen identifiziert und entsprechende Maßnahmen getroffen?
- Inwieweit haben Sie Ihre Unterrichtsstrategien differenziert, um den Lernprozess, die kognitive und persönliche Entwicklung von Lernenden mit besonderen Bedürfnissen zu fördern?
- Hat die Aufnahme von Lernenden mit besonderem Lernbedarf zu Anpassungen des Curriculums geführt? Wenn ja, welche Änderungen wurden vorgenommen, und wie wirken sich diese auf den Lern- und Lehrprozess aus?
- Welche alternativen Beurteilungsmethoden verwenden Sie, um Lernenden mit besonderem Lernbedarf die Möglichkeit zu geben, ihre Lernerfolge zu zeigen und zu demonstrieren, dass sie den Lernstoff verstanden haben?

8.5.2 Identifizierung und Rückverfolgbarkeit

> **8.5.2 Identifizierung und Rückverfolgbarkeit**
>
> Die Bildungsorganisation muss die Identifizierung und Rückverfolgbarkeit in Bezug auf Folgendes gewährleisten:
>
> a) den Fortschritt der Lernenden durch die Organisation;
>
> b) die Studien- und Beschäftigungswege für die Absolventen des Studiums oder Studiengangs, falls erforderlich;
>
> c) das Ergebnis aus der Arbeit der Beschäftigten in Bezug auf:
>
> 1) was getan wurde;
>
> 2) wann;
>
> 3) von wem.

Die Bildungsdienstleistungen und -produkte sind in den meisten Fällen mit dem Angebot eines Unterrichts, Seminars, Studiums oder ähnlichen lehrbetriebsähnlichen Formaten verknüpft. Diese Leistungen führen auf ein Lernziel hin, dass die Organisation gegenüber dem Lernenden in seiner Validität bestätigt und dokumentiert. Die Gleichwertigkeit von Abschlüssen wird über gesetzliche Regelungen durch staatliche Institutionen, Verbände oder Akkreditierungs- und Validierungsstellen festgestellt. Damit ist die Wertigkeit des erzielten Bildungsstandes in Bezug auf Wissen, Kompetenzen und Fähigkeiten eindeutig bestimmt. Das gilt ebenso für die Transfereigenschaften des Abschlusses um den Bildungsweg in anderen Bildungssektoren fortzusetzen oder eine berufliche Tätigkeit aufzunehmen.

Die Organisation muss die Information in Bezug auf die Bewertung der Bildungsleistung des Lernenden dokumentieren und über eine bestimmte Frist aufbewahren und so die Rückverfolgbarkeit der individuellen Leistung und des Lernfortschritts des Lernenden sicherstellen. Je nach Bildungsauftrag kann es sich dabei um verschiedene Formen des Nachweises von Lernergebnissen handeln, z. B. die Ergebnisse von

– mündlichen und schriftlichen Zwischen- und Abschlussprüfungen bestimmter Ausbildungsgänge, Seminare und Weiterbildungsmodule,

– Hausarbeiten,

– Dokumentation zu Werkarbeiten und Praktika sowie

– Bachelor- oder Masterarbeiten.

> **Beispiel der Identifikation und Rückverfolgbarkeit von Lernleistungen im universitären Kontext**
>
> Die Studiengänge an Hochschulen und Universitäten sind in der Regel in Studieneinheiten bzw. Module gegliedert, die thematisch und zeitlich definiert sind. Für einzelne Module kann der Studierende in Abhängigkeit vom Arbeitsaufwand eine bestimmte Anzahl von ECTS-Leistungspunkten erwerben. Auf der Basis der vorgesehenen Leistungen, die in der Prüfungsordnung für den Studiengang festgelegt sind, muss die Institution sicherstellen, dass den Studierenden der Gesamtarbeitsleistung entsprechend Leistungspunkte zugeordnet und gutgeschrieben werden. Dabei sollte die genaue Abfolge der individuellen Leistungserbringung und die Bewertung der Leistungen des Studierenden nachvollziehbar sein in Bezug auf die folgenden Merkmale:
>
> – Inhalte und Qualifikationsziele des Lehrmoduls,
>
> – Lehr- und Lernformen, Voraussetzungen für die Teilnahme,
>
> – Verwendbarkeit des Moduls für das Studienziel,
>
> – Nachweis der Voraussetzungen für die Vergabe von ECTS-Leistungspunkten
>
> – ECTS-Leistungspunkte und Benotung,
>
> – Arbeitsaufwand und Dauer des Moduls.
>
> Die erbrachten Leistungen bzw. der erfolgreiche Abschluss eines Moduls sowie der Weg zum Erwerb eines bestimmten Abschlussgrads müssen auch nach Beendigung des Studiums für eine bestimmte Frist rückverfolgt werden können. Das gilt ebenso, wenn das Studium vorzeitig beendet wird. Die Frist muss gegenüber den Studierenden und weiteren interessierten Parteien kommuniziert werden und dokumentiert sein.
>
> *adaptiert nach der Musterrechtsverordnung KMK 2017*

Generell fordert die Norm die **Rückverfolgbarkeit der Tätigkeiten der Mitarbeitenden** in Bezug auf bereits erbrachte Leistungen. Ein Lernender oder eine interessierte Partei muss bestimmte Handlungen, die mit einer ihn bzw. sie betreffenden Leistung verknüpft sind, nachvollziehen können. Dazu ist eine klare Zuordnung und Identifizierung von Daten und Handlungsschritten erforderlich. Zur Rückverfolgung von Informationen kann es notwendig sein, festzustellen, wer zu welcher Zeit und warum bestimmte Entscheidungen getroffen hat. Eine Dokumentation der Entscheidungen und der entsprechenden Begründungen sollte daher für Dienstleistungen in Bezug auf Aufnahme, Lehr- und Lernleistung, Lernerfolge sowie persönliche und fachspezifische Fakten vorgehalten werden.

Konkrete Prozessschritte, wie die Identifizierung von Bildungsdienstleistungen zu erfolgen hat, können in Arbeitsanweisungen für die Mitarbeitenden festgelegt werden.

In dem **Exkurs „8.5.2 Konfigurationsmanagement"** wird ein Verfahren vorgestellt, wie Identifizierung und Rückverfolgbarkeit von Bildungsprodukten und -dienstleistungen gewährleistet werden kann.

Exemplarische Nachweise zu Abschnitt 8.5.2
- Prozessbeschreibungen
- Arbeitsanweisungen
- Nachweise zu abgelegten Prüfungen
- Nachweis zur Teilnahme an Bildungsmodulen
- Nachweis der Wertigkeit von Bildungszertifikaten (Transfersicherung)
- Begründung von Bewertungsentscheidungen
- Lehrpläne
- Stundenpläne
- Nachweise der Qualifikationen der Lehrenden
- Verifizierungs- und Validierungsergebnisse

Mögliche Auditfragen:
- Wie haben Sie die Kennzeichnung für Ihre Produkte und Dienstleistungen geregelt?
- Wie ist gewährleistet, dass der Lernfortschritt der Lernenden in jedem Stadium eindeutig identifiziert und rückverfolgt werden kann?
- Wie kann nachvollzogen werden, welche Aufgaben bzw. Dienstleistungen von welchem Mitarbeitenden in abgegrenzten Phasen erarbeitet bzw. durchgeführt wurden?

8.5.3 Eigentum der Interessierten Parteien

8.5.3 Eigentum der Interessierten Parteien

Die Bildungsorganisation muss sorgfältig mit dem Eigentum von Interessierten Parteien umgehen, solange es sich unter Aufsicht der Organisation befindet oder von ihr verwendet wird. Die Bildungseinrichtung muss das ihr zur Verwendung überlassene Eigentum kennzeichnen, verifizieren, schützen und sichern und falls erforderlich die Zustimmung einholen, wenn das Eigentum für Bildungsprodukte und -dienstleistungen verwendet wird.

Bei Verlust, Beschädigung oder anderweitig für unbrauchbar befundenen Eigentum einer Interessierten Partei, muss die Organisation dies der betroffenen Interessierten Partei mitteilen, entsprechende Korrekturmaßnahmen durchführen (siehe 8.5.5 und 10.2) und dokumentierte Information darüber aufbewahren, was sich ereignet hat.

ANMERKUNG   Das Eigentum einer Interessierten Partei kann Material, Bauteile, Werkzeuge und Ausrüstungen, begünstigte Betriebsstätten, geistiges Eigentum und personalbezogene Daten, Zertifikate, Diplome und andere relevante Dokumente einschließen.

Im Abschnitt 8.5.3 folgt die DIN ISO 21001:2021-02 im Wesentlichen den Ausführungen der DIN EN ISO 9001, allerdings mit einer Erweiterung der Zielgruppen auf alle interessierten Parteien. Das können sowohl Lehrende und Lernende (Kunden) als auch andere interne und externe Personen und Institutionen sein, die ein eigenes Interesse an der Arbeit der Organisation haben. Dazu gehören Unternehmen, verbundene Bildungspartner (z. B. in der dualen Ausbildung), kommunale Gruppen, Vereine, Eltern, Mitarbeitende, externe Dozenten und Zulieferer von Produkten für den Unterricht wie z. B. Provider von Online-Lernplattformen.

Werden Daten interessierter Parteien oder Lernender unter Anwendung datenschutzrechtlicher Regelungen z. B. für die Erstellung von Werbematerialien für die Bildungsdienstleistung verwendet – sei es für Broschüren, soziale Medien, Websites o. Ä. –, so ist die Organisation verpflichtet, die Daten ausschließlich für den vertraglich vereinbarten Zweck zu nutzen. Es handelt sich bei den übermittelten Daten um bereitgestelltes Fremdeigentum, das gesichert und vor falscher Verwendung geschützt werden muss. Dazu sind geeignete Maßnahmen zu treffen:

- Einholung der Einverständniserklärung der entsprechenden Personengruppen
- Zugangsregelungen und Sicherung von Zugriffsrechten zum Schutz personenbezogener Daten
- Unterweisung der mit den Daten betrauten Mitarbeitenden im Hinblick auf die Einhaltung des Datenschutzes
- separate Speicherung der Fremddaten sowie Festlegung der Speicherfrist

Personenbezogene Daten und geistiges Eigentum unterliegen dem Datenschutzgesetz und sind somit gegen den Zugriff unberechtigter Dritter zu schützen. Sämtliche digitale Daten müssen durch Passwörter, Firewall, aktuelle Software, regelmäßige Backups etc. gegen unerlaubten Zugriff und Datenverlust abgesichert werden. Daten im Papierformat müssen sicher in abgeschlossenen Schränken verwahrt werden.

Je nach Art des Eigentums Dritter sind passende Maßnahmen für den Schutz zu treffen. In jedem Fall muss die Kennzeichnung des Eigentums erfolgen und die Gefahr einer Fremdnutzung, eines Verlustes oder einer Beschädigung minimiert bzw. ausgeschlossen werden. Die Organisation muss den Nachweis erbringen, dass sie alles unternommen hat, um Verwechslungen, Beeinträchtigungen oder falsche Nutzungen zu vermeiden.

Werden Materialien oder intellektuelle Güter von einem externen Anbieter zur Erbringung der Dienstleistung genutzt, so sind vertragliche Vereinbarungen und konkrete Verfahrensanweisungen zum Umgang mit dem extern bereitgestellten Guts sinnvoll.

Exemplarische Nachweise zu Abschnitt 8.5.3
- Nachfragen betreffend DSGVO
- Arbeitsanweisungen
- Wareneingangsprüfung
- Richtlinie zum Umgang mit beschädigtem Kundeneigentum oder Eigentum externer Anbieter
- Liste externe Dienstleister
- Verträge mit externen Zulieferern
- Kooperationsverträge mit interessierten Parteien
- Nachweis eines DSGVO-sicheren Datenmanagements
- Liste externer Materialien, Leasinggeräte etc.
- Nachweise und Informationen über Eigentum, das verloren ging oder unbrauchbar wurde
- Reklamationen

Mögliche Auditfragen:

- Wie werden Lern- und Arbeitsmaterialien, die den Lernenden oder externen Partnern gehören, bereits bei Zulassung/Vertragsabschluss gekennzeichnet und geschützt?
- Wie garantieren Sie den sorgfältigen und vertraulichen Umgang mit dem Eigentum von Lernenden, z. B. Lernergebnissen? Wer ist dafür verantwortlich? Wie erfolgt die Dokumentation?
- Wie gehen Sie mit Situationen um, bei denen Eigentum der Lernenden nicht gekennzeichnet wurde oder verloren gegangen ist? Wie kommunizieren Sie mit den Lernenden oder externen Partnern in einem solchen Fall?

8.5.4 Erhaltung

8.5.4 Erhaltung

Die Organisation muss die Ergebnisse während der Produktion und Dienstleistungserbringung in dem Umfang erhalten, der notwendig ist, um die Konformität mit den Anforderungen sicherzustellen.

Gegenüber der DIN EN ISO 9001:2015-11 bestehen in diesem Abschnitt keine wesentlichen Änderungen betreffend der Normanforderungen. Das, was produziert und als Dienstleistung erbracht worden ist, muss erhalten werden, und zwar so lange, wie es in den Anforderungen vorgesehen ist.

Im Bildungssektor sind diese Anforderungen allerdings sehr weit gefasst. Die Norm orientiert sich in der Qualitätsfrage der Bildungsdienstleistungen und -produkte an den elf Grundsätzen, die nicht nur die Konformität des Produkts selbst, sondern darüber hinaus den Kontext der Bildungsvermittlung, die gesellschaftliche Verpflichtung und ethische Prinzipien einschließen. Eine Bildungsorganisation hat alle Aspekte zu beachten, wenn es um die Haltung gegenüber dem Lernenden, dessen Mitwirkung im Bildungsbetrieb, die Validität seiner Lern- und Lehr-Ergebnisse und das soziale Umfeld geht, denn sie sind essenzielle Bestandteile des MSBO.

Die Gewährleistung der Qualität der Bildungsdienstleistung über den gesamten Bildungsweg der Lernenden ist nur dann leistbar, wenn alle lehr- und lernrelevanten Faktoren, die die Erreichung der Lernziele ermöglichen, aufrechterhalten werden bis zu dem Zeitpunkt, an dem die Lernenden die Institution verlassen bzw. ihre Abschlussbestätigung erhalten haben.

Dazu gehören zum Beispiel die Sicherstellung und Erhaltung der folgenden Faktoren:

- Das Curriculum und der Lehrplan berücksichtigen die festgelegten Eingangsqualifikationen und sind im Hinblick auf die Erreichbarkeit der Qualifikationsziele adäquat aufgebaut.
- Die Qualifikationsziele, Abschlussgrad und -bezeichnung und das Lehrkonzept sind stimmig aufeinander bezogen.
- Die Rahmenbedingungen zur Förderung der Lernatmosphäre und der Motivation der Lernenden sind stimmig.
- Der Lehrbetrieb ist so gestaltet, dass sich die Lernenden als aktive Mitgestalter erleben.
- Das Lehrpersonal verfügt über ausreichende fachliche und methodisch didaktische Fähigkeiten und Kenntnisse.
- Im universitären Sektor: Die Verbindung von Forschung und Lehre wird entsprechend dem Profil der Hochschulart gewährleistet.
- Die Ausstattung mit personellen und intellektuellen und sachlichen Ressourcen ist ausreichend und entspricht dem Bildungsversprechen.
- Die Bewertungen von Lernleistungen können qualifiziert durchgeführt werden und ermöglichen aussagekräftige Überprüfung der erreichten Ergebnisse.
- Der Lehrbetrieb ist verlässlich so geplant, dass ausreichend Zeit zur Erreichung der beabsichtigten Lernergebnisse besteht.

Angelehnt an die Musterrechtsverordnung der KMK 2017

Die Konformität mit den Anforderungen muss in klar definierten und nachvollziehbaren Verfahren gewährleistet werden. Das gilt für organisationsinterne Prozesse ebenso wie für extern bereitgestellte Produkte und Services, wie zum Beispiel der Einsatz externer Dozenten, Unterrichtsmaterial, Lernplattformen oder Video-Tutorials. Die Organisation muss entsprechende Dokumentationen zur Konformität der Dienstleistungen mit den Anforderungen nachweisen. Diese müssen mit den im Leitbild und in der Vision festgelegten Grundsätzen übereinstimmen.

Bei extern bereitgestellten Services ist der Erhaltungsgrundsatz durch entsprechende vertragliche Vereinbarungen zu regeln.

> **Beispiel:**
>
> Ein externer Partner stellt der Bildungsorganisation für ihre Lernenden weiterführende Lehrmaterialien, Aufgaben und Übungselemente auf einer Online-Lernplattform zur Verfügung. Die Organisation muss in diesem Fall besondere Vorkehrungen treffen, um die Konformität der Produkte und Services mit den Anforderungen ihrer Lernenden und interessierter Gruppen sicherzustellen und dieses vertraglich mit dem externen Anbieter regeln. Dazu zählen zum Beispiel
>
> - Konformität mit Mission und Vision der Bildungsorganisation und ihrem Leistungsversprechen,
> - eindeutige Zuordnung der zur Verfügung gestellten Module zu bestimmten Lernzielen der Bildungsorganisation,
> - Nachweis der ausschließlich zweckbestimmten Nutzung der Daten der Lernenden,
> - Nachweis der Konformität mit gesetzlichen Regelungen z. B. zur Erlangung von Zertifikaten und Abschlüssen,
> - Sicherstellung der Validität von Online-Prüfungen im Rahmen von Blended Learning – falls erforderlich.

Exemplarische Nachweise zu Abschnitt 8.5.4

- Arbeitsanweisungen
- Dokumentation zu den Regelungen zu Zulassung und Bildungsverlauf, Anerkennung und Abschluss
- Nachweis der Kompetenzsicherung der Lehrenden
- Verfahren zur stetigen Überprüfung der Bereitstellung angemessener Ressourcen für den Lehr-/Lernbetrieb
- Fundiertes Informationsmanagement
- Verträge mit externen Partnern
- Kooperationsverträge mit interessierten Parteien
- Nachweis der Beachtung der Anforderungen der Lernenden im Hinblick auf die elf Grundsätze des MSBO

Mögliche Auditfragen:

- Durch welche Verfahrensweise stellen Sie sicher, dass das, was erarbeitet oder als Dienstleistung erbracht worden ist, erhalten bleibt, bis die Übereinstimmung mit den Anforderungen bestätigt ist?

8.5.5 Schutz und Transparenz der Daten der Lernenden

> **8.5.5 Schutz und Transparenz der Daten der Lernenden**
>
> Die Organisation muss ein Verfahren einführen, um den Schutz und die Transparenz der Daten der Lernenden zu gewährleisten und sie als dokumentierte Information erhalten. Das Verfahren muss festlegen:
>
> a) welche Daten der Lernenden gesammelt werden und wie und wo diese verarbeitet und gespeichert werden;
>
> b) wer Zugriff auf die Daten hat;
>
> c) unter welchen Bedingungen die Daten der Lernenden an Dritte weitergeben werden dürfen;
>
> d) wie lange die Daten gespeichert werden.
>
> Die Organisation darf die Daten der Lernenden nur mit deren ausdrücklicher Zustimmung erheben und weitergeben.
>
> Die Organisation sollte den Lernenden und anderen Interessierten Parteien Zugang zu ihren eigenen Daten ermöglichen sowie die Möglichkeit geben, ihre eigenen Daten zu korrigieren oder zu aktualisieren.
>
> Die Organisation muss alle geeigneten Maßnahmen ergreifen, um sicherzustellen, dass die Daten der Lernenden nur befugten Personen zugänglich sind. Technologische Schutzmaßnahmen müssen validiert werden.
>
> Die Organisation muss den Lernenden und anderen Interessierten Parteien Zugang zu ihren eigenen Daten gewähren.

Schutz und Transparenz der Daten der Lernenden ist – in Bezug zur ISO 9001:2015 – ein neu in die DIN ISO 21001:2021-02 aufgenommener Abschnitt, der einen sensiblen Punkt im Lehr-/Lernbetrieb behandelt und ein entsprechend hohes Gewicht im Bildungsbetrieb besitzt. Der Abschnitt gibt detaillierte Punkte vor, die in einem definierten Prozess zum Schutz und zur Transparenz der Daten zu beachten sind. Die Organisation muss demnach Verfahren festlegen und dokumentieren, die bestimmen:

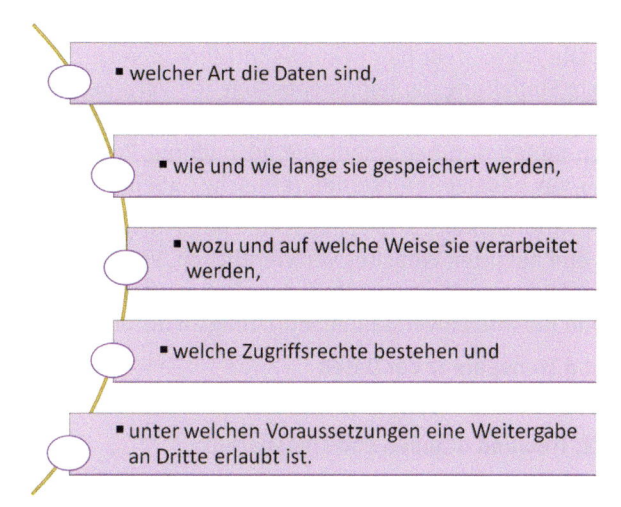

- welcher Art die Daten sind,
- wie und wie lange sie gespeichert werden,
- wozu und auf welche Weise sie verarbeitet werden,
- welche Zugriffsrechte bestehen und
- unter welchen Voraussetzungen eine Weitergabe an Dritte erlaubt ist.

Abbildung 42: Datenarten

Die Verfahrensbeschreibungen müssen dabei Folgendes beinhalten:

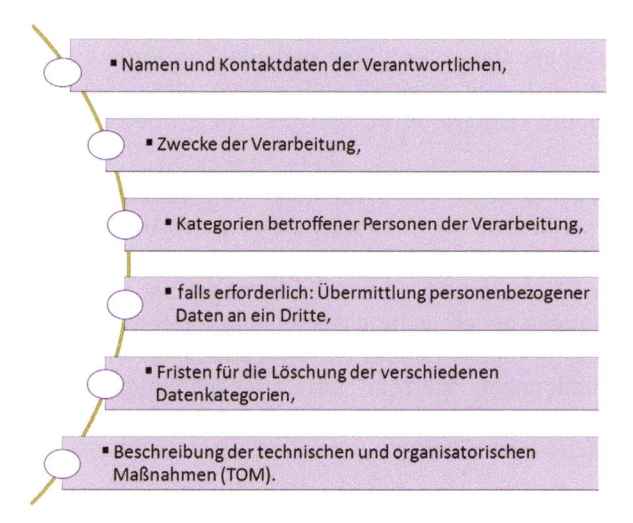

- Namen und Kontaktdaten der Verantwortlichen,
- Zwecke der Verarbeitung,
- Kategorien betroffener Personen der Verarbeitung,
- falls erforderlich: Übermittlung personenbezogener Daten an ein Dritte,
- Fristen für die Löschung der verschiedenen Datenkategorien,
- Beschreibung der technischen und organisatorischen Maßnahmen (TOM).

Abbildung 43: Verfahrensbeschreibung zur Verarbeitung von Daten

Bei der Speicherung und Verarbeitung personenbezogener Daten gilt grundsätzlich die DSGVO (https://dsgvo-gesetz.de/). Die Norm stellt hier keine weiterführenden Forderungen auf, verlangt wird aber die strikte Einhaltung der personenbezogenen Verarbeitungsregeln. In Bezug auf Kindertagesstätten, Schulen und andere Einrichtungen der Betreuung und Beschulung von Minderjährigen gelten darüber hinaus die besonderen Regelungen des Jugendschutzgesetzes (https://www.gesetze-im-internet.de/juschg/JuSchG.pdf) .

Generell müssen alle Bildungsorganisationen Regularien zum Schutz und zur Transparenz der Daten der Lernenden aufstellen und auf ihren Websites veröffentlichen. Vor Aufnahme der Bildungsmaßnahme sind die Lernenden umfassend zum Thema Datenschutz und Verarbeitung ihrer Daten aufzuklären und um ihre Einverständniserklärung zu bitten.

Wesentliche Kriterien zum Schutz und Transparenz der Daten

Rechtmäßigkeit, Verarbeitung nach Treu und Glauben und Transparenz

- Personenbezogene Daten müssen auf rechtmäßige Weise, nach Treu und Glauben und in einer für die betroffene Person nachvollziehbaren Weise verarbeitet werden.

- Rechtmäßigkeit bedeutet, dass für die konkrete Verarbeitung personenbezogener Daten immer eine entsprechende Rechtsgrundlage erforderlich ist. Kann die Verarbeitung nicht auf eine Rechtsgrundlage gestützt werden, liegt keine rechtmäßige Datenverarbeitung vor. Die Verarbeitung personenbezogener Daten ist in diesem Fall verboten und somit zu unterlassen.

- Die Verarbeitung personenbezogener Daten nach Treu und Glauben fordert eine „faire" Datenverarbeitung. Hierdurch soll gewährleistet werden, dass dem/der Betroffenen durch die Verarbeitung seiner/ihrer personenbezogenen Daten keine Nachteile entstehen.

- Die Verarbeitung personenbezogener Daten in transparenter Form verlangt, dass der/die Betroffene im konkreten Einzelfall über den Umstand und den Umfang der Verarbeitung Kenntnis hat. Die hierfür erforderlichen Informationen müssen leicht zugänglich, verständlich und in klarer und einfacher Sprache abgefasst sein. Insbesondere bei Pflichtveranstaltungen bedarf es für die Erstellung von Foto-, Video- oder sonstige Aufnahmen einer Einwilligung der betroffenen Lernenden, um deren personenbezogenen Daten (Abbildungen auf Foto- oder sonstigen Aufnahmen) zulässigerweise verarbeiten zu dürfen. Teilnehmende, die keine Aufnahmen möchten, ist ein aufnahmefreier Bereich bereitzustellen.

Zweckbindung der Datenverarbeitung

- Personenbezogene Daten dürfen ab dem Zeitpunkt der Erhebung nur für festgelegte, eindeutige und legitime Zwecke erhoben werden und dürfen nicht in einer mit diesen Zwecken nicht zu vereinbarenden Weise weiterverarbeitet werden.

Datenminimierung

- Personenbezogene Daten müssen auf das für die Zwecke der Verarbeitung notwendige Maß beschränkt sein.

> **Sachliche Richtigkeit der Daten**
>
> – Personenbezogene Daten müssen sachlich richtig und (erforderlichenfalls) auf dem neuesten Stand sein. Unrichtige Daten sind unverzüglich zu löschen oder jedenfalls zu berichtigen.
>
> **Zeitliche Begrenzung der Speicherdauer**
>
> – Personenbezogene Daten müssen in einer Form gespeichert werden, die eine Identifizierung der betroffenen Person nur so lange ermöglicht, wie es für die Zwecke, für die sie verarbeitet werden, nötig ist.
>
> **Integrität und Vertraulichkeit – Schutz vor unbefugtem Zugriff und unberechtigter Verarbeitung**
>
> – Personenbezogene Daten müssen in einer Weise verarbeitet werden, die eine angemessene Sicherheit der personenbezogenen Daten gewährleistet, sodass ein Zugriff unberechtigter Dritter ausgeschlossen ist. Die Daten müssen vor unbefugter oder unrechtmäßiger Verarbeitung sowie vor unbeabsichtigtem Verlust geschützt werden. Dies ist durch entsprechende technische und organisatorische Maßnahmen (TOM) sicherzustellen.
>
> *Angelehnt an den Leitfaden zum Schutz personenbezogener Daten an der Universität Passau*

Eine weitere wichtige Forderung dieses Normabschnitts ist das Recht der Lernenden, ggf. Zugang zu ihren eigenen Daten zu haben und diese zu korrigieren bzw. zu aktualisieren. Die oben bereits genannte Sicherstellung von kontrollierten Zugangs- und Zugriffsrechten ist dafür eine Voraussetzung. Das Einsichts- und Veränderungsrecht der eigenen Daten kann sich auch auf weitere interessierte Parteien, wie z. B. berechtigte Repräsentanten von Institutionen und Unternehmen oder – bei minderjährigen Lernenden – auf erziehungsberechtigte Zielgruppen beziehen.

Die Berechtigung weiterer Personengruppen muss in jedem Einzelfall sorgfältig geprüft werden. Nicht immer ist ein möglicher Schaden für betroffene Lernende unmittelbar zu erkennen, daher gilt hier für die Organisation eine besondere Sorgfaltspflicht. Hilfreich sind hier zum Beispiel folgende Fragestellungen:

– Was ist bei Video- oder Tonaufzeichnungen im Lehrbetrieb zu beachten?
– In welchem Fall dürfen Daten der Lernenden für Werbezwecke übermittelt werden (z. B. für die Werbung für ein gemeinnütziges Projekt)?
– Welche Voraussetzungen müssen gegeben sein, damit ein Lehrender auf seinem Privatrechner Daten von Lernenden verarbeiten darf?
– Welche Daten dürfen bei einem Wechsel der Bildungsinstitution weitervermittelt werden?
– In welchen Fällen ist die Einsicht von erziehungsberechtigten Personen in die Akten der Lernenden gestattet oder ggf. untersagt?

Zusammengefasst kann man sagen, dass personenbezogene Daten dann gespeichert und weitergegeben werden dürfen, wenn damit eine rein bildungsbezogene Aufgabe erledigt wird, die die Persönlichkeitsrechte des Lernenden nicht tangiert.

Grundsätzlich ist die Organisation dazu verpflichtet, die Sicherheit der Verarbeitung personenbezogener Daten mit Hilfe geeigneter technischer und organisatorischer Maßnahmen (TOMs) so zu gewährleisten, dass das Schutzniveau dem Risiko angemessen ist. Dazu ist eine Risikoanalyse sinnvoll, um die Eintrittswahrscheinlichkeit und die Schwere des Risikos für die Rechte und Freiheiten der beteiligten Personen abzuschätzen, denn einem Risiko mit hohem Schadenspotenzial, aber sehr geringer Eintrittswahrscheinlichkeit ist anders zu begegnen, als einem Risiko mit geringerem Schadenspotenzial, aber sehr hoher Eintrittswahrscheinlichkeit (vgl. auch Abschnitt 6.1).

Kennziffern zu Abschnitt 8.5.5

- Zufriedenheitsquote der Mitarbeitenden und Lernenden in Bezug auf den Umgang mit ihren Persönlichkeitsrechten
- Aufwendungen für Maßnahmen zur Sicherung von personenbezogenen Daten
- Risikomatrix in Bezug auf den Schutz der Daten der Lernenden

Exemplarische Nachweise

- Verfahrensabweisungen zur Kontrolle von Zugangs- und Zugriffsrechten
- Verantwortlichkeitsebenen bei der Verarbeitung von personenbezogenen Daten der Lernenden
- Nachweise zum Umgang mit Risiken in Bezug auf den Schutz der Daten Lernender
- Maßnahmenkatalog inkl. der Bewertung der Wirksamkeit der TOMs

Mögliche Auditfragen:

- Verfügt Ihre Organisation über ein Sicherungssystem, das den Schutz und die Transparenz der Daten der Lernenden zu jeder Zeit gewährleistet? Wer verantwortet das Verfahren? Wie wird es gesteuert und dokumentiert?
- Welche technischen Schutzmaßnahmen haben Sie getroffen?
- Welche Daten werden im Rahmen des Datenschutzes erhoben und verarbeitet? Wer hat darauf Zugriff?
- Unter welchen Bedingungen können Daten der Lernenden und der Mitarbeitenden an Dritte weitergegeben werden?
- Wie wird sichergestellt, dass die Lernenden jederzeit Zugang zu ihren Daten haben können?

8.5.6 Überwachung von Änderungen in den Bildungsprodukten und -dienstleistungen

> **8.5.6 Überwachung von Änderungen in den Bildungsprodukten und -dienstleistungen**
>
> Die Organisation muss Änderungen der Produktion oder der Dienstleistungserbringung in einem Umfang überprüfen und steuern, der notwendig ist, um die Konformität mit den Anforderungen aufrechtzuerhalten.
>
> Die Organisation muss dokumentierte Information aufbewahren, in denen die Ergebnisse der Überprüfung von Änderungen, die Personen, die die Änderung autorisiert haben, sowie jegliche notwendigen Tätigkeiten, die sich aus der Überprüfung ergeben, beschrieben werden.

Die Bildungseinrichtung muss Änderungen in der Bildungsdienstleistung überprüfen und steuern, um die Konformität mit den eingangs erfassten Anforderungen aufrechtzuerhalten. Die Änderungen sind in Form von dokumentierten Informationen bereitzuhalten, die auch Angaben zu den Verantwortlichkeiten für die Änderungsgenehmigung enthalten.

Änderungen in Ablauf, Struktur und Inhalt der Bildungsdienstleistung bedeuten auch, dass die Verantwortlichkeiten für Prozesse und festgelegte Überwachungsroutinen sowie Risikoabschätzungen revidiert werden müssen. Die Ergebnisse der Revisionen müssen in die Evaluation und dann in die Managementbewertung einfließen.

Änderungen im Ablauf ergeben sich zum Beispiel durch die Umsetzung von Verbesserungsvorschlägen. Aber es gibt viele Gründe, um sich immer wieder einmal mit den festgelegten Maßnahmen zu beschäftigen. Es lohnt sich, nach angemessener Zeit, wenn die Änderung bereits einige Zeit umgesetzt wurde, eine Wirksamkeitskontrolle durchzuführen, um festzustellen, ob und wie die Maßnahmen gewirkt haben und gewünschte Veränderungen eingetreten sind.

Exemplarische Nachweise zu Abschnitt 8.5.6

- Verfahrensbeschreibung: „Überwachung von Änderungen"
- dokumentierte Information zu den Aktualisierungs- und Verbesserungsprozessen
- Annahmekriterien bei Änderungen
- Sonderfreigaben
- Matrix der Freigabeberechtigten
- Änderungshistorie

Mögliche Auditfragen:

- Welche Änderungen in Bezug auf Ihre Bildungsprodukte und Ihre Dienstleistungserbringung hat es in den letzten Monaten gegeben?
- Auf welcher Grundlage planen Sie Änderungen von Prozessen?

- Wie erfolgt die fortlaufende Überprüfung und Kontrolle von Änderungen von Lerndienstleistungen? Wie kann die Konformität mit den Anforderungen der Lernenden zu jeder Zeit sichergestellt werden?
- Über welche Sachverhalte in Bezug auf die Änderung von Angeboten müssen die Lernenden zeitnah aufgeklärt werden? Das betrifft z. B. Ereignisse im Lernumfeld, gesundheitliche Schutzmaßnamen, Änderung der Gesetzeslage, Änderung involvierter Parteien etc.
- Wie erfolgt die Kommunikation mit den Lernenden und den Mitarbeitenden in akuten Bedarfssituationen, und wer ist dafür in Ihrer Organisation verantwortlich?

8.6 Freigabe von Bildungsprodukten und -dienstleistungen

> **8.6 Freigabe von Bildungsprodukten und -dienstleistungen**
>
> Die Freigabe von Bildungsprodukten und -dienstleistungen für Lernende darf erst nach zufriedenstellender Umsetzung der geplanten Vorkehrungen erfolgen, sofern nicht anderweitig von einer zuständigen Stelle und, falls zutreffend, durch den Lernenden und andere Leistungsempfänger genehmigt.
>
> Die Organisation muss dokumentierte Information über die Freigabe von Bildungsprodukten und -dienstleistungen aufbewahren. Die dokumentierte Information muss enthalten:
>
> a) den Nachweis der Konformität mit den Annahmekriterien;
>
> b) die Rückverfolgbarkeit zu Personen, welche die Freigabe autorisiert haben.
>
> ANMERKUNG In einem pädagogischen Kontext kann die Freigabe von Bildungsprodukten und -dienstleistungen zu verschiedenen Zeitpunkten erfolgen. Zum Beispiel kann ein Buch zur Unterstützung der Bildungsdienstleistung vor der Dienstleistungserbringung veröffentlicht werden; eine Klasse, Beurteilung oder Benotung kann während der Dienstleistungserbringung bereitgestellt werden; die erneute Ausstellung eines Diploms kann lange nach der Dienstleistungserbringung erfolgen.

Die Bildungsorganisation muss in geeigneten Phasen der Dienstleistungsumsetzung die Soll-Ist-Vorgaben abgleichen und freigeben. Die Freigabe für den Lehrbetrieb darf erst erfolgen, wenn eine zufriedenstellende Konformität durch das oberste Management der Bildungsorganisation oder durch von ihm benannte verantwortliche Personen verifiziert und genehmigt wurde. Die Rückverfolgbarkeit zu den freigebenden Personen muss für alle Prozesse gewährleistet sein. Die Freigabe ist zu dokumentieren.

Die Verifizierung und Freigabe von Bildungsprodukten und -dienstleistungen kann in verschiedenen Phasen des Lehr-/Lernprogramms erfolgen.

So sind Freigaben zu geeigneten Unterrichtsmaterialien oder Online-Lernplattformen in der Regel **vor** der Aufnahme der Bildungsleistung erforderlich. Freigaben von Lerntools oder Lernformen (situationsbedingt z. B. bei der Umstellung eines Präsenz- in ein Online-Format) können auch **während** der Dienstleistungserbringung stattfinden.

Nachträgliche erneute Freigaben sind auch bei Abschlüssen und deren Transfereigenschaften möglich. So können Abschlüsse in einem Bildungssektor (z. B. Meisterabschluss) aufgrund neuer gesetzlicher Regularien als Zugangsvoraussetzung für einen anderen Bildungssektor (z. B. Hochschulzulassung) zu einem späteren Zeitpunkt erneut validiert und freigegeben werden.

Freigabe von Medien für den Lehrbetrieb

Grundsätzlich zu beachten sind gesetzliche Regelungen in Bezug auf die Nutzung und Freigabe von Medien für den Lehrbetrieb. Jedes Werk, ob Foto, Video oder Musik, das im Seminar, im Unterricht genutzt wird, ist automatisch urheberrechtlich geschützt. Es gibt jedoch Ausnahmeregelungen, z. B. für öffentliche Bildungsinstitutionen. Die Details des Urheberrechtes sind oft landesabhängig.

Auf der sicheren Seite ist die Organisation bei Eigenproduktionen (selbst produzierte Lehrvideos) oder bei selbst erworbenen Lizenzen. Werden rechtefreie Inhalte z. B. für die Erstellung eines Videos verwendet, so sollte der Download in jedem Fall dokumentiert werden, um eventuelle spätere Ansprüche anfechten zu können.

Sind externe Anbieter, Autoren oder Fotografen am Projekt beteiligt, so ist vorab eine entsprechende Vereinbarung über die Eigentums- und Nutzungsrechte zu treffen.

Kennziffern zu Abschnitt 8.6

- Quote nicht erfolgter Freigaben
- Quote von Sonderfreigaben

Exemplarische Nachweise

- Freigabeprotokolle
- Verfahrensanweisungen „Freigabeprozesse"
- Konformitätsnachweise zu den Annahmekriterien
- Zertifikate
- Übergabeprotokolle oder Empfangsbestätigungen
- Vereinbarungen mit externen Partnern
- Verfahrensbeschreibung: „Lieferantenaudit"
- Prüfanweisungen

Mögliche Auditfragen:

- Wer nimmt die Freigaben vor? Wie können diese Personen sicher sein, dass ihre Freigabe den aktuellen Anforderungen der involvierten Parteien an die Bildungsdienstleistung entspricht?
- Wie ist die Rückverfolgbarkeit zu den Freigebenden gewährleistet?
- Welche Konformitätsnachweise zu den Annahmekriterien gibt es?

- Wie werden die Freigaben dokumentiert (z. B. durch Übergabeprotokolle, Empfangsbestätigungen)?
- Gibt es Sonderfreigaben?

8.7 Steuerung nichtkonformer Bildungsergebnisse

8.7 Steuerung nichtkonformer Bildungsergebnisse

8.7.1 Die Organisation muss sicherstellen, dass Ergebnisse, die die Anforderungen nicht erfüllen, gekennzeichnet und gesteuert werden, um deren unbeabsichtigten Gebrauch oder deren Auslieferung bzw. Erbringung zu verhindern.

Die Organisation muss geeignete Maßnahmen basierend der Art der Nichtkonformität und der Auswirkung auf die Konformität von Bildungsprodukten und -dienstleistungen umsetzen. Dies gilt auch für nichtkonforme Bildungsprodukte und -dienstleistungen, die erst nach der Lieferung der Bildungsprodukte oder während oder nach der Dienstleistungserbringung erkannt wurden.

8.7.2 Die Organisation muss mit nichtkonformen Ergebnissen auf eine oder mehrere der folgenden Weisen umgehen:

a) Korrektur;

b) Aussonderung, Sperrung, Rückgabe oder Aussetzung der Bereitstellung von Bildungsprodukten und -dienstleistungen;

c) Benachrichtigen der Lernenden und anderen Leistungsempfänger;

d) Einholen der Autorisierung zur Annahmemit Sonderfreigabe.

Die Konformität mit den Anforderungen muss verifiziert werden, nachdem nichtkonforme Ergebnisse korrigiert wurden.

8.7.3 Die Organisation muss dokumentierte Informationen aufbewahren, die:

a) die Bereitstellung der Programme beschreiben;

b) nichtkonforme Ergebnisse beschreiben;

c) die eingeleiteten Maßnahmen beschreiben;

d) jegliche erhaltenen Sonderfreigaben beschreiben;

e) die zuständige Stelle ausweisen, die die Entscheidung über die Maßnahme im Hinblick auf die Nichtkonformität trifft.

Der Normabschnitt „Steuerung nichtkonformer Ergebnisse" unterscheidet sich nicht von den Forderungen der DIN EN ISO 9001. Auch im Bildungssektor muss sichergestellt werden, dass Produkte oder Dienstleistungen, die die Anforderungen nicht erfüllen, erfasst und bewertet werden müssen. Die unbeabsichtigte Verwendung nichtkonformer Ergebnisse in allen Phasen der Dienstleistungserbringung soll dadurch verhindert werden. Sollte festgestellt werden, dass nichtkonforme Ergebnisse erzielt wurden, sind Maßnahmen auf Basis der Auswirkung auf die Konformität des Produkts oder der Dienstleistung zu ergreifen.

Nichtkonformitäten im Bildungssektor können ebenso wie in anderen Branchen durch menschliches Fehlverhalten durch Fehldiagnosen, unsachgemäße Handhabung, Unaufmerksamkeit oder unbeabsichtigtes Fehlverhalten ebenso entstehen wie Mängel an Material oder Technik. Die Organisation muss sicherstellen, dass alle Produkte, die durch eine Nichtkonformität beeinflusst sind, gekennzeichnet werden, um eine unsachgemäße oder kritische Beeinträchtigung oder eine Gefährdung von Lernenden, Mitarbeitenden und sonstigen interessierten Gruppen auszuschließen.

Je nach Schwere der Auswirkungen eines Fehlers wird in drei verschiedene Fehlerkategorien unterschieden:

- Kritische Fehler: sicherheitskritische Abweichungen für Lernende, Mitarbeitende und andere interessierte Parteien
- Hauptfehler: Ausfall wesentlicher Funktionen des Lehrbetriebs, des Bildungsproduktes
- Nebenfehler: unwesentliche Beeinträchtigungen des Lehrbetriebs, der Nutzung des Bildungsprodukts

In Abschnitt 6.1 wird das externe und interne Risikopotenzial sowie die Bewertung in den verschiedenen Tätigkeitsfeldern detailliert aufgeschlüsselt in Bezug auf die beiden Kategorien:

- Auswirkung/Tragweite des Risikos
- Wahrscheinlichkeit des Eintritts des Risikos

Mögliche Methoden der Korrektur und angewendete Maßnahmen müssen dem nichtkonformen Ereignis angemessen sein. Nichtkonformitäten beinhalten auch Reklamationen vonseiten der Lernenden und interessierter Parteien.

Wie in Abschnitt 6.1 dargestellt kann das Management dafür Sorge tragen, dass sich Fehler nicht wiederholen. Entsprechende präventive Maßnahmen, wie Schulungen der Beteiligten, Änderungen im Prozessablauf und die Anpassung von personellen Verantwortlichkeiten sollten in einer Risikoabschätzung zumindest für kritische und fehleranfällige Bereiche erfasst und in regelmäßigen Abständen überprüft werden.

Die Entwicklung einer Risikomatrix zu Erfassung und Bewertung nichtkonformer Prozesse wird im **Exkurs „8.7: Risikomanagement – Analyse potenzieller Probleme"** erläutert.

> **Beispiel: Checkliste für Fehlermanagementprozesse in Bildungsorganisationen**
> - Existiert ein Risikoregister, das aufzeichnet, wie mit erkannten Fehlern und ihren Ursachen umgegangen wird?
> - Wie erfolgt die Entwicklung und Implementierung der entsprechenden Maßnahmen für identifizierte Ursachen von Fehlerquellen?
> - In welchen Verfahren werden Maßnahmen auf ihre Wirksamkeit hin getestet?
> - Wie werden neue Prozesse und Produkte in das Fehlermanagement aufgenommen? Wie sind die Verantwortlichkeiten dafür geregelt?
> - Existiert ein System zur grundlegenden Überwachung von Gesundheit und Sicherheit der Lernenden und anderer beteiligter Personen zur Vermeidung von Risiken für bestimmte Bereiche (z. B. IT-Raum, Labore, Seminarräume, Außenbereich, Sportstudio, Aufenthaltszonen)
> - Wie erfolgt die Kommunikation erkannter Nichtkonformitäten an die beteiligten Parteien?
> - Wie läuft das Verfahren zur Verifikation von Änderungen und notwendigen Sonderfreigaben?
> - Wie sieht der Beteiligungsprozess bei Sonderfreigaben für Lernende und interessierte Parteien aus?
> - Welche Prozesse zur Durchführung von Sofortmaßnahmen bei signifikanten Gefährdungen gibt es?

Kennziffern zu Abschnitt 8.7

- Fehlerquote
- Fehlerkostenanteil
- Quote an Sonderfreigaben

Exemplarische Nachweise

- Prozessbeschreibungen
- Fehlerprotokolle
- Prüfnachweise
- Freigabeprotokolle
- Abnahmeprotokolle
- Sonderfreigaben
- Maßnahmenpläne
- Fehlererfassungen
- Beschwerden

Mögliche Auditfragen:

- Wie ausgeprägt ist die Fehlerkultur in Ihrer Organisation? Wie sind „Fehler" in den Prozessbeschreibungen definiert?
- Wie wird mit fehlerhaften Bildungsprodukten bzw. einer fehlerhaften Dienstleistung verfahren? Gibt es Maßnahmenpläne zur Fehlerkorrektur? Wer zeichnet dafür verantwortlich?
- Wie verhindern Sie, dass nichtkonforme Ergebnisse unbeabsichtigt genutzt oder geliefert werden? Welche entsprechenden Maßnahmen können ergriffen werden, um das zu gewährleisten?
- Wie wird sichergestellt, dass notwendige Sonderfreigaben bei den Lernenden oder anderen involvierten Parteien eingeholt wurden?
- Welche Nachweise zum Umgang mit nichtkonformen Ergebnissen, z. B. Erfassung, Maßnahme, Sonderfreigabe und Zuständigkeit werden dokumentiert und aufbewahrt?

9 Bewertung der Leistung

Der Baustein 9 ist dem Thema „Bewertung der Leistung" gewidmet. In diesem Normenabschnitt geht es um die Auswertung von Kennzahlen, Kundenzufriedenheitsabfragen, um die Feststellung der Wirksamkeit des Managementsystems durch System-, Prozess- oder Produktaudits sowie um die Bewertung des Systems durch das Management.

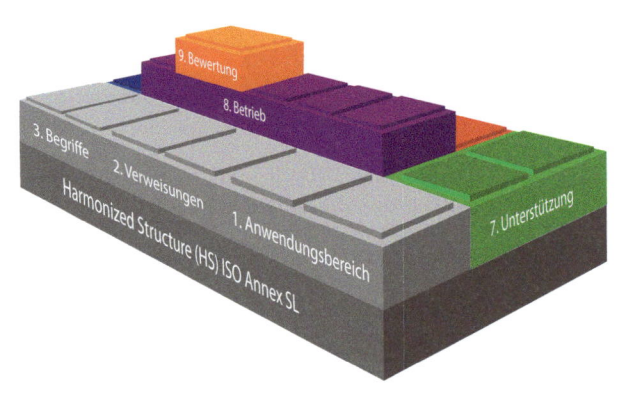

Abbildung 44: Baustein „Bewertung der Leistung" im Managementsystem

9.1 Überwachung, Messung, Analyse und Bewertung

Zusätzlich zu den allgemeinen Anforderungen an Messung und Bewertung umfasst der Abschnitt 9.1 auch die Überwachung von Wahrnehmungen, Rückmeldungen und Reaktionen der Lernenden und anderer interner und externer Mitwirkenden zur angebotenen bzw. durchlaufenden Bildungsleistung. Ausführlicher dargelegt werden darüber hinaus die Anforderungen an die Behandlung von Einsprüchen und Beschwerden sowie die Anforderungen an die dokumentierte Information, die sicher aufbewahrt und den interessierten Parteien in angemessener Weise bekannt gemacht werden muss.

Weitere Abschnitte wurden hinzugefügt, um die Bedeutung der Rückmeldungen zu den Bildungsprodukten zu definieren und deren Niveau und Aussagekraft zu evaluieren mit dem Ziel, die Bildungsdienstleistungen und -produkte stetig zu überprüfen und zu optimieren.

Die entsprechenden Überwachungs- und Messmethoden zur Messung, Analyse und Bewertung sollten auf aussagekräftigen Prozesskennzahlen basieren, um die Konformität und Kontinuität der Lernprozesse zu gewährleisten und die Leistungsfähigkeit des MSBO zu überprüfen. Wichtige Kernprozesse, Maßstäbe und Evaluationsinstrumente sind exemplarisch in Norm-Anhang E aufgeführt.

9.1.1 Allgemeines

9 Bewertung der Leistung

9.1 Überwachung, Messung, Analyse und Bewertung

9.1.1 Allgemeines

Die Organisation muss bestimmen:

a) was überwacht und gemessen werden muss;

b) die Methoden für Überwachung, Messung, Analyse und Bewertung, soweit zutreffend, um gültige Ergebnisse sicherzustellen;

c) die angewendeten Zulassungskriterien;

d) wann die Überwachung und Messung durchzuführen sind;

e) wann die Ergebnisse der Überwachung und Messung zu analysieren und zu bewerten sind.

Die Organisation muss geeignete dokumentierte Information als Nachweis der Ergebnisse der Überwachung, Messung, Analyse und Bewertung aufbewahren.

Die Organisation muss die Leistung der Bildungsorganisation und die Wirksamkeit des MSBO bewerten.

Dem Lerndienstleister sollte die Möglichkeit gegeben werden, seine eigene Arbeit auf reflektierende und konstruktive Weise kritisch zu hinterfragen, um so zu seiner Verbesserung beizutragen.

In Übereinstimmung mit der DIN EN ISO 9001:2015-11 sind die Anforderungen der Norm in Abschnitt 9.1.1 an die Überwachung, Messung, Analyse und Bewertung von Prozessen und Ergebnissen zunächst sehr allgemein formuliert. Leistungen und Prozesse sollten so gestaltet sein, dass sie gemessen und evaluiert werden können. Nur dann kann der Einfluss von Maßnahmen wirklich erfasst werden und so Rückschlüsse auf mögliche Fehlerquellen und Verbesserungsprozesse gewonnen werden.

Dementsprechend müssen Verfahren eingesetzt werden, die die Messung und Auswertung auf der Basis von sinnvollen und nachvollziehbaren Daten ermöglichen. Entsprechend sollte festgelegt sein, wann bzw. in welchen Intervallen Messungen und Evaluationen erfolgen sollten, um ein umfassendes Bild der Qualität von Dienstleistungen und Produkte zu gewährleisten.

Im Bildungsprozess sind die Lernenden und z. T auch weitere Zielgruppen als Kundengruppen in den Kernprozess des Lehrens und Lernens unmittelbar eingebunden. Das bedeutet auch, dass sie den Bildungsprozess, den Kurs oder Lehrplan direkt beeinflussen und damit verändern können. Umso wichtiger ist es für die Bildungsorganisation, genau zu wissen, wie Inhalte, Strukturen, Personalia (die Lehrenden bzw. Betreuenden) sowie Zielsetzungen erfasst werden können.

Kennziffern zu Abschnitt 9.1.1

- Lern-Erfolgsquoten
- Anwesenheits- und Beteiligungsquoten
- Verhältniskennzahlen, z. B. Umsatz zu Fehlerkosten
- Bewertungsergebnisse
- Transfererfolgsquoten in Wirtschaft und weiterführende Bildungssektoren

Exemplarische Nachweise

- Datenerhebungspläne
- Mess- und Prüfplanungen
- Trendanalysen
- Forschungsergebnisse
- Prozessbeschreibung „Auswahl und Anwendung statistischer Methoden"
- Prozessbeschreibung „Erstellen und Überwachen von Prozesskennzahlen"

Mögliche Auditfragen:

- Hat Ihre Organisation Methoden festgelegt, mit denen die Bildungsdienstleistungen und die daraus resultierenden Lernergebnisse gemessen und analysiert werden können?
- Nach welchen Kriterien ist festgelegt, 1) wie und wann Überwachung und Messung durchgeführt werden, 2) auf welche Weise und wann Analyse und Bewertung erfolgen?
- Welche Datenquellen werden zur Überwachung, Messung und Analyse genutzt? Wer ist in Ihrer Organisation für die Auswertung zuständig?
- Wie überprüfen und bewerten Sie die Wirksamkeit des MSBO?
- Welche Erkenntnisse haben Sie durch die Analyse und Bewertung im letzten Jahr gewonnen?
- Welche externen Partner zeigen Verbesserungspotenziale nach der letzten Analyse?

9.1.2 Zufriedenheit der Lernenden, anderer Leistungsempfänger und der Mitarbeiter

9.1.2 Zufriedenheit der Lernenden, anderer Leistungsempfänger und der Mitarbeiter

9.1.2.1 Überwachung der Zufriedenheit

Die Organisation muss die Wahrnehmungen der Lernenden, der anderen Leistungsempfänger und der Beschäftigtenüber den Erfüllungsgrad ihrer Erfordernisse und Erwartungen überwachen. Die Organisation muss die Methoden zur Einholung, Überwachung und Überprüfung dieser Informationen bestimmen.

ANMERKUNG 1 Beispiele für die Überwachung von Wahrnehmungen der Lernenden, anderen Leistungsempfängern und Mitarbeiter können unter anderem Befragungen, Rückmeldungen zu gelieferten Bildungsprodukten oder erbrachten Dienstleistungen, Treffen mit Leistungsempfängern, Marktanteilsanalysen und Reaktionen umfassen.

ANMERKUNG 2 Bei der Bewertung der Zufriedenheit ist es wichtig, sowohl negative (z. B. Beschwerden, Einsprüche) als auch positive (z. B. Komplimente) Rückmeldungen zu berücksichtigen.

9.1.2.2 Bearbeitung von Beschwerden

Die Bildungsorganisation muss ein Verfahren für den Umgang mit Beschwerden und Einsprüchen bestimmen und diese als dokumentierte Information aufbewahren und führen. Diese muss ihren Interessierten Parteien mitgeteilt werden (siehe 10.2).

Dieses Verfahren muss Spezifikationen enthalten für:

a) die Mitteilung des Verfahrens an alle relevanten Interessierten Parteien;

b) den Eingang von Beschwerden und Einsprüchen;

c) die Verfolgung von Beschwerden und Einsprüchen;

d) die Anerkennung von Beschwerden und Einsprüchen;

e) die erste Beurteilung von Beschwerden und Einsprüchen;

f) die Untersuchung von Beschwerde und Einsprüchen;

g) die Reaktion auf die Beschwerden und Einsprüchen;

h) die Bekanntmachung der Entscheidung;

i) die abschließende Bearbeitung der Beschwerden und Einsprüche.

Das Verfahren muss die Vertraulichkeit von Beschwerdeführern und Kläger und die Objektivität der Ermittler gewährleisten.

Die Organisation muss dokumentierte Information als Nachweis für die eingegangenen Beschwerden oder Einsprüche sowie für deren Lösung aufbewahren.

ANMERKUNG ISO 10002 enthält Richtlinien für die Bearbeitung von Beschwerden in Organisationen.

9.1.2.1 Überwachung der Zufriedenheit

Das Maß, in dem die Erwartungen der interessierten Parteien, der Mitarbeitenden, aber insbesondere der Lernenden erfüllt werden, sowie das Maß an persönlichem Wohlbefinden und Anerkennung spielen eine erhebliche Rolle für die Qualität des Bildungsprodukts bzw. der Bildungsdienstleistung und gehören daher zu den Hauptfaktoren der Evaluation.

Die Organisation hat ein Interesse daran, ihre Dienstleistungen so zu gestalten, dass die Lernenden und weitere beteiligte Gruppen (Dozenten, Mitarbeitende in der Verwaltung, Eltern, externe Partner etc.) mit der Leistung und der Ausführung des Lehr-/Lernprozesses zufrieden sind. Das ist dann der Fall, wenn die folgenden Aspekte in angemessenem Maße sichergestellt sind:

1) dass angestrebte Lernergebnisse erzielt werden,

2) dass der Transfer in den Arbeitsmarkt oder einen weiterführenden Bildungssektor durch ein Zertifikat oder einen anderen Abschluss ermöglicht wird,

3) dass die Vergleichbarkeit mit entsprechenden Abschlüssen öffentlicher oder freier Träger gewährleistet ist und damit die Wertigkeit der Ergebnisse für den Lernenden garantiert werden kann,

4) dass die Bildungsdienstleistungen und Produkte mit der Strategie, der Mission und der Vision der Organisation im Einklang stehen,

5) dass die Konformität und Kontinuität der Bildungsleistungen und des Leistungstransfers garantiert werden kann,

6) dass Wirksamkeitsparameter bestimmt sind, die sowohl die Qualität des Lehr-/Lernprozesses als auch die Ergebnisse und deren Transfereigenschaften beschreiben.

Evaluation im Bildungssektor kann sich daher nicht auf dessen Output, also die Lernergebnisse, Zertifikate und andere Abschlüsse beschränken. Da die Lernenden als Co-Konstrukteure und Kunden von Anfang an Teil des Bildungsprozesses sind und auf diesen Einfluss nehmen, ist es für die Organisation von erheblichem Nutzen, zu erfahren:

1) Was erwarten die Lernenden von der Dienstleistung, bevor sie ihren Unterricht/ihren Kurs beginnen?

2) Wie erleben und bewerten die Lernenden ihren Lernprozess während der Teilnahme?

3) Wie beurteilen sie nach Abschluss des Seminars/Kurses die pädagogische Ausführung, das Sozialverhalten und die hinzugewonnenen Fähigkeiten und Kompetenzen und den Wissensgewinn?

Wenn Jahr für Jahr Evaluationsergebnisse aus den verschiedenen Phasen des Lehr-/Lernprozesses vorliegen und Verwendung finden, kann ein effektiver Verbesserungszyklus dafür sorgen, dass die Bildungsleistungen stets angepasst, aktualisiert und optimiert werden (im Rahmen eines PDCA-Zyklus).

Die Bewertung der Leistung sollte daher von Anfang an geplant werden und Evaluationsergebnisse vor, während und nach der Erbringung der Dienstleistung einbeziehen. In Abschnitt 9.1.4 werden die Anforderungen in Bezug auf die Methoden zur Gewinnung von Informationen über den Erfüllungsgrad der Leistungen behandelt.

9.1.2.2 Bearbeitung von Beschwerden

Der Abschnitt 9.1.2 verlangt neben der Überwachung der Zufriedenheit der Lernenden und anderer Begünstigter auch die Bestimmung eines Verfahrens, wie mit Einsprüchen und Beschwerden umgegangen werden muss. Dieses Verfahren muss den Beteiligten am Lehr-/Lernprozess vorab bekannt gemacht werden.

Die Basis für eine faire Entscheidungsfindung und um die Rechte der Beteiligten zu wahren ist Qualitätssicherung in einer offenen und rechenschaftspflichtigen Weise. Dennoch kann es immer zu Missverständnissen oder Unzufriedenheit über den Prozess oder die formalen Ergebnisse kommen.

Es ist daher wichtig, vom Eingang der Beschwerde bzw. des Einspruches, deren Anerkennung und ersten Beurteilung dazu bis hin zur Bekanntmachung der Entscheidung und abschließenden Beurteilung der Situation alle Prozessschritte transparent darzustellen und nachvollziehbar zu gestalten. Dazu gehört u. a. die Bestimmung objektiver verantwortlicher Personen und Funktionen in der Organisation und die Garantie der absoluten Vertraulichkeit zwischen allen am Prozess Beteiligten.

Bei erkannten Fehlern oder geäußerten Beschwerden von Lernenden und anderen Beteiligten muss die Bildungseinrichtung reagieren und angemessene Korrekturmaßnahmen einleiten und dokumentieren. Dazu gehören u. a.

– die Ergreifung von Maßnahmen zur Beseitigung von Fehlerursachen,
– die Ermittlung von Fehlerursachen und Durchführung von Fehlerbewertungen,
– die Beurteilung des Handlungsbedarfs,
– die Umsetzung und Aufzeichnung erforderlicher Maßnahmen,
– die Bewertung der Korrekturmaßnahmen.

Alle Dokumente zum Verfahren sind als Nachweis für den Hergang des Verfahrens und zu gefundenen Lösungen aufzubewahren.

Beispiel: Beschwerdemanagement effizient gestalten und nutzen

Ein effektives Beschwerdemanagement ist ein wichtiges Instrument, um den Zufriedenheitsgrad der Lernenden zu erfassen und präventive Maßnahmen zu ergreifen. Das Beschwerdemanagement zielt darauf ab, die Zufriedenheit der Lernenden und damit den Lernerfolg und die Wettbewerbsfähigkeit der Organisation zu erhöhen. Zu den Phasen des Beschwerdemanagements gehören die nachfolgenden Schritte:

1. Beschwerdestimulierung – Schwellen senken, die der Abgabe von Beschwerden im Wege stehen

In einer frühen Phase werden unzufriedene Lernende oder weitere beteiligte Parteien dazu bewegt, die von ihnen wahrgenommenen Unzulänglichkeiten und Fehler zu äußern. Das kann zum Beispiel über Feedbackbögen der Teilnehmenden, über Beschwerdebriefkästen oder ein entsprechendes Onlineangebot geschehen. Wo immer möglich sollten Dozenten und andere Mitarbeitende im alltäglichen Gespräch versuchen, Misstöne wahrzunehmen, um frühzeitig reagieren zu können und eine Eskalation zu vermeiden.

2. Beschwerdeannahme – schriftliche Dokumentation der Beschwerde

Die Organisation legt klare Verantwortungsstrukturen für den Eingang und die Erfassung der Beschwerde fest. Dabei kommt es darauf an, alle relevanten Informationen über den Beschwerdefall vollständig und strukturiert aufzunehmen und so dem Beschwerdeführer zu zeigen, dass er ernst genommen wird. Die Schriftform ist gleichzeitig ein Kontrollinstrument, das die angestrebte hohe Verbindlichkeit der Beschwerdebearbeitung sicherstellt.

3. Beschwerdebearbeitung – interne Bearbeitung mit Rückmeldung an den Beschwerdeführer

Die interne Bearbeitung der Beschwerde ist das Kernstück des Prozesses und umfasst

– die Weiterleitung der Beschwerde,

– die Erarbeitung von Lösungen,

– die Rückmeldung an den Lernenden und

– die Überwachung der Termineinhaltung.

Dem Beschwerdeführer sollte vermittelt werden, dass sein Anliegen zeitnah bearbeitet wird. Innerhalb eines verbindlichen und allgemein bekannten Zeitrahmens sollte ihm der jeweilige Bearbeitungsstand mitgeteilt werden. Der Beschwerdeführer sollte sich darauf verlassen können, dass sich sein Fall im Bearbeitungsprozess befindet und innerhalb einer vereinbarten Frist eine entsprechende Rückmeldung und ggf. ein Lösungsvorschlag erfolgt.

4. Beschwerdeauswertung – ein wichtiges Analyse-Instrument

Ein gutes Beschwerdemanagement kann für die Optimierung der Bildungsprozesse von hohem Wert sein. Es offenbart Schwächen in der Planung, der Umsetzung und der Vermarktung von Bildungsdienstleistungen und -produkten und gibt darüber hinaus wertvolle Hinweise zu den Anforderungen und Bedürfnissen vonseiten der Lernenden.

> Auf der Basis des gesammelten Datenmaterials können Schwachstellen identifiziert und gebündelt werden. So können zum Beispiel neue Impulse für die Planung und Entwicklung von Curricula oder didaktische Ansätze für Lernende mit besonderen Bedürfnissen gegeben werden.
>
> Der gesamte Prozess des Beschwerdemanagements sollte durch entsprechendes Controlling ständig überprüft werden, um sicherzustellen, dass seine Mechanismen nicht durch Verschleißerscheinungen leiden und aufrechterhalten werden. Die Ergebnisse sollten systematisch in nächste Entscheidungen einfließen.
>
> *Nach Stauss, B. & Seidel, W., 2002*

Kennziffern zu Abschnitt 9.1.2

- Zufriedenheitsquote
- Beschwerdequote
- Teilnahmequote an Umfragen
- Erfüllungsgrad

Exemplarische Nachweise

- Umfragen vor, nach, während des Bildungsprozesses
- Übersicht zu Beschwerde- und Regressforderungen
- Analyse der Marktanteile
- Benchmarking
- Prozessbeschreibung Zufriedenheitsumfragen
- Gewährleistungsansprüche
- Prozessbeschreibung Beschwerdemanagement

Mögliche Auditfragen:

- Wie stellen Sie die Zufriedenheit der Lernenden und anderer an der Lerndienstleistung Beteiligten fest?
- Wie wurden die Kriterien zur Überwachung der Kundenzufriedenheit festgelegt?
- In welchem Rahmen und Zeitraum findet die Überprüfung der Ergebnisse statt?
- Wie hat sich der Erfüllungsgrad in den letzten Jahren verändert?
- Welches Verfahren verwenden Sie beim Umgang mit Beschwerden und Einsprüchen? Wo gab es gehäuft Beschwerden und warum?
- Gibt es Lehr-/Lernangebote, die die Lernenden in besonderer Weise begeistert haben?
- Welche Konsequenzen in Bezug auf die fortlaufende Verbesserung haben Sie aus den Ergebnissen der Zufriedenheitsanalyse gezogen?

9.1.3 Andere Überwachungs- und Messanforderungen

> **9.1.3 Andere Überwachungs- und Messanforderungen**
>
> Die Organisation muss sicherstellen, dass die folgenden Rückmeldungen von relevanten Interessierten Parteien angefordert wurden und falls erforderlich zur Verfügung gestellt werden:
>
> a) Rückmeldung zu den Bildungsprodukten und -dienstleistungen;
>
> b) Rückmeldung zu ihrer Wirksamkeit bei der Erreichung der vereinbarten Lernergebnisse;
>
> c) Rückmeldung zum Einfluss der Organisation auf die Gemeinschaft.
>
> Die Organisation muss das Niveau der erhaltenen Rückmeldungen überwachen und Maßnahmen ergreifen, um es zu erhöhen, wenn es nicht ausreicht.
>
> ANMERKUNG   Überwachung und Messung können umfassen:
>
> - den Inhalt des Programms in der jeweiligen Disziplin, um sicherzustellen, dass das Programm auf dem neuesten Stand ist;
> - Arbeitsbelastung, Lernfortschritt und Abschlussquote der Lernenden;
> - Wirksamkeit der Bewertung;
> - Zufriedenheit der Lernenden und anderer Leistungsempfänger in Bezug auf das Programm;
> - Lernumgebung und Förderprogramme und deren Eignung für den Zweck.

Die Organisation verpflichtet sich ihrer Mission und Strategie entsprechend zur Sicherung der Qualität ihrer Angebote. Sie übernimmt damit Verantwortung für die Übereinstimmung der Bildungsdienstleistungen mit den Leistungsversprechen, die mit Abschluss der Lernvereinbarung gegeben wurde. Damit sind auch die Wertigkeit und Transfereigenschaft des Abschlusses bzw. Zertifikats vertraglich definiert und garantiert. Das heißt im Umkehrschluss, dass die Abschlussqualifikation von externen Akkreditierungsstellen, dem Arbeitsmarkt und/oder weiterführenden Bildungsinstitutionen anerkannt wird.

Da sich Inhalt, Art und Ziele der Bildungsleistungen in ständigem Wandel befinden, kann die Sorgfaltspflicht gegenüber den Lernenden und anderen interessierten Parteien nicht starr sein, sondern muss einen stetigen Anpassungs- und Verbesserungsprozess durchlaufen. Die Organisation muss ihr eigenes Konzept turnusmäßig überprüfen und überarbeiten.

Sie muss sicherstellen, dass das Angebot im Rahmen eines unterstützenden und effektiven Lernumfeldes angemessen bleibt. Daher sind Rückmeldungen von Lernenden, Lehrenden und weiteren Mitarbeitenden wichtige Instrumente zur Überwachung und Messung der Effektivität der Lehr-/Lernprogramme.

Darüber hinaus ist es sinnvoll, relevante externe Interessengruppen in die Gestaltung und fortlaufende Verbesserung einzubeziehen, um die Effektivität der Programme, ihre Transfereigenschaften und ihre Wirksamkeit zu gewährleisten.

9 Bewertung der Leistung

Externes Feedback ist die notwendige Spiegelung der eigenen Produkte und Dienstleistungen z. B. durch weiterführende Bildungsinstitutionen, Ausbildungspartner in der Wirtschaft, abnehmende oder beauftragende Unternehmen, Industrieverbände, Eltern, zivilgesellschaftliche Organisationen und öffentliche Körperschaften. Ohne Rückmeldungen aus dem genannten Umfeld sind Einschätzungen zum Bildungserfolg und zu einem gelungenen Leistungstransfer kaum zu bewerkstelligen.

Die Organisation muss in der Lage sein, die folgenden Fragen zu beantworten:

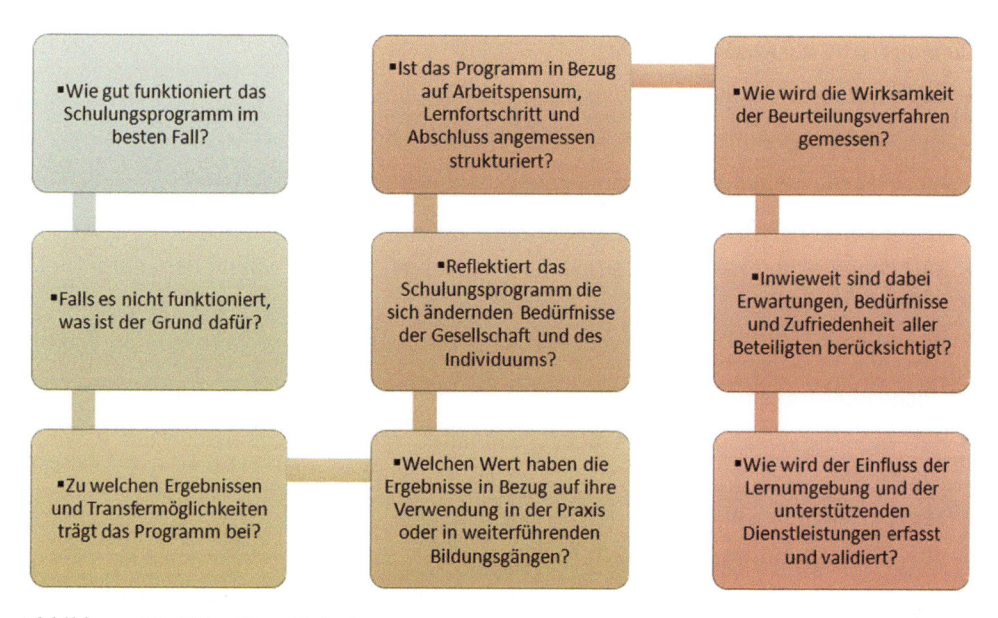

- Wie gut funktioniert das Schulungsprogramm im besten Fall?
- Falls es nicht funktioniert, was ist der Grund dafür?
- Zu welchen Ergebnissen und Transfermöglichkeiten trägt das Programm bei?
- Ist das Programm in Bezug auf Arbeitspensum, Lernfortschritt und Abschluss angemessen strukturiert?
- Reflektiert das Schulungsprogramm die sich ändernden Bedürfnisse der Gesellschaft und des Individuums?
- Welchen Wert haben die Ergebnisse in Bezug auf ihre Verwendung in der Praxis oder in weiterführenden Bildungsgängen?
- Wie wird die Wirksamkeit der Beurteilungsverfahren gemessen?
- Inwieweit sind dabei Erwartungen, Bedürfnisse und Zufriedenheit aller Beteiligten berücksichtigt?
- Wie wird der Einfluss der Lernumgebung und der unterstützenden Dienstleistungen erfasst und validiert?

Abbildung 45: Güte eines Schulungsprogramms

Die Überwachung und Messung der Ergebnisse, die sich aus den Antworten der Interessensgruppen ergeben, bilden die erforderliche Basis, um die Qualität der Bildungsleistung dauerhaft so sicherzustellen, dass die Erfordernisse aller beteiligten relevanten Gruppen erfüllt werden:

1) Die Bildungsangebote sind regelmäßig unter Einbeziehung der Lernenden als Co-Konstrukteure und anderer Interessengruppen zu überprüfen und zu überarbeiten.
2) Die Informationen werden analysiert und das Programm wird angepasst, um sicherzustellen, dass es auf dem neuesten Stand ist.
3) Das Feedback externer Partner und abnehmender Institutionen und Unternehmen fließt in den Anpassungs- und Verbesserungszyklus ein
4) Niveau und Anzahl der Rückmeldungen werden überprüft und verglichen
5) Die Bewertung des Bildungsprozesses und seiner Ergebnisse nach Durchlaufen des Programms sind Basis für die nächsten Entwicklungsetappen für Lehrpläne und Curricula.
6) Die überarbeiteten Programme werden veröffentlicht.

Kennziffern zu Abschnitt 9.1.3

- Zufriedenheitsquote der abnehmenden Organisationen
- Teilnahmequote an internen und externen Umfragen
- Erfüllungsgrad in Bezug auf die vereinbarten Lernziele
- Erfüllungsgrad in Bezug auf den Bildungstransfer
- Niveau-Steigerungsquoten

Exemplarische Nachweise

- Überprüfungsmethoden zum Niveau der Rückmeldungen
- Maßnahmen zur Anhebung des Niveaus von Rückmeldungen
- Prozessbeschreibungen zu Umfragen bei abnehmenden Organisationen
- Überarbeitungsprozess von Feedbackbögen, z. B. zur Wirksamkeit der Lernresultate
- Rückkopplungsprozess von externen Rückmeldungen auf die Qualität des Lehrbetriebs und der Curricula
- Benchmarking

Mögliche Auditfragen:

- Hat Ihre Organisation ein Feedback von allen relevanten interessierten Parteien angefordert

  1) zur Erreichung der vereinbarten Lernziele,

  2) zur Ausführung der Lerndienstleistungen,

  3) zur Wirksamkeit der Lernresultate in Bezug auf einen gelungenen Lerntransfer,

  4) zum Einfluss der Bildungseinrichtung auf die Gesellschaft?

- Wie stellen Sie sicher, dass das Niveau der Rückmeldungen und eine ausreichende Anzahl vergleichbar bleibt, bzw. welche Maßnahmen ergreifen Sie, um das Niveau ggf. anzuheben?

9.1.4 Methoden zur Überwachung, Messung, Analyse und Bewertung

9.1.4 Methoden zur Überwachung, Messung, Analyse und Bewertung

9.1.4.1 Die Organisation muss festlegen:

a) die Methoden zur Gewinnung, Überwachung und Überprüfung von Informationen hinsichtlich der Leistung;

b) Ziele, an denen diese Leistung gemessen wird.

ANMERKUNG   Anhang E enthält eine Liste von Verfahren und Maßstäben, mit denen die Leistung gemessen werden kann. Leistungsziele können als zentrale Leistungsindikatoren ausgedrückt werden.

9.1.4.2 Die Organisation muss sicherstellen, dass

a) die an der Bewertung beteiligten oder davon betroffenen Interessierten Parteien identifiziert sind,

b) die Personen, die die Bewertung durchführen, kompetent und objektiv sind,

c) die Evaluationsberichte transparent sind und die Bildungsprodukte und -dienstleistungen sowie deren Ziele, Erkenntnisse und die Perspektiven, Methoden und Begründungen für die Interpretation der Ergebnisse beschreiben,

d) der Kontext (z. B. Lernumgebung), in dem die Bildungsdienstleistung bereitgestellt wird, ausreichend detailliert untersucht wird, um Einflüsse auf die Bildungsdienstleistung zu identifizieren.

Eine zentrale Forderung der Norm ist die Festlegung von Methoden, wie Bildungsleistungen überprüft und evaluiert werden können. Das gilt in gleichem Maße für die Zielsetzungen, die mit der Bildungsleistung verfolgt werden. Nun wird von vielen Autoren immer wieder darauf hingewiesen, dass sich Bildungsleistungen nur schwer in ein Controlling-Gerüst stecken lassen.

In der Tat ist Bildung ein sich während und durch die Erbringung der Leistung stetig verändernder Prozess, dessen Messkriterien und Zielgrößen sich mit jedem durchlaufenen Bildungszyklus verändern können und z. T. auch müssen. Es ist daher von besonderer Bedeutung, Methoden festzulegen, die geeignet sind, um die Programme kontinuierlich zu überwachen. Messkriterien müssen dabei immer wieder neu ausgerichtet und bestimmt werden. Dabei gelten die nachfolgenden generellen Zielparameter:

– **Sicherstellung des Transfers** in sich wandelnde Praxisbedingungen (u. a. durch Digitalisierung) und weiterführende Bildungssektoren

– veränderte **gesellschaftliche und ethische Anforderungen**

– zunehmende Bedeutung von **Nachhaltigkeit** in Inhalten, Ressourcen, Beziehungsmanagement und Methoden der Lehre

– Aspekte der Forderung **stärkerer Individualisierung** von Lehre und Betreuung

- Beachtung der **Veränderung von Bildungserfordernissen und -erwartungen besonderer Zielgruppen** (inklusiver Unterricht, Begabtenförderung, Kultur- und Gendergerechtigkeit etc.)
- **Einbeziehung neuer wissenschaftlicher Erkenntnisse** (Hirnforschung, Didaktik, Medien etc.) und deren Umsetzung in praktisches Handeln in der Lehre

Lernerfolg objektiv und systematisch zu messen, stellt eine Herausforderung dar. Lernerfolg zeigt sich insbesondere durch den Zuwachs an Kompetenz und Fähigkeiten und kann nicht unabhängig von Lernumgebung, der Atmosphäre, der Persönlichkeit und Motivation der Lehrenden und Lernenden und der pädagogischen Ausführung des Programms erfasst werden.

Dennoch wird auch im Bildungswesen – insbesondere im betrieblichen Bildungssektor und in der Weiterbildung – versucht, die Leistungs- und Prozessqualität messbar zu gestalten – im Bewusstsein der genannten Einflussfaktoren und Einschränkungen. Die für die Messung als geeignet erkannten Methoden richten sich nach Art und Weise der zu messenden Faktoren zum Ziel der Gewinnung von Informationen über den Erfüllungsgrad der Leistung in unterschiedlichen zeitlichen Stadien.

Eine breite Zusammenstellung der als Leistungsindikatoren (KPIs) geeigneten Kennzahlen und Maßstäbe findet sich in Norm-Anhang E.2 (DIN ISO 21001:2021-02). Dazu zählen unter anderem:

- die Zufriedenheit der Lernenden,
- die Anwesenheits- und Beteiligungsquote,
- die Erfolgs- und Abbruchquoten
- die Anzahl von Beschwerden und
- der Grad der Erreichung von Lernergebnissen.

Die Kennzahlen können mit Hilfe bestimmter Analyseverfahren im Laufe der Erbringung der Dienstleistung ermittelt werden. Eine Auswahl gängiger Werkzeuge für die Ermittlung und Evaluation von Messkriterien sind in Norm-Anhang E.3 (DIN ISO 21001:2021-02) aufgelistet, wie zum Beispiel

- Feedbacks/Zufriedenheitsumfragen,
- Selbstbewertung,
- Beschwerdesysteme,
- SWOT-Analysen und
- Wirkungsmessungen.

Die Ermittlung von Leistungsindikatoren zur Bewertung der Zufriedenheit der Lernenden und weiterer begünstigter Parteien ist abhängig von der Rückmeldung dieser Zielgruppen über den gesamten Zeitraum der Leistungserbringung. Daher sollte die Erfassung, Analyse und Bewertung von Daten von Anfang an geplant und aufeinander abgestimmt sein, das heißt, dass Evaluationsergebnisse vor, während und nach der Erbringung der Dienstleistung einbezogen werden. Dabei verlangt die Norm den Nachweis der Sicherstellung angemessener Analyse- und Bewertungsgrundlagen auf der Basis folgender Aussagen:

1) Die Personen, die die Analyse und die Evaluation der Informationen durchführen, verfügen über ausreichende Kompetenzen, sind verlässlich und objektiv. Sie handeln im Sinne des Leitbildes der Organisation.

2) Die an der Umfrage oder Analyse teilnehmenden Zielgruppen sind eindeutig zuzuordnen und voneinander zu unterscheiden.

3) Es ist für alle Beteiligten von Anfang an klar,

   a) welche Ziele mit einer Umfrage oder Analyse erreicht werden sollen,

   b) in welchen zeitlichen Abständen die Informationen erhoben werden,

   c) mit welchen Analysemethoden gearbeitet wird,

   d) welche Art von Daten erfasst wird und

   e) dass der Einfluss der eingesetzten Medien bzw. der Lernumgebung in ausreichendem Maße erfasst ist und berücksichtigt wird.

Gerade der letzte Punkt 3) e) ist für einen Bildungsanbieter nicht immer leicht abzuschätzen. Das trifft insbesondere dann zu, wenn z. B. Weiterbildungsangebote aufgrund gesetzlicher Vorgaben während der Covid-19-Pandemie kurzfristig von Präsenzveranstaltungen auf Online-Angebote umgestellt werden müssen. In der Regel erfordert eine Umstellung auf digitale Formate auch eine Umgestaltung der didaktischen Methoden und Inhalte der Lehreinheiten, um die Lernziele zu erreichen.

Erfahrungsgemäß sinkt die Aufmerksamkeitsspanne von online Teilnehmenden nach kurzer Zeit deutlich ab, individualisiertes Lernen rückt in den Vordergrund. Um Motivation und Aufnahmefähigkeit zu erhalten, bedarf es grundlegender Modifikationen von Methoden der Wissensvermittlung und Lernformaten. Dabei kommt dem Feedback von Lernenden eine hohe Bedeutung zu, um den Lernprozess attraktiv und effizient so zu gestalten, dass das Gelernte im beruflichen oder privaten Umfeld angewendet werden kann.

Das Risiko, dass es insbesondere in Zeiten der Umstellung und Neuorientierung zu Lerndefiziten und Verlust an Kunden (Lernenden) kommt, ist immer hoch. Es ist daher sinnvoll, von Anfang an bei der Planung der Evaluation von Bildungsangeboten eine Risikoabschätzung vorzunehmen und Lösungsoptionen für Alternativszenarien bereitzuhalten. Lehrkräfte und andere am Bildungsprozess Beteiligte sollten mit den verschiedenen Mess- und Bewertungsmethoden vertraut sein und regelmäßig darin geschult werden.

Überblick zu Methoden der Messung und Bewertung von Lernergebnissen:

- Umfragemethoden – siehe Beispiel der Lernprozessbewertung nachstehend
- Bewertungsbogen Erwachsenenbildung – siehe unten
- Evaluationsbogen für Studierende – siehe **Exkurs** im Anhang
- Selbstbewertung des Lernenden
- ausgesuchte Arbeiten werden vom Lernenden in einer Mappe gesammelt und aufbereitet
- Leistungsbewertung im Dialog zwischen Lernendem und Lehrenden
- vom Lernenden zu erstellende Arbeitsfortschrittsberichte
- Lerntagebücher
- Lernentwicklungsberichte (erstellt vom Lehrenden)

Feedbackmethode: Chronologische Abfolge des Feedbacks von Lernenden

In dem Maße, in dem das digitale Lernen an Bedeutung gewinnt, wird die Rückmeldung der Lernenden immer wichtiger. Das Feedback der Lernenden ist die Reaktion auf ihre Lernerfahrungen, die Kommunikation mit dem Dozenten und der Gruppe sowie die Komplexität und Nützlichkeit des Lernmaterials. Ein effektives Feedbacksystem respektiert dabei die Persönlichkeitssphäre der Lernenden und wird in der Regel anonymisiert durchgeführt.

Das Feedbacksystem sollte so geplant sein, dass die Einschätzung der Lernenden in chronologischer Reihenfolge abgerufen werden kann: 1) vor, 2) während und 3) nach der Durchführung des Lernprogramms.

1. Das Feedback der Lernenden vor Beginn der Lehreinheit

Die Lernenden geben ihre Erwartungen von der Lerneinheit ab, bevor sie überhaupt beginnt. Das geschieht auf der Basis allgemeiner Informationen über den Lernplan, das Ambiente, die Infrastruktur und den ersten Eindruck von Management und Dozenten. Die Ermittlung des Feedbacks kann je nach Umfeld und Gestaltung der Lerneinheit in unterschiedlicher Weise erfolgen: z. B. über Chat-Funktionen auf Websites und Online-Medien, Umfragen oder anonymisierte Fragebögen zu Beginn des Präsenztrainings.

Auf diese Weise kann die allgemeine Stimmung und Atmosphäre in der Lerngruppe erfasst werden. Eventuellen Problemstellungen kann frühzeitig gegengesteuert werden. Der spätere Abgleich von Erwartungen und ersten Eindrücken mit Evaluationsergebnissen späterer Stadien bietet darüber hinaus die Möglichkeit, das Auftreten von Problemen durch passende Maßnahmen zu verhindern oder sie in einem möglichst frühen Stadium zu lösen.

2. Das Feedback der Lernenden während des Lernprozesses

Für die Organisation ist das Feedback der Lernenden während ihres Lernprogramms in der Regel von erheblichem Wert für die Optimierung ihrer Lehrprogramme. Dieses Feedback kann ganz ohne Hilfsmittel erfolgen, indem die TeilnehmerInnen entweder ihre Meinung zu den jeweiligen Lerneinheiten äußern oder diese am Ende eines Tages oder eines Lernabschnitts in eine Bewertungsmatrix eintragen. Das kann sowohl in einem Seminarraum, in einer Online-Session oder über einen Chat erfolgen. Auf diese Weise kann eine Atmosphäre der Transparenz und der freien Meinungsäußerung in der Lerngruppe geschaffen werden mit positiven Effekten in Bezug auf die Qualität der Lernerfahrung, die Ergebnisse und das Erkennen möglicher Optimierungspotenziale.

Beispiele für Feedback-Methoden zur Begleitung von Lernprozessen:

Feedback-Methoden im Lehralltag © Team Hochschuldidaktik 2012, Annette Ladwig & Nicole Auferkorte-Michaelis, Universität Duisburg-Essen

Ausführliches Manual für Lehrende zur Feedbackbewertung während des Lernprozesses: IBBW_UFB_Manual Unterrichtsfeedbackbogen (ibbw-bw.de)

3. Feedback der Lernenden nach Abschluss des Lernprozesses

Das Feedback zielt darauf ab, die Einschätzungen der Lernenden zum Erfüllungsgrad ihrer Erwartungen und Erfordernisse an den Lehrprozess zu erfahren. Hier geht es eher um langfristige Lernziele.

Sind die Lernenden mit Ihrem Kurs zufrieden? Ist das Online-, Präsenz- oder Hybrid-Format des Kurses geeignet gewesen, um die Erwartungen zu erfüllen? Sind die Lernmaterialien nützlich gewesen? Haben die Lernenden tatsächlich etwas gelernt? Sind sie bereit, Ihren Kurs an ihre Freunde weiterzuempfehlen?

Wenn die Lernenden beispielsweise das Gefühl haben, dass es zu viel Theorie und zu wenig praktische Aufgaben gab, können sie das erst nach dem Unterricht beurteilen. Eines der gängigsten Instrumente ist die Feedback-Umfrage. Das gilt ebenso für Online-Formate, bei denen Google- oder SurveyMonkey-Formular mit verschiedenen Fragen oder Chat-Funktionen zum Einsatz kommen können.

Beispiele für Evaluation-Tools am Ende des Lernprozesses:

Evaluationsbogen für Seminare – Version Teilnehmende, 2008, Universität Heidelberg – siehe **Exkurs 9.1.4** zu diesem Abschnitt

Dozent/in _____

Bewertungsbogen für das Seminar

Veranstaltungstermin _____   Veranstaltungsort _____

1) **Wie zufrieden waren Sie mit der Information und Beratung im Vorfeld des Seminars?**   **1 2 3 4 5 6**

2) **Wie bewerten Sie den Veranstaltungsort/die Ausstattung des Seminarraumes?**   **1 2 3 4 5 6**

3) **Haben die Seminarinhalte Ihren Erwartungen entsprochen?**   **1 2 3 4 5 6**

4) **Wie beurteilen Sie die Qualität der verwendeten Seminarunterlagen?**   **1 2 3 4 5 6**

5) **Sind Sie mit den eingesetzten Lehr-/Lernmethoden gut zurechtgekommen?**   **1 2 3 4 5 6**

6) **Wie schätzen Sie die Qualifikation der Dozentin/des Dozenten (fachlich, methodisch-didaktisch, sozial) ein?**   **1 2 3 4 5 6**

7) **Wurde auf Ihre Einwände und Fragen angemessen eingegangen?**   **1 2 3 4 5 6**

8) **Sind Sie davon überzeugt, dass Sie das Gelernte in Ihrem beruflichen Alltag umsetzen können?**   **1 2 3 4 5 6**

9) **Würden Sie an diesem Seminar noch einmal teilnehmen bzw. empfehlen Sie dieses weiter?**   **1 2 3 4 5 6**

10) **Sonstige Anmerkungen:** _____

Quelle: Fragebogen Seminarevaluation von Dipl.-Päd. Nicole Wobker, 2016.

Kennziffern zu Abschnitt 9.1.4

- Zufriedenheitsquote der Lernenden
- Anwesenheits- und Beteiligungsquote
- Erfolgs- und Abbruchquote
- Beschwerdequote
- Erfüllungsgrad in Bezug auf das angestrebte Lernziel
- Beteiligungsquote an Umfragen

Exemplarische Nachweise

- Methoden-Portfolio zur Leitungsmessung und Informationsbeschaffung
- Maßnahmen zur Sicherstellung eines gelingenden Lerntransfers bei alternativen Methoden der Lernerfolgsmessung
- Prozessbeschreibungen zu Rückmeldeverfahren
- Überblick über mögliche Risikofaktoren
- Prozess der Risikoabschätzung zur Wirksamkeit der eingesetzten Methoden

Mögliche Auditfragen:

- Welche Methoden der Informationsbeschaffung, -überwachung und -überprüfung hinsichtlich der Leistung der Bildungseinrichtung wurden festgelegt?
- Welche Methodensystematik wird für Rückmeldungen vonseiten der Lernenden und anderen interessierten Parteien genutzt?
- Welche Kriterien müssen für die Auswahl der passenden Methodik berücksichtigt werden – z. B. in Bezug auf die Transparenz der Berichte, die auswertenden Personen, die Zielfestlegungen, den gelingenden Lerntransfer, mögliche Risikofaktoren und die perspektivische Entwicklung?

9.1.5 Analyse und Bewertung

> **9.1.5 Analyse und Bewertung**
>
> Die Organisation muss die entsprechenden Daten und Informationen, die sich aus der Überwachung und Messung ergeben, analysieren und bewerten.
>
> Die Ergebnisse der Analyse müssen verwendet werden, um Folgendes zu bewerten:
>
> a) die Konformität der Bildungsprodukte und -dienstleistungen;
>
> b) der Zufriedenheitsgrad der Leistungsempfänger;
>
> c) der Grad der Mitarbeiterzufriedenheit;
>
> d) die Leistung und Wirksamkeit des MSBO;
>
> e) ob die Planung wirksam umgesetzt wurde;
>
> f) die Wirksamkeit durchgeführter Maßnahmen zum Umgang mit Risiken und Chancen;
>
> g) die Leistung externer Anbieter;
>
> h) der Verbesserungsbedarf des MSBO.
>
> ANMERKUNG Methoden zur Datenanalyse können qualitative, quantitative und/oder gemischte Techniken umfassen.

Dieser Normabschnitt entspricht in vielen Forderungspunkten der DIN EN ISO 9001: 2015 mit einigen wesentlichen Ergänzungen. Diese betreffen sowohl die Analyse und Bewertung der Zufriedenheit der Leistungsempfänger (Lernende und externe Begünstigte) als auch die Erfassung und Bewertung des Zufriedenheitsgrads der Mitarbeitenden.

Die Erweiterung auf das **Monitoring** der Zufriedenheit des organisationsinternen Personals sollte im Grunde selbstverständlich sein – in jedem Unternehmen –, wird explizit aber zum ersten Mal in einer Managementnorm für das Bildungswesen gefordert. Dadurch wird der Fokus generell stärker auf den Menschen als Zentrum des Handelns in allen Phasen der Leistungserbringung gelegt.

Mit welchen Methoden die Konformität von Produkten und Dienstleistungen überwacht und analysiert werden können, wurde bereits in den ersten Unter-Abschnitten des Abschnitts 9.1 diskutiert. Wesentlich für die Validierung ist es, wie die Mess- und Analyseergebnisse bewertet werden:

- Welchen Einfluss haben der Lerninhalt, der Dozent und weitere Mitarbeitende auf das Lernergebnis?
- Welche Rückschlüsse lassen sich in Bezug auf die verwendeten pädagogischen Methoden ziehen?
- Was sagt das Lernergebnis – der Output – über die Transferleistung und Wirkung für die Umsetzung in der Praxis bzw. für weiterführende Bildungswege aus?
- Was ist das wirksame Outcome des Bildungsprozesses, und wie kann die Organisation diesen sicherstellen?

Damit wird der Blick auf die wirkungsorientierte Steuerung und Bewertung der einzelnen Prozessschritte gelegt. Es geht nicht um die Bewertung des Lernverhaltens oder den Lernerfolg einzelner Individuen, sondern um die Evaluation des Gesamtsystems auf der Basis eines sinnvollen Monitorings im Sinne des PDCA-Zyklus.

Ergebnisauswertung eines Lehr-/Lernprozesses

Kognitive Aktivierung
- Der Unterricht hat einen klaren Fokus auf die zentralen Inhalte, die von den Lernenden verstanden werden sollen.
- Die Lehrkraft ermittelt das aktuelle Verständnis der Lernenden.
- Im Unterricht wird mit Fragen und Aufgaben gearbeitet, die die Lernenden zur vertieften Auseinandersetzung mit den Inhalten herausfordern.
- Die Lernenden sind engagiert am Unterrichtsgeschehen beteiligt.

Konstruktive Unterstützung
- Die Lehrkraft begegnet den Lernenden mit Wertschätzung und Respekt.
- Die Lehrkraft unterstützt die Lernenden individuell in ihrem Lernprozess.
- Das Feedback, das die Lehrkraft den Lernenden gibt, ist zum Weiterlernen hilfreich.
- Die Lernenden begegnen einander und dem Lehrenden mit Wertschätzung und Respekt.

Führung des Lehrbetriebs
- Die zur Verfügung stehende Unterrichtszeit wird für die Auseinandersetzung mit den Lerninhalten genutzt.
- Die Lehrkraft hat einen guten Überblick über das Geschehen im Unterricht.
- Faktoren, die den Unterrichtserfolg beeinflussen:
  - Strukturqualität
  - Strukturiertheit des Unterrichts
  - Klarheit, Verständlichkeit, Prägnanz
  - Variabilität der Unterrichtsformen
  - Medieneinsatz
  - Übungsintensität
  - Stoffumfang

Abbildung 46: Ergebnisauswertung eines Lehr-/Lernprozesses

Im Gegensatz zur Analyse und Auswertung betriebswirtschaftlicher Daten ist die wirkungsorientierte Steuerung von Bildungsleistungen in die Zukunft gerichtet. Sie versucht, künftige Entwicklungen im Sinne definierter Ziele mit einzubeziehen und die Programme auf den zukünftigen Bedarf auszurichten. Grundlage sind Erkenntnisse im Hinblick auf die Optimierung 1) der Aktivierung von Lernenden, 2) der konstruktiven Unterstützung der Lernenden und 3) der Führung des Lehrbetriebs. Daraus folgt eine fortwährende Anpassung, Überarbeitung und (Neu-)Entwicklung von Curricula und Lehrplänen.

Wirkungsorientierte Steuerung

Wirkungsorientierte Steuerung basiert auf der Planung von Analyse- und Bewertungsmaßnahmen in chronologischer Abfolge, um Lernprogramme effektiv zu überprüfen und anzupassen und ihre Auswirkungen nach Abschluss des Programms zu ermessen. Dazu werden Kenndaten zur Untersuchung des Nutzens einer Bildungsmaßnahme oder einzelner Teile prozessbegleitend ermittelt oder Ergebnisse in summativer Form ausgewertet.

Entsprechende Kenndaten über quantitative Fragen (harte Kennzahlen), wie auch Fragen an die Beteiligten einer Bildungsmaßnahme über qualitativ-fachliche Belange und Zufriedenheitsfaktoren (weiche Kennzahlen) werden in den folgenden Phasen des Bildungsprozesses erhoben:

- **Input**: Im Vorfeld der Bildungsmaßnahme

    Analyse des Inputs, um den Zweck, die Ziele des Lehrprogramms zu klären und zu beschreiben und diese mit den Anfangserwartungen der Lernenden abzugleichen. Sinnvoll ist der Einsatz partizipativer Formen der Bedarfsanalyse, die die Teilnehmer mit einbeziehen, um eine Feinabstimmung der Lerninhalte und -ziele zu erreichen.

- **Lernprozess**: Prozessbewertungen zu Beginn, während und am Ende der Lehrveranstaltung.

    Eine gezielte Prozessbewertung zeigt auf, wie sich die Struktur und die unterstützenden Programme mit der Zeit entwickeln. Im Mittelpunkt der Prozessevaluation stehen die Leistungen und Ressourcen des Programms.

    Die Evaluation sollte konsequent an die im Vorfeld kommunizierten Ziele der Maßnahme anknüpfen, Vorkenntnisse und Vorerfahrungen der Teilnehmer berücksichtigen.

    Während der Veranstaltung: Bezug zu konkreten Aufgaben aus dem Lern- oder Arbeitsumfeld herstellen, Rückmeldungen noch im Verlauf der Veranstaltung einholen, ggf. Transferhindernisse vorwegnehmen und Lösungsmöglichkeiten vorbereiten. Umsetzung und Wirkung des Programms mit Hilfe von zeitlich gestaffelten Feedbackrunden überprüfen, ggf. unmittelbar Anpassungen von Lernmodulen vornehmen.

- **Output:** Evaluation der direkten Ergebnisse einer Lerneinheit/eines Studiums/eines Trainings, Messung der Zielerreichung anhand von Kennzahlen.

    Soll-Ist-Vergleiche zwischen den tatsächlichen Leistungen der Lernenden im Abgleich mit dem Lernziel.

- **Transfersicherung:** Validierung der Qualität des Abschlusses/der Prüfung

    1) Evaluation, inwiefern die in der Prüfung nachgewiesenen Fähigkeiten und Kenntnisse Gleichwertigkeit mit entsprechenden gesetzlich definierten Bildungsschnittstellen aufweisen,

    2) Evaluation, inwiefern die erworbenen Kompetenzen und Ergebnisse Anwendung im (betrieblichen) Funktionsfeld finden, da Bildungsinhalte theoretisch als sinnvoll erscheinen können, die sich in der konkreten Anwendung nicht immer als praktikabel herausstellen (vgl. Vaudt in: Griese & Marburger 2011: S. 149). Die Berücksichtigung des Anwendungsbezugs der Lerninhalte ist insbesondere in der Weiterbildung und betrieblichen Bildung ein wesentliches Transferkriterium.

> **Maßnahmen zur Transfersicherung:**
>
> Jede Organisation muss dafür Sorge tragen dass ihre Bildungsmaßnahmen transferorientiert gestaltet werden. In der betrieblichen Weiterbildung spielt ein gelingendes Transfermanagement eine besonders große Rolle. Es bezieht sich auf alle Aktivitäten, die dazu beitragen können, die Umsetzung, Anwendung in der Praxis und das langfristige Beibehalten des Gelernten zu unterstützen und sicherzustellen. Die Gestaltung eines Kurses/eines Seminars muss daher stets die Umsetzungsperspektive der Teilnehmenden berücksichtigen. Am Ende des Lernprozesses sollte er das Gelernte reflektieren und in konkrete Transfervorhaben für den (Arbeits-)Alltag umsetzen können.
>
> Es existiert ein breites Spektrum an wirkungsvollen Methoden zur transferfördernden Gestaltung von Seminaren und Trainings, auf die an dieser Stelle nur hingewiesen werden soll.
>
> Exemplarisches Material zu Transfermethoden:
>
> *Besser, Ralf (2020): Transfer: Damit Seminare Früchte tragen,*
>
> *Alsheimer, Martin/Müller, Ulrich/Papenkort, Ulrich (1996): Spielend Kurse planen*

- **Outcome**: Bewertung der erworbenen Fähigkeiten, Kompetenzen, des umsetzbaren Wissens sowie der persönlichen Weiterentwicklung

  Die Bewertung des Outcome kann aus unterschiedlichen Perspektiven erfasst werden und dabei auf den individuellen, den betrieblichen sowie den gesellschaftlichen Nutzen abzielen. Daher kann die Messung des Outcome nicht nach einheitlichen Kennziffern erfolgen. Vielmehr orientiert sich der Nutzen der Maßnahme an dem jeweiligen Gewinn, den der Einzelne daraus in entsprechenden gesellschaftlichen, betrieblichen oder persönlichen Sektoren erzielen kann. Dennoch sind Rückmeldungen aus der Praxis wertvolle Beiträge, die es Bildungsinstitutionen und beteiligten Akteuren erlauben, Bedarfe, Ziele und Auswirkungen von Bildungsangeboten zu reflektieren.

  Im Gegensatz zum Schulsystem in Deutschland ist das kontinuierliche Bildungscontrolling z. B. im internationalen Schulwesen gängige Praxis. So ist der Bewertungsprozess der CIS (Council of International Schools) ein weltweit anerkannter sogenannter Akkreditierungsprozess, in dem die Qualität des Bildungsmanagements in internationalen Schulen turnusmäßig bewertet und auditiert wird.

  Der betriebliche Nutzen einer Bildungsmaßnahme für die Wirtschaft kann dem unmittelbaren Anwendungsnutzen dienen und die Flexibilität der Einsetzbarkeit der Mitarbeitenden und somit ihre Karrierechancen erhöhen (vgl. Seeber et al. 2000).

- **Impact**: Analyse und Bewertung des Outcome in Bezug auf:
  - Übereinstimmung mit Leitbild und Zielsetzungen der Organisation
  - Erwartungen und Entwicklungen im Markt
  - Übereinstimmung mit den Interessen und Erwartungen interessierter Parteien (z. B. Lernende, Wirtschaftspartner, Bildungspartner, weiterführende Bildungsorganisationen)

- seinen Einfluss auf ethisches und nachhaltiges Handeln
- seinen Einfluss auf gesellschaftliche Veränderungen
- Überarbeitung und Weiterentwicklung der eigenen Bildungsprozesse und -produkte

Eine Analyse der Wirkungen, die mit den Bildungsmaßnahmen erzielt werden, zeigt z. B. auf, wo noch Defizite bestehen oder wo Weiterentwicklungen dringend erforderlich sind. Die Wirkungsziele sollten für jede Etappe bzw. Schnittstelle im Lehr/Lernsystem erarbeitet werden. Entsprechende Indikatoren für die Art und Weise der beabsichtigten Wirkung werden in jedem Evaluationszyklus überprüft und ggf. neu definiert mit dem Ziel, die Kausalkette zwischen dem Lehr-/Lernprozess und den erzielten Wirkungen herzustellen.

Die ständige Reflektion der Qualität, Angemessenheit und ggf. Neuausrichtung der Bildungsprozesse ist von entscheidender strategischer Bedeutung für die Organisation und sollte sich sowohl im Leitbild als auch in der Vision widerspiegeln. Dabei sollten alle Stufen vom Input bis zum Outcome und ihre Auswirkungen auf den Lehrbetrieb, auf Lernende und andere relevante Stakeholder einbezogen werden.

9 Bewertung der Leistung

INPUT
Lehrende, Ressourcen, Infrastruktur

PROZESS
Planung und pädagogische Ausführung des Lernprozesses

OUTPUT
Abschlüsse, Zertifikate, Lernergebnisse

TRANSFER
Maßnahmen zur Transfersicherung in weiterführende Bildungswege bzw. die Praxis

OUTCOME
Fähigkeiten, Kompetenzen, umsetzbares Wissen, persönliches Wachstum

IMPACT
Ethisches Handeln, gesellschaftliche Veränderungen, nachhaltiges Wirken

Prozessbewertung

Ergebnisbewertung

Transferwirkung

Wirkungsmessung

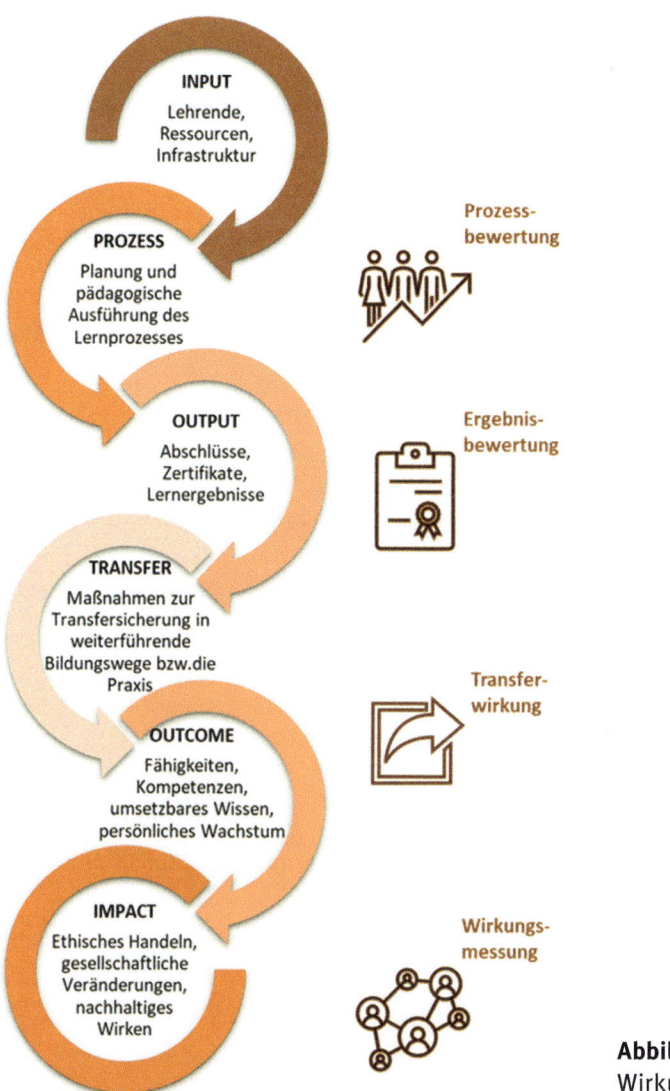

Abbildung 47: Exemplarische Wirkungsmessung

Exemplarische Nachweise zu Abschnitt 9.1.5

- Audit- und Qualitätsberichte
- Lieferanten- und Bildungspartner-Bewertungen
- Kennzahlenreport
- Analysetools
- Prozessbeschreibungen zu Analyseverfahren
- Fehleraufzeichnungen

- Beschwerden und Regressansprüche
- Zufriedenheit der Lernenden und der Mitarbeitenden
- Rückkopplungsverfahren von Analyseergebnissen zu Entwicklungsleistungen
- Prozess der Risikoabschätzung zur Wirksamkeit der eingesetzten Methoden
- Verfahrensbeschreibung: „Überwachung von Änderungen"
- Dokumentierte Informationen zu Aktualisierungs- und Verbesserungsprozessen

Mögliche Auditfragen:

- Welche Erkenntnisse gab es in letzter Zeit aus der Analyse und Bewertung, die zu Maßnahmen geführt haben? Wo sind Trends erkennbar?
- Wie verändern sich Anforderungen vonseiten der Lernenden?
- Welche Aussagen müssen die Analysedaten umfassen in Bezug auf die Konformität mit den Anforderungen vonseiten der interessierten Parteien, die Leistung des Managementsystems, der Leistung externer Partner, möglicher Risiken und Chancen und mögliche Verbesserungspotenziale?
- Wie kann die Wirksamkeit des MSBO mit der verwendeten Systematik angemessen bewertet werden?
- Welche Maßnahmen wurden aus der Bewertung abgeleitet?

9.2 Internes Audit

9.2 Internes Audit

9.2.1 Die Organisation muss in geplanten Abständen interne Audits durchführen, um Informationen darüber zu erhalten, ob das MSBO:

a) die Anforderungen:

  1) der Organisation an ihr MSBO,

  2) dieses Dokuments erfüllt.

b) wirksam verwirklicht und aufrechterhalten wird.

9.2.2 Die Organisation muss:

a) ein oder mehrere Auditprogramme planen, aufbauen, verwirklichen und aufrechterhalten, einschließlich der Häufigkeit von Audits, Methoden, Verantwortlichkeiten, Anforderungen an die Planung sowie Berichterstattung, welche die Ziele der MSBO, die Bedeutung der betroffenen Prozesse, Rückmeldungen der betroffenen Interessierten Parteien und die Ergebnisse vorheriger Audits berücksichtigen müssen;

b) für jedes Audit die Auditkriterien sowie den Umfang festlegen;

c) Auditoren so auswählen und Audits so durchführen, dass Objektivität und Unparteilichkeit des Auditprozesses sichergestellt sind;

d) sicherstellen, dass die Auditergebnisse gegenüber der zuständigen Leitung berichtet werden;

e) Möglichkeiten zur Verbesserung identifizieren;

f) geeignete Korrekturen und Korrekturmaßnahmen ohne ungerechtfertigte Verzögerung umsetzen;

g) dokumentierte Information als Nachweis der Planung und Verwirklichung des Auditprogramms und der Auditergebnisse aufbewahren.

Die Auditoren dürfen nicht ihre eigene Arbeit auditieren.

ANMERKUNG   ISO 19011 enthält weitere Anleitungen.

9.2.1 Audit, Auditarten und Audittypen

Ein Audit (von lateinisch: Anhörung) ist eine systematische unabhängige Untersuchung, um festzustellen, ob die Tätigkeiten und damit zusammenhängenden Ergebnisse den geplanten Anforderungen entsprechen, und ob diese Anforderungen tatsächlich verwirklicht und geeignet sind, die Ziele zu erreichen.

Im Allgemeinen werden so Untersuchungsverfahren bezeichnet, die Prozesse hinsichtlich der Erfüllung von Anforderungen und Richtlinien bewerten. Solche Audits werden sinnvollerweise von speziell dafür geschulten Auditoren durchgeführt.

Audits dienen zunächst als Absicherung des Erreichten. Aus Erfahrung weiß man, dass die wirksame Umsetzung von Verfahren, Prozessen, Vorgaben und Anweisungen im Verlauf der Zeit, im Tagesgeschäft, stark nachlassen. Anweisungen und bereits erreichte Zustände werden nicht mehr mit der gebotenen Aufmerksamkeit verfolgt. Dieses durchaus menschliche Problem ist nur durch regelmäßige Audits zu bewältigen.

Es werden zunächst zwei Aspekte bei Audits unterschieden:

- Im statischen Qualitätsmanagement haben Audits sozusagen einen Prüfungscharakter. Sie liefern einen Nachweis über bestimmte Vereinbarungen. Daher werden sie innerhalb eines Überprüfungszyklus in aller Regel nur einmalig durchgeführt. Das sind die Audits, auf die jedermann normalerweise im Qualitätsmanagement trifft.

- In einer dynamischen Qualitätssicherung kommt einem Audit eine etwas andere Bedeutung zu. Dort werden Entwicklungstrends erfasst. Solche Audits geben den Veranlassern von Veränderungen wichtige Rückmeldungen über die Wirksamkeit der eingeleiteten Maßnahmen. Die Aussagekraft solcher Audits steigt mit der Anzahl der Wiederholungen.

Dann wird üblicherweise nach verschiedene Auditarten oder Audittypen unterschieden.

Unterscheidung nach dem Audit-Gegenstand:

- **Systemaudit:** Dabei handelt es sich um eine umfassende Beurteilung der Wirksamkeit und der Dokumentation des gesamten Managementsystems (MSBO) und einer Bewertung der Konformität gegenüber der DIN ISO 21001:2021-02.

- **Produktaudit:** Der Schwerpunkt dieses Audits liegt auf der Prüfung auf Übereinstimmung von Produktqualität und Kundenforderungen und von Spezifikationen und zum Beispiel Seminarunterlagen.
- **Verfahrensaudit oder auch Prozessaudit:** Ein solches Audit bezieht sich auf die Prüfung auf Übereinstimmung zuvor definierter Anforderungen mit Arbeitsanweisungen und Prozessanweisungen oder Verfahrensbeschreibungen, Spezifikationen und Kundenanforderungen.

Unterscheidung nach den „Parteien", die an einem Audit beteiligt sind:

- **First-Party-Audit (intern):** Der Auditor ist Mitarbeitender der Organisation, die einem Audit unterzogen wird, auch internes Audit genannt.
- **Second-Party-Audit:** Die Auditierung findet durch einen Partner der Organisation statt. Typisch hier das Lieferantenaudit, das üblicherweise vom Managementbeauftragten eines Kunden bei seinem Lieferanten durchgeführt wird.
- **Third-Party-Audit (extern):** Das Qualitätsmanagementsystem wird gegen ein Regelwerk wie die DIN ISO 21001:2021-02, durch neutrale Dritte, durch eine unabhängige, akkreditierte Stelle auditiert.

Nachfolgende Grafik zeigt eine Reihe von Auditzyklen (jeweils drei Jahre). Jeweils für den nächsten Zyklus müssen die Bildungseinrichtungen eine Auditprogrammplanung (siehe Abschnitt 9.2.2) durchführen.

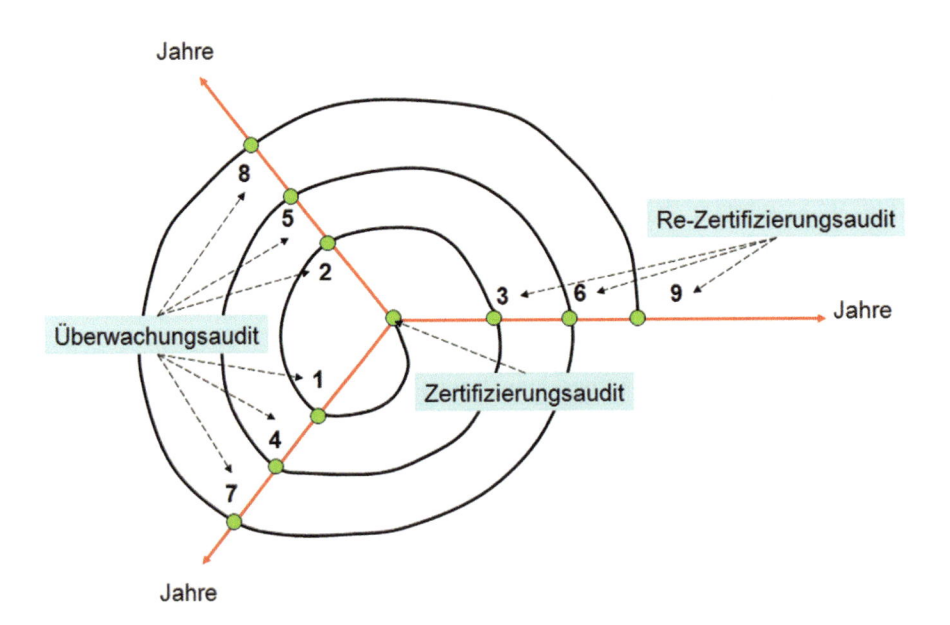

Abbildung 48: Auditzyklen

Üblicherweise verläuft ein Audit nach grundsätzlichen Audit-Phasen ab. Solche Phasen sind:

Planung und Vorbereitung

Ein Audit wird inhaltlich und zeitlich in einem Auditplan vorgeplant. Erforderliche Frage- oder Checklisten werden vorbereitet und alle Mitwirkenden und Beteiligten werden eingeladen. Von entscheidendem Faktor für den Erfolg von Audits sind

- der Aufbau von Auditfragen – siehe **Exkurs „9.2.1 Von der Auditfrage zum Interview"** – und
- die praktizierte Fragetechnik, deren Anwendung internen Auditoren empfohlen wird – siehe **Exkurs „9.2.2 Fragetechnik"**.

Durchführung von Audits:

- **Einführung:** Die Realisierungsphase beginnt mit einem Opening Meeting (oder einer Eröffnungsveranstaltung, gerne auch Kick-Off), bei dem alle Beteiligten aller Bereiche, die der Auditierung unterzogen werden, begrüßt, auf das unmittelbar bevorstehende Audit erneut aufmerksam gemacht und auf die Inhalte, Vorgehensweise und Zeitpläne vorbereitet werden.

- **Untersuchung:** Die vorbereitete Fragen- bzw. Checkliste kann als Leitlinie für ein Audit verwendet werden. Die Auditoren lassen sich Beweise (Auditnachweise) für die Aussagen der Auditierten zeigen (Arbeitsergebnisse, Tabellen, KPI's, Messgrößen usw.).

Abschluss eines Audits:

Am Ende eines Audits tragen alle mitwirkenden Auditoren die Ergebnisse zusammen und bereiten das sog. Closing Meeting (oder die Abschlussveranstaltung) vor. Alle Beteiligten aller Bereiche werden noch einmal zusammengerufen. Die Audit-Ergebnisse, soweit möglich, werden durch den Lead-Auditor verkündet. Auf festgestelltes Verbesserungspotenzial wird hingewiesen.

Ein schriftlicher Bericht des Auditors an die oberste Leitung schließt den Prozess in besten Fall ab falls es nicht zu Abweichungen im durchgeführten Audit gekommen ist. Im letztgenannten Fall müssen die Abweichungen von der auditierten Stelle zunächst korrigiert und erneut auf Wirksamkeit geprüft werden, bis das Audit abgeschlossen werden kann. Nachfolgende Grafik stellt einen typischen Auditablauf prozessual dar.

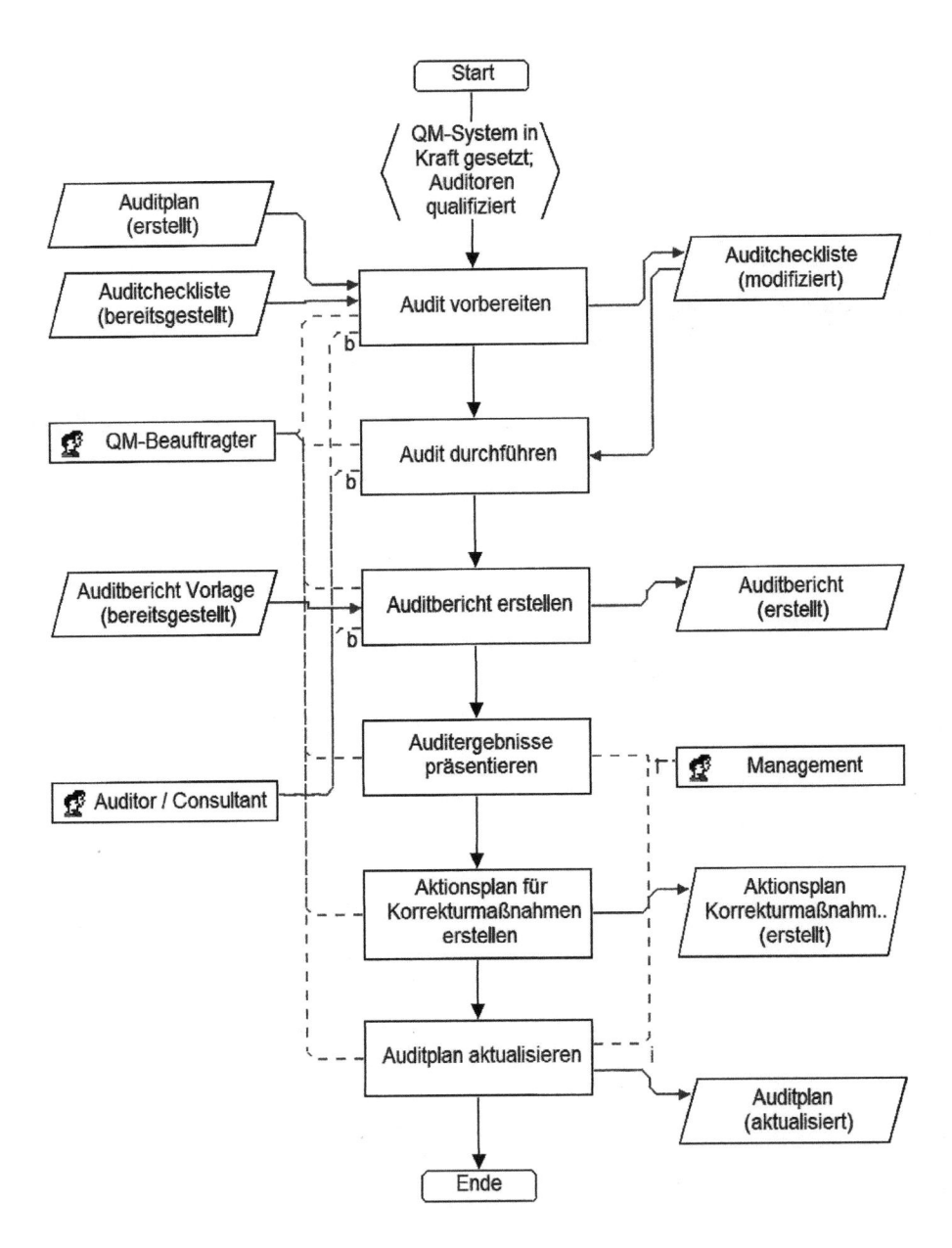

Abbildung 49: Internes Audit durchführen

9.2.2 Auditprogrammplanung

Es wird zwischen

- Auditplan und
- Auditprogrammplan

unterschieden.

Ein Auditplan muss für jedes einzelne Audit erstellt werden. Während der Audit-Planung wird über das Ziel der Audits entschieden. Das bedeutet, welche

- Funktionen,
- Arbeitsabläufe,
- Arbeitsverfahren,
- Verrichtungen,
- Produkte/Dienstleistungen

auditiert werden sollen. Allgemeine Audit-Ziele werden dabei ebenfalls berücksichtigt.

Bei der Zieldefinition geht es darum, spezifische Ziele für das Audit zu identifizieren. Diese Ziele hängen vor allem vom Zweck des Audits ab. Grundsätzlich sind bei der Zieldefinition eines Audits die folgenden Fragen zu beantworten:

- Welche Ergebnisse soll das Audit liefern?
- Warum wird das Audit durchgeführt?
- Handelt es sich um ein routinemäßiges Audit, oder sollen mit dem Audit spezifische Probleme identifiziert und gelöst werden?
- Wer ist Auftraggeber und was sind dessen spezielle Erwartungen?
- Wie und wozu wird das Ergebnis des Audits verwendet?

Durch ein Audit wird geprüft, ob die auf den auditierten Bereich bezogenen, jetzt durchgeführten Tätigkeiten den einmal ursprünglich geplanten Tätigkeiten entsprechen. Es stellt sich dabei die Frage, ob die Arbeiten entsprechend den Verfahrensanweisungen und Arbeitsanweisungen durchgeführt wurden. Die Ergebnisse dieser Arbeiten müssen dabei den geplanten Ergebnissen entsprechen. Die Auswahl der Auditoren und die Durchführung der Audits müssen so erfolgen, dass eine Objektivität und Unparteilichkeit sichergestellt ist. Folglich dürfen Auditoren ihre eigene Tätigkeit nicht auditieren.

Sollten Abweichungen im Audit festgestellt werden, so sind entsprechende Korrekturmaßnahmen vorzunehmen. Dazu sollen die Ergebnisse inklusive dazugehöriger Korrekturmaßnahmen dokumentiert werden. Die Wirksamkeit dieser Maßnahmen muss folglich kontrolliert und schließlich bewertet werden. Aus der Bewertung ergeben sich eventuelle Veränderungen des Managementsystems durch die Leitung der Organisation.

Für jeden Auditzyklus sollte die Bildungseinrichtung eine Auditprogrammplanung erstellen. Dabei wird in der Regel immer ein Drei-Jahres-Zeitraum betrachtet. Status und Bedeutung der zu auditierenden Prozesse und Bereiche werden vorab festgelegt. Darüber hinaus werden die Ergebnisse früherer Audits einbezogen. Im Audit-Programm sind Audit-Kriterien, Audit-Umfang, Audit-Häufigkeit und die Audit-Methoden zu berücksichtigen.

Des Weiteren stellt die DIN ISO 21001:2021-02 auch eine Forderung in Richtung der verantwortlichen Leitung des auditierten Bereichs. Diese muss sicherstellen, dass alle erforderlichen Korrekturen und Korrekturmaßnahmen zur Beseitigung von erkannten Fehlern und deren Ursachen auch tatsächlich ergriffen werden, und zwar ohne ungerechtfertigte Verzögerung. Folgemaßnahmen daraus müssen die Verifizierung der ergriffenen Maßnahmen enthalten. Auch in die Berichterstattung müssen die Verifizierungsergebnisse einfließen.

Die zur Durchführung von Audits für Auditoren benötigten Kompetenzen sind in der Norm DIN EN ISO 19011:2018-10 ausführlich dargestellt.

Internes Audit als Beitrag zur fortlaufenden Verbesserung

Der wichtigste Beitrag eines Auditprogramms ist die Verbesserung der Qualitätsfähigkeit einer Organisation. Zu diesem Zweck fordert die Norm das Auditprogramm als ein Hilfsmittel zur Steuerung und Überwachung des Qualitätsmanagementsystems. Die Ausrichtung der Audits an den Qualitätszielen verwandelt das Auditieren vom notwendigen Übel, welches nur der Aufrechterhaltung des Zertifikates dient, zum anerkannten Hilfsmittel der stetigen Verbesserung.

Zur umfassenden Evaluation der eigenen Leistungen kann eine Bildungseinrichtung zum Beispiel die sogenannte 360°- Evaluation durchführen (https://de.wikipedia.org/wiki/360%C2%B0-Feedback). Diese ist eine der wirksamsten Methoden zur Beurteilung der Effektivität und Effizienz der Führung und des MSBO. Die Methode beruht auf einem validierten Fragebogen. In dem jährlich durchzuführenden Audit werden dann die Ergebnisse der 360°-Evaluation übergreifend bewertet.

Kennziffern zu Abschnitt 9.2

- Anzahl Korrekturmaßnahmen je Audit;
- Dauer von Nacharbeitungsfristen.

Exemplarische Nachweise zu Abschnitt 9.2

- Verfahrensbeschreibung „Internes Audit"
- Auditprogrammplanung
- Auditpläne
- Frage-/Checklisten
- Qualitätsmeldungen
- Auditberichte

9 Bewertung der Leistung

Mögliche Auditfragen:

- Wie wählen Sie angemessene Auditkriterien und Auditziele aus?
- Wie werden Auditoren ausgewählt und qualifiziert in Bezug auf die Anforderungen des MSBO? Wie wird ihre Unabhängigkeit gewährleistet?
- Wie entspricht das Managementsystem den Anforderungen interessierter Parteien und eigener Maßgaben? Wird es effektiv umgesetzt und aufrechterhalten?
- Welche Audits wurden in den letzten zwölf Monaten durchgeführt (Auditprogramm)?
- Wie risikobasiert oder prozessorientiert erfolgt die Auditplanung für das nächste Jahr?
- In welcher Form und mit welchen Zielgruppen werden die Auditgespräche geführt?
- Wie werden die Ergebnisse und Erkenntnisse aus den einzelnen Audits verdichtet in Bezug auf die Ziele der Bildungseinrichtung, das Feedback interessierter Parteien und Ergebnisse vergangener Audits?
- Welche Ergebnisse gab es im letzten Audit, und wie wirksam wurden Maßnahmen hierzu umgesetzt?

9.3 Managementbewertung

9.3.1 Allgemeines

> **9.3 Managementbewertung**
>
> **9.3.1 Allgemeines**
>
> Die oberste Leitung muss das MSBO und die Strategie der Organisation mindestens einmal jährlich in geplanten Abständen überprüfen und diese entsprechend aktualisieren, um dessenfortlaufende Eignung, Angemessenheit und Wirksamkeit sicherzustellen.

9.3.2 Eingaben für die Managementbewertung

> **9.3.2 Eingaben für die Managementbewertung**
>
> Die Managementbewertung muss Folgendes berücksichtigen:
>
> a) den Status von Maßnahmen vorheriger Managementbewertungen;
>
> b) Veränderungen bei externen und internen Themen, die das MSBO betreffen;
>
> c) Informationen über die Leistung und Wirksamkeit des MSBO, einschließlich Entwicklungen bei:
>
> 1) Zufriedenheit der Lernenden und anderer Leistungsempfänger sowie Rückmeldungen zu den Anforderungen der Lernenden und anderen Leistungsempfängern;
>
> 2) den Umfang, in dem Ziele erfüllt wurden;

3) die Prozessleistung und Konformität von Bildungsprodukten und -dienstleistungen;

4) den Nichtkonformitäten und Korrekturmaßnahmen;

5) Ergebnissen von Überwachungen und Messungen;

6) den Auditergebnissen;

7) die Leistung von externen Anbietern;

8) Ergebnisse der formativen und summativen Evaluation.

d) die Angemessenheit von Ressourcen;

e) die Wirksamkeit von durchgeführten Maßnahmen zum Umgang mit Risiken und Chancen (siehe 6.1);

f) Möglichkeiten zur fortlaufenden Verbesserung;

g) Rückmeldungen der Beschäftigten zu Tätigkeiten zur Verbesserung ihrer Kompetenz.

9.3.3 Ergebnisse der Managementbewertung

9.3.3 Ergebnisse der Managementbewertung

Die Ergebnisse der Managementbewertung müssen Entscheidungen enthalten, zu:

a) Möglichkeiten zur fortlaufenden Verbesserung;

b) jeglichem Änderungsbedarf am MSBO;

c) dem Ressourcenbedarf.

Die Organisation muss dokumentierte Information als Nachweis der Ergebnisse der Managementbewertung aufbewahren.

In Abschnitt 5.1 wurde bereits auf die Aufgaben und Pflichten der Leitungsebene in Bezug auf die Wirksamkeit des MSBO und die strategische Ausrichtung der Organisation eingegangen. Der Abschnitt 9.3 behandelt die Kriterien des Management-Reviews, dass den Geschäftsablauf des zurückliegenden Jahres reflektiert und von der obersten Leitung erstellt werden muss. Es ist eine der wesentlichen Grundvoraussetzungen für die Zertifizierungsfähigkeit der Organisation.

Die Managementbewertung ist ein zentrales Steuerungsinstrument der Führung. Sie muss der strategischen Ausrichtung der Organisation entsprechen. Die Führung hat damit eine Rechenschaftspflicht. Sie kann diese nicht an andere Organisationsebenen delegieren.

Entsprechend der Struktur der DIN EN ISO 9001:2015-11 werden in den beiden Unterabschnitten 9.3.2 und 9.3.3 Anforderungen an den Input und das Ergebnis der Managementbewertung definiert. Abschnitt 9.2.2 nennt dabei zusätzliche Vorgaben für den Input zum Management-Review, die wichtige Informationen zum Bildungsprozess liefern. Dazu gehören die folgenden Punkte:

Zusätzliche Anforderungen an das Management-Review gegenüber der DIN EN ISO 9001: 2015-11

9.3.2 c) 8)	Informationen über Leistung und Wirksamkeit des MSBO, einschließlich Entwicklungen in Bezug auf die Ergebnisse der formativen und summativen Evaluation
9.3.2 f)	Möglichkeiten der fortlaufenden Verbesserung
9.3.2.g)	Rückmeldungen der Beschäftigten zu Tätigkeiten zur Verbesserung ihrer Kompetenz

Zu den Eingaben gehören neben den Veränderungen gegenüber dem Management-Review des vergangenen Jahres vor allem Informationen zu Themen, die die Wirksamkeit des MSBO betreffen. Das Management-Review stellt die Schnittstelle im Qualitätszyklus zwischen Datenerhebungen (Check) und der verbindlichen Ableitung von Maßnahmen (Act) dar. Auf der Basis vorheriger interner und externer Auditberichte werden jährlich Maßnahmen abgeleitet und eine Planung erstellt.

Ein Management-Review sollten die folgenden Themen umfassen.

1) Status von Maßnahmen aus vorangegangenen Bewertungen
2) Veränderungen bei internen und externen Themen
3) Leistung und Wirksamkeit des MSBO
   - Zufriedenheit der Lernenden und anderen interessierten Parteien
   - Erreichung der Qualitätsziele
   - Prozessleistung und Dienstleistungskonformität
   - Nichtkonformität und Korrekturmaßnahmen
   - Ergebnisse von Überwachung und Messung
   - Auditergebnisse
   - Leistung externer Anbieter
4) Angemessenheit von Ressourcen
5) Wirksamkeit durchgeführter Maßnahmen in Bezug auf Chancen und Risiken

Ergebnisse des Management-Reviews (Maßnahmenplan):

6) Möglichkeiten der Verbesserung
7) Änderungsbedarf
8) Bedarf an Ressourcen

Management-Review

- Status vorangegangener Bewertungen
- Veränderungen bei internen + externen Themen
- Leistung und Wirksamkeit des MSBO
- Angemessenheit der Ressourcen
- Wirksamkeit durchgeführter Maßnahmen in Bezug auf Risiken und Chancen
- Möglichkeiten zur kontinuierlichen Verbesserung

Abbildung 50: Management-Review

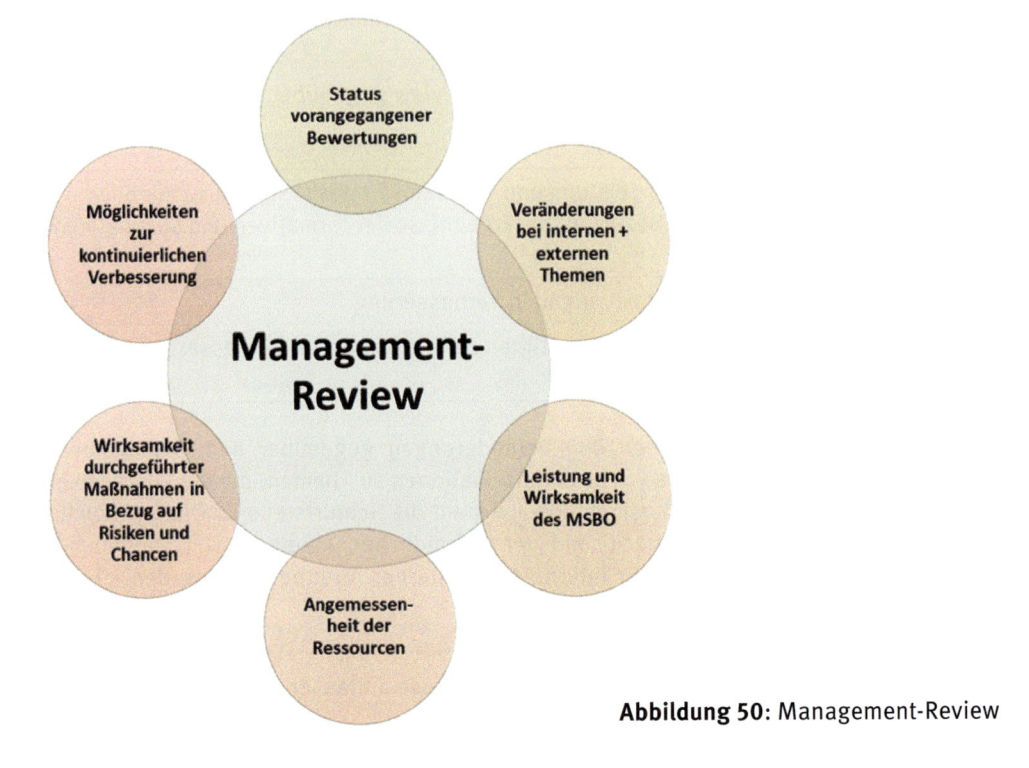

Es sollten dabei folgende exemplarische Fragen beantwortet werden können:

- Welche Bedeutung hat die Managementbewertung für die Unternehmenssteuerung, die Verbesserung der Produkte und Dienstleistungen und für die Verbesserung der Zufriedenheit der Lernenden?
- Wie hat sich das Umfeld (interne und externe Themen) verändert?
- Wie wurde das MSBO in den einzelnen betrieblichen Bereichen und Abläufen umgesetzt?
- Inwieweit fließen Erkenntnisse aus der Managementbewertung in die Weiterentwicklung der Bildungsprogramme ein?
- Inwieweit wurden Ergebnisse aus Messungen und Umfragen verschiedener Stakeholder berücksichtigt – intern (Lernende, Lehrkräfte, Mitarbeitende in Verwaltung und Betreuung, Aushilfen, Praktikanten) und extern (Eltern, mitwirkende Unternehmen, Lieferanten, Bildungspartner)?
- Welche Maßnahmen wurden in Bezug auf erkannte defizitäre Strukturen getroffen?
- Auf welche Weise wird das Bewusstsein für die Relevanz und die Ziele des MSBO bei den Mitarbeitenden gefördert?
- Inwieweit reflektieren Kommunikationsstrategie und -kanäle die Vorgaben des MSBO?
- Wie und in welchen Bereichen werden die Optionen zu fortlaufenden Verbesserung ersichtlich?

9 Bewertung der Leistung

Das Management-Review sollte ein umfassendes Bild der Organisation wiedergeben. Es ist daher sinnvoll, ein Management-Review-Template zu nutzen, das bereits die wichtigsten Themenfelder enthält und jährlich in strukturierter Form angepasst werden kann. Der Report kann einem Geschäftsbericht ähneln, allerdings schreibt die Norm das nicht vor. Es ist durchaus ausreichend, eine strukturierte Beschreibung und Bewertung der wichtigsten Vorkommnisse, Bewertungen und Maßnahmen vorzunehmen.

Ein entsprechendes Management-Review-Template ist vollständig in der Mediathek zu finden (Kurzform nachstehend abgebildet). Das Formular kann vom Nutzer flexibel angepasst werden.

Organisation XXX	**Management-Review**	Seite:	1/8
	Protokoll	Version:	01

Protokoll Management-Review

Geschäftsbereich/Standort:	Kernbereich A der Bildungsorganisation XXX		
Ort:	Remote/Adresse		
Termin und Zeitfenster:	__.__.202X von 00:00 – 00.00 Uhr		
Teilnehmer:	(Namen)	Zur Kenntnis:	(Namen)
Ersteller des Protokolls:	(Name)		
Erstelldatum:	__.__.202X		

Bewertungsschema:

- Positiv
- Teils, teils
- Negativ

Status von Maßnahmen vorheriger Managementbewertungen

Themen	Verantwortlich	Feststellung	Bewertung
Maßnahmen vorheriger Managementbewertungen:	(Namen)	Die relevanten Aufgaben aus Management-Reviews der vergangenen	●

255

Kennziffern zu Abschnitt 9.3

- Zufriedenheitsquote der Lernenden
- Anwesenheits- und Beteiligungsquote
- Erfolgs- und Abbruchquote
- Beschwerdequote
- Erfüllungsgrad der Qualitätsziele
- Transfererfolgsquote
- Beteiligungsquote an Umfragen

Exemplarische Nachweise

- Managementbewertung
- Umfeldanalyse
- Marktanalysen
- Risiko-/Chancenbewertung und Maßnahmenstatus
- Zufriedenheitsanalysen der Lernenden/der Mitarbeitenden
- Feedback interessierter Parteien
- Zielerreichungsübersichten
- Auditberichte
- Lieferantenbewertungen
- Ergebnisse der formativen und summativen Evaluation
- Innovationen in der Entwicklung von Bildungsprogrammen

Mögliche Auditfragen:

- Inwieweit spiegelt die Managementbewertung als zentrales Steuerungsinstrument der obersten Leitung die strategische Ausrichtung der Organisation wider?
- Anhand welcher Kriterien kann die Wirksamkeit des MSBO festgestellt werden?
- Wie beurteilen Sie die Leistung Ihrer Kernprozesse?
- Wie bewerten die Lernenden die Leistung Ihrer Organisation? Welche Datenanalysen – inklusive Befragungen zur Zufriedenheit der interessierten Parteien – sind in die letzte Managementbewertung eingeflossen?
- Mit welcher Methodensystematik wird die Wahrnehmung vonseiten der Lernenden erfasst?
- Wie wird ein geeigneter Umgang mit Beschwerden und Kritik sichergestellt?
- In welcher Weise stellen Sie sicher, dass Entscheidungen aus der Managementbewertung nachgehalten werden? Wie können sie diese zur Weiterentwicklung Ihrer Organisation nutzen?

10 Verbesserung

Im Baustein 10 Verbesserung geht es um Korrekturmaßnahmen und fortlaufende, zukünftige Verbesserungen.

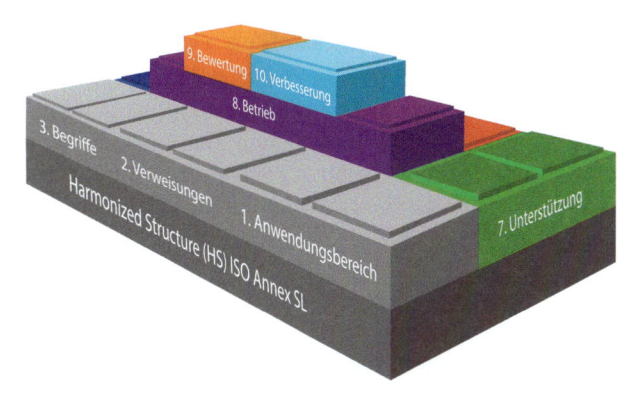

Abbildung 51: Baustein „Verbesserung" im Managementsystem

10.1 Nichtkonformität und Korrekturmaßnahmen

> **10 Verbesserung**
>
> **10.1 Nichtkonformität und Korrekturmaßnahmen**
>
> **10.1.1** Wenn eine Nichtkonformität auftritt, muss die Organisation:
>
> a) darauf reagieren und falls zutreffend:
>
>   1) Maßnahmen zur Überwachung und zur Korrektur ergreifen;
>
>   2) mit den Folgen umgehen.
>
> b) die Notwendigkeit von Maßnahmen zur Beseitigung der Ursachen der Nichtkonformität bewerten, damit diese nicht erneut oder an anderer Stelle auftreten, und zwar durch:
>
>   1) Überprüfen der Nichtkonformität;
>
>   2) Bestimmen der Ursache der Nichtkonformität;
>
>   3) Bestimmen, ob vergleichbare Nichtkonformitäten bestehen oder möglicherweise auftreten könnten.
>
> c) jegliche erforderliche Maßnahme einleiten;
>
> d) die Wirksamkeit jeder ergriffenen Korrekturmaßnahme überprüfen;
>
> e) falls erforderlich, das MSBO ändern.
>
> Die Korrekturmaßnahmen müssen den Auswirkungen der aufgetretenen Nichtkonformitäten angemessen sein.

> **10.1.2** Die Organisation muss dokumentierte Information aufbewahren, als Nachweis
> a) der Art der Nichtkonformität, sowie jeder daraufhin getroffenen Maßnahme, und
> b) der Ergebnisse jeder Korrekturmaßnahme.

Dieser Normabschnitt entspricht im Wesentlichen dem Abschnitt 10.2 der DIN EN ISO 9001:2015-11. Wenn Nichtkonformitäten auftreten, so geht es zunächst darum, die Ursachen des Fehlers/der Störung festzustellen und dann treffsichere Korrekturmaßnahmen einzuleiten. Die Ursachen von Nichtkonformitäten und Maßnahmen sind vielfältig und können sowohl aus dem operativen Betrieb als auch der Managementbewertung stammen. Für die Umsetzung der Anforderungen sind konkrete Verfahren zu Korrekturmaßnahmen festzulegen. Dabei geht es grundsätzlich immer um die nachfolgende Herangehensweise:

1) **Fehleranalyse durchführen und Problemstellung definieren**

Nicht jedes Problem rechtfertigt eine Korrekturmaßnahme. Fehler/Störungsereignisse, die das MSBO der Organisation gefährden, sind zu identifizieren und zu beseitigen. Dazu sollte eine geeignete Risikoanalysetechnik zum Einsatz kommen, durch die der Schweregrad einer Nichtkonformität bestimmt wird und entsprechende Korrekturmaßnahmen angegangen werden können. Nur im Falle einer erforderlichen Sofortmaßnahme ist ad hoc Handeln angesagt. Qualitäts- und Prozessverantwortliche sollten in der Analyse und Behebung von Problemen grundsätzlich zusammenarbeiten und den Fortschritt der Korrekturmaßnahmen Schritt für Schritt dokumentieren.

2) **Fehlerursache ermitteln**

Die Ursachenanalyse ist ein geeigneter Ansatz, um die Ursache von systematischen Fehlern zu ermitteln, um so passende Maßnahmen für die Lösung aufzustellen. Viele Mängel/Störungen lassen nur die Spitze des Eisbergs erkennen, gehen dem Problem jedoch nicht auf den Grund. Probleme lassen sich am besten durch die Beseitigung der Grundursachen lösen, anstatt nur Symptome zu behandeln.

Im Bildungsbetrieb ist das unmittelbare Zusammenwirken von Lehrenden, weiteren Mitarbeitenden der Organisation und der Lernenden als Abnehmer und Kunden der Leistung besonders eng und intensiv. Da der Kunde selbst ständig Einfluss auf den Ablauf der Leistungserbringung nimmt und diesen verändert, sind unterschiedliche Wahrnehmungen und Konfliktfälle unvermeidbar.

Das Augenmerk sollte sich insbesondere auf die Probleme richten, die sich wiederholen und systematisch sind. Dementsprechend zeichnen sich gute Bildungsorganisationen vor allem dadurch aus, dass grundlegende Problemursachen systematisch – auf allen Ebenen – erkannt werden und nach festgelegten Planungs- und Handlungsschritten behoben werden. Dazu gehören zum Beispiel folgende Organisationsbereiche:

- Beispiel Qualifikation der Dozenten: Eine Ursachenanalyse kann eindeutige Mängel in den didaktischen Fähigkeiten von Lehrenden aufzeigen und notwendige Änderungen einleiten (z. B. durch Schulungen).

- Beispiel der unzureichenden Nutzung von Marktchancen durch digitale Bildungsangebote: Eine fundierte Ursachenanalyse kann der Organisation helfen, die Zielgruppe online treffender anzusprechen und das wahre Potenzial der Kampagne auszuschöpfen.
- Beispiel Neuentwicklung von Curricula: Analyse der Probleme, die das bisherige Curriculum aufweist in Bezug auf die Berücksichtigung von Forschungsergebnissen, von pädagogischen Methoden zur Ansprache bestimmter Zielgruppen oder Berücksichtigung der Anpassung von Zielen und Outcomes, um den Lerntransfer weiterhin sicherzustellen.

Methoden zur Ursachenanalyse und entsprechender Einleitung geeigneter Korrekturmaßnahmen sind z. B. die 8D-Methode (8 Disciplines of Problem-Solving), die 5-Why-Methode (Root-Cause-Analysis), die FMEA (Fehlermöglichkeits- und -einflussanalyse) und die sogenannte A3-Methode (siehe nachstehendes Beispiel).

3) Arbeiten im funktionsübergreifenden Team

Von der Ermittlung von Ursachen über die Planung, Empfehlung und Festlegung der am besten geeigneten Korrekturmaßnahmen sollten funktionsübergreifend Leitung, MSBO-Beauftragte, Lehrende, weitere Mitarbeitende und ggf. auch externe Partner einbezogen werden. Dabei werden ebenso spezifische Details angegeben, wie z. B. Zeitplan für die Umsetzung, verantwortliche Personen und voraussichtliches Budget. Die gemeinsame Arbeit an der Lösung eines grundlegenden Problems, stärkt den Teamgeist, bringt unterschiedliche Funktionsebenen zusammen und kann zu Verbesserungen führen, die über den Rahmen des ursprünglichen Problems hinausgehen.

4) Umsetzung und Kommunikation der Korrekturmaßnahmen

Beschlossene Korrekturmaßnahmen sollten in der Organisation und ggf. den externen interessierten Parteien bekannt gemacht werden. Die oberste Leitungsebene sollte sich einer guten Kommunikation verpflichtet fühlen und diese aktiv unterstützen. Die für den Umsetzungsprozess Verantwortlichen müssen die Aufgaben und Schritte der Korrekturmaßnahme an alle eingebundenen Mitarbeitenden kommunizieren und die Umsetzung überwachen. Sinnvoll ist die zur Verfügungstellung eines digitalen Kommunikationskanals, über den jeder Beteiligte während der Umsetzung der Korrekturmaßnahme regelmäßig Feedback geben kann.

5) Folge- und Vorbeugemaßnahmen

Nach der Umsetzung der Maßnahmen sollten die Prozessverantwortlichen und die MSBO-Beauftragten eine angemessene Zeitspanne abwarten und Folgeprüfungen durchführen. Zudem sollten geeignete Vorbeugungsmaßnahmen geprüft und umgesetzt werden. Es sollte systematisch sichergestellt werden, dass gleiche oder ähnliche Nichtkonformitäten nicht wieder eintreten können. Alle Schritte von der Fehlerursachenanalyse bis zur Maßnahmenumsetzung und Wirkungsbewertung sind zu dokumentieren.

Beispiel zur Methodik der Ursachenanalyse und Einleitung von Korrekturmaßnahmen

Die A3-Methode

Die A3-Methode (oder auch A3-Report genannt) bezieht sich auf den PDCA-Zyklus (Plan – Do – Check – Act). Die Analyseschritte 1 bis 4 beziehen sich auf die Planung (linke Seite der Darstellung). Auf der rechten Seite werden die Phasen Do, Check und Act betrachtet (Analyseschritte 5 bis 7). Damit ergibt sich ein flüssiges Narrativ der gesamten Ursachenanalyse, die schließlich zu Korrekturmaßnahmen, Überwachung und ständiger Verbesserung führt.

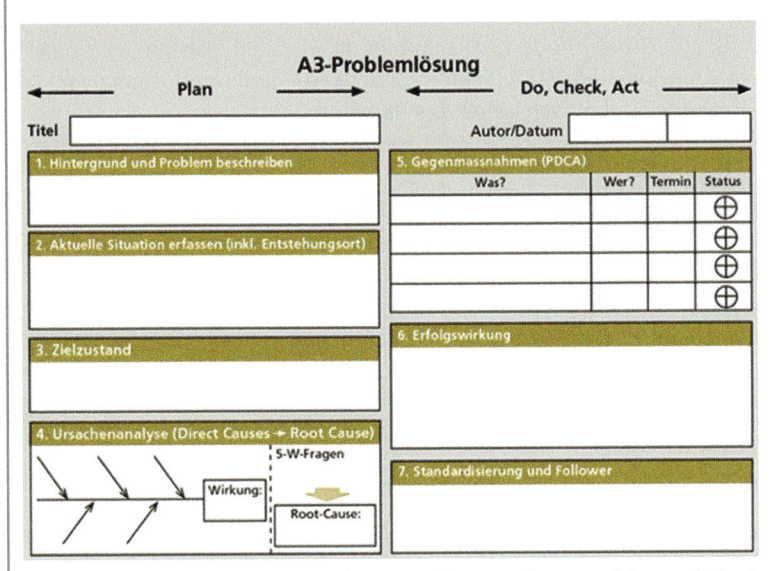

A3-Report zur Problemlösung (**Bild**: Kudernatsch Consulting & Solution)

Schritte im A3-Report:

1) **Was ist der Auslöser des Problems? Wer sollte an der Problemlösung mitwirken?** Die Formulierung des Problems und dessen Auswirkungen in Bezug auf das Erreichen einer bestimmten Zielsetzung für alle Beteiligten. Die Bedeutung des Problems und der Grund der angestrebten Problemlösung müssen nachvollziehbar sein.

2) **Wie sieht die aktuelle Situation aus?** Beschreibung des Ist-Zustands mit detaillierten Fakten in Form von leicht verständlichen Bildern, Grafiken und Diagrammen.

3) **Welchen Zielzustand streben wir an?** Vom Ergebnis her denken, den Prozess von klar definierten Zielzuständen her steuern, Kennzahlen zur Zielerreichung vergleichen und hinterfragen.

4) **Ursachenanalyse**: Faktoren ermitteln, die einen direkten Einfluss auf das Problem haben und daraus Ansatzpunkte für wirksame Maßnahmen entwickeln. Dabei kann z. B. das sogenannte Fischgräten-Diagramm (oder Ishikawa-Diagramm) genutzt werden, das mögliche Problemursachen visualisiert.

5) **Wie sehen die Gegenmaßnahmen/Korrekturmaßnahmen aus?** Auflistung aller Maßnahmen, die zur Beseitigung der Problemursachen und zur langfristigen Verbesserung des Ist-Zustands umgesetzt werden sollen, Benennung der Verantwortlichen für jeden Maßnahmenschritt, Zeit und Ort der Maßnahmen festlegen.

6) **Wirkungsmessung der Maßnahmen**: Haben die Maßnahmen ihren Zweck erfüllt? Welchen Beitrag haben sie zur Zielerreichung geleistet? Die gemessene Wirkung kann zur besseren Verständlichkeit grafisch visualisiert werden.

7) **Standardisierung und Follow-up**: Erfolgreiche Korrekturmaßnahmen werden standardisiert und so die erreichten Verbesserungen gesichert. Neu gewonnene Erkenntnisse können ggf. auch für andere Problem- und Arbeitsbereiche nutzbar gemacht werden.

Kennziffern zu Abschnitt 10.1:

- Beschwerdequote
- Erfüllungsgrad der Qualitätsziele
- Termineinhaltung geplanter Maßnahmen
- Umsetzungsgrad der Maßnahmen
- Kulanzkosten

Exemplarische Nachweise:

- Nacharbeitungspläne
- Prüfnachweise
- Report nach der A3-, der 8D-, 5-Why- oder FMEA-Methodik
- Managementbewertung
- Risiko-/Chancenbewertung und Maßnahmenstatus
- Report zu Präventionsmaßnahmen
- Beschwerden
- Qualifikationspläne
- Auditberichte

Mögliche Auditfragen:

- Welche Systematik zur Behandlung von Nichtkonformitäten kommt zum Einsatz? Welche Methoden zur Ursachenanalyse werden angewandt?
- Welchen Einfluss haben die analysierten Nichtkonformitäten auf die strategische Ausrichtung?
- Wie setzen Sie Korrekturmaßnahmen fristgerecht um? Welche Limitationen bestehen in Bezug auf das Bildungsangebot und den Umgang mit Lernenden? Wie werden Maßnahmen eskaliert, wenn die Umsetzung nicht wie geplant erfolgt?
- Anhand welcher Kriterien wird die Wirksamkeit von Korrekturmaßnahmen gemessen?
- Welche Korrekturmaßnahmen gab es bereits, bei denen eine Anpassung des MSBO oder bei der Abschätzung von Risiken und Chancen vorgenommen werden musste?

10.2 Fortlaufende Verbesserung

> **10.2 Fortlaufende Verbesserung**
>
> Die Organisation muss die Eignung, Angemessenheit und Wirksamkeit des MSBO unter Berücksichtigung relevanter Forschung und bewährten Vorgehensweisen fortlaufend verbessern.
>
> Die Organisation muss die Ergebnisse der Analysen und Bewertungen sowie die Ergebnisse der Managementbewertung berücksichtigen, um zu bestimmen, ob es Erfordernisse oder Chancen gibt, die als Teil der fortlaufenden Verbesserung berücksichtigt werden müssen.

Die Forderungen zur fortlaufenden Verbesserung entsprechen denjenigen der DIN EN ISO 9001:2015-11. Fortlaufende Verbesserung ist ein stetiger, langfristiger Ansatz zur Verbesserung von Prozessen, Produkten und Dienstleistungen. Dabei geht es u. a. darum, Schwachstellen zu finden und Lösungen innerhalb der bestehenden Prozesse zu entwickeln und umzusetzen.

Der Verbesserungsprozess verläuft schrittweise und führt dann zum Erfolg, wenn fortlaufende Verbesserung zum „Business as usual" für alle Mitarbeitenden wird. Strukturen und Produkte müssen laufend an veränderte interne und externe Rahmenbedingungen angepasst werden. Keine Bildungsorganisation kann sich äußeren Einflüssen durch interessierte Parteien, technologische Innovationen, und Forschungsergebnisse entziehen. Verbesserungen sind also notwendig, um im Wettbewerb zu bestehen und die eigene Marktposition zu halten oder auszubauen.

Phasen des fortlaufenden Verbesserungsprozesses (KVP):

1) Erkennen eines Bedarfs – Bedarfsanalyse:

Leistungsdaten können signalisieren, dass es Optimierungsbedarf im Lehrbetrieb gibt. Um zu verstehen, wo genau das Problem liegt, sollte zunächst eine aussagekräftige Bedarfsanalyse durchgeführt werden.

Dazu sind die folgenden Fragen hilfreich (Beispiele):

a) Wo sind Ansatzpunkte für eine Prozessoptimierung gegeben?

b) Wo bestehen erhöhte Risikopotenziale (z. B. im Notfallmanagement)?

c) Auf welche Weise können wir die Qualität des Lehrbetriebs im Hinblick auf den Output verbessern (Didaktik – pädagogische Form, Inhalte, technische Umsetzung etc.)?

d) Auf welchen Kompetenzfeldern sehen wir (dringenden) Schulungsbedarf für die Lehrenden?

e) Mit welchen Verfahren kann der Rekrutierungsprozess neuer Dozenten effektiver, d. h. zielführender gestaltet werden (z. B. in Bezug auf die Zielgruppe von Lernenden mit besonderen Bedürfnissen)?

f) Wie können wir den Umstieg von Präsenzunterricht auf digitale Formate beschleunigen?

g) Inwieweit können unsere externen Partner zur Erhöhung des Praxisbezugs stärker in den Lehrbetrieb integriert werden?

h) Wie können wir sicherstellen, dass die Transferleistung durch Abschlüsse/Zertifikate Jahr für Jahr gegeben ist?

2) **Ideengenerierung und Konzeptentwicklung**

Die Ermittlung der Bedarfe sollte anschließend in einem Prozess der Ideenfindung und Konzeptentwicklung übergehen. In dieser Phase geht es darum, möglichst viele Ideen und Lösungen für Probleme zu generieren und zu bewerten. Dazu gehören auch Aspekte der Machbarkeit, Budgetierung und Priorisierung der Ziele.

3) **Verbesserungspläne sollten auf einer evidenzbasierten Strategie beruhen**

Auf der Basis der Analysen und Ideengenerierung legt eine evidenzbasierte Verbesserungsstrategie klare Schritte mit messbaren Zielen, Anreizen und Messungen fest. Darin ist auch definiert, inwieweit die Stakeholder (u. a. Lernende und Lehrende, externe Bildungspartner und Dozenten, Eltern, Lieferanten, Wirtschaft und Behörden) eingebunden werden. Die Sicherstellung klarer und offener Kommunikationswege zwischen den Beteiligten muss durch die oberste Leitung garantiert sein.

Aus den Verbesserungsplänen sollte hervorgehen,

a) wie die Herausforderungen, die in der Bedarfsanalyse erkannt wurden, angegangen werden können,

b) welche Benchmarks existieren, die eine Optimierung der KPIs nahelegen,

c) welche Indikatoren und Nachweise vorhanden sind, die eine bestimmte Strategie zur Verbesserung priorisieren,

d) welche Ressourcen benötigt werden, um die Strategie umzusetzen, zum Beispiel

   i) strategisch zusammengesetzte Teams (nach Funktionen und Know-how),

   ii) Zeitfenster für Team-Meetings,

   iii) erforderliche Schulungen,

   iv) Datenbasen,

v) IT-Unterstützung,

vi) Budget,

vii) ggf. externe Beratende und interessierte Parteien,

e) welche Festlegungen in Bezug auf Handlungsstränge, Prozessverantwortung und erforderliche Kompetenzen getroffen werden müssen,

f) wie die Überwachung und das Management von Resistenzen erfolgt, die die Mitwirkenden daran hindern, zum Verbesserungsprozess beizutragen (u. a. durch Willens-, Informations- und Kompetenzbarrieren),

g) wie die Berichterstattung über die Fortschritte erfolgt (angemessene Kommunikation und Dokumentation von Meilensteinen).

4) Kriterien der Zielerreichung

Die Organisation sollte die Kriterien für eine ausreichende Verbesserung eindeutig definieren, zum Beispiel um höhere Abschlussquoten bzw. Transfererfolge (%) zu erzielen oder um das Marketing in Bezug auf potenzielle Gruppen Lernender zu optimieren.

Die Kriterien werden mit jedem Verbesserungszyklus erneut auf ihre Aussagekraft und ihre Relevanz überprüft. Für jeden Zyklus sollte der zeitliche Rahmen so festgelegt sein, dass der Verbesserungsprozess sinnvoll, kontinuierlich und routiniert in Bezug auf die wertschöpfenden Prozesse (den Lehr-/Lernprozess, Entwicklung von Curricula und Syllabi, Kommunikation u. a.) ablaufen kann.

5) Reflexion nach Verbesserungszyklen

Das Education Development Center (EDC) hat 2019 einen Leitfaden für eine Kultur der fortlaufenden Verbesserung in Bildungsprozessen zusammengestellt (EDC-Building-Culture-Continuous-Improvement.pdf). Darin wurden sinngemäß u. a. folgende reflektierende Fragen aufgeworfen, deren Beantwortung und Bewertung Rückschlüsse auf die Qualität des Verbesserungszyklus geben:

Tiefe: Inwieweit hat die Innovation bzw. Veränderung zu einem tiefgreifenden Verständnis und einer konsequenten Verbesserung geführt, die über oberflächliche Strukturen und Verfahren hinausgehen? Wurden Überzeugungen, Normen und die Kultur in der Bildungsorganisation verändert?

Verschiebung: Wurden neue Bedingungen geschaffen, die eine Verlagerung der Verantwortung für eine Verbesserung ermöglichen, zum Beispiel von der Leitung auf die unmittelbare Ebene der Lehrenden im Lehr-/Lernprozess? Oder die Verlagerung einer externen Priorität (Bildungspartner, Behörden) zu einer internen Verantwortungsebene der Organisation? Haben die Mitwirkenden selbst den Wert der Veränderung erkannt und handeln sie entsprechend?

Verbreitung: Wurden die aus dem Verbesserungsprozess abgeleiteten Maßnahmen von den involvierten internen Funktionsebenen als auch von externen interessierten Parteien angenommen?

Nachhaltigkeit: Wurden Nachhaltigkeitskriterien (SDGs) in Verbesserungsprozessen, Strukturen und Richtlinien verankert?

Beispiel – Grundig Akademie für Wirtschaft und Technik gemeinnützige Stiftung e. V.
Beschreibung einer KPV-Prozessbegleitung

In einem voll ausgeprägten KVP-System arbeiten Mitarbeitende in allen Abteilungen und Bereichen selbstständig und kontinuierlich in kleinen Teams an der Verbesserung ihrer Arbeitsabläufe. Dabei handelt es sich um einen durch die Führungskräfte gesteuerten Prozess, der im Endzustand zum Beispiel die folgende Struktur aufweist:

1) Das Verbesserungssystem des Unternehmens ist mit Namen, Logo, Zielstellung und Ablauf den Mitarbeitenden bekannt.

2) Die **Führungskräfte sind in der Methode der Teamarbeit zur Problemlösung geschult** und können ihre Mitarbeitenden unterstützen.

3) Mitarbeitende, die erstmals eine Verbesserungsaufgabe übernehmen, werden sorgfältig methodisch geschult.

4) **Ideen zur Verbesserung werden laufend in den einzelnen Bereichen gesammelt und registriert.** Dies geschieht automatisch bei den regelmäßig stattfindenden Mitarbeiterbesprechungen und/oder in KVP-Treffen.

5) Ideen zur Verbesserung werden parallel dazu von den Führungskräften bei erkannten Leistungsdefiziten und Engpässen in den Prozessen identifiziert und in Form von Verbesserungsvorschlägen festgehalten. Dies geschieht ebenfalls bei den regelmäßig stattfindenden Managementrunden.

6) **Eine Führungskraft aus der obersten Führungsebene koordiniert die Abläufe** und hält die Informationen zusammen. Eine einfache Ideenliste dient dort zur Registrierung der Ideen und zur laufenden Verfolgung der Umsetzung.

7) Ideen, die bereits eine Lösung beinhalten und die schnell und unkompliziert in einem Bereich oder einer Abteilung umgesetzt werden können, werden vom Führungsteam identifiziert, freigegeben und an den Bereich als Auftrag zurückgegeben. **Der Bereich verfolgt selbst die Umsetzung und meldet lediglich den erfolgreichen Abschluss zurück.** Dieser Teil ersetzt das klassische Vorschlagswesen auf einfache Weise.

8) Ideen, die zunächst ein Problem adressieren und die einen größeren Lösungsaufwand bedeuten, werden vom Führungsteam diskutiert, freigegeben und an ein speziell für dieses Problem gebildetes Verbesserungsteam (ca. 3 bis 4 Personen) als Auftrag übergeben. Die/der jeweilige Bereichs- oder Abteilungsleitende fungiert als definierte/r Auftraggebende/r. Die Laufzeit einer solchen Verbesserung kann zwischen 8 und 20 Wochen liegen.

9) Die Mitarbeitenden der Verbesserungsteams sind speziell in Problemlösung, Ideenfindung und Verbesserungsarbeit ausgebildet und gehen nach einer einheitlichen Methode vor.

10) Einmal im Monat berichten die aktiven Verbesserungsteams dem Führungsteam über ihre Fortschritte. Das Führungsteam unterstreicht durch diesen Berichtstermin die Bedeutung der Verbesserungsarbeit für das Unternehmen und motiviert so die Mitarbeitenden.

> 11) **Verbesserungsthemen und Verbesserungsarbeit werden an Schautafeln für alle Mitarbeitende sichtbar gemacht.** Dies geschieht vorzugsweise über Erfolgsberichte nach Abschluss eines Verbesserungsauftrags.
>
> 12) Die Verbesserungsarbeit der Teams wird durch eine spezielle Maßnahme gewürdigt, z. B. gemeinsames Abendessen.
>
> 13) Das Führungsteam achtet auf die Aufrechterhaltung des Systems und auf die **Einhaltung der verabredeten Methode zur Teamarbeit.** Es geht kritisch mit Verbesserungen und Veränderungen um, die am System vorbeilaufen sollen, da diese das System sonst aushebeln könnten.
>
> Damit ist KVP ein umfangreiches Programm, dessen Komponenten schrittweise geplant und realisiert werden sollten.

Kennziffern zu Abschnitt 10.2:

– Verbesserung der Leistungsparameter

– Verbesserung der Ergebnisse

– Erreichen der Qualitätsziele

– Innovationsentwicklungsparameter

Exemplarische Nachweise:

– strategische Pläne zur fortlaufenden Verbesserung

– Managementreview

– Maßnahmenpläne

– Zielerreichung

– Investitionspläne

– Trendanalysen

– Auditberichte

Mögliche Auditfragen:

- Welche Maßnahmen zur fortlaufenden Verbesserung des MSBO wurden aus der Managementbewertung abgeleitet? Wie wird seine Wirksamkeit gemessen?

- Wie werden Mitarbeitende und andere interessierte Parteien in die fortlaufende Verbesserung eingebunden?

- Inwieweit fließen die Erwartungen und Anforderungen der Lernenden in die Ideenentwicklung zur Verbesserung des Bildungsangebotes ein?

- Wie kann eine stetige Verbesserung des Strategieprozesses erreicht werden? Welcher Input und welche Systematik sind dazu erforderlich?

10.3 Möglichkeiten zur Verbesserung

> **10.3 Möglichkeiten zur Verbesserung**
>
> Die Organisation muss Verbesserungsmöglichkeiten festlegen und auswählen und alle erforderlichen Maßnahmen ergreifen, um die Anforderungen der Lernenden und anderer Leistungsempfänger zu erfüllen und die Zufriedenheit der Lernenden, der Leistungsempfänger, der Mitarbeiter und anderer relevanter Interessierter Parteien, einschließlich externer Dienstleister, zu erhöhen.
>
> Dies muss Folgendes umfassen:
>
> a) die Verbesserung von Bildungsprodukten und -dienstleistungen, um die Anforderungen zu erfüllen und auf zukünftige Bedürfnisse und Erwartungen zu reagieren;
>
> b) die Korrektur, Vermeidung oder Reduzierung unerwünschter Auswirkungen;
>
> c) die Verbesserung der Leistung und Wirksamkeit des MSBO.
>
> ANMERKUNG Verbesserung können Korrekturen, Korrekturmaßnahmen, ständige Verbesserung, plötzliche Veränderung, Innovation und Neuorganisation umfassen.

Der Normabschnitt 10.3 entspricht in den Grundzügen dem Abschnitt „Allgemeines" in der DIN EN ISO 9001:2015-11, enthält jedoch einige präzisierende Anforderungen in Bezug auf die eingebundenen Zielgruppen. Die Organisation muss sicherstellen, dass alle Maßnahmen ergriffen wurden, um die Bedürfnisse und Anforderungen der Lernenden und anderer Begünstigter zu erfüllen. Darüber hinaus muss die Zufriedenheit der erweiterten Zielgruppen der Lernenden, Mitarbeitenden, interessierten Parteien und externen Anbietern gewährleistet sein. Die Verbesserungsmaßnahmen beziehen sich also auf einen deutlich erweiterten Personenkreis.

Der fortlaufende Verbesserungsprozess gelingt, wenn sich Mitarbeitende auf allen Ebenen diesem verpflichtet fühlen und ihr eigenes Handeln danach ausrichten. Das erfordert Abstimmung und funktioniert am besten in kollaborativ-fördernden organisatorischen Strukturen, in denen die oberste Leitung mit bestem Beispiel vorangeht. Daher ist eine selbstverständliche, auf allen Ebenen gelebte Veränderungskultur ein wichtiger Faktor für eine erfolgreiche fortlaufende Verbesserung der Prozesse der Organisation.

Veränderung muss stetig gelebt werden – von allen Mitarbeitenden

Die Veränderungskultur zeigt sich zum Beispiel in der Art und Weise, wie Lehrende und Lernende, Leitungsebene und externe Partner miteinander umgehen, welche Überzeugungen und Kommunikationsroutinen die Gemeinschaft prägen und welche Ziele verfolgt werden. Der Prozess der fortlaufenden Verbesserung ermöglicht es den Mitarbeitenden, sowohl ihre tägliche Arbeitspraxis als auch innovative Neuerungen, wie zum Beispiel eine experimentelle didaktische Methode stetig zu verfeinern und zu verbessern.

Lernende und Lehrende leisten gemeinsam einen wesentlichen Beitrag dazu, wie Innovationen angenommen werden und sich durchsetzen. Dem fortlaufenden Verbesserungsprozess in Schulung und Weiterbildung der Lehrenden kommt hier eine Schlüsselrolle zu. Die Organisation kann ihre Bildungsdienstleistungen und -produkte letztlich nur dann erfolgreich in die Zukunft fortschreiben, wenn sie bereit ist, inhaltlich und strukturell immer wieder Neuland zu betreten und auch neue Wege zu beschreiten.

Wettbewerbsvorteile sichern durch Offenheit und Flexibilität

In Zeiten schneller gesellschaftlicher Veränderungen, z. B. durch die zunehmende Bedeutung nachhaltigen Handelns und die Wandlung des Lernens aufgrund digitaler Lehr-/Lernformate erfordern stetige Offenheit für Neuerungen und rasches Reaktionsvermögen. Das bedeutet gleichermaßen die fortlaufende Verbesserung der Leistung und Wirksamkeit des MSBO.

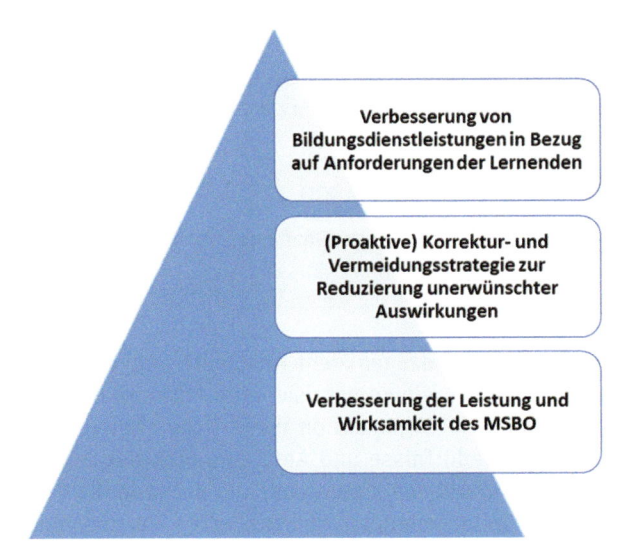

Abbildung 52: Verbesserung der Bildungsdienstleistungen

In der pandemischen Situation hat sich gezeigt, dass vor allem die Organisationen auf dem Markt bestehen konnten, die in der Lage waren, sich in kürzester Zeit in Bezug auf Lehrformate, Strukturen und Inhalte anzupassen – trotz aller äußerer Restriktionen. So konnten einige ihre Position gegenüber Wettbewerbern aufgrund ihrer Flexibilität und Veränderungsbereitschaft deutlich ausbauen.

Plötzlich auftretende Veränderungen, wie z. B. die oben genannten externen Ursachen, lassen sich dann besonders gut auffangen, wenn die Organisation in ihrer Struktur bereits Freiräume für Experimente und Innovationen geschaffen hat. So kann auf neue Anforderungen und Interessen der involvierten Parteien zeitnah und kompetent eingegangen werden. Absehbare Trends, neue Berufsbilder und technologische Entwicklungen können proaktiv aufgegriffen und Wettbewerbsvorteile gesichert werden.

Die Möglichkeiten zur Verbesserung sind also zum einen auf die stetige Anpassung bestehender Bildungsprogramme ausgerichtet, zum anderen erfordern zukünftige Bedarfe und Erwartungen Neuentwicklungen und rechtzeitige Bereitstellung dieser Elemente. Die Digitalisierung hat die Eckpfeiler der Anforderungen an Bildung verschoben.

Bildungsangebote im digitalen Wandel müssen in Inhalt und Form diese neuen Herausforderungen annehmen: Neue Lehr-/Lernformate verbunden mit der Vermittlung neuen

Wissens, das gesellschaftliche Veränderungen, soziales Zusammenwirken und Technologien reflektiert und gleichzeitig als Inkubator für Ideen und Kreativität fungiert. Bekannte bzw. bestehende Inhalte müssen immer wieder in einen neuen Kontext gestellt werden, um die Wirksamkeit des MSBO aufrechtzuerhalten.

Eine Organisation, für die die fortlaufende Verbesserung ein selbstverständlicher Teil ihrer wertschöpfenden Prozesse darstellt, wird auch plötzlichen gesellschaftlichen und organisatorischen Herausforderungen in routinierter Weise begegnen können.

Kennziffern zu Abschnitt 10.3:
- Anzahl der Verbesserungsvorschläge
- Ertrag aus umgesetzten Chancen
- KPIs für Erfolge durch Verbesserungsmaßnahmen
- Abschlussquoten nach Lehrplananpassungen
- Teilnahmequoten bei Umstellung auf Online-Betrieb
- Transferquoten bei Anpassung an externe Rahmenbedingungen

Exemplarische Nachweise:
- Prozessbeschreibung einer KVP-Begleitung
- Strategieumsetzung
- Maßnahmenpläne
- Management-Review
- KPV-Team-Protokolle
- Erfolgsberichte
- Auditberichte

Mögliche Auditfragen:
- Wie werden Verbesserungsmöglichkeiten ausgewählt im Hinblick auf die Anforderungen vonseiten der involvierten Parteien? Wie werden dabei die berechtigten Interessen des erweiterten Personenkreises, insbesondere die der Lernenden, Lehrenden, weiterer Mitarbeitenden und externer Anbieter berücksichtigt?
- Wie werden die Maßnahmen verfolgt und realisiert? Gibt es Auswirkungen auf die Wirksamkeit des MSBO?
- Wie wurden die Chancen zur Verbesserung im Hinblick auf zukünftige Bedürfnisse und Erwartungen der Lernenden ermittelt?

11 Exkurse zu den einzelnen Abschnitten

Exkurs 2.4: Die elf Grundsätze des Qualitätsmanagementsystems (MSBO)

Grundsätze

Grundsatz 1[4]: Fokus auf Lernende und andere Nutznießer

Dieser Grundsatz konzentriert sich hauptsächlich auf die Anforderungen und Erwartungen der Lernenden und anderer Nutznießer (Eltern, Regierungen, Arbeitgeber usw.).

Grundsatz 2: Visionäre Führung

Dieser Grundsatz befasst sich mit der Notwendigkeit, die Lernenden und andere Nutznießer in die Entwicklung, Ausarbeitung und Umsetzung der Mission, Vision und des Leitbildes der Bildungsorganisation einzubeziehen.

Grundsatz 3: Beziehungsmanagement

Dieser Grundsatz skizziert die Bedeutung eines effektiven Beziehungsmanagements mit interessierten Parteien (Anbietern, Partnernetzwerken usw.) als Einflussfaktoren für den Gesamterfolg der Bildungsorganisation.

Grundsatz 4: Prozessorientiertes Management

Dieser Grundsatz konzentriert sich auf die Bedeutung des Managements von Aktivitäten als zusammenhängende Prozesse, um die Ziele der Bildungsorganisation auf effizientere und effektivere Weise zu erreichen.

Grundsatz 5: Evidenzbasierte Entscheidungen

Dieser Grundsatz zeigt, wie Entscheidungen, die auf der Analyse und Bewertung von Daten und Informationen basieren, Bildungsorganisationen helfen, die gewünschten Ergebnisse zu erzielen.

Grundsatz 6: Einbindung von Menschen

Dieser Grundsatz unterstreicht die Bedeutung der Einbeziehung von kompetenten und befähigten Mitarbeitenden, um effektiv und effizient einen Mehrwert für die Bildungsorganisation zu schaffen.

Grundsatz 7: Ethisches Verhalten im Bildungswesen

Dieser Grundsatz konzentriert sich auf die ethischen Werte, die eine Bildungsorganisation etablieren muss.

Grundsatz 8: Soziale und gesellschaftliche Verantwortung

Dieser Grundsatz zeigt, wie wichtig es ist, die Auswirkungen zu berücksichtigen, die die Aktivitäten und Entscheidungen der Bildungsorganisation auf die Gesellschaft, die Wirtschaft und die Umwelt haben können.

---

4 angelehnt an PECB Whitepaper 2018, Kanada

Grundsatz 9: Zugänglichkeit und Gerechtigkeit

Dieser Grundsatz beschreibt, wie wichtig es für Bildungsorganisationen ist, inklusiv, flexibel, transparent und rechenschaftspflichtig zu sein, wenn sie auf die individuellen und besonderen Bedürfnisse der Lernenden eingehen.

Grundsatz 10: Datensicherheit und -schutz

Dieser Grundsatz zeigt, wie die Bildungsorganisation die Sicherheit von Daten und anderen vertraulichen Informationen schützt, um Bedrohungen und Schwachstellen zu minimieren.

Grundsatz 11: Verbesserung

Dieser Grundsatz zeigt, wie wichtig „Verbesserung" ist, um Bildungsorganisationen zu helfen, mit Veränderungen effektiv umzugehen, neue Möglichkeiten für sich selbst zu schaffen und ihre Leistung auf einem bestimmten Niveau/Grad zu halten.

Bedeutung der Grundsätze (exemplarisch für DIN ISO 21001:2021-02)

Grundsatz 1: Fokus auf Lernende und andere Nutznießer

Aus konzeptioneller Sicht besteht der wichtigste Unterschied zwischen den beiden Standards darin, das Prinzip der „Kundenorientierung" durch das Prinzip der „Konzentration auf Lernende und andere Nutznießer" zu ersetzen. Seien es die Lernenden selbst (ehemalige oder aktuelle), Eltern oder Erziehungsberechtigte, Regierungen, Gemeinden usw. Wohl wissend, dass diese sehr interessierten Parteien (andere Nutznießer), direkt oder indirekt den Erfolg einer Bildungsorganisation beeinflussen. Tatsächlich erwähnt die DIN ISO 21001:2021-02 das Wort „Kunde" überhaupt nicht. Diese Änderung verbindet zwei Schlüsselkonzepte im Management von Bildungsorganisationen:

1) Es wird anerkannt, dass Lernende möglicherweise die Produkte und Dienstleistungen einer Bildungsorganisation „konsumieren", sich ausschließlich auf ihre Bedürfnisse konzentrieren und sicherstellen, dass zufriedene, „glückliche" Lernende allein die umfassenderen Ziele der Bildung nicht erreichen. Die Norm schreibt daher vor, dass eine Bildungsorganisation darauf abzielen muss, die Anforderungen nicht nur jedes Lernenden, sondern auch anderer Nutznießer der Bildung zu erfüllen.

2) Es wird anerkannt, dass die Lernenden aktiv an ihrem eigenen Lernen beteiligt sein müssen, damit jeder Lernende sein höchstes Potenzial erreicht. Zu diesem Zweck umfasst der Standard eine ganzheitliche Sichtweise der Bildung, indem die von einer Bildungsorganisation angebotenen Dienstleistungen so definiert werden, dass sie den Erwerb und die Entwicklung der Kompetenz der Lernenden und nicht die Weitergabe von Wissen unterstützen.

Darüber hinaus steht die Aufmerksamkeit für Lernende und andere Nutznießer auch im Einklang mit den wichtigsten ISO 21001-Prinzipien, wie z. B. das Engagement von Menschen, soziale Verantwortung und ethisches Verhalten im Bildungswesen. Alle diese Prinzipien ergänzen sich auf die eine oder andere Weise im Prozess der Erfüllung der Bedürfnisse der Lernenden und anderen Nutznießer.

Grundsätze 7 und 8: Ethisches Verhalten im Bildungswesen und soziale und gesellschaftliche Verantwortung

Auf freiwilliger Basis integrieren Unternehmen soziale Belange und Umweltbelange in ihre Unternehmenstätigkeit und in die Wechselbeziehungen mit ihren Interessengruppen. So definiert die Europäische Kommission die soziale oder gesellschaftliche Verantwortung von Unternehmen (corporate social responsibility = CSR). Das Konzept der CSR ist ein Teil der Unternehmensethik oder der angewandten Ethik in Unternehmen. Gerade ein im Bildungssektor agierendes Unternehmen muss das Wohl der Menschen – der Lernenden ebenso wie der Mitarbeitenden und anderer Interessierter im Blick haben.

Bildung schafft nicht nur die Grundlagen für die soziale und wirtschaftliche Entwicklung, sondern formt uns auch als Individuen, und die Dinge, die wir durch Bildung und die Gewohnheiten, die wir während unserer Schulzeit entwickeln, bleiben uns in der Regel für den Rest unseres Lebens erhalten. Daher ist es nur logisch, dass wir die Chancen erhöhen, wenn konsequent ein soziales Verantwortungsdenken in die Prozesse in Bildungsorganisationen einfließt.

Das Wissen, dass Curricula und andere standardisierte Bildungsdokumente „sozial verantwortungsvolle" Verpflichtungen enthalten, auch wenn sie nicht unbedingt umgesetzt oder befolgt werden, kann helfen. Die DIN ISO 21001 dient insofern als Katalysator für diese Initiativen bei gleichzeitigem strukturiertem und methodischem Ansatz mit einem starken Fokus auf die Bedürfnisse der Lernenden und anderen Nutznießern.

Die Norm gibt in ihrem Angang B.8 explizite Hilfestellung zur Umsetzung des Grundsatzes sozialer und gesellschaftlicher Verantwortung. Basis ist die Definition der gesellschaftlichen Verantwortung in der DIN ISO 26000. Sie zeigt auf, dass eine Bildungsorganisation für die Auswirkungen ihrer Entscheidungen und Tätigkeiten auf Gesellschaft, Wirtschaft und Umwelt verantwortlich ist. Sie fordert Transparenz und ethisches Verhalten ein, das zu einer nachhaltigen Entwicklung beiträgt, einschließlich qualitativ hochwertiger Bildung für alle, Gesundheit und Sicherheit sowie dem Wohl der Gesellschaft.

Innerhalb von Hochschuleinrichtungen gibt es Initiativen, die soziale Verantwortung als ein Kernelement des Lehrplans und ihrer Kultur zu verankern (PECB 2018). Diese Initiativen haben das Potenzial, den Studenten zu helfen, ihre sozialen Fähigkeiten zu entwickeln, ein Gefühl der Verbundenheit mit der Welt um sie herum zu schaffen, ihre Fähigkeit zu entwickeln, Fragen zu ihrer Verantwortung als lokaler und globaler Bürger zu erforschen und Weltbürger zu untersuchen und zu erforschen und ihnen letztendlich zu helfen, das Vertrauen zu entwickeln, dass sie einen Unterschied in der Welt machen.

Die Entwicklung entsprechender Angebote unterliegt einem stetigen Überprüfungs- und Neuausrichtungs-Zyklus. Curricula, Lehrpläne etc. verändern sich mit den Bedürfnissen, die von den Lernenden, der Gesellschaft und der Umwelt an sie gestellt werden. Abschnitt 8.3 geht daher in großer Detailgenauigkeit auf die erforderliche Weiterentwicklung von Bildungsprodukten und -dienstleistungen ein. Dazu gehören die Anforderungen an die Einrichtung, Implementierung und Aufrechterhaltung eines Design- und Entwicklungsprozesses für Bildungsprodukte und -dienstleistungen, einschließlich der Planung, Inputs, Kontrollen und Outputs.

Der Standard nennt die Anforderungen an die Kontrollen für Bildungsdienstleistungen und Lehrpläne, die, wenn sie richtig umgesetzt und eingehalten werden, das Potenzial haben, Lernumgebungen zu schaffen, in denen alle Beteiligten sowohl ihre Talente entwickeln können als auch Verantwortung für die Integrität und Qualität ihrer Arbeit übernehmen.

Unterstützung für die Umsetzung des ethischen Verhaltens bietet die Norm in ihrem Anhang B.10, indem sie auf die Integrität (Ehrlichkeit und Fairness) im Umgang mit allen interessierten Parteien hinweist. Die Mitarbeitenden der Organisation sollten sich bei all ihren Tätigkeiten an den höchsten Ansprüchen an Professionalität orientieren.

Grundsatz 9: Zugänglichkeit und Gerechtigkeit

Bildungsorganisationen müssen sicherstellen, dass ein möglichst breiter Personenkreis, unabhängig von ihren Einschränkungen und Ressourcen, Zugang zu ihren Bildungsprodukten und -dienstleistungen haben kann. Sie müssen auch sicherstellen, dass alle Lernenden diese Bildungsprodukte und -dienstleistungen in angemessener Weise nutzen und von ihnen profitieren können. Dieser Grundsatz ist im Anhang B.9 der Norm als Hilfestellung zur Umsetzung der Forderung erläutert.

Der Lernende steht bei allen Bildungsorganisationen im Fokus, unabhängig von Alter, Status oder Herkunft. Daher ist es nur fair, dass die Bedürfnisse der Schüler in allen Anforderungen und Richtlinien dieser Norm betont werden, und zwar in nahezu allen Normabschnitten. Stets stehen die Bedürfnisse, die Zufriedenheit und das Feedback der Lernenden im Vordergrund.

Die Bedürfnisse der Lernenden können sehr unterschiedlich sein. Sie können sich auf den Lehrplan, den Unterricht, die Art und Dauer des Angebots oder Beurteilungsmethoden, psychologische oder soziale Bedürfnisse, bis hin zu sonderpädagogischen Bedürfnissen beziehen. Dieses umfangreiche Spektrum bringt zahlreiche Herausforderungen mit sich, denen sich der Bildungsbereich täglich stellen muss.

Die Norm hat die Anforderungen an die Bedürfnisse in spezifische und eher allgemeine Anforderungen übersetzt. Zusätzlich wurden die Anforderungen an die Sonderpädagogik in einigen der Schlüsselabschnitten hervorgehoben, wie z. B. in den Abschnitten:

5 Führung:

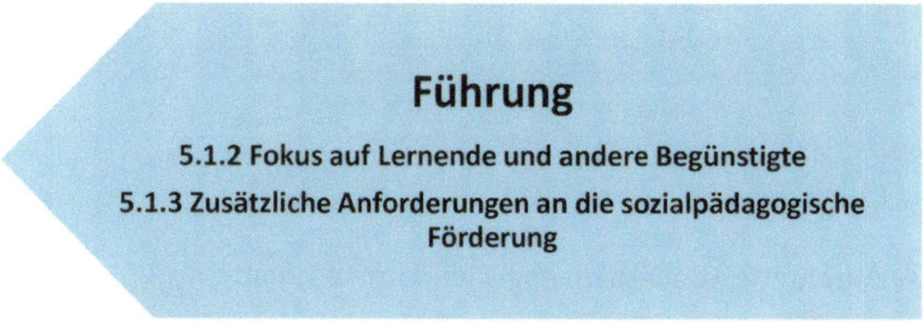

Führung

5.1.2 Fokus auf Lernende und andere Begünstigte

5.1.3 Zusätzliche Anforderungen an die sozialpädagogische Förderung

Abbildung 53: Schlüsselabschnitte Sonderpädagogik im Normabschnitt 5

7 Unterstützung:

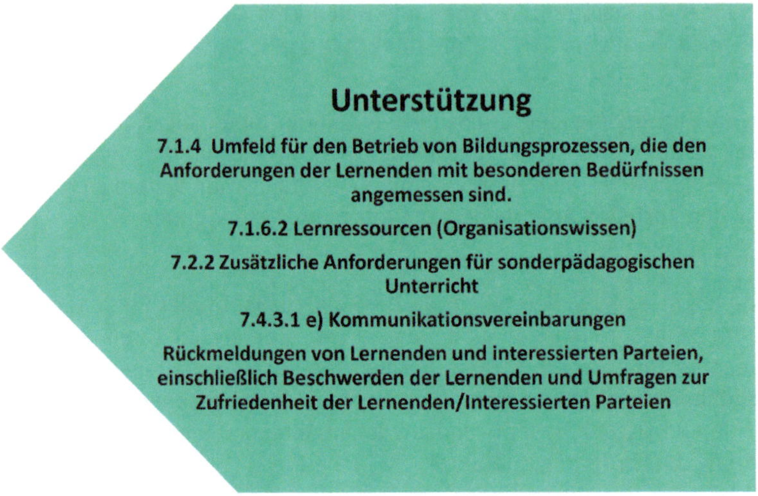

Unterstützung

7.1.4 Umfeld für den Betrieb von Bildungsprozessen, die den Anforderungen der Lernenden mit besonderen Bedürfnissen angemessen sind.

7.1.6.2 Lernressourcen (Organisationswissen)

7.2.2 Zusätzliche Anforderungen für sonderpädagogischen Unterricht

7.4.3.1 e) Kommunikationsvereinbarungen

Rückmeldungen von Lernenden und interessierten Parteien, einschließlich Beschwerden der Lernenden und Umfragen zur Zufriedenheit der Lernenden/Interessierten Parteien

Abbildung 54: Schlüsselabschnitte Sonderpädagogik im Normabschnitt 7

8 Betrieb:

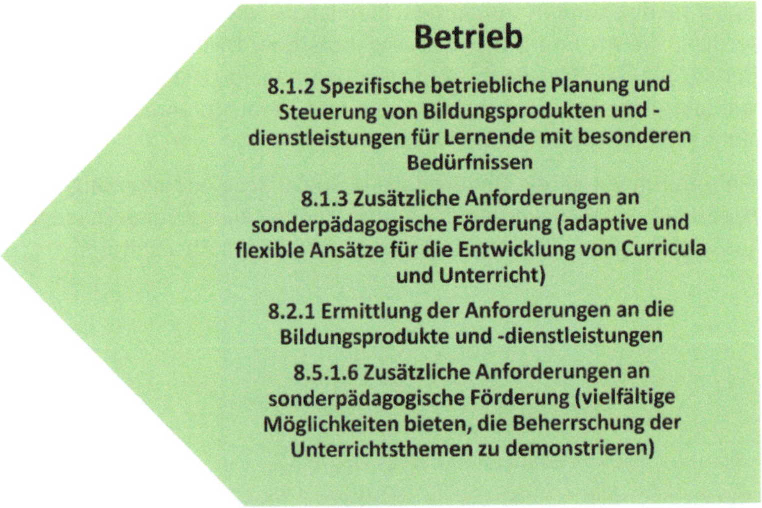

Betrieb

8.1.2 Spezifische betriebliche Planung und Steuerung von Bildungsprodukten und -dienstleistungen für Lernende mit besonderen Bedürfnissen

8.1.3 Zusätzliche Anforderungen an sonderpädagogische Förderung (adaptive und flexible Ansätze für die Entwicklung von Curricula und Unterricht)

8.2.1 Ermittlung der Anforderungen an die Bildungsprodukte und -dienstleistungen

8.5.1.6 Zusätzliche Anforderungen an sonderpädagogische Förderung (vielfältige Möglichkeiten bieten, die Beherrschung der Unterrichtsthemen zu demonstrieren)

Abbildung 55: Schlüsselabschnitte Sonderpädagogik im Normabschnitt 8

Die Notwendigkeit von Flexibilität bei der Entwicklung von Lehrplänen, Unterricht und Beurteilungsmethoden wird hervorgehoben, sodass alle Schüler lernen können und in der Lage sind, ihr Lernen auf eine Art und Weise auszudrücken, die es ihnen ermöglicht, ihr Bestes zu geben.

Obwohl sich die Abschnitte über „sonderpädagogische Förderung" in erster Linie auf Lernende mit besonderen Bedürfnissen beziehen, soll hier allen an den Lernprozessen beteiligten Akteuren aufgezeigt werden, **dass alle Lernenden (auf die eine oder andere Weise) besondere Bedürfnisse haben**, und dass diejenigen Bildungsorganisationen erfolgreich sein werden, die in der Lage sind, diese Bedürfnisse zu erfüllen.

Dieser Fokus auf die Lernenden wird abgerundet durch Abschnitt **9.1.2 Zufriedenheit** der Lernenden, anderer Nutznießer und des Personals, der in gewisser Weise den Kreis des Fokus auf die Lernenden schließt, indem er die Komponente der weiteren Nutznießer und die Zufriedenheit der Mitarbeitenden einbezieht.

Damit sind die möglichen Vorteile für eine Bildungseinrichtung durch die Implementierung der DIN ISO 21001:2021-02

- eine bessere Abstimmung der Ziele und Aktivitäten mit der Mission und Vision einer Bildungsorganisation,
- eine verbesserte soziale Verantwortung durch die Bereitstellung von inklusiver und gerechter Qualitätsbildung für ALLE. Durch die Ermöglichung eines individuellen Lernansatzes wird ein effektives Eingehen auf alle Lernenden, insbesondere auf Lernende mit besonderen Bildungsbedürfnissen und Fernlernende sichergestellt.
- Eine verbesserte Effektivität/Effizienz bei der Erbringung von Bildungsdienstleistungen führt zu einer höheren Glaubwürdigkeit der Bildungsorganisation und ihrer Leistungen.
- eine Verankerung einer Kultur der fortlaufenden Verbesserung,
- das Bewusstsein einer sozialen und gesellschaftlichen Verantwortung und das Handeln nach ethischen Grundsätzen,
- die Harmonisierung anderer Standards innerhalb eines internationalen Rahmens,
- ein verbesserter Zugang zu Bildung für interessierte Lernende
- und die Stimulation von Exzellenz und Innovation durch die Förderung von Entwicklung und Kreativität.

Exkurs 3.3: Cross-Referenz DIN ISO 29990:2010-12 und DIN ISO 21001:2021-02

Normabschnitt DIN ISO 29990:2010	Titel	Normabschnitt DIN ISO 21001:2021	Titel
4.3	Festlegen des Anwendungsbereichs des QMS LMZ-Spalte	4.3	Festlegen des Umfangs des Managementsystems für Bildungsorganisationen
		Anhang A	Frühkindliche Bildung
5.1.1 LMZ-Spalte	Allgemeines LMZ-Spalte	5.1.1	Allgemeines (14 statt 10 Anforderungen inkl. eines strategischen Plans für die Organisation
		5.1.3	Zusätzliche Anforderungen für sonderpädagogischen Förderbedarf
5.2	Politik	5.2	Politik: 9 Anforderungen mit Reflexion auf Mission, Vision u. a.
5.3	Rollen, Verantwortlichkeiten, und Befugnisse in der Organisation	5.3	Funktionen, Verantwortlichkeiten und Befugnisse innerhalb der Organisation: 10 Anforderungen an die Zuweisung
6.2.1 b) und e)	Ziele und Planung	6.2.1 b) und e)	Die Ziele der Bildungsorganisation müssen b) messbar sein – sofern machbar, und e) kontinuierlich überwacht werden
6.2.2	Qualitätsziele	6.2.2	Forderung was im strategischen Plan festgelegt werden muss
7.1.1	Ressourcen allgemein	7.1.1.1	Forderung nach Ressourcen für Aufbau, Verwirklichung und Verbesserung von Engagement und Zufriedenheit a) der Lernenden, b) Beschäftigten, c) Dritter, Förderung des Erreichens von Lernergebnissen

7.1.2	Personal (bezogen auf das QM-System)	7.1.2	Bezogen auf das Managementsystem der Organisation (MSBO); Dokumentierte Information betr. Prozess für die Anstellung von Mitarbeitenden, Freiwilligen, Praktikanten gefordert
7.1.3	Infrastruktur	7.1.3	Umfassende Anforderungen mit eindeutigem Bezug zur Lerninfrastruktur
7.1.4	Prozessumgebung	7.1.4	Umgebung von Bildungsprozessen: Deutlich umfassender
7.1.6	Wissen der Organisation	7.1.6	Förderung des Austausches zwischen Lernenden und Beschäftigten, zusätzliche Anforderungen an die Lernressourcen
7.2	Kompetenz	7.2	Kompetenz: Umfassender mit zwei Unterabschnitten; 7.2.2 Zusätzliche Anforderungen für sonderpädagogischen Förderbedarf
7.4	Kommunikation	7.4	Deutlich umfassender jetzt mit mehreren Unterabschnitten, u. a. zu diversen internen und externen Kommunikationszwecken und Kommunikationsvereinbarungen
7.5	Dokumentierte Information 4 zu berücksichtigende Tätigkeiten	7.5	Dokumentierte Information: Zusätzlich weitere 3 zu berücksichtigende Tätigkeiten, z. B. zu Schutz und Sicherheit, Vertraulichkeit etc. Tätigkeiten
8.1	Betriebliche Planung	8.1	Deutlich umfassender, jetzt mit drei Unterabschnitten, u. a. für:
LMZ-Spalte LMZ-Spalte	LMZ-Spalte LMZ-Spalte	8.1.2	Spezifische Ablaufplanung und Kontrolle von Bildungsprodukten und -dienstleistungen
		8.1.3	Zusätzliche Anforderungen für sonderpädagogischen Förderbedarf
8.2	Anforderungen an Produkte und Dienstleistungen	8.2	Anforderungen an Bildungsprodukte und -dienstleistungen: mit erweiterten Anforderungen

8.3.4 LMZ-Spalte	Steuerungsmaßnahmen für die Entwicklung LMZ-Spalte	8.3.4	Deutlich umfassender, jetzt mit mehreren Unterabschnitten, wie:
		8.3.4.2	Steuerung der Entwicklung von Bildungsdienstleistungen
LMZ-Spalte LMZ-Spalte	LMZ-Spalte LMZ-Spalte	8.3.4.3	Steuerung der Entwicklung von Curricula
		8.3.4.4	Steuerung der Entwicklung der summativen Evaluation
8.5.1	Steuerung der Produktion und der Dienstleistungserbringung	8.5.1	Steuerung der der Bereitstellung von Bildungsprodukten und -dienstleistungen; deutlich umfassender, jetzt mit mehreren Unterkapiteln; u. a. betr. dokumentierte Information des Zulassungsverfahrens für Lernende gefordert; Information des Lernenden betr. der Art und Weise der Beurteilung und Benotung, auch wieder zusätzliche Anforderungen für sonderpädagogischen Förderbedarf
8.5.2	Kennzeichnung und Rückverfolgbarkeit (bezogen auf Prozessergebnisse)	8.5.2	Identifizierung und Rückverfolgbarkeit ... bezogen auf Lernende und Mitarbeitende
8.5.5	Tätigkeiten nach der Lieferung	8.5.5	Schutz und Transparenz der Daten der Lernenden Dokumentierte Information über ein Verfahren zur Gewährleistung von Schutz und Transparenz der Daten von Lernenden gefordert
9.1.2	Kundenzufriedenheit	9.1.2	Zufriedenheit der Lernenden, anderer Leistungsempfänger und der Mitarbeitenden; deutlich umfassender, jetzt mit mehreren Unterabschnitten; u. a. Dokumentierte Information über ein Verfahren für den Umgang mit Beschwerden und Einsprüchen gefordert

LMZ-Spalte	LMZ-Spalte	9.1.3	Andere Überwachungs- und Messanforderungen
LMZ-Spalte	LMZ-Spalte		
		9.1.4	Methoden zur Überwachung, Messung, Analyse und Bewertung
10	Verbesserung (Allgemeines)	10.3	Möglichkeiten zur Verbesserung
10.2	Nichtkonformität und Korrekturmaßnahmen	10.1	Nichtkonformität und Korrekturmaßnahmen
10.3	Fortlaufende Verbesserung	10.2	Fortlaufende Verbesserung

Exkurs 4.4.1: Tätigkeiten und Informationsflüsse

Am Beispiel eines Curriculums soll dargestellt werden, wie Tätigkeiten, Informationsfluss und Status eines Curriculums zusammenhängen. Dazu wurden drei Tätigkeiten ausgewählt, nämlich *Curriculum erstellen*, *Entwurf auf Korrektheit prüfen* und *Entwurf als gültiges Curriculum freigeben*.

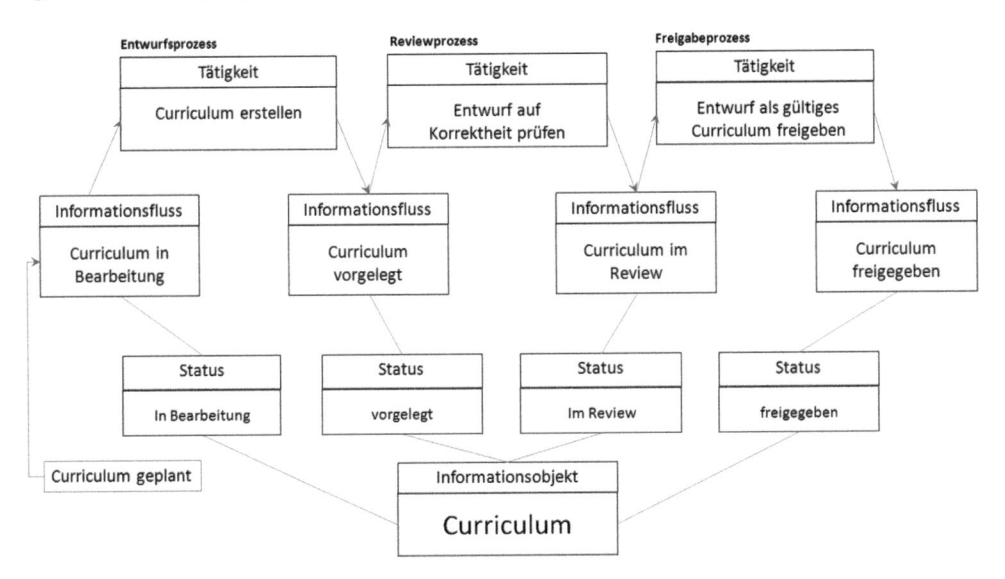

Abbildung 56: Informationsfluss und Statuswechsel eines Informationsobjekts

Es wird unterschieden zwischen einem physischen Curriculum als Träger von Information (Papierdokument oder Datei in unterschiedlichen Formaten) und den Informationen, die im Curriculum niedergelegt sind.

Der Autor beginnt die Bearbeitung des Curriculums, d. h., das Curriculum wechselt den Status von *geplant* in den Status *in Bearbeitung*. Das Curriculum bleibt so lange im Status *in Bearbeitung*, bis der Autor mit seiner Arbeit fertig ist. Der Autor legt seinen Entwurf zum Review vor, d. h. das Curriculum wechselt in den Status *vorgelegt*. Dieser Zustand kann durchaus eine Weile andauern bis zu dem Zeitpunkt, wenn die Person zur Prüfung das Curriculum begutachtet. Dann wechselt das Curriculum in den Status *im Review*.

Im günstigsten Fall hat die prüfende Person keine Verbesserungsvorschläge gefunden und gibt die aktuelle Version des Curriculums frei. Das Curriculum wechselt in den Status *freigegeben*. Andernfalls beginnt der Vorgang von vorne, der Autor nimmt das Curriculum wieder *in Bearbeitung*.

Die Zustandsübergänge (Status) genau zu betrachten ist deshalb wichtig, weil sich dadurch die verschiedenen Versionen eines Informationsobjekts ableiten lassen (siehe Exkurs **8.5.2 Konfigurationsmanagement**).

Exkurs 4.4.2: Turtle-Methode

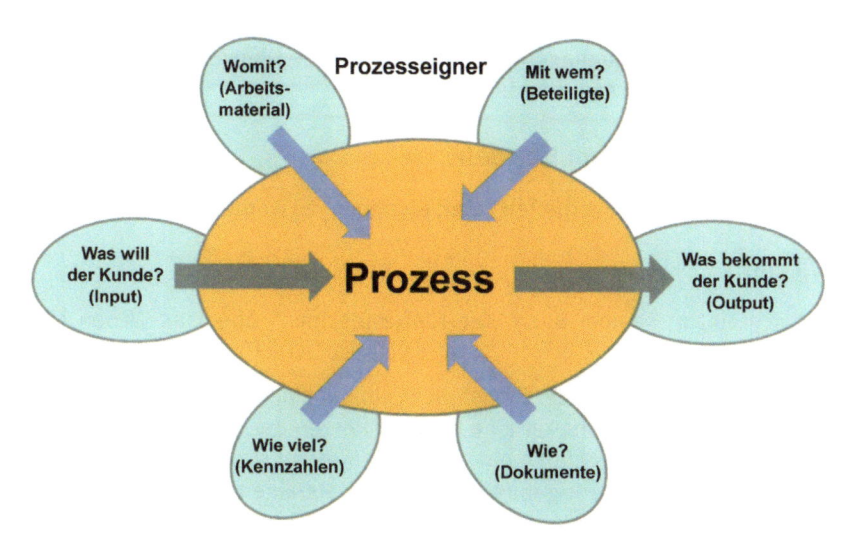

Abbildung 57: Turtle-Methode

Die nachfolgende Prozessbeschreibung klärt die Begriffe und gibt Antwort auf folgende Fragen:

1) **Prozesseigner**: Für den Gesamtprozess ist eine Person verantwortlich (zuständig). Es wird empfohlen, zusätzlich einen Vertreter zu bestimmen.

2) **Was will der Kunde?** (Input): Dieses Element klärt und beschreibt die Anforderungen an den Lieferanten, alle Eingaben zum Prozess werden genannt, und es gibt Auskunft über den Auslöser des Prozesses.

3) **Prozess**: Der Prozess wird beschrieben, d. h. die Umwandlung des Inputs in den Output. Meist in Form eines Flussdiagramms mit Aufgabenbeschreibung und Angaben über Zuständigkeit und Unterstützung.

4) **Was bekommt der Kunde?** (Output): Hier werden die Anforderungen des Kunden und die Ergebnisse der Prozesse (Resultate) aufgeführt.

5) **Wie viel?** (Kennzahlen): Wie wird der Prozess gemessen? Hierzu dienen sowohl Kennzahlen, Indikatoren und messbare Ziele als auch Leistungsindikatoren. Alle Angaben müssen sich messen lassen (messbar sein).

6) **Wie?** (Dokumente): Wie und wo wird der Prozess beschrieben? Es werden alle Anweisungen, Methoden und anzuwendenden Techniken genannt.

7) **Womit?** (Arbeitsmaterial): Womit führen wir den Prozess durch? Hierbei handelt es sich um Einrichtungen, Ausrüstung und das zusätzliche Arbeitsmaterial (Verbrauchsmaterial).

8) **Mit wem?** (Beteiligte): Hierzu gehört das Personal, das vorausgesetztes Wissen mitbringt und die Fähigkeiten zur Lösung der Aufgabe besitzt. Eventueller Schulungsbedarf für Teammitglieder ist zu berücksichtigen.

Erst wenn alle Fragen beantwortet sind, ist der Prozess ausreichend beschrieben. Wechselwirkungen mit anderen Prozessen kommen – falls zutreffend – hinzu.

Üblicherweise wird im Qualitätsmanagement zu den Prozessen auch beschrieben, wer über die Schritte im Prozess informiert wird.

Exkurs 5.1: Von der Vision zum Handeln

Wie eine gemeinsame Vision dazu verhelfen kann, Champion zu werden.

Was ist eine Vision?

Peter M. Senge, schreibt in seinem Buch „Die fünfte Disziplin" über das Wesen einer gemeinsamen Vision:

„Eine gemeinsame Vision ist keine Idee. Sie ist nicht einmal eine wichtige Idee, wie zum Beispiel die Idee der Freiheit. Sie ist eher eine Kraft im Herzen der Menschen, eine Kraft von eindrucksvoller Macht. Sie mag durch eine Idee inspiriert sein, aber wenn sie einmal weitergegeben wird – wenn sie stark genug ist, um mehr als einen Anhänger zu gewinnen –, ist sie nicht länger eine bloße Abstraktion. Sie ist greifbar, Menschen betrachten sie, als ob sie tatsächlich existierte. Nur wenige Kräfte im menschlichen Dasein sind so machtvoll wie eine gemeinsame Vision."

Weiter führt er aus:

„Auf ihrer einfachsten Ebene ist eine Vision die Antwort auf die Frage: Was wollen wir schaffen? So wie persönliche Visionen Bilder oder Vorstellungen sind, die Menschen in ihren Köpfen und Herzen tragen, sind auch gemeinsame Visionen Bilder, die von allen Mitgliedern einer Organisation geteilt werden. Sie erzeugen ein Gefühl von Gemeinschaft, das die Organisation durchdringt und die unterschiedlichsten Aktionen zusammenhält."

Abschließend stellt er fest:

„Eine gemeinsame Vision ist eine Vision, der sich viele Menschen wahrhaft verschrieben haben, weil sie ihre eigene persönliche Vision widerspiegelt."

Die Bedeutung einer gemeinsamen Vision

„Eine Vision ist die Grundvoraussetzung für ein Engagement von Menschen, das über das Normale hinausgeht."

Diese an sich banale Weisheit wird in dem auf Sachlichkeit ausgerichteten Arbeitsumfeld der Wirtschaft allzu leicht übersehen oder vergessen.

Kein Spitzensportler ist in der Lage, ein jahrelanges Training auf höchstem Niveau zu absolvieren, ohne von einem Traum (einer Vision) besessen zu sein. Auch ein Unternehmen, das Außergewöhnliches leisten will, braucht dafür eine Vision, die die Ziele der einzelnen Mitarbeitenden in sich aufnimmt und zusammenführt.

Die Ausrichtung einer gemeinsamen Vision

Es gibt zwei elementare Energiequellen für Unternehmen: die Furcht und die Hoffnung, wobei die Energie, die ein Unternehmen aus der Furcht bezieht (z. B. bevorstehender Konkurs) immer nur für die Zeit der Bedrohung wirkt.

Eine langfristige Vision baut daher auf dem Prinzip Hoffnung auf. Zur Verdeutlichung: Die Nachteile von negativen Visionen (z. B. „Die Marktposition halten" oder in Deutschland sehr beliebt „Die Verhinderung von Stellenabbau")

- verhindern die kreative Weiterentwicklung des Unternehmens,
- führen die Menschen nur zusammen, wenn die Bedrohung groß genug ist,
- sind immer kurzfristig.

Anmerkung:

Gerade in der Bildungsbranche, die heute einem grundsätzlichen Wandel unterworfen ist, spielt die langfristige Ausrichtung einer Vision eine besonders große Rolle.

Der Aufbau einer gemeinsamen Vision

Wie vorstehend ausgeführt, wird eine Vision erst zu einer gemeinsamen Vision, wenn sie die persönlichen Ziele der Einzelnen in sich aufnimmt und zusammenführt. Demnach ist es nicht möglich, eine Vision auf einem administrativen Weg zu beschließen und im Unternehmen zu etablieren. Vielmehr ist der Aufbau einer gemeinsamen Vision ein Prozess, der aus mehreren Schritten besteht, die im Folgenden kurz beschrieben werden.

Förderung der persönlichen Vision

Die Förderung der persönlichen Visionen ist der erste Schritt auf dem Weg zu einer gemeinsamen Vision. Denn, wer keine eigene Vision besitzt, wird im besten Fall nur die eines anderen annehmen (Einwilligung). Er wird sich aber nicht für sie engagieren, als wäre es seine eigene. Dagegen können sich Menschen mit einer eigenen klaren Richtung zu einer starken Kraft vereinigen, um ihre persönlichen und gemeinschaftlichen Interessen zu verfolgen (siehe Teamarbeit – Anmerkungen: Mannschaftssportarten).

Die Förderung der persönlichen Visionen ist ein Bereich, bei dem am sehr behutsam zu Werke gehen muss. Prinzipiell gilt immer das Gebot des zwanglosen Handelns (Freiwilligkeit). Die Methode um persönliche Visionen zu fördern, ist eine sehr alte und allen Menschen bekannte, die aber aufgrund ihres hohen Anspruchs nicht häufig angewandt wird. Sie ist allerdings die Grundvoraussetzung zur Förderung der persönlichen Interessen. Es handelt sich dabei um das Prinzip der „Vorbildwirkung". Voraussetzung für eine lebendige Vision ist, dass man über sie redet und sich mit ihr auseinandersetzt. Dieser Logik folgend, muss eine Führungskraft ihre persönlichen Visionen so vermitteln, dass andere dazu ermutigt werden über ihre eigenen Visionen zu sprechen, damit im gesamten Unternehmen eine breite Diskussion beginnen kann. Als begleitende Maßnahmen sind alle Aktivitäten geeignet, die das Interesse für das Unternehmen bei den Beschäftigten steigern.

Die Entwicklung einer Vision

Der nächste Schritt auf dem Weg zu einer gemeinsamen Vision ist, wie vorstehend beschrieben, die Förderung der persönlichen Visionen. Damit die Diskussion im Unternehmen aber auch eine Richtung erhält, ist es erforderlich die Kriterien zu entwickeln, der die Vision folgen soll. Besonders zu beachten ist in diesem Zusammenhang die Frage: Wer wird an der Suche nach den Kriterien beteiligt? Prinzipiell müssen alle Personengruppen an der Suche beteiligt werden, wie sich dieses allerdings in der Praxis umsetzen lässt, hängt stark von den Strukturen und der Größe des Unternehmens ab. Auf jeden Fall darf die Suche nicht auf den inneren Führungszirkel beschränkt werden, da sonst die Gefahr besteht, dass das Ergebnis keine Akzeptanz im Unternehmen findet.

Anmerkung:

Da Bildungseinrichtungen in der überwiegenden Zahl mittelständische Unternehmen sind, bei denen es auch kaum dezentralen Strukturen gibt, sollte dieses Problem relativ leicht zu lösen sein.

Was bei der Suche beachtet werden muss, zeigt die folgende Aufstellung:

– Ein Ziel setzen, das ein Engagement wert ist.
– Der Ursprung ist nicht so wichtig wie der Prozess der Übernahme durch das Unternehmen.
– Eine gemeinsame Vision lässt sich nicht am grünen Tisch entwerfen; vielmehr entwickelt sie sich aus einer breiten Diskussion, an der alle Unternehmensteile beteiligt sein sollten.
– Wichtig ist nicht die Vision, sondern was sie bewirkt.
– Eine Vision kann auch die inneren Werte eines Unternehmens beschreiben, z. B. Stil, Geist oder Klima.
– Eine Vision ist keine Lösung für ein Problem.
– Eine gemeinsame Vision ist der erste Schritt zur Zusammenarbeit.
– Visionen verändern die Beziehung zum Unternehmen.
– Visionen ermöglichen schöpferisches Lernen – adaptives Lernen ist auch ohne eine Vision möglich.

Von der persönlichen zur gemeinsamen Vision

Wieder Peter M. Senge:

„Wie vereinigen sich individuelle Vision zu einer gemeinsamen Vision? Eine nützliche Metapher ist das Hologramm, das dreidimensionale Bild, das von interagierenden Lichtquellen erzeugt wird.

Wenn Sie ein Foto in der Mitte durchschneiden, zeigt jede Hälfte nur einen Teil des gesamten Bildes. Aber wenn Sie ein Hologramm teilen, zeigt jede Hälfte das vollständige Bild. Wenn sie das Hologramm weiter aufteilen, zeigt jedes Teil weiterhin das gesamte Bild, gleichgültig, wie klein die Teile werden.

Auch wenn eine Gruppe von Menschen eine gemeinsame Vision für eine Organisation hat, behält jede Person ihr eigenes Bild vom idealen Zustand der Organisation. Jeder trägt Verantwortung für das Ganze, nicht nur für einen Teil. Aber die einzelnen Teile des Hologramms sind nicht identisch. Es ist wie bei einem Rouleau, in das man viele kleine Löcher piekt; jedes Loch würde einen einmaligen Blickwinkel eröffnen, unter dem man das ganze Bild betrachtet. Genauso ist auch die individuelle Vision des Ganzen etwas Einmaliges. Jeder von uns nimmt die größere Vision auf seine ganz eigene Weise wahr.

Wenn Sie die Teile des Hologramms zusammenfügen, verändert sich das Bild des Ganzen nicht grundlegend. Schließlich war es in jedem Teil enthalten. Das Bild wird vielmehr intensiver, lebendiger. Wenn immer mehr Menschen eine gemeinsame Vision teilen, wird sich die Vision nicht grundlegend ändern. Aber sie wird lebendiger, realer im Sinn einer inneren Realität, von der die Menschen fest überzeugt sind. Man hat jetzt Partner, Mit-Schöpfer; die Vision lastet nicht mehr alleine auf den eigenen Schultern. Am Anfang, wenn Menschen ihre persönliche Vision herausbilden, sagen sie vielleicht: Es ist meine Vision. Aber wenn sich die gemeinsame Vision entwickelt, wird sie meine und unsere zugleich.

Der Prozess zur Übernahme der persönlichen Visionen einzelner zu einer gemeinsamen Vision der Gruppe, beginnt mit der in den vorstehenden Abschnitten beschriebenen Diskussionen über die persönlichen Visionen und den der Vision zugrunde liegenden Kriterien, und ist faktisch nie abgeschlossen. Der Grund dafür liegt in der Lebendigkeit derer, die sie tragen. Darin besteht auch eine ihrer großen Stärken (ihre permanente Präsenz)."

Visionen verbreiten

Für die Verbreitung einer Vision ist es nötig, den anderen um sein Engagement zu bitten. Nicht nur die offene Diskussion im Unternehmen, sondern auch die Bitte um Unterstützung bei der Erreichung der Ziele ist für eine Verbreitung der Vision erforderlich.

Peter M. Senge führt u. a. zu diesem Punkt aus:

„Heute ist es normal, dass Führungskräfte davon sprechen, ihre Visionen an den Mann zu bringen. Zu befürchten ist, dass so mancher Manager damit einen Verkaufsvorgang assoziiert, bei dem er selbst Ideen verkauft und der andere sie ihm abkauft. Aber zwischen Verkaufen und Teilnehmerschaft liegen Welten.

Worum es also bei der Verbreitung von Visionen geht, ist die Suche nach Engagement und Teilnehmerschaft. Die folgende Aufstellung, die stark vereinfacht wurde, zeigt mögliche Haltungen zu einer Vision:

- Engagement,
- Teilnehmerschaft,
- echte Einwilligung,
- formelle Einwilligung,
- widerstrebende Einwilligung,
- Nichteinwilligung,
- Apathie.

Die negativen Einstellungen einzelner zu der Vision dürfen nicht dazu führen, das diese Personen in irgend einer Form mit Repressalien zu rechnen haben oder sich an den Rand gedrängt fühlen (Außenseiter). Stattdessen sollte der Kontakt gerade zu diesen Personen verstärkt gesucht werden. Die Gründe für eine Ablehnung können nämlich sehr unterschiedlich sein. So ist es beispielsweise nicht einmal sicher, dass die Ablehnung tatsächlich etwas mit der Vision an sich zu tun hat.

Zur Verdeutlichung ein alltägliches Beispiel für das Fehlverhalten von Managern:

In der Praxis machen Führungskräfte häufig den Fehler, sich nur einzelnen Personen zuzuwenden und sie gezielt zu fördern (in unserem Fall, die die der Vision positiv gegenüberstehen). In der Folge füllen sich die Personen, denen kaum Aufmerksamkeit zuteilwird, zurückgesetzt (die der Vision negativ gegenüberstehen), was in der Regel demotivierend wirkt. Wenn die Förderung dann erste Erfolge zeigt, fühlen sich die Manager in ihrem Urteil (Vorurteil) bestärkt, dass Richtige getan zu haben, da sie von den anderen während dieser Zeit auch keine außergewöhnlichen Leistungen wahrgenommen haben.

Welche negativen Auswirkungen diese Verhaltensweise hat, wird deutlich, wenn man beispielsweise eine Gliederkette auf ihre Reißfestigkeit hin untersucht. Dabei wird man feststellen, dass nicht das stärkste Glied ausschlaggebend für die Festigkeit ist, sondern das schwächste. Dieses Prinzip wirkt auch bei der Arbeit im Team, die vermeintlich schwächsten Mitglieder prägen das Niveau der Gruppe, und nur wenn sich ihre Leistungen verbessern, erhöht sich auch die Leistungsfähigkeit des Teams.

Personen, die eine negative Reaktion auf die Vision zeigen, muss man also mehr Zeit und Aufmerksamkeit widmen, um mit ihnen zusammen die Ursachen zu suchen.

Von der Vision zum Handeln, vom Handeln zur Erfüllung der Vision

Die nachfolgenden Grafiken sollen die Zusammenhänge verdeutlichen:

11 Exkurse zu den einzelnen Abschnitten

Häufig wird eine gemeinsame Vision eines Unternehmens/einer Bildungseinrichtung im Leitbild bzw. dem Mission Statement grob formuliert.

Aus diesem Leitbild, das aus der Vision entwickelt wird, werden

– mehr oder minder konkrete **Ziele** abgeleitet (weniger konkrete Ziele müssen weiter geschärft werden), zur Erreichung der Ziele werden
– **Strategien** entwickelt, auf welche Weise die Ziele erreicht werden sollen. Diese Strategien zeichnen sich jeweils durch geeignete
– **Maßnahmen** konkret aus. Diese Maßnahmen werden nun durch aktives
– **Handeln** umgesetzt.

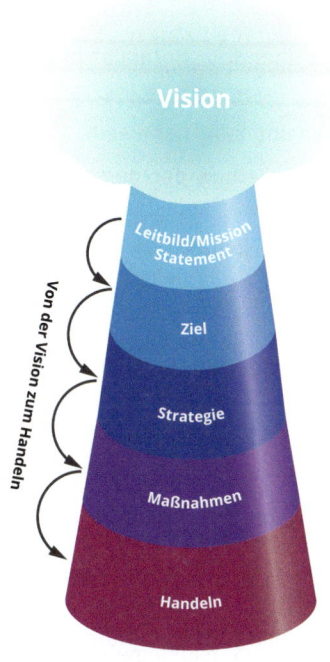

Abbildung 58: Von der Vision zum Handeln

Ergebnis:

Durch

– aktives Handeln, dem
– Abarbeiten der Maßnahmen und damit dem Verfolgen unserer
– Strategien erreichen wir unsere
– Ziele und damit die
– Erfüllung der gemeinsamen Vision

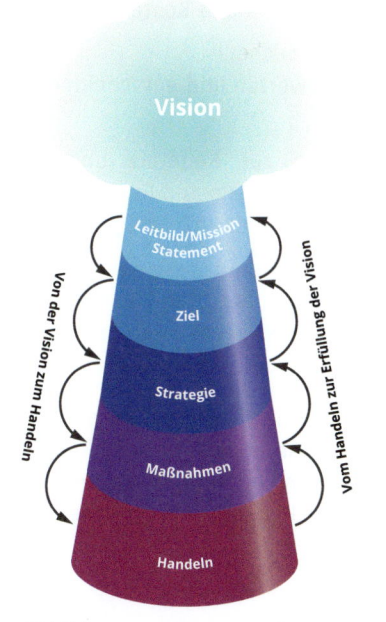

Abbildung 59: Vom Handeln zur Erfüllung der Vision

Zusammenfassung:

- Eine Vision ist eine Kraft, keine Idee.
- Eine Vision ist die Voraussetzung für ein Engagement, das über das „Normale" hinausgeht.
- Visionen sollten immer auf dem Prinzip Hoffnung aufbauen und langfristig sein.
- Der Aufbau einer gemeinsamen Vision beginnt mit der Förderung der persönlichen Vision und der Suche nach den Kriterien auf die die Vision beruhen soll.
- Eine gemeinsame Vision beruht immer auf den Visionen der Einzelnen.
- Die Übernahme der Vision beruht auf Freiwilligkeit und dem Versuch der Vermittlung ihrer Vorteile.
- Negative Einstellungen zu einer Vision sind nicht das Ende der Bemühungen.

Exkurs 6.3: Änderungsmanagement (Change-Request-Verfahren)

Einleitung und Intention

Änderungen der Inhalte in aktuellen Dokumenten sind durch technische und/oder organisatorische Entwicklungen nicht auszuschließen. Durch die folgende Regelung soll in erster Linie sichergestellt werden, dass Änderungen vor Aufnahme in ein Dokument oder ein System kritisch geprüft und die Ergebnisse in die Entscheidung zur Durchführung der geplanten Maßnahmen einbezogen werden.

Intention eines Change-Request-Verfahrens (CR-Verfahrens) ist es,

- allen am Projekt beteiligten Stellen bezüglich Technik, Terminen und Kosten den gleichen Planungs- und Informationsstand zu ermöglichen,
- alle Änderungswünsche durch eine kompetente Instanz bewerten und entscheiden zu lassen,
- alle Änderungen den entsprechenden Verantwortlichen zur Kenntnis und zur Abstimmung zu bringen, damit diese die Auswirkungen auf ihre eigenen Gewerke entsprechend bewerten und Ergebnisse zurückmelden können (dies soll auf jeden Fall geschehen, unabhängig vom Umfang der Auswirkungen),
- alle Änderungen mit Angabe der Gründe und der Auswirkungen so zu dokumentieren, dass ihre Herkunft und Veranlassung nachträglich zurückzuverfolgen oder zumindest zu belegen sind.

Das Change-Request-Verfahren kann nur dann wirkungsvoll realisiert werden, wenn jeder Einzelne, der eine Änderung beabsichtigt, diese über einen Änderungsantrag (Change-Request-Antrag) veranlassen muss, und jeder, der von dieser Änderung betroffen sein wird, seine Stellungnahme mit Angabe der Auswirkungen und Konsequenzen vor der Entscheidung über die Genehmigung der Änderung abgeben kann.

Anwendung

Die Regelung ist bei allen Änderungen, die den funktionalen oder organisatorischen Inhalt eines Dokuments oder eines Systems betreffen, anzuwenden, u. a. bei

- Veränderung / Erweiterung der Anwenderanforderungen (Fachkonzept),
- Veränderung (IT-)technischer Grundlagen,
- Veränderung der Ressourcensituation,
- Änderung des Systemdesigns zur Lösung DV-technischer Probleme.

Auslösung von Change-Requests

Ein Change-Request kann von folgenden Personen, Einrichtungen bzw. Organisationseinheiten ausgelöst bzw. veranlasst werden:

- Einrichtungsleitung,
- Lehrenden,
- Lernenden,
- anderen Stakeholdern,
- gesetzlichen Bestimmungen.

Messbasis

Basis für die Bewertung der Änderung ist der jeweilige aktuelle Stand des Dokuments. Die Feststellung der Auswirkungen erfolgt für das Dokument auf der Grundlage

- des Terminplans,
- des Ressourcenplans,
- des Konfigurationsplans

Der CR-Antragersteller erstellt einen CR-Antrag nach den Regeln und Richtlinien für einen CR-Antrag (s. Formulare/Checklisten).

Der CR-Antrag-Prüfer (formal) prüft nach Eingang des CR die formale Richtigkeit sowie die Lesbarkeit/Verständlichkeit des vorliegenden Change-Requests.

Der CR-Antrag-Prüfer (inhaltlich) prüft nach Eingang des CR die inhaltliche Richtigkeit des vorliegenden Change-Requests.

Verfahren

Change-Requests werden im Change-Request-Fachkonzept inhaltlich und mit ihren zu erwartenden Auswirkungen beschrieben. Realisierte Change-Requests unterliegen dem verabredeten Abnahme- und Freigabeverfahren sowie den Richtlinien des Release- bzw. Konfigurationsmanagements.

Für die fachliche Prüfung einer Änderung wird folgender Ablauf zugrunde gelegt:

- Erarbeitung eines Realisierungsvorschlags und Feststellung der qualitativen und quantitativen Auswirkungen der Änderung auf das Dokument (CR-Fachkonzept – ggf. auf der Basis einer Voruntersuchung/Fachkonzept).
- Entscheidung der Weiterbehandlung.
- Der Status jedes Change-Requests wird in der Offenen-Punkte-Liste geführt und fortgeschrieben.
- Alle am Change-Request-Verfahren betroffenen Stellen und Personen werden bei jedem Statuswechsel eines Change-Requests per E-Mail über den Statuswechsel (ggf. mit Begründung) informiert.

| CR erstellen | CR prüfen | CR entscheiden | CR realisieren | CR aktivieren |

Antragsteller — Fachabteilung(en) und IT

Change-Request verfolgen

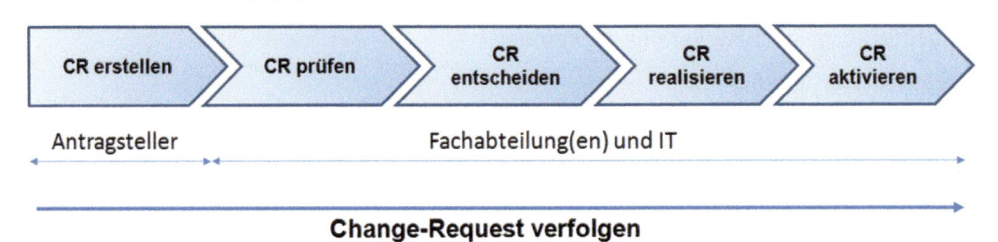

Abbildung 60: Change-Request verfolgen

Change-Request-Antrag

Folgende Prozessfragen sind zu beantworten (Begründung für den Änderungsantrag):

- Wodurch wird der Änderungs-/Erweiterungsantrag ausgelöst?
- Welches sind die Gründe/Notwendigkeiten, die eine Realisierung erforderlich machen bzw. unter dem Gesichtspunkt von Kosten und Nutzen sinnvoll erscheinen lassen?
- Was soll exakt erreicht werden und was ist der qualifizierbare Nutzen (ggf. bestmögliche Schätzung)?
- Was sind die Auswirkungen, falls der Änderungsantrag nicht genehmigt wird?
- Welcher Aufwand ist für die Realisierung erforderlich und welche Kosten entstehen?
- In welchem Zeitraum kann die Änderung realisiert werden?
- Bis zu welchem Termin muss die Fertigstellung erfolgt sein und warum nicht später?
- Entstehen neue technische, planerische und/oder organisatorische Schnittstellen?
- Wird durch die Änderung bzw. Erweiterung technisches Neuland beschritten?
- Welche potenziellen Probleme können bei der Realisierung neu entstehen?
- Ergeben sich negative Auswirkungen auf Performance, Wartbarkeit, Benutzerfreundlichkeit und/oder Funktionalität?
- Welche Anwender sind betroffen?
- Welche Eilbedürftigkeit besteht und warum?

- Welche Personalqualifikation ist erforderlich?
- Wer soll bzw. kann die Änderung/Erweiterung durchführen?
- Welches sind die unmittelbaren Aktivitäten, nachdem der Antrag genehmigt ist?
- Welche Unterstützung durch das Management ist erforderlich?

Exkurs 7.5-1: Dokumentierte Information

Eine dokumentierte Information wird im Rahmen von Prozessmodellierungen als Informationsobjekt bezeichnet. Anforderungen der DIN ISO 21001:2021-02 bezogen auf bestimmte geforderte Dokumente wie Qualitätsmanagementhandbuch oder zu dokumentierende Verfahren bzw. bezogen auf zu führende Aufzeichnungen als Nachweise der Umsetzung von Anforderungen im Qualitätsmanagementsystem werden in der ISO 21001:2018 über Anforderungen an „dokumentierte Information" abgedeckt. Die Begrifflichkeit lautet „dokumentierte Information" als Oberbegriff für alle geforderten Nachweise im MBSO.

Es wird unterschieden in:

Aufrechterhaltung dokumentierter Information (im Sinne des Dokumentenbegriffs der DIN EN ISO 9000:2015-11)

Aufbewahrung dokumentierter Information (im Sinne des Begriffs „Aufzeichnung" der DIN EN ISO 9000:2015-11)

Die Aufrechterhaltung von dokumentierter Information kann ausdrücklich auch die Aufbewahrung dieser dokumentierten Information umfassen. Wird „nur" auf Information verwiesen, die es zu überwachen und zu prüfen gilt, besteht keine ausdrückliche Anforderung, dass diese Information zu dokumentieren ist.

Dieser Exkurs zeigt, in welchen Abschnitten der DIN ISO 21001:2021-02 es ausdrücklich gefordert ist, dokumentierte Information aufrechtzuerhalten oder aufzubewahren.

Aber Achtung: Etliche Anforderungen, für die z. B. keine Aufrechterhaltung dokumentierter Information (als „Vorgabedokument") gefordert ist, machen in ihrer Umsetzung nur Sinn beziehungsweise sind nur sinnvoll anwendbar, wenn eben dokumentierte Information im Sinne von Vorgabedokumentation aufrechterhalten wird. Dies betrifft z. B. den Auditprozess, für den die Forderung nach einem zu dokumentierenden Verfahren in der Norm nicht enthalten sind, für den aber sinnvollerweise Vorgaben zu treffen sind.

Weiter ist in Abschnitt 4.4 „Managementsystem für Bildungsorganisationen (MSBO)" der DIN ISO 21001:2021-02 gefordert, dass die Organisation die Prozesse bestimmen muss, die für das Qualitätsmanagementsystem benötigt werden, und prozessspezifische dokumentierte Informationen aufrechterhalten und aufbewahren muss. Damit geht die Norm weit über die explizit geforderte dokumentierte Information zur Aufrechterhaltung und Aufbewahrung hinaus.

Dokumente

Dokumente sind einzelne Dateien und/oder eine Sammlung von Dateien, zugehörigen Grafiken oder sonstigen Bestandteilen, die einer Änderung unterliegen (siehe auch Change-Request-Verfahren oder Konfigurationsmanagement) – also gelenkt werden müssen.

Folgende Tätigkeiten müssen dabei durchgeführt werden:

- Dokumentenarten und Datensätze festlegen, die im Unternehmen – bis hin zur Archivierung – zu lenken sind.
- Ersteller der Dokumente bzw. Datensätze müssen erkennbar sein; dies gilt auch für die ändernde Stelle.
- Dokumente beziehungsweise Datensätze sollen eindeutige Kennzeichnungen tragen.
  - Herkunft oder Nummerierung
  - Status oder Index (Version)
- Verteilungsschema und Verteilungsverfahren organisieren.
- Sicherung und Archivierung:
  - Ablagestrukturen und Ablageumfang organisieren
  - Dokumentensicherung organisieren
  - Archiv organisieren
  - Zugriffsberechtigungen organisieren
  - Archivierungsdauer je Dokumentenart und Datensatz festlegen
- Einzug und Vernichtung ungültiger Versionen
  - Aufbewahrung ungültiger Versionen festlegen
  - Kennzeichnung ungültiger Versionen festlegen
  - Vernichtungsart für ungültige Versionen festlegen
- Änderungen
  - Berechtigungen festlegen
  - Identifikation geänderter Punkte, Passagen usw. festlegen
- Verantwortlichkeiten für die Aktivitäten festlegen

Dokumente sind alle Unterlagen, Planungsunterlagen, Verträge, Konzeptionen, Richtlinien, Schriftverkehre, die

- für den gesamten Geschäftsablauf intern sowie mit Kunden,
- zur Absicherung von Gewährleistungsrisiken,
- zur Absicherung von Haftungsrisiken
- usw.

von Bedeutung sind. Beispiele:

- Prozess- / Verfahrensbeschreibungen
- Handbücher
- Betriebsanleitungen
- Freigabedokumente
- Prüfpläne
- Revisionsstandslisten
- Mails
- usw.

Aufzeichnungen

Aufzeichnungen im Sinne der Norm DIN ISO 21001:2021-02 sind einzelne Dokumente, Dateien und/oder eine Sammlung von Dateien, zugehörigen Grafiken oder sonstigen Bestandteilen, die keiner Änderung unterliegen. Aufzeichnungen werden geführt, um die Erfüllung festgelegter Qualitätsanforderungen an Produkten und Herstellungsprozessen sowie die Wirksamkeit des MSBO nachzuweisen.

Aufzeichnungen gehören neben technischen Unterlagen, Planungs- und Steuerungsunterlagen und Verträgen zu den qualitätsrelevanten Unterlagen. Art, Inhalt und Umfang dieser Unterlagen werden für jedes Projekt auf Basis des Vertrags und des Projekt- und Phasenplans bestimmt. Aufzeichnungen zum MSBO werden darüber hinaus im Rahmen der internen Qualitätsaudits erstellt (s. Internes Audit).

Folgende Aktivitäten sind durchzuführen:

- Aufzeichnungsarten festlegen, die im Unternehmen – bis hin zur Archivierung – aus Gewährleistungs-, Haftungs- oder aus gesetzgeberischen Gründen zu lenken sind.
- Ersteller der Aufzeichnung muss erkennbar sein.
- Aufzeichnungen sollen eindeutige Kennzeichnungen tragen.
  - Herkunft
  - Bezug (Vorgang, Auftrag, Vertrag, Produkt, Kunde etc.)
- Verteilungsschema und Verteilungsverfahren organisieren
- Sicherung und Archivierung
  - Ablagestrukturen und Ablageumfang organisieren
  - Sicherung organisieren
  - Archiv organisieren
  - Zugriffsberechtigungen organisieren
  - Archivierungsdauer festlegen
- Berücksichtigung gesetzlicher Vorschriften sicherstellen
- Verantwortlichkeiten für die Aktivitäten festlegen

Aufzeichnungen dokumentieren:

- Ergebnisse aus der Kontrolle und Bewertung des QM-Systems
- qualitätsrelevante Beobachtungen, die während des Einsatzes in Projekten, internen Audits usw. protokolliert wurden
- qualitätslenkende Maßnahmen in Projekten und deren Ergebnisse

Aufzeichnungen zu Projekten und zugehörigen Qualitätsmanagementmaßnahmen müssen in den Aufzeichnungen klar identifizierbar sein (siehe Lenkung der Dokumente und Konventionen und Definitionen für Dokumente). Die Aufzeichnungen werden von dem für die Maßnahmen verantwortlichen Mitarbeitenden abgezeichnet.

Aufzeichnungen können inhaltlich nicht geändert werden. Bei fehlerhafter Ausfertigung muss eine neue Aufzeichnung angefertigt werden.

Alle Aufzeichnungen müssen qualitätssichernden Maßnahmen unterzogen werden. Dazu gilt in der Regel das „Vier-Augen-Prinzip".

Beispiele:

- Aufzeichnungen zur Rechnungsprüfung
- Aufzeichnungen über Prüfungen an Produkten und Dienstleistungen
- Aufzeichnungen über Prüfungen im Rahmen von Entwicklungsvorhaben
- Aufzeichnungen über Untersuchungen im Bereich des Umweltschutzes
- Aufzeichnungen über Risikoanalysen
- Aufzeichnungen über Prüfungen und Wartung von Anlagen und Sicherheitstechnischen Einrichtungen
- Aufzeichnungen über Sicherheitsbelehrungen
- Aufzeichnungen über durchgeführte Controllingmaßnahmen:
  - Managementreview (QM-Forderung)
  - Vertriebsaufzeichnungen
  - Auftragsaufzeichnungen
  - Fertigungsnachweise
  - Protokolle
  - Checklisten (ausgefüllt)
  - Prüfnachweise
  - Dokumentation der internen Audits (QM-Forderung)
  - Fähigkeitsnachweise
  - Aufzeichnungen von Beschaffungen
  - Logistikaufzeichnungen
  - andere Konformitätsnachweise (Nachweise zur Erfüllung von Forderungen)

Kennzahlen:

- Archivierungsdauer
- Archivierungskosten
- Zeit für das Auffinden von Änderungen
- Kosten für das Auffinden von Änderungen
- Erstellungskosten
- Pflegekosten
- Verteilungskosten
- Archivierungskosten
- Abstimmungsaufwand
- Handhabungsaufwand

Exkurs 7.5-2: Geforderte und empfohlene dokumentierte Information

Anforderungen bezogen auf bestimmte geforderte Dokumente oder zu dokumentierende Verfahren bzw. auf zu führende Aufzeichnungen als Nachweise der Umsetzung von Anforderungen im Qualitätsmanagementsystem einer Bildungsorganisation werden in der DIN ISO 21001:2021-02 über Anforderungen an „dokumentierte Information" abgedeckt.

Wir unterscheiden in

– Aufrechterhaltung dokumentierter Information im Sinne des Begriffs „Dokument" oder

– Aufbewahrung dokumentierter Information im Sinne des Begriffs „Aufzeichnung".

Die Aufrechterhaltung von dokumentierter Information kann ausdrücklich auch die Aufbewahrung dieser dokumentierten Information umfassen. Wird „nur" auf Information verwiesen, die es zu überwachen und zu prüfen gilt, besteht keine ausdrückliche Anforderung, dass diese Information zu dokumentieren ist.

Die folgende Tabelle zeigt nun, in welchen Abschnitten der DIN ISO 21001:2021-02 es ausdrücklich gefordert ist (durch ein „X" gekennzeichnet), dokumentierte Information aufrechtzuerhalten oder aufzubewahren und welche dokumentierte Information empfohlen wird (durch „E" gekennzeichnet).

Aber Achtung: Etliche Anforderungen, für die z. B. keine Aufrechterhaltung dokumentierter Information (als „Vorgabedokument") gefordert ist, machen in ihrer Umsetzung nur Sinn bzw. sind nur sinnvoll anwendbar, wenn eben dokumentierte Information im Sinne von Vorgabedokumentation aufrechterhalten wird. Dies betrifft z. B. den Auditprozess (Abschnitt 9.2), für den die Forderung nach einem dokumentierten Verfahren nicht aufgeführt ist, für den aber sinnvollerweise dokumentierte Vorgaben zu treffen sind.

In Abschnitt 4.4 „Managementsystem für Bildungsorganisationen" der DIN ISO 21001:2021-02 wird gefordert, dass die Organisation die Prozesse bestimmen muss, die für das MSBO benötigt werden, und prozessspezifische dokumentierte Information aufrechterhalten und aufbewahren muss. Damit geht die Norm weit über die explizit geforderte dokumentierte Information zur Aufrechterhaltung und Aufbewahrung eines Qualitätsmanagementsystems hinaus, denn diese Forderung schließt alle Prozesse einer Bildungseinrichtung ein.

Grundsätzlich gilt, dass jeder Prozess in einer Bildungseinrichtung im MSBO beschrieben werden muss.

11 Exkurse zu den einzelnen Abschnitten

Tabelle 2: Cross-Referenz von DIN ISO 21001 geforderte dokumentierte Informationen

ISO 21001:2021		Dokumente nach ISO 21001[1]	Aufzeichnungen nach ISO 21001	Beispiele
4	Kontext der Organisation			
4.1	Verstehen der Organisation und ihres Kontextes	X	X	Ergebnisse einer SWOT-Analyse
4.2	Verstehen der Erfordernisse und Erwartungen interessierter Parteien	X	X	Ergebnisse einer Stakeholderanalyse; Buchhaltungs- und Steuerunterlagen; Kooperationsvereinbarungen; Lehr- und Lernverträge
4.3	Festlegung des Anwendungsbereichs des Managementsystems	X	X	Leitbild, Mission Statement
4.4	Managementsystem und seine Prozesse	X	X	Prozess-Dokumentation; Prozess-Bewertungen; Verfahrensbeschreibungen; Arbeitsanweisungen; Beschreibung der Prozesslandschaft (Wechselwirkungen der Prozesse); Beschreibung ausgelagerter Prozesse
5	Führung			
5.1	Führung und Verpflichtung	X	X	Strategische Planungen; Leitbild, Mission Statement; Verpflichtungserklärung der obersten Leitung; Managementbewertung
		E	E	Ermitteln von Marktanforderungen; Code of Conduct für Lehrende, Lernende und andere interessierte Parteien; Bedarfsanalysen; Geschäftsausstattung; Informationsmaterial usw.
5.2	Politik	X	X	Vision, Leitbild, Mission Statement; Unternehmenspolitik;
		E	E	Meetingprotokolle; Veröffentlichungen auf der Website; andere Beispiele zur Kommunikation gegenüber interessierten Parteien
5.3	Funktionen, Verantwortlichkeiten und Befugnisse innerhalb der Organisation	X	X	Organigramm; Rollen-, Funktions- oder Stellenbeschreibungen

[1] Nach ISO heißt es „aufrecht erhalten", das ist mit dem Begriff „Dokument" (als versioniertes Dokument) gemeint.
  Nach ISO heißt es „aufbewahren", das ist mit dem Begriff „Aufzeichnung" (als nicht versioniertes Dokument) gemeint.
  Nach ISO heißt es „bestimmen". Dazu ist jedoch immer eine Verschriftlichung erforderlich.

Seite 1 von 7

ISO 21001:2021		Dokumente nach ISO 21001[1]	Aufzeichnungen nach ISO 21001	Beispiele
6	Planung			
6.1	Maßnahmen im Umgang mit Chancen und Risiken	X	X	Ergebnisse der Planung im Umgang mit Risiken und Chancen; Ergebnisse von Risikoanalysen; Nachweise zur Abbildung des risikobasierten Ansatzes in den Prozessbeschreibungen; Maßnahmenplan; Risiko-/Chancenportfolio; Notfallmanagement; Versicherungen
6.2	Qualitätsziele und Planung zu deren Erreichung	X	X	Zielvereinbarungen; Bewertung der Zielerreichung; Instrumente der Entwicklungsplanung; Business-Plan
		E	E	Qualitätsmanagementplan
6.3	Planung von Änderungen	E	E	dokumentierte Beispiele von Änderungen (Change-Request-Verfahren); Maßnahmenplan
7	Unterstützung			
7.1.1	Festlegung Ressourcenbedarf	X	X	Budgetierung des MSBO hinsichtlich Personal, Infrastruktur, Prozessumgebung, Messmitteln, erforderliches Wissen. Stichwort: Wirtschaftsplanung
7.1.2	Personal	X	X	Mitarbeiterrekrutierung; Einstellungsprozess; Prozessbeschreibungen zu den Themen *Wechsel des Arbeitsplatzes, Homeoffice, Ausscheiden eines Mitarbeiters*
		X	X	Rollen-/Funktions-/Stellenbeschreibungen; Unterschriften-/Zeichnungsregelungen; Zielvereinbarungen; Schulungs-/Qualifizierungsprogramm
		E	E	Erste-Hilfe-Kurs-Nachweise der Lehrenden; Grundsicherung Arbeitsschutz; Qualifikationsmatrix der Lehrenden

11 Exkurse zu den einzelnen Abschnitten

ISO 21001:2021		Dokumente nach ISO 21001[1]	Aufzeichnungen nach ISO 21001	Beispiele
7.1.3	Infrastruktur	X	X	Gebäudepläne; Handhabung von Datenträgern; Geräte und Betriebsmittel; Mobilgeräte und Telearbeit; Datensicherung; Software im Betrieb (Lizenzen); Netzwerkmanagement
7.1.4	Prozessumgebung	X	X	Gefährdungsanalyse; Erste-Hilfe-Kurs; Untersuchung Elektrischer Geräte
7.1.5	Ressourcen zur Überwachung und Messung	X	X	siehe Anhänge E1 und E2 der Norm Personalbedarfsanalysen; Kompetenzmatrix; Rekrutierungskriterien
7.1.6	Wissen der Organisation	X	X	Rollen-/Funktions-/Stellenbeschreibungen; Curriculare Weiterentwicklung; Prozesse zu Know-how-Transfer
		E	E	Wissensdatenbank, Lessons Learned; Best-Practice-Austausch
7.2	Kompetenz	X	X	Qualifikationsprofile; Qualifikationsnachweise der Lehrenden; Schulungsplan, Schulungskatalog, -budget; Stellenplan, -beschreibungen; Kompetenzmatrix; ggf. Nachweis sonderpädagogischer Fachkenntnisse
7.3	Bewusstsein	E	E	Protokoll von Unterweisungen; Protokolle von Mitarbeitergesprächen; Feedback zu Lehrveranstaltungen; Zielvereinbarungen
7.4	Kommunikation	X	X	Protokolle von Besprechungen; Veröffentlichungen; Marketingmaßnahmen; Website; Lehrmaterialien; Kommunikationsplan, -matrix
7.5	Dokumentierte Information	X	X	Verzeichnis der dokumentierten Information, die aufrechterhalten werden muss;

ISO 21001:2021		Dokumente nach ISO 21001[1]	Aufzeichnungen nach ISO 21001	Beispiele
				Konventionen für die Bezeichnung dokumentierter Information (interne sowie externe); Unterschriften-/Zeichnungsregelungen; Konventionen zum Konfigurationsmanagement/zur Versionierung; Konventionen zur Ablagestruktur; Konventionen zur Freigabe
8	**Betrieb**			
8.1	Betriebliche Planung und Steuerung	X	X	Ausführungsplanung der Curricula; Planung der Zuordnung des Lehrpersonals zu den Bildungsprodukten inkl. Vertreterregelung; Kostenkalkulation für die Bildungsmaßnahmen; Bewertungskriterien für die Zulassung der Teilnehmenden
8.2.1	Bestimmen von Anforderungen an Produkte und Dienstleistungen	X	X	Beschreibungen der Anforderungen interessierter Parteien (Kunden-, gesetzliche/behördliche, unternehmensinterne Anforderungen); Spezifikationen zu Bildungsformaten
8.2.2	Mitteilung der Anforderungen an Bildungsprodukte und -Dienstleistungen	X	X	Kursbeschreibungen mit Geschäftsbedingungen
8.2.3	Änderung von Anforderungen an Produkte und Dienstleistungen	X	X	Verfahrensbeschreibung zur Änderung an dokumentierter Information (Change-Request-Verfahren)
		E	E	Aufzeichnungen zu durchgeführten Changes
8.3.1	Entwicklung von Bildungsprodukten und -dienstleistungen	X	X	Verfahrensbeschreibung „Entwicklung von Bildungsdienstleistungen"; Projektpläne, Projektbudgets
8.3.2	Entwicklungsplanung	X	X	Projektpläne; Entwicklungsvorgaben
8.3.3	Entwicklungseingaben	X	X	Lastenhefte; Konzeptionen; gesetzliche/behördliche Vorgaben; Kundenorientierung, Ressourcen im Hinblick auf die Lehr- und Lernprozesse

11 Exkurse zu den einzelnen Abschnitten

ISO 21001:2021		Dokumente nach ISO 21001[1]	Aufzeichnungen nach ISO 21001	Beispiele
8.3.4	Steuerungsmaßnahmen für die Entwicklung	X	X	Verifizierungsergebnisse zu den Qualitygates
8.3.5	Entwicklungsergebnisse	X	X	Verifizierung der Entwicklungen
8.3.6	Entwicklungsänderungen	X	X	Change-Request-Verfahren; Ergebnisse von Risikoanalysen; Ergebnisse von Validierungen
8.4/8.4.1	Steuerung von extern bereitgestellten Prozessen, Bildungsprodukten und -dienstleistungen	X	X	Von Dritten angemietete/ erworbene Ausrüstungen und Räume; Kompetenzen/Kompetenznachweise externer Fachexperten; Lieferantenbewertung; Verfahrensbeschreibung „Beschaffung von Bildungs-Produkten und Dienstleistungen Lieferantenliste; Aufzeichnungen zu Erst-/ Wiederholungsbeurteilungen
8.4.2	Art und Umfang der Steuerung	X	X	Prüfberichte; Maßnahmenkatalog
8.4.3	Informationen für externe Anbieter	X	X	Produktbeschreibungen; Beschreibungen zu Prozesse, Methoden, Ausrüstungen; Festlegungen zu Lieferantenaudits; Festlegungen für Freigaben zu beschafften Gütern und Dienstleistungen
8.5.1	Steuerung der Bereitstellung von Bildungsprodukten und -dienstleistungen	X	X	Verfahrensbeschreibung „Durchführung von Kursen"; Arbeitsanweisungen; Überwachungs-/Prüfprotokolle; Klassenbücher; Tagesprotokolle
8.5.2	Identifizierung und Rückverfolgbarkeit	X	X	Nachweise zu Studienverläufen; Nachweise zu Lernfortschrittskontrollen
8.5.3	Eigentum der interessierten Parteien	X	X	Einhaltung DSGVO (personenbezogene Daten); Aufzeichnungen über Vorkommnisse
8.5.4	Erhaltung	-	-	

ISO 21001:2021		Dokumente nach ISO 21001[1]	Aufzeichnungen nach ISO 21001	Beispiele
8.5.5	Schutz und Transparenz der Daten der Lernenden	X	X	Einhaltung des DSGVO; Nachweise von Einwilligungserklärungen der Teilnehmenden; Nachweise der Verpflichtungserklärungen der Teilnehmenden
8.5.6	Überwachung von Änderungen in den Bildungsprodukten und -dienstleistungen	X	X	Ergebnisse zu Change-Requests
8.6	Freigabe von Produkten und Dienstleistungen	X	X	Nachweise zur Konformität von Bildungsprodukten und -dienstleistungen; Prüfanweisungen, Prüfprotokolle; Ergebnisse von Lieferantenaudits
8.7	Steuerung nichtkonformer Bildungsergebnisse	X	X	Verfahrensbeschreibung „Lenkung fehlerhafter Bildungsprodukte und -dienstleistungen"; Fehlermeldungen; Maßnahmenplan
9	Bewertung der Leistung			
9.1.1	Allgemeines	X	X	Verfahrensbeschreibung „Auswahl und Anwendung statistischer Methoden"; Verfahrensbeschreibung „Erstellen und Überwachen von Prozesskennzahlen" Liste der Prozesskennzahlen;
9.1.2	Zufriedenheit der Lernenden, anderer Leistungsempfänger und der Mitarbeiter	X	X	Verfahrensbeschreibung „Beschwerdemanagement"; Maßnahmenplan; Rückmeldungen zu Bildungsprodukten; Feedbackbögen
9.1.3	Andere Überwachungs- und Messanforderungen	X	X	Verfahrensbeschreibung „Transferbewertungen für Teilnehmende"; Verfahrensbeschreibung „Erhebung der Kundenzufriedenheit"
9.1.4	Methoden zur Überwachung, Messung, Analyse und Bewertung	X	X	Evaluationsberichte
9.1.5	Analyse und Bewertung	X	X	Verfahrensbeschreibung „Datenanalyse und -bewertung"

11 Exkurse zu den einzelnen Abschnitten

ISO 21001:2021		Dokumente nach ISO 21001[1]	Aufzeichnungen nach ISO 21001	Beispiele
9.2	Internes Audit	X	X	Verfahrensbeschreibung „Planung, Durchführung und Nachbearbeitung interner Audits"; Auditprogrammplanung; Auditberichte (interne und externe); Auditfragenkatalog; Qualitätsmeldungen; Evaluationsergebnisse
9.3	Managementbewertung	X	X	
9.3.1	Allgemeines	X	X	Verfahrensbeschreibung „Managementbewertung"; Planung zur Durchführung der jährlichen Managementbewertung
9.3.2	Eingaben zur Managementbewertung	X	X	Alle von der Norm im Abschnitt 9.3.2 aufgeführten Quellnachweise
9.3.3	Ergebnisse der Managementbewertung	X	X	Bericht zur Managementbewertung; Maßnahmenplan; Erreichungsgrad der Unternehmensziele; neue Unternehmensziele; Möglichkeiten der laufenden Verbesserung
10	Verbesserung			
10.1	Nichtkonformität und Korrekturmaßnahmen	X	X	Verfahrensbeschreibung „Korrekturmaßnahmen"; Maßnahmenplan; Nachweise durchgeführter Korrekturmaßnahmen inklusive Wirksamkeitsnachweisen;
10.2	Fortlaufende Verbesserung	X	X	Verfahrensbeschreibung „Kontinuierlicher Verbesserungsprozess (KVP)"; Liste der Verbesserungsmaßnahmen; Vorschlags- und Verbesserungswesen

Exkurs 8.5.2: Konfigurationsmanagement

Allgemeines

Dokumente werden laufend überarbeitet und geändert. Ab einem gewissen Fertigstellungsgrad ist es notwendig, die Änderungen an Dokumenten auch formal zu verfolgen und nachzuvollziehen. Dieses formale Problem- und Änderungsmanagement ist im Change-Request-Verfahren (s. Exkurs 6.3 Änderungsmanagement) festgelegt.

Im Rahmen des formalen Problem- und Änderungsmanagements werden alle Fehler, Probleme und Änderungswünsche dokumentiert, bewertet und über das weitere Vorgehen entschieden. Entsprechende Problemmeldungen und Änderungsanträge können während des gesamten Dokumentlebenszyklus auftreten und von allen Betroffenen erstellt werden.

Es gibt die unterschiedlichsten Gründe für Problemmeldungen und Änderungsanträge. Zum Beispiel aufgeschobene Fehlerbehebung, fehlende und zusätzliche Funktionalität, Veränderungen des Umfelds bei Auftraggeber oder Auftragnehmer, Probleme mit externen Zulieferungen, Missverständnisse im Auftrag und neu erkannte Abhängigkeiten. Diese Problemmeldungen und Änderungsanträge werden zentral über eine Änderungsstatusliste dokumentiert und verfolgt. Diese Liste gibt Auskunft über Art und Status einer Änderung, über den Stand der Entscheidungen und über die zeitliche Planung.

Das Änderungsverfahren selbst, also die Erfassung, Bewertung und Entscheidung, ist ein in sich abgeschlossener und nachvollziehbarer Prozess.

Ein „Konfigurationsmanagement" verwaltet entsprechend der Liste der Dokumente alle Dokumente sowie die „Dokumentkonfigurationen". Eine „Dokumentkonfiguration" identifiziert eine Menge zusammengehöriger Teile aus der „Dokumentenbibliothek" in einer bestimmten Version und in ihrem jeweiligen Dokumentenzustand – sogenannte Dokumentversionen.

Das Ziel des Konfigurationsmanagements ist folglich, die gegenwärtige und vergangene Dokumentkonfiguration eines Dokuments sowie den Stand der Erfüllung seiner physischen und funktionalen Anforderungen zu dokumentieren und jederzeit während des gesamten Dokumentlebenszyklus volle Transparenz darüber herzustellen.

Mit jedem geplanten Entscheidungspunkt (Review, Freigabe) wird eine Dokumentkonfiguration – wie sie die nachfolgende Abbildung beispielhaft darstellt – erzeugt und damit der Dokumentfortschritt dokumentiert sowie eine nachvollziehbare Qualitätssicherung sichergestellt. Zur Verwaltung und Transparenzsicherung der Dokumentkonfiguration wird eine sogenannte Versionierung verwendet. Eine Möglichkeit zur Versionierung von Dokumenten zeigen nachfolgende Abbildungen.

Bildung von Versionsnummern bei Informationsobjekten (dreistufiges Verfahren)

Zusammensetzung der Versionsnummer:

Die Version eines Dokuments wird durch drei Parameter gebildet:

- Release-Nummer
- Level-Nummer
- Build-Nummer

Teilprozesse:

Der Prozess zur Erstellung eines Dokuments durchläuft dabei vier Teilprozesse:

- Entwurfsprozess
- Reviewprozess
- Änderungsprozess
- Freigabeprozess

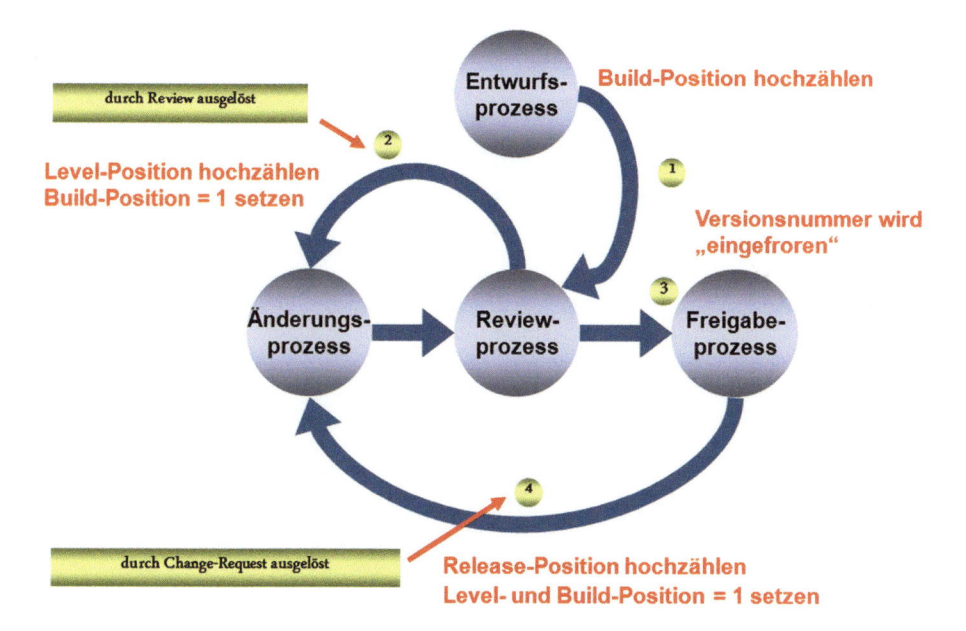

Abbildung 61: Teilprozesse zur Erstellung einer Dokumentation

Status-/Zustandsübergänge bei Informationsobjekten

Folgende Status-/Zustandsübergänge sind definiert:

- geplant
- in Bearbeitung
- vorgelegt
- freigegeben/akzeptiert

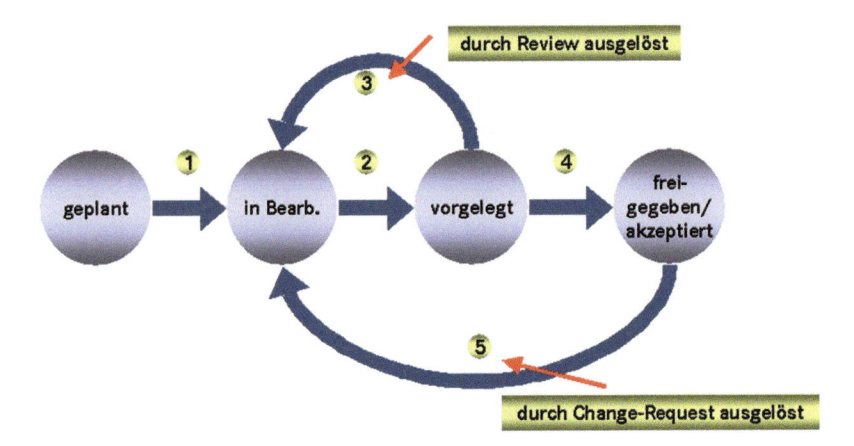

Abbildung 62: Zustandsübergänge bei Dokumenten

Zustand	Beschreibung	Versions-nummer
geplant	Das Dokument ist in der Planung vorgesehen. Dies ist der Eingangszustand für alle Dokumente	1.0.0
Zustandsübergang 1: geplant -> in Bearbeitung (Ersterstellung)		
in Bearbeitung	Das Dokument wird bearbeitet. Es befindet sich entweder im „privaten" Entwicklungsbereich des Erstellers oder unter Kontrolle des Erstellers innerhalb der Dokument- / Projektbibliothek. (Die Build-Nummer wird hochgezählt immer dann, wenn der Ersteller daran arbeitet)	z.B. 1.0.1
Zustandsübergang 2: in Bearbeitung -> vorgelegt		
vorgelegt	Das Dokument ist aus Sicht des Erstellers fertig und wird unter die Konfigurationsverwaltung genommen. Es wird einem Review unterzogen. Vom Zustand „vorgelegt" an darf der Ersteller nur unter Fortschreibung der Versionsangabe Modifikationen durchführen (wie Zustandsübergang 3)	z.B. 1.0.4
Zustandsübergang 3: vorgelegt -> in Bearbeitung		
in Bearbeitung	Wird das Dokument nicht freigegeben, so geht es wieder in den Zustand „in Bearbeitung" zurück. Dabei wird die Level-Nummer um einen Zähler hochgezählt und die Build-Nummer auf den Wert 1 gesetzt	z.B. 1.1.1
Zustandsübergang 4: vorgelegt -> freigegeben		
freigegeben	Das Dokument wurde geprüft und freigegeben. Änderungen von diesem Zeitpunkt an unterliegen dem Change-Request-Verfahren. Die Release-Nummer wird um einen Zähler hochgezählt, die Level-Nummer und die Build-Nummer werden auf den Wert 0 gesetzt	z.B. 2.0.0
Zustandsübergang 5: freigegeben -> in Bearbeitung		
in Bearbeitung	Ausgelöst durch Change-Requests entsteht eine neue Dokumentversion. Grundsätzlich ändert sich die Version eines Dokumentes, wenn es in den Zustand "in Bearbeitung" übergeht. Die Entscheidung, ob die Release-Nummer oder die Level-Nummer um einen Zähler hochgezählt werden, hängt vom Umfang der Änderung (Change-Request) ab.	z.B. 2.0.1

Abbildung 63: Zustandsübergänge bei Dokumenten

Weitere Statusübergänge sind zum Beispiel möglich:

- im Review
- zurückgestellt
- archiviert
- gesperrt
- ungültig

Exkurs 8.7: Risikomanagement

Analyse potenzieller Probleme

Einleitung

Um eine einfache, effektive und effiziente Methode zur Bewertung von Risiken (potenziellen Problemen) durchzuführen, bietet sich die APP-Methode nach Kepner/Tregoe besonders an. Bestandteil unserer täglichen Arbeit ist es, bestimmte Vorgänge zu planen und durchzuführen. Dabei ist es fast immer nützlich zu versuchen, zu erwartende Probleme bzw. Risiken im Voraus zu erkennen. Dann kann man entsprechende Gegenmaßnahmen so rechtzeitig treffen, dass der Ablauf oder die Durchführung eines Vorhabens nicht gefährdet werden.

Das Verfahren weist folgende Merkmale auf:

- zielorientierte Vorgehensweise
- systematische Informationsverarbeitung
- Einbeziehung von Erfahrung, Fachwissen, Intuition und Kreativität
- Erfassung kritischer Bereiche
- Untersuchung kritischer Bereiche auf zu erwartende Probleme
- Planung vorbeugender Maßnahmen, wie die zu erwartenden Probleme verhindert werden können
- Planung entsprechender Maßnahmen, um die Auswirkungen eingetretener Probleme zu mildern
- bei wiederkehrenden Abläufen systematische Engpassanalyse mit entsprechender Verbesserung des nächsten Ablaufs

Das Verfahren, das von den Amerikanern Keppner und Tregoe entwickelt wurde, kann bei komplexen Aufgabenstellungen schriftlich, bei einfacheren, überschaubaren Abläufen gedanklich angewendet werden. Es zielt darauf ab, Antworten auf die folgenden sieben wichtigen Fragen zu finden:

- Was könnte schiefgehen?
- Wie sieht das jeweilige potenzielle Problem spezifisch aus?
- Was sind die denkbaren Ursachen für das Problem?
- Wie risikoreich ist das Problem, d. h., wie groß ist die Tragweite, wenn das Problem tatsächlich eintritt?
- Wie groß ist die Auftretenswahrscheinlichkeit?
- Wie können die möglichen Ursachen des Problems ausgeschaltet oder dessen Auswirkungen minimiert werden?
- Wie können die schwerwiegendsten Probleme dennoch bewältigt werden, falls die vorbeugenden Maßnahmen nicht greifen?

Anwendung des Verfahrens

- **Schritt 1:** Unter der Leitung eines Moderators werden im ersten Schritt in Form eines Brainstormings mit einer Gruppe von Teilnehmern (günstige Zusammensetzung –sechs bis acht Personen) die denkbaren potenziellen Probleme stichwortartig zusammengetragen. Man verwendet für jedes potenzielle Problem (Risiko) ein separates Formblatt und trägt das potenzielle Problem in der ersten Spalte des Formblattes ein.

- **Schritt 2:** Im zweiten Schritt werden die identifizierten potenziellen Probleme in gemeinsamer Diskussion spezifisch beschrieben sowie die möglichen Ursachen für ein Auftreten der Probleme diskutiert und dokumentiert. Man trägt jede Ursache jeweils in der zweiten Spalte des Formblattes ein und verwendet für jede Ursache eines Problems eine neue Zeile.

- **Schritt 3:** Der dritte Schritt befasst sich mit der Abschätzung der Wahrscheinlichkeit des Eintretens einzelner Ursachen für das Problem. Die Bewertung erfolgt in einem Rastermaß von 100. Bei einer Wahrscheinlichkeit von 100 (100 %) ist die Ursache schon existent, bei einer Wahrscheinlichkeit von 1 (1 %) ist das Auftreten der Ursache für das Problem äußerst unwahrscheinlich. Hierzu gibt jeder Teilnehmer seine Einschätzung ab. In der anschließenden Diskussion wird dann versucht, einen Konsens in der Gruppe herbeizuführen.

- **Schritt 4:** Im vierten Schritt wird die Tragweite abgeschätzt, d. h. welchen Grad der Auswirkung könnte die Ursache auf das Projekt/Vorhaben haben. Die Bewertung erfolgt hier in einem Rastermaß von 10, wobei der Wert 10 eine gravierende und der Wert 1 eine geringe Auswirkung bedeuten. Hierzu gibt jeder Teilnehmer seine Einschätzung ab. In der anschließenden Diskussion wird dann versucht, einen Konsens in der Gruppe herbeizuführen.

- **Schritt 5:** Im fünften Schritt werden die ermittelten Werte für Wahrscheinlichkeit und Tragweite miteinander multipliziert und die Risikoprioritätskennzahl (RPZ) ermittelt. Das Problem mit der höchsten Punktzahl (größte RPZ) ist das besonders kritische und erfordert mit Sicherheit Korrektur- und/oder Präventivmaßnahmen. So kommt man zu einer Rangfolge der potenziellen Probleme.

- **Schritt 6:** Der sechste Schritt befasst sich mit der Beschreibung der vorbeugenden Maßnahmen, die entweder die Ursachen des potenziellen Problems vollständig beseitigen und mit der Beschreibung von Eventualmaßnahmen, die die Auswirkungen minimieren sollen, wenn das Ereignis dennoch eintreten sollte.

Nachfolgende Abbildung zeigt beispielhaft ein entsprechendes Formblatt:

Formblatt zur APP-Methode							
Name und Organisations-Einheit des Mitarbeitenden:								
Potenzielles Problem	Potenzielle Ursachen des Problems	Wahrscheinlichkeit des Auftretens A	Tragweite T	RPZ	vorbeugende Maßnahme	Eventualmaßnahme

Abbildung 64: Formblatt zur APP-Methode

Nachfolgende Abbildung zeigt eine Tabelle für die Einstufung der Wahrscheinlichkeiten:

A	Bewertungszahl für die Auftretenswahrscheinlichkeit	T	Bewertungszahl für die Bedeutung / Tragweite	E	Bewertungszahl für die Entdeckungswahrscheinlichkeit[1]
100 - 81	sehr hoch Sehr häufiges Auftreten des Problemfeldes	10 - 9	sehr hoch/katastrophal Funktionsfähigkeit von Systemen und Teilsystem sehr stark eingeschränkt, sehr starke Beeinträchtigung der Arbeitsbedingungen	10 - 9	sehr gering Entdeckung des aufgetretenen Problemfeldes ist unwahrscheinlich, die Ursache für das Problemfeld wird oder kann nicht geprüft werden
80 - 61	hoch Problemfeld tritt wiederholt auf	8 - 7	hoch/kritisch Funktionsfähigkeit von Systemen und Teilsystem eingeschränkt, Beeinträchtigung der Arbeitsbedingungen	8 - 7	gering Entdeckung des aufgetretenen Problemfeldes ist weniger wahrscheinlich, wahrscheinlich nicht zu entdeckende Ursache des Problemfeldes, unsichere Überprüfung
60 - 31	mäßig Gelegentlich auftretendes Problemfeld	6 - 4	störend Erschwerung der Arbeitsbedingungen	6 - 4	mäßig Entdeckung des aufgetretenen Problemfeldes ist wahrscheinlich, Überprüfungen sind relativ sicher
30 - 11	gering Auftreten des Problemfeldes ist gering	3 - 2	gering geringe Funktionseinschränkungen	3 - 2	hoch Entdeckung des aufgetretenen Problemfeldes ist sehr wahrscheinlich, Überprüfungen sind sicher, es gibt mehrere voneinander unabhängige Überprüfungen
10 - 1	sehr gering Auftreten des Problemfeldes ist unwahrscheinlich	1	sehr gering keine Funktionseinschränkungen	1	sehr hoch Aufgetretenes Problemfeld wird sicher entdeckt

[1] Anwendung nur bei der FMEA-Methode

Abbildung 65: Einstufung der Wahrscheinlichkeiten

Das beigefügte Planungsformular soll die Stichworte für den jeweiligen Denkprozess liefern. Gestalten Sie das Planungsformular entsprechend Ihren eigenen Bedürfnissen.

Wichtig sind die hinter den Stichwörtern stehenden Denkvorgänge. Es wird empfohlen, alle Planungsvorgänge Schritt für Schritt anhand der Check- und Prozessfragen durchzuarbeiten.

Die Checkfragen sollten auch auf die Mittel und Maßnahmen ausgedehnt. Wenn z. B. vorbeugende Maßnahmen oder Eventualmaßnahmen geplant sind, so sollte man auch in diesen Fällen die Frage stellen: Was könnte schiefgehen?

Die Betrachtung wird beendet, wenn alle Beteiligten der Meinung sind, der Ablauf des Vorhabens sei genügend abgesichert oder wenn alle zu dem Schluss kommen, dass das verbleibende Risiko angenommen und verantwortet werden kann.

Entscheidend sind immer die Wichtigkeit des Planschrittes und das Risiko, das man einzugehen bereit ist.

Um die Auftretenswahrscheinlichkeit und die Tragweite von Risiken besser bewerten zu können, können diese beiden Parameter je Risiko in ein Diagramm übertragen werden. Falls das Risiko im roten oder gelben Bereich liegt, müssen auf jeden Fall vorbeugende Maßnahmen getroffen werden, um die Folgen eines Risikos bei dessen Auftreten abzumildern.

Risiken im grünen Bereich können ggf. als unternehmerische Risiken betrachtet werden, die keinerlei direkten Maßnahmen erfordern.

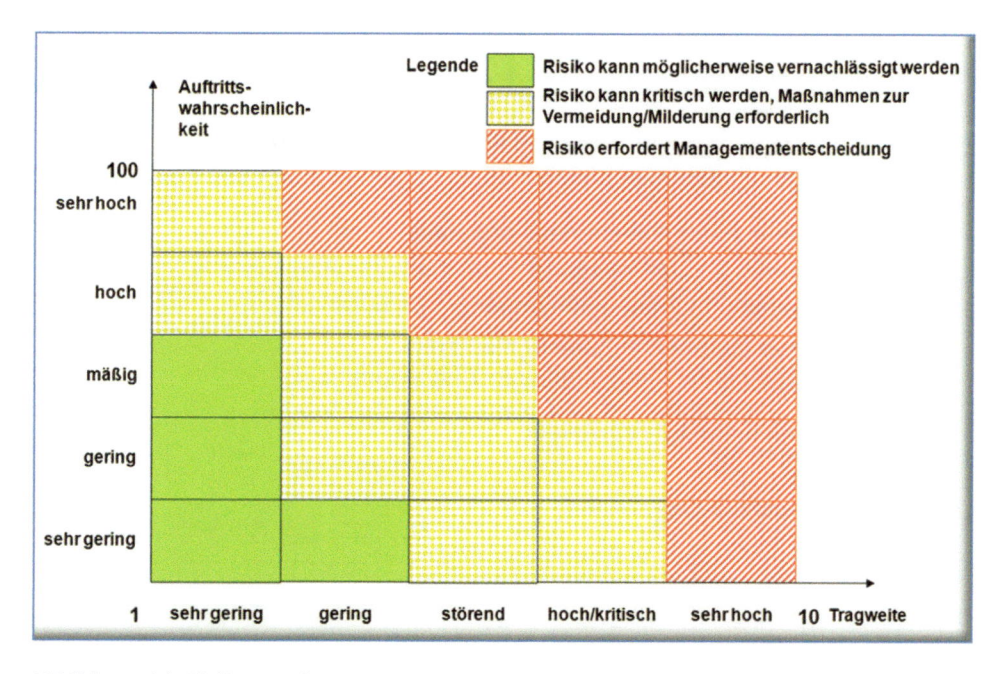

Abbildung 66: Risikomatrix

Exkurs 9.1.4: Evaluationsbogen

Fragebogen zur Evaluation von Seminaren

Evaluationsbogen für Studierende

Mit diesem Fragebogen können Sie Ihren persönlichen Eindruck von diesem Seminar zurückmelden und so dazu beitragen, die Qualität des Seminars zu beurteilen und zu verbessern.

Bitte markieren Sie Ihre Antwort, indem Sie die Kreise komplett schwarz ausmalen! (richtig = ● falsch = ⊘ ⊗)

Wenn Sie eine Frage nicht beantworten können oder möchten, markieren Sie ‚keine Angabe' (k. A.). Möchten Sie eine falsch markierte Antwort korrigieren, streichen Sie diese bitte durch und markieren Sie die von Ihnen gewünschte Antwortalternative.

Bei der Befragung und Auswertung ist Ihre Anonymität gewahrt. Die Daten werden ausschließlich in aggregierter Form veröffentlicht und lassen keine Rückschlüsse auf einzelne Personen zu. Falls es sich um einen sehr kleinen Teilnehmerkreis handelt (< 10 Personen) oder Sie aus anderen Gründen befürchten, Ihre Angaben könnten auf Sie zurückgeführt werden, können Sie zur Sicherheit die Angaben zu Ihrer Person auslassen.

Titel des Seminars	Dozenten/Dozentin	Datum

Angaben zu Ihrer Person:

Alter in Jahren: ☐   **Geschlecht:** weiblich ○   männlich ○   **Fachsemester:** ☐

Studienfach/angestrebter Abschluss:

○ Diplom-Psychologie   ○ Bachelor Psychologie   ○ Lehramt

○ Psychologie als Nebenfach   ○ Sonstiges: ☐

5-stelliger **Personencode** für wissenschaftliche Fragestellungen
Der Personencode wird aus dem Anfangsbuchstaben Ihres Geburtsorts, dem zweiten Buchstaben Ihres Vornamens dem dritten Buchstaben des Vornamens Ihrer Mutter sowie den jeweils letzten Ziffern Ihres Geburtstages und Ihres Geburtsmonats gebildet.
Beispiel:
So lautet der Code für die aus **K**öln (1. Stelle) stammende A**n**ja (2. Stelle), deren Mutter Hi**l**de (3. Stelle) heißt, geb. am 1**4**.0**2**. (4. und 5. Stelle): **K N L 4 2**

1	2	3	4	5

Ich besuche das Seminar aus folgenden **Gründen** (Mehrfachnennungen möglich):

○ Inhaltliches Interesse   ○ Pflichtveranstaltung   ○ Guter Ruf der/des Dozenten/-in

○ Prüfungsvorbereitung   ○ Keine Alternative verfügbar   ○ Andere Gründe: ☐

An wie vielen der bisherigen Veranstaltungstermine haben Sie **teilgenommen**?

○ 0 %   ○ ca. 25 %   ○ ca. 50 %   ○ ca. 75 %   ○ 100 %

Wie viele Stunden pro Woche verbringen Sie durchschnittlich mit **Eigenarbeit** für dieses Seminar?   ☐ Stunden

Angaben zu Inhalten und Zielen des Seminars

	stimme gar nicht zu	stimme eher nicht zu	teils teils	stimme eher zu	stimme voll zu	k. A.
I_1 Das Seminar trägt zu meinem Interesse am Thema bei	○	○	○	○	○	○
I_2 Der behandelte Stoff knüpft an meinen bisherigen Wissensstand an	○	○	○	○	○	○
I_3 Die Inhalte in diesem Seminar sind, wo möglich, aktuell	○	○	○	○	○	○
I_4 Die Relevanz der angebotenen Lehrinhalte ist hoch (z. B. für Prüfungen, Beruf, Disziplin etc.)	○	○	○	○	○	○

11 Exkurse zu den einzelnen Abschnitten

Bitte geben Sie an, welche Kompetenzen Sie durch den Besuch dieses Seminars erworben haben:

Durch die Teilnahme an dieser Veranstaltung ...

		stimme gar nicht zu	stimme eher nicht zu	teils teils	stimme eher zu	stimme voll zu	k. A.
Z_1	verfüge ich nun über ein breites Grundlagenwissen in dem behandelten Stoffgebiet (Fakten, Theorien, Modelle, Konzepte etc.)	○	○	○	○	○	○
Z_2	verfüge ich nun über spezifisches Fachwissen in dem behandelten Stoffgebiet	○	○	○	○	○	○
Z_3	verfüge ich nun über praxis- bzw. tätigkeitsrelevantes Wissen	○	○	○	○	○	○
Z_4	kann ich nun komplexe Zusammenhänge innerhalb des Stoffgebiets erkennen	○	○	○	○	○	○
Z_5	kann ich nun mein erworbenes Wissen auf unterschiedliche (auch neue) Aufgabenstellungen anwenden	○	○	○	○	○	○
Z_6	kann ich die in dieser Veranstaltung behandelten Methoden selbständig einsetzen und anwenden	○	○	○	○	○	○
Z_7	habe ich meine Kompetenz zu unabhängigem und selbstständigem Arbeiten erweitert	○	○	○	○	○	○
Z_8	habe ich meine Kompetenz, mich mit wissenschaftlichen Texten auseinanderzusetzen, erweitert	○	○	○	○	○	○
Z_9	habe ich meine Kompetenz zur Präsentation wissenschaftlicher Inhalte erweitert	○	○	○	○	○	○
Z_10	habe ich meine Kompetenz, in Gruppendiskussionen meinen Standpunkt wissenschaftlich zu vertreten, erweitert	○	○	○	○	○	○
Z_11	habe ich meine Kompetenz zum wissenschaftlichen Schreiben verbessert	○	○	○	○	○	○

		sehr niedrig	niedrig	durch- schnitt- lich	hoch	sehr hoch	k. A.
G_3	Meinen durch dieses Seminar erreichten Lernzuwachs empfinde ich als	○	○	○	○	○	○

Der Dozent/die Dozentin ...

		stimme gar nicht zu	stimme eher nicht zu	teils teils	stimme eher zu	stimme voll zu	k. A.
D_1	hat die Lernziele und Anforderungen des Seminars zu Beginn klar dargestellt	○	○	○	○	○	○
D_2	hat das Seminar gut strukturiert	○	○	○	○	○	○
D_3	teilt die Seminarzeit sinnvoll ein (Vortrag, Studierendenbeiträge, Diskussion, Klärung von Fragen, ...)	○	○	○	○	○	○
D_4	bereitet die Einzelsitzungen inhaltlich angemessen vor	○	○	○	○	○	○
D_5	veranschaulicht den Stoff in angemessener Weise (z. B. durch Beispiele, Visualisierungen etc.)	○	○	○	○	○	○
D_6	regt zur kritischen Auseinandersetzung mit den behandelten Themen an	○	○	○	○	○	○
D_7	greift inhaltliche Anregungen und Fragen der Teilnehmenden auf	○	○	○	○	○	○
D_8	steht bei Bedarf für Rückfragen und weitere Hilfestellungen zur Verfügung (z. B. bei Vorbereitung studentischer Beiträge)	○	○	○	○	○	○
D_9	hat zusätzliche hilfreiche Ressourcen zur Verfügung gestellt (Handapparat, Literatur, Internet-Anbindung etc.)	○	○	○	○	○	○
D_10	ist offen für Kritik	○	○	○	○	○	○
D_11	schafft eine anregende Arbeitsatmosphäre und motiviert mich dazu, mich aktiv einzubringen	○	○	○	○	○	○
Z_13s	Die eingesetzten Lehrmethoden (z. B. Vortrag, Diskussionen, Gruppenarbeiten, Referate etc.) haben in sinnvoller Weise dazu beigetragen, mein Verständnis der Inhalte zu vertiefen	○	○	○	○	○	○

Wenn es in diesem Seminar Beiträge der Teilnehmenden in Form von Referaten, Präsentationen, Hausarbeiten etc. gibt:

Der Dozent/die Dozentin ...	stimme gar nicht zu	stimme eher nicht zu	teils teils	stimme eher zu	stimme voll zu	k. A.
D_12 macht Inhalte und Ziele der Teilnehmerbeiträge klar	○	○	○	○	○	○
D_13 unterstützt die Teilnehmenden bei der bei der Vorbereitung ihrer Beiträge angemessen	○	○	○	○	○	○
D_14 gibt zeitnahe Rückmeldungen zu den Inhalten der Teilnehmerbeiträge (Referate, Hausarbeiten etc.)	○	○	○	○	○	○
D_15 formuliert Kritik in fairer und konstruktiver Weise	○	○	○	○	○	○
D_16 ergänzt die Teilnehmerbeiträge in adäquater Weise, um den Lernerfolg der Veranstaltungsteilnehmer sicherzustellen	○	○	○	○	○	○
D_17 gibt konstruktives Feedback zur Präsentation der Teilnehmerbeiträge	○	○	○	○	○	○

Teilnehmende

Die meisten Teilnehmenden dieses Seminars ...	stimme gar nicht zu	stimme eher nicht zu	teils teils	stimme eher zu	stimme voll zu	k. A.
T_1 besuchen das Seminar regelmäßig	○	○	○	○	○	○
T_2 bereiten sich auf die einzelnen Termine angemessen vor	○	○	○	○	○	○
T_3 beteiligen sich aktiv an dem Seminar	○	○	○	○	○	○
T_8 Ich profitiere vom Wissen und den Fähigkeiten der anderen Seminarteilnehmer	○	○	○	○	○	○

Wenn es in diesem Seminar Beiträge der Teilnehmer in Form von Referaten, Präsentationen, Hausarbeiten etc. gibt:

Die meisten Teilnehmerbeiträge (Referate, Präsentationen etc.) ...						
T_5 sind inhaltlich auf einem angemessenen Niveau	○	○	○	○	○	○
T_6 sind gut aufbereitet (Strukturierung etc.) und werden angemessen präsentiert (Medieneinsatz, Teilnehmeraktivierung, Handout)	○	○	○	○	○	○
T_7 tragen zum Verständnis des Stoffes bei	○	○	○	○	○	○

Thema – Dozent – Studierenden - Interaktion

	sehr niedrig/ gering	niedrig/ gering	durch- schnitt- lich	hoch/ groß	sehr hoch/ groß	k. A.
IA_1 Das fachliche Niveau dieses Seminars empfinde ich als	○	○	○	○	○	○
IA_2 Die in diesem Seminar behandelte Stoffmenge empfinde ich als	○	○	○	○	○	○
IA_3 Die Vorgehensgeschwindigkeit empfinde ich als	○	○	○	○	○	○
IA_4 Die für dieses Seminar zu bewältigende Arbeitslast empfinde ich als	○	○	○	○	○	○

Rahmenbedingungen

	viel zu niedrig	zu niedrig	genau richtig	zu hoch	viel zu hoch	k. A.
R_1 Die Teilnehmerzahl in diesem Seminar ist	○	○	○	○	○	○

	stimme gar nicht zu	stimme eher nicht zu	teils teils	stimme eher zu	stimme voll zu	k. A.
R_2 Die räumlichen Gegebenheiten sind für dieses Seminar angemessen	○	○	○	○	○	○
R_3 Die Ausstattung (Medien, Technik etc.) ist für dieses Seminar angemessen	○	○	○	○	○	○
R_4 Das Seminar findet in einem angemessenen zeitlichen Rahmen statt (Zeitpunkt, Dauer, Überschneidungen, ...)	○	○	○	○	○	○

Gesamtbeurteilung des Seminars

	stimme gar nicht zu	stimme eher nicht zu	teils teils	stimme eher zu	stimme voll zu	k. A.
G_1 Kommilitonen würde ich den Besuch dieses Seminars empfehlen	○	○	○	○	○	○

G_2 Insgesamt betrachtet, gebe ich dem Seminar rückblickend folgende Note:

sehr gut		gut		befriedigend			ausreichend			mangelhaft
○	○	○	○	○	○	○	○	○	○	○
1	1,3	1,7	2	2,3	2,7	3	3,3	3,7	4	4,3	4,7	5

Was hat Ihnen an diesem Seminar besonders gut gefallen? (Stichpunkte)

_____

_____

_____

_____

Welche Anregungen und Verbesserungsvorschläge haben Sie für dieses Seminar? (Stichpunkte)

_____

_____

_____

_____

Exkurs 9.2: Von der Auditfrage zum Interview

Audit heißt wörtlich übersetzt ‚Anhörung'; das Auditorium (Zuhörerschaft) hört einem Vortragenden zu; der Auditor hört den Auditierten an. Der Auditor kann dem Auditierten Fragen stellen, die ihn in die Lage versetzen, einen Sachverhalt festzustellen (Auditfeststellung).

Die Formulierung der Auditfragen trägt wesentlich zur Struktur des Auditgesprächs und zu seinem erfolgreichen Ergebnis bei. Der Frageninhalt ist zu begrenzen, in sinnvolle Schritte zu unterteilen und nach Möglichkeit als offene Frage zu formulieren (nicht direktive Fragetechnik).

Mit dieser Frageform wird keine Richtung der Beantwortung vorgegeben (nicht direktiv). Auf offene Fragen kann man nicht mit ‚Ja' oder ‚Nein' antworten. Offene Fragen sind meistens W-Fragen, z. B.

- Wer veranlasst ...?
- Auf welche Weise?
- Weshalb?
- Was?
- Wie?

Vorteile der nicht direktiven Fragetechnik:

- Viele Informationen können ‚ausgegraben' werden.

Im Gegensatz hierzu stehen die geschlossenen Fragen, die man nur mit ‚Ja' oder ‚Nein' beantworten kann. Diese Frageform ist nur zur Klärung und für die Bestätigung wichtig, ob man einen Sachverhalt richtig verstanden hat. Ein Sachverhalt kann aus einer Empfehlung/Anforderung z. B. wie folgt erfragt werden:

- Mit welchen Verfahren wird die Lenkung von Dokumenten realisiert?

Diese Art der Sachfrage wird in der Regel zu einer Erläuterung des entsprechenden Sachverhalts durch den Befragten führen. Sie zielt jedoch nur in eine Richtung:

- Wie wird ... durchgeführt?

Die Antwort lässt deshalb nur die Beurteilung zu, ob die empfohlenen/geforderten Maßnahmen tatsächlich verwirklicht werden (siehe nachfolgende Auditdefinition).

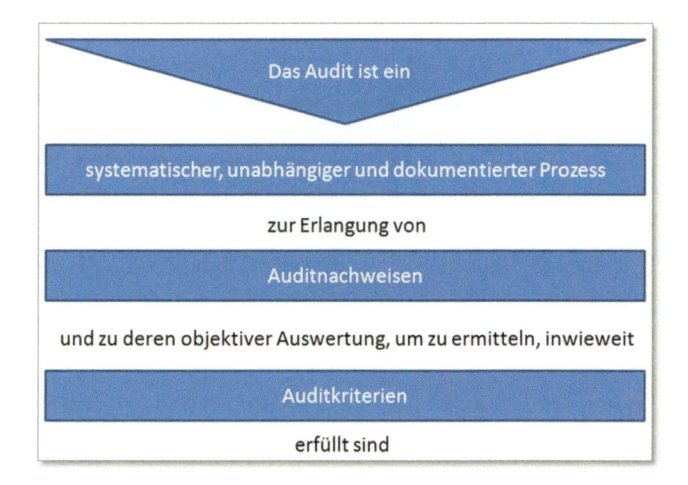

Abbildung 67: Auditdefinition

Ein Qualitätsaudit hat jedoch auch zum Ziel, festzustellen, ob die qualitätsbezogenen Tätigkeiten und damit zusammenhängende Ergebnisse den geplanten Anordnungen entsprechen, und ob diese Anordnungen geeignet sind, die Ziele zu erreichen.

Es geht also nicht nur um die wirkungsvolle Durchführung, sondern auch darum, festzustellen, ob die Tätigkeiten den Anordnungen entsprechen und ob sie geeignet sind!

Die typische Frage eines Auditors lautet:

– Wie wird die Lenkung der Dokumente sichergestellt?

Zum besseren Verständnis ist zu fragen:

– Wie ist die Lenkung der Dokumente geplant und wie wird sie realisiert?

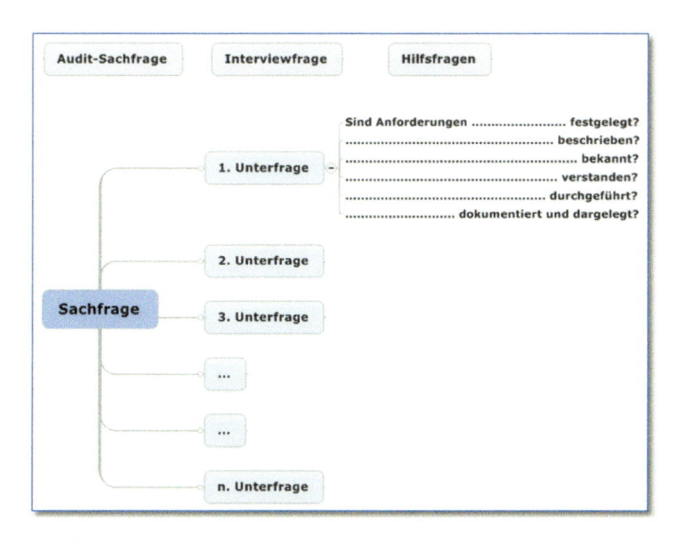

Abbildung 68: Von der Auditsachfrage zum Interview

Frage-/Checklisten sind zur Durchführung von (internen) Audits sehr hilfreich. Sie richten sich an den Normabschnitten der DIN ISO 21001:2021-02 aus, müssen jedoch die umzusetzenden QM-Maßnahmen, das unternehmensspezifische MBSO und die daraus resultierenden speziellen qualitätsbezogenen Tätigkeiten berücksichtigen, die der auditierten Organisation und den Prozessvernetzungen entsprechen. Das gilt insbesondere für interne Audits, die normalerweise ablauforientiert sind. Externe Audits orientieren sich schwerpunktmäßig an der Struktur der Managementnorm.

Die Audit-Sachfragen, die sich auf Empfehlungen bzw. Anforderungen und auf die beschriebenen QM-Maßnahmen beziehen, stellen Auditsachverhalte in kurzer Form dar. In den seltensten Fällen können sie direkt in einem Auditgespräch gestellt werden. Sie sind aber Anhaltspunkt, um einen Sachverhalt im Audit zu bewerten.

Um für den Gesprächspartner in verständlicher Weise den Auditsachverhalt zu hinterfragen, werden Interviewfragen vorbereitet. Die in den Hilfsfragen dargestellte Fragefolge stellt dabei eine Beschreibung dar, welche Feststellung vorher getroffen wurde. Mit den Fragen, ob entsprechend der Anweisung gehandelt wird, ‚durchgeführt', ‚dokumentiert und dargelegt' wird, wird die Umsetzung der Anweisung und das eigentliche Ergebnis geprüft.

Beispiel:

- **Auditsachfrage** (Normabschnitt 7.5.3 Lenkung dokumentierter Information): Wie wird die Lenkung dokumentierter Information sichergestellt?
- **Interviewfrage**: Wie sind die Anforderungen der Norm umgesetzt worden?
- **Interviewfrage**: Wo sind die Anforderungen der Norm beschrieben?
- **Interviewfrage**: Wie wird die Lenkung der dokumentierten Information geplant und wie wird sie realisiert?
- **Interviewfrage**: Wie wird das Verfahren zur Lenkung dokumentierter Information bekanntgemacht und wie stellen Sie sicher, dass das Verfahren verstanden worden ist?

12 Ausblick

Mit der vorliegenden Norm DIN ISO 21001:2021-02 wurde ein Meilenstein in der Qualitätsentwicklung und -sicherung im Bildungswesen gesetzt – und zwar weltweit. Die ISO 21001:2018 befindet sich bereits seit dem Jahr 2018 sehr erfolgreich im internationalen Einsatz.

Sie deckt erstmals die Anforderungen aller Bereiche der Bildung ab – beginnend mit der frühkindlichen Erziehung (dem Kindergarten), der Ausbildung an Schulen, Betrieben, Hochschulen und Universitäten sowie der berufsbegleitenden Aus- und Weiterbildung Erwachsener..

Für Bildungseinrichtungen kann eine Zertifizierung ihres Managementsystems nach der DIN ISO 21001:2021-02 zu einem wesentlichen Wettbewerbsvorteil führen, sodass sie sich im Markt von anderen Anbietern abheben. Das zeigen die positiven Erfahrungen mit der Norm im internationalen Kontext.

Der Lernende steht als Kunde im Fokus der Erfüllung der Anforderungen. Er beeinflusst und gestaltet die Qualität der Prozesse der Bildungsmaßnahmen mit. Mit Hilfe eines klaren, strukturierten Vorgehens in nachvollziehbaren Prozessschritten können erforderliche Veränderungen implementiert und in den kontinuierlichen Verbesserungsprozess einbezogen werden. Für Bildungseinrichtungen kann ein kompetentes Managementsystem daher von entscheidender Bedeutung für den Erfolg sein – gerade in Zeiten größerer Herausforderungen.

Ein Zertifikat einer – auch international – anerkannten und unabhängigen Zertifizierungsgesellschaft verschafft dem Wettbewerbsvorteil noch eine zusätzliche Bedeutung.

Quellenverzeichnis[5]

360°-Feedback,
https://de.wikipedia.org/wiki/360%C2%B0-Feedback

Alsheimer, Martin, Müller, Ulrich & Papenkort, Ulrich, Spielend Kurse planen, 1996

Beiblatt Kommunikationskonzept für Schulen, Bildungsdirektion des Kanton Zürich, Volksschulamt, 2011,
https://ict-guide.edu-ict.ch/sites/default/files/kommunikations-konzept_fuer_schulen_2011-3.pdf

Berglehner, Florian, Wilbers, Karl (Hrsg.) Schulisches Prozessmanagement, Einführung, Praxisreflexion, Perspektiven, Bd 13, 2015

Berufsfortbildungswerk Gemeinnützige Bildungseinrichtung des DGB GmbH (bfw), Leitfaden für die Erstellung von passgenauen Qualifizierungen, erstellt im Rahmen des vom BMBF geförderten Projekts Prokom-4.0, 2017,
http://www.prokom-4-0.de/

Besser, Ralf, Transfer: Damit Seminare Früchte tragen, 2020, Beltz Verlag

Datenschutz-Grundverordnung DSGVO (EU)
https://dsgvo-gesetz.de/

Day, Christopher, Sammons, Pamela, Successful school leadership, A Review, 2014, Education Development Trust Highbridge House

Education Development Center EDC, Waltham, U.S.A., Building a Culture of Continuous Improvement, Guidebook and Toolkit, 2019,
www.edc.org

---

5   Die Autoren haben keinen Einfluss auf die die Inhalte der verlinkten Seiten und übernehmen dafür keine Haftung. Für den Inhalt der verlinkten Seiten ist stets der jeweilige Anbieter oder Betreiber der Seiten verantwortlich. Für fehlerhafte oder unvollständige Inhalte haftet allein der jeweilige Anbieter der Seite, auf welche verwiesen wurde.

ESIT-ICPL-Schritte-der-Curriculumentwicklung, 2015, Eberhard Karls Universität Tübingen,
https://didaktikblog.uni-hohenheim.de/wp-content/uploads/2015/10/ESIT-ICPL-Schritte-der-Curriculumentwicklung.pdf

Evaluationsbogen für Seminare Version Teilnehmende, 2008, Universität Heidelberg,
https://backend.uni-heidelberg.de/de/dokumente/fragebogen-seminar/download

External providers engaged for teaching and learning guidelines, Northern Territory of Australia, Department of Education, 2022,
https://education.nt.gov.au/__data/assets/pdf_file/0009/440964/external-providers-engaged-for-teaching-and-learning-guidelines.pdf

Fauth, Benjamin, Herbein, Evelin & Maier, Julia Larissa, Beobachtungsmanual zum Unterrichtsfeedbackbogen Tiefenstrukturen, Institut für Bildungsanalysen Baden-Württemberg, IBBW, 2021

Grundig Akademie Fachschule für Technik, Nürnberg,
https://www.grundig-akademie.de/kvp-kontinuierlicher-verbesserungsprozess

Hassel Bryan, Steiner Lucy, Guide to Working with External Providers, 2019, American Institutes for Research,
www.air.org

Jugendschutzgesetz
https://www.gesetze-im-internet.de/juschg/JuSchG.pdf

KMT Knowledge Management Tools
https://www.knowledge-management-tools.net

Kudernatsch, Daniela, A3-Report,
https://www.mittelstandswiki.de/wissen/Gastbeitrag:A3-Report

Ladwig, Annette, Auferkorte-Michaelis, Nicole, Feedback-Methoden im Lehralltag © Team Hochschuldidaktik Universität Duisburg-Essen, 2012

Leitfaden zum Schutz personenbezogener Daten an der Universität Passau, 2019,
https://www.uni-passau.de/fileadmin/dokumente/Datenschutz/Leitfaden_zum_Schutz_personenbezogener_Daten.pdf

Meyer, Hilbert, Was ist guter Unterricht? 2004, Cornelsen-Verlag

PECB Whitepaper, PECB Group Inc. 2018, Canada,
https://pecb.com/whitepaper/iso-210012018--educational-organizations--management-systems-for-educational-organizations--requirements-with-guidance-for-use

Perovic, Nataša, Young, Clive P.L., ABC Curriculum Design 2015,
http://blogs.ucl.ac.uk/digital-education/2015/12/02/abc-curriculum-design-2015-summary/

Pukelis, Kestutis, Ability, Competency, Learning/Study Outcome, Qualification and Competence: Theoretical Dimension, 2009, Quality of Higher Education, v6 p12-35 2009, Vytautas Magnus University, Centre for Quality of Studies, Lithuania

Quilling, Kathrin, Didaktik der Erwachsenenbildung, 2015, Der DIE-Wissensbaustein für die Praxis, DIE Deutsches Institut für Erwachsenenbildung

Robinson, Viviane, Hohepa, Margie & Lloyd, Claire, School Leadership and Student Outcomes: Identifying What Works and Why Best Evidence Synthesis Iteration (BES), 2009

Schmid, Kurt, Bruneforth, Michael, Messbarkeit von Effekten von Bildung, 2020, Call for Papers, Magazin erwachsenenbildung.at, Das Fachmedium für Forschung, Praxis und Diskurs, Ausgabe 40

Schweizerische Technische Fachschule Winterthur STFW, Ist Bildungsqualität messbar?
https://www.stfw.ch/de/meta/news/ist-bildungsqualitat-messbar/

Seeber, Susan, Krekel, Elisabeth M. & van Buer, Jürgen (Hrsg.), Bildungscontrolling. Ansätze und kritische Diskussionen zur Effizienzsteigerung von Bildungsarbeit, 2000, Frankfurt am Main, Peter Lang.

Seminar für den Vorbereitungsdienst für das Lehramt Sonderpädagogik BW, Leitgedanken, Kompetenzbereiche, Kompetenzen, 2015,
https://www.km-bw.de/site/pbs-bw-new/get/documents/KULTUS.Dachmandant/KULTUS/Seminare/seminar-stuttgart-sos/pdf/soss_leitgedanken_kompetenzbereiche_kompetenzen_vd_sonderpaedagogik_dez_%202015.pdf

Senge, Peter M., Die fünfte Disziplin, Kunst und Praxis der lernenden Organisation, 2011

Ständige Konferenz der Kultusminister der Länder in der Bundesrepublik Deutschland, Musterrechtsverordnung gemäß Artikel 4 Absätze 1 – 4 Studienakkreditierungsstaatsvertrag, 2017

Stauss, B., Seidel, W., Beschwerdemanagement: Kundenbeziehungen erfolgreich managen durch Customer Care, 2002

Szepansky, Wolf Peter, Kommunikation zur Konfliktlösung im Lehrbetrieb, 2015, DIE Zeitschrift für Erwachsenenbildung, (1) ,S. 38–41, http://www.die-bonn.de/id/31274

Vaudt, Susanne, Bildungscontrolling, in Griese, Christiane, Marburger, Helga (Hrsg.), Bildungsmanagement. Ein Lehrbuch. 2011

Wobker, Nicole, Fragebogen zur Evaluation eines Seminars in der Erwachsenenbildung, 2016, https://mikro-didaktik.de/fragebogen-zur-evaluation-eines-seminars-in-der-erwachsenenbildung/

Young, Clive P.L., Perovic, Nataša, ABC Learning Design Toolkit 2020, University College London, U.K.